SuSE Linux

BENUTZERHANDBUCH

1. Auflage 2002

Hinweise und Kommentare richten Sie ggf. an documentation@suse.de

Autoren:	Stefanie Haefner, Carsten Fischer, Jörg Bartsch, Viviane Glanz, Holger Hetterich, Marcel Hilzinger, Johannes Meixner, Matthias Nagorny, Siegfried Olschner, Marcus Schäfer, Arvin Schnell, Adrian Schröter, Gabriele Strattner, Rebecca Walter
Redaktion:	Antje Faber, Dennis Geider, Roland Haidl, Jana Jaeger, Edith Parzefall, Peter Reinhart, Marc Rührschneck, Thomas Schraitle, Martin Sommer, Rebecca Walter
Layout:	Manuela Piotrowski, Thomas Schraitle
Satz:	LaTeX

Dieses Buch ist auf 100 % chlorfrei gebleichtem Papier gedruckt.

Inhaltsverzeichnis

Willkommen

Herzlichen Glückwunsch, dass Sie sich für SuSE Linux entschieden haben!
Unsere Distribution ist nun einfacher zu installieren als je zuvor. Mit nur
wenigen Klicks bereiten Sie die Installation vor, und nach etwa 15–20 Minuten
ist das System installiert. Richten Sie dann noch Benutzer mit Passwörtern ein
und legen Sie die Bildschirmauflösung fest. Schon können Sie mit SuSE Linux
arbeiten. Auch die Konfiguration wurde weiter vereinfacht, wobei weiterhin
die unterschiedlichen Programmpakete nach Ihren Wünschen angepasst und
optimiert werden können.

Nach einer leicht verständlichen Einführung sehen Sie zu Beginn die Anleitungen zur schnellen und zur benutzerdefinierten Installation. Im zweiten Teil des
Buches erfahren Sie, wie Sie mit dem Systemassistenten YaST2 Ihre Hardware,
Ihren Internetzugang und Ihr System ganz leicht einrichten und administrieren
können. Und das alles ohne lästige Neustarts. Unter Linux eine Selbstverständ-
lichkeit! Danach lernen Sie die grafischen Oberflächen KDE und GNOME besser
kennen und erhalten Tipps zur Anpassung an Ihre persönlichen Bedürfnisse.

Im dritten Teil des Buches stellen wir Ihnen aus der großen Zahl der Anwendungen einige sehr nützliche vor, unter anderem das neue OpenOffice, das
anstelle des mittlerweile kostenpflichtigen StarOffice das Standard-Office-Paket
der Distribution wurde. Programme zum Speichern und Verwalten Ihrer Daten
lernen Sie ebenso kennen wie Tools zum Scannen und zur Grafikbearbeitung.
Wir zeigen Ihnen, wie Sie unter Linux schnell ins Internet gelangen und dessen
vielfältige Möglichkeiten nutzen können: Musik- und Video-Dateien, Grafiken,
Homepages, Surfen, Mailen etc.

Im letzten Teil erhalten Sie Informationen über das SuSE-Hilfesystem und den
Installationssupport. Sie sehen eine Liste häufig gestellter Fragen (FAQ) rund um
SuSE Linux sowie ein Glossar mit wichtigen Begriffen aus der Computer- und
Linuxwelt.

Neuerungen im Benutzerhandbuch

Folgende Änderungen zur Vorgängerversion der Dokumentation (SuSE Linux 8.0) haben sich ergeben:

- Die Bücher "Programme" und "Basis" wurden zu dem "Benutzerhandbuch" vereint, das Sie gerade vor sich haben.

- Die Anleitungen zur Installation und Konfiguration mit YaST2 wurden komplett überarbeitet:

  ▷ neben der Schnellinstallation wurde die benutzerdefinierte Installation aufgenommen

  ▷ Die Installation und die Konfiguration ist exakt nach dem Ablauf bzw. nach den Fenstern und Menüs im YaST geordnet und jedes Modul wird jetzt angesprochen

  ▷ Komplexe Teile für Experten wurden ins Administrationshandbuch verschoben

- Aufgrund vieler Neuerungen wurden folgende Kapitel stark überarbeitet:

  ▷ GNOME

  ▷ StarOffice (nun wird das neu aufgenommene OpenOffice beschrieben, StarOffice 5.2 ist nicht mehr auf der Distribution)

  ▷ Multimedia

  ▷ Acrobat Reader

  ▷ Kooka

- Neu hinzu kamen im Programme-Teil folgende Kapitel:

  ▷ Opera

  ▷ Digitalkameras unter Linux

  ▷ Evolution (aufgrund starker Nachfrage)

  ▷ k3b (KonCD ist nicht mehr auf der Distribution, k3b ist nun das Standardbrennprogramm)

Typografische Konventionen

In diesem Buch werden die folgenden typografischen Konventionen verwendet:

Auszeichnung	Bedeutung
YaST	die Angabe eines Programmnamens
/etc/passwd	die Angabe einer Datei oder eines Verzeichnisses
⟨platzhalter⟩	die Zeichenfolge platzhalter (inkl. Winkelklammern) ist durch den tatsächlichen Wert zu ersetzen
PATH	eine Umgebungsvariable mit dem Namen PATH
192.168.1.2	der Wert einer Variablen
ls	die Angabe eines einzugebenden Befehls
user	die Angabe eines Benutzers
erde:~ # **ls**	Eingabe von ls auf der Shell des Benutzers root im Homeverzeichnis auf dem Rechner „Erde"
tux@erde:~ > **ls**	Eingabe von ls auf der Shell des Benutzers tux (offizieller Name des Linux-Pinguins) im Homeverzeichnis auf dem Rechner „Erde"
C:\> **fdisk**	DOS-Prompt mit der Befehlseingabe fdisk
(Alt)	eine zu drückende Taste; nacheinander zu drückende Tasten werden durch Leerzeichen getrennt
(Ctrl) + (Alt) + (Entf)	gleichzeitig zu drückende Tasten werden durch '+' miteinander verbunden
"Permission denied"	Meldungen des Systems
'System updaten'	Menü-Punkte, Buttons
☞Booten	Verweist auf einen Eintrag im Glossar im Anhang

Tabelle 1: *Fortsetzung auf der nächsten Seite...*

„DMA-Modus"	Namenskonventionen, -definitionen, Sogenanntes...

Dank

Die Liste mit allen, die zum Gelingen dieser Distribution beigetragen haben, hier aufzuführen, würde alleine ein Buch füllen. Daher danken wir hier pauschal allen, die mit unermüdlichem Einsatz, großen Mengen Kaffee und Tabakwaren, unzähligen Überstunden und schlaflosen Nächten dafür gesorgt haben, dass Sie auch diesmal wieder ein ausgezeichnetes SuSE Linux vor sich haben, das alle bisherigen übertrifft.

Die Entwickler von Linux treiben in weltweiter Zusammenarbeit mit hohem freiwilligem Einsatz das Werden von Linux voran. Wir danken ihnen für ihr Engagement – ohne sie gäbe es diese Distribution nicht.

Nicht zuletzt geht unser besonderer Dank selbstverständlich an Linus Torvalds!

Have a lot of fun!

Ihr SuSE Team

Teil I

Installieren

Umsteigen auf Linux

Mit diesem Kapitel wenden wir uns vor allem an Umsteiger, die Linux zum ersten Mal einsetzen. Die Informationen sind nach dem Frage-Antwort-Prinzip aufgebaut und geben Auskunft zu den wichtigsten Punkten, die bei den ersten Schritten mit Linux immer wieder auftauchen.

Im Anhang dieses Buches finden Sie ein Glossar wichtiger Begriffe und eine Reihe häufig gestellter Fragen und Antworten (FAQ) zu SuSE Linux, die dieses Kapitel ergänzen.

Die Antworten orientieren sich an einem per Standardinstallation aufgespielten SuSE Linux. Sollten Sie Ihr System bereits individuell angepasst haben, gelten die nachstehenden Ausführungen natürlich sinngemäß.

Wichtige Voraussetzungen

- *Wieviel Festplattenplatz brauche ich und was passiert mit meinem Windows?*
  Eine Linux-Installation benötigt logischerweise Festplattenplatz! Gute Richtwerte sind für ein Normalsystem etwa 1,5 – 2 GB. Für ein Minimalsystem können allerdings schon 400 MB ausreichen, und wenn Sie alles, was auf den CDs ist, installieren wollen (was nicht unbedingt empfehlenswert ist), sollten Sie über etwa 6 GB freien Platz verfügen. SuSE Linux kann als einziges Betriebssystem auf dem Rechner installiert werden. Ebenso kann es sich natürlich die Festplatte(n) mit anderen Betriebssystemen teilen. Dann braucht es zumindest eine freie Partition zur Installation.

  Sollten Sie Windows installiert haben und mehr als eine Partition haben (außer Laufwerk C: noch weitere Festplattenlaufwerke), können Sie SuSE Linux theoretisch problemlos auf einer der zusätzlichen Partitionen installieren. Wenn sich Daten auf der Partition befinden, auf die Sie Linux installieren wollen, sollten Sie diese allerdings vorher auf einer anderen Partition sichern.

  Wenn Sie Ihr bisheriges System nur auf einer einzigen Partition haben, die die ganze Festplatte einnimmt, kann SuSE Linux diese Partition problemlos und schnell verkleinern, wenn sich darauf ein sog. „FAT"-Dateisystem befindet (FAT oder FAT32). Dies ist bei Windows 95, 98 und ME der Fall. Wenn Ihr Windows (NT, 2000 oder XP) auf einer Partition mit NTFS-Dateisystem aufsitzt, kann diese von SuSE Linux nicht verkleinert werden.

  Wenn Ihr Windows XP mit dem Dateisystem NTFS vorinstalliert ist, Sie aber die Installations-CDs davon besitzen, können Sie Windows XP neu installieren und dabei „FAT32" als Dateisystem für XP wählen. Damit wird die Festplatte mit dem FAT-Dateisystem formatiert, und dieses kann bei der Linux-Installation ohne Probleme verkleinert werden.

  Eine Anleitung, wie Sie Ihre Festplatten partitionieren und bei Bedarf Ihr Windows-System verkleinern, finden Sie im Kapitel *Anpassen einer Windows-Partition* auf Seite 34.

Arbeiten mit Linux

- *Gibt es unter Linux Programme, die meine alten, unter Windows erstellten Dateien lesen können?*

Selbstverständlich können Sie unter Linux Ihre alten Dateien weiter benutzen. Standardprogramme wie StarOffice und GIMP kommen mit allen Dateiformaten – die Sie von früher kennen – zurecht; egal, ob es sich um Ihre Texte, Bilder, Grafiken, Video- oder Audiodateien handelt, SuSE Linux stellt immer ein adäquates Programm bereit, mit dem Sie problemlos Ihre Dateien bearbeiten können.

- *Wo gibt es Programme für Linux?*
  Ihr SuSE Linux bringt alle Programme, die Sie für Ihre Anwendungen und Ihre Arbeit brauchen, schon mit. Klicken Sie auf das SuSE-Menü links unten auf Ihrem Desktop und Sie werden überrascht sein, welche Programmauswahl Sie zur Verfügung haben.

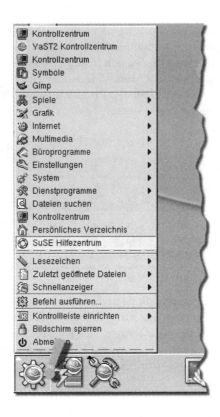

- **Warum kann ich meinem Rechner nicht einfach ausschalten?**
  Dass man einen Rechner nicht einfach ausschaltet, sondern vorher „herunterfahren" muss, kennen Sie wahrscheinlich spätestens seit Windows 95. Auch in Linux sollten Sie immer den Rechner herunterfahren, um Datenverluste zu vermeiden. Den Rechner im laufenden System auszuschalten ist sowas wie ein Knockout. Es könnte ja sein, dass außer Ihnen noch ein zweiter Nutzer vernetzt an Ihrem Rechner arbeitet. Und dessen noch nicht gespeicherte Daten sind in Gefahr, wenn Sie das System einfach so ausschalten.

  Natürlich gilt das auch für Ihre eigenen Daten, wenn Sie sich aber ordnungsgemäß abmelden, haben Sie die Gewissheit, dass Ihre Daten sicher gespeichert sind. SuSE Linux ist bekannt für seine hohe Datensicherheit, warum diese Eigenschaft also nicht nutzen?

- **Wie formatiere ich eine Diskette für Linux?**
  Am besten benutzen Sie den KDE Floppy Formatierer. Klicken Sie dazu auf das SuSE-Menü links unten auf Ihrem Desktop, wählten Sie 'System'

→ 'Kleine Werkzeuge' → 'KFloppy'. Sie haben jetzt die Wahl zwischen dem FAT-Format (für DOS/Windows) und dem Linux ext2-Dateisystem. Ansonsten gibt es noch die sog. mtools, zu denen Sie im Shell-Kapitel auf Seite 355 weitere Informationen finden.

- *Wo finde ich Beschreibungen zur mitgelieferten Software und Hilfe zu den vielen Programmen?*
  Klicken Sie auf den SuSE Hilfebutton. Ein Fenster öffnet sich auf Ihrem Desktop und die SuSE Hilfe steht Ihnen für alle Fragen zur Verfügung.

- *Was ist ein virtueller Desktop?*
  Manchmal sind auf einem Desktop so viele Fenster geöffnet, dass die Übersichtlichkeit darunter leidet. Diesen Missstand gibt es unter Linux nicht: Auf der Panelleiste sehen Sie die Icons mehrerer „virtueller" Desktops, auf denen Sie beliebig viele Fenster Ihrer Wahl je nach Ihren Bedürfnissen verteilen und öffnen können, ohne eine Oberfläche zu überfrachten.

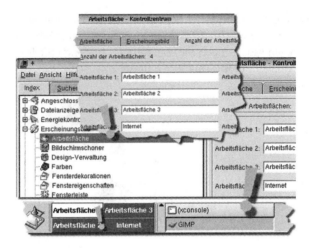

Wählen Sie dann einfach den Desktop, mit dem Sie im Moment arbeiten wollen.

- **Wo ist der Dateimanager?**
  Probieren Sie den Konqueror aus. Er ist nicht nur Dateimanager, sondern auch Webbrowser, Betrachter und viel mehr; wenn es um die Arbeit mit Dateien geht, ist er erste Wahl.

Dateien, Ordner und Verzeichnisse

- *Wo ist mein Laufwerk C:?*
  Laufwerke sind Speicherkomponenten wie Floppy, CD-ROM und Festplatten. Vermutlich kennen Sie diese Laufwerke unter der Bezeichnung A:, C: oder D:. Linux bezieht im Gegensatz zu Betriebssystemen wie Windows solche Komponenten direkt in seinen Verzeichnisbaum mit ein. Das Linux-Dateisystem kennt insofern keine Laufwerksbezeichnungen wie C:, sondern nur Ordner (also Lagerorte), die dem Benutzer mitteilen, wo sich seine Dateien befinden.

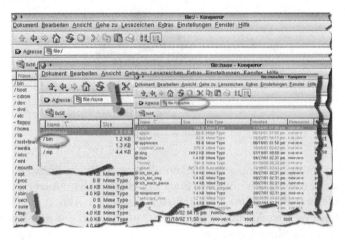

- *Was ist root?*
  Root ist ein Strich! Der wichtigste Strich in der Computerwelt. Das Linux-Dateisystem stellt standardmäßig einen Verzeichnisbaum zur Verfügung, der mit einem / beginnt und in zahlreiche Äste verzweigt. Diese Unterverzeichnisse heißen z. B. `home` (dort liegen die persönlichen Dateien des jeweiligen Benutzers) oder `bin` (hier liegen binäre Daten, im Regelfall Programme). Diese Struktur, in der alle Dateibäume wurzeln, wird als „root" bezeichnet. Man spricht auch von „root directory", weil man von hier aus in jedes Unterverzeichnis gelangen kann. Man könnte es auch Wurzelverzeichnis nennen, doch hat man sich für das schlichte / entschieden. Dieser Strich kennzeichnet außerdem aber auch noch jeden Ordner, weil jeder Ordner selbst auch wieder die Wurzel für ein eigenes Dateisystem bilden kann.

- *Wer ist root ?*
  Root ist ein Benutzer im Mehrbenutzersystem Linux. Aber nicht irgendeiner, sondern der mächtigste Benutzer auf Ihrem Rechner; zugleich aber

auch die Person mit der größten Verantwortung. Wie ein Hausmeister ist root für das gesamte Linuxsystem zuständig. Seine Aufgabe ist es, dafür zu sorgen, dass das System sicher läuft, dass die Infrastruktur funktioniert, dass alle Programme auf dem neuesten Stand sind und dass kein „Hausbewohner" seine Rechte überschreitet. Wie ein Hausmeister verfügt root über einen Generalschlüssel zum Linuxsystem und kann Dinge ändern, an die als normaler Benutzer nicht heranzukommen ist. Root hat den umfassenden Zugriff auch auf das Hauptverzeichnis / und alle Unterverzeichnisse. Deshalb nennt man ihn „root".

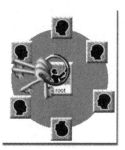

Sie sollten sich immer nur dann als root an Ihrem Rechner anmelden, wenn es wirklich nötig ist! Etwa um einen neuen Nutzer einzurichten oder um Programme zu installieren. Sollte eine Aktion root-Rechte erfordern, werden Sie im Regelfall dazu aufgefordert das root-Passwort, den Generalschlüssel, einzugeben.

- *Was liegt wo auf meinem Rechner?*
  Unter Linux gibt es einige wichtige Verzeichnisse. Die folgende Auflistung beschreibt die wichtigsten. Ein vollständigeren Überblick liefert Ihnen Abbildung 21.1 auf Seite 348.

/home
   Heimatverzeichnis der einzelnen Benutzer. Hier liegen alle Ihre Daten, Einstellungen und all das, worauf nur Sie Zugriff haben sollen. Im Allgemeinen können diese Daten von allen gelesen, aber von niemand anderem als dem Eigentümer verändert werden. Diese Voreinstellung kann natürlich jederzeit geändert werden. Weitere Informationen liefert Ihnen der Abschnitt *Rechte im Dateisystem* auf Seite 356.

/root
   Heimatverzeichnis des Administrators root.

/usr (Unix System Ressourcen)
Aus diesem Verzeichnis holen sich viele Programme Dokumente, Informationen, Hilfstexte und andere wichtige Daten.

/bin und /sbin (ausführbare Programme)
In diesen Verzeichnissen sind viele systemnahe Programme zu finden, welche schon zum Systemstart benötigt werden.

/opt (optionale Software)
Kommerzielle Software oder sehr große Programme, die nicht unmittelbar zum System gehören, wie etwa KDE, Netscape, Mozilla usw. finden hier ihren Platz.

/etc (Konfigurationsordner)
Hier sind Dateien zusammengefasst, die die Konfigurationsinformationen für Ihren Rechner enthalten. Sie beinhalten z. B. Informationen zur Internetverbindung, zum Startmodus des Rechners oder einzelnen Programmen wie Backup (Datensicherung).

/boot (Ordner für den Systemstart)
Dateien und Programme, die zum Systemstart benötigt werden, z. B. der Kernel.

Sonstige
Daneben gibt es noch weitere Ordner, die Informationen zum System und den angeschlossenen Geräten enthalten:

/lib und /usr/lib (Bibliotheken), /var (variable Daten), /proc (Prozesse), /media (auswechselbare Datenträger wie Floppy, CD etc.) /dev (alle angeschossenen Geräte wie Drucker, Festplatten, Tastaturen etc.)

Weitere Informationen finden Sie im Abschnitt *Dateien und Verzeichnisse* auf Seite 347.

Von Passwörtern und Benutzern

- *Wieso brauche ich ein Passwort?*
Das Passwort ist der Schlüssel zum Homeverzeichnis. Anders als andere Betriebssysteme ist Linux ein echtes Mehrbenutzersystem. Das bedeutet, SuSE Linux verwaltet nicht nur die Daten und Einstellungen der einzelnen Benutzer getrennt voneinander, unterschiedliche Benutzer können darüber hinaus auch noch gleichzeitig am selben Rechner arbeiten. Wenn Sie sich vorstellen, Ihr Rechner hätte zwei Tastaturen und zwei Bildschirme, könnten Sie und ein anderer Benutzer gleichzeitig an diesem einen Rechner arbeiten, ohne sich gegenseitig zu stören.

In der Praxis würden Sie, wenn Tastatur und Bildschirm nicht im selben Raum stünden, also durch ein Netzwerk verbunden wären, nicht einmal bemerken, dass ein zweiter Nutzer ebenfalls mit dem System arbeitet, so intelligent verteilt Linux die vorhandene Rechenleistung auf die angemeldeten Nutzer.

Jeder Nutzer besitzt ein Verzeichnis, das nur ihm gehört, dort ist er Zuhause. In seinen Homeverzeichnis werden alle seine Daten und alle von ihm vorgenommen Einstellungen zu seinen Programmen gespeichert, z. B. die Bookmarkliste des Browsers und das Adressbuch für das E-Mailprogramm. Dieser Bereich ist aus Sicherheitsgründen durch ein Passwort geschützt. Nur mit diesem Passwort ist der Zugang zu Ihren persönlichen Dateien möglich.

- *Wieso kann ich manche Daten nur lesen, aber nicht löschen?*
  Weil Sie nicht das Recht dazu haben. Aufgrund der Eingabe Ihres Passwortes erkennt Ihr Computer nicht nur Ihr Homeverzeichnis, sondern auch die Ihnen als Benutzer eingeräumten Rechte, d. h. was Sie am Rechner tun dürfen und was nicht. Natürlich dürfen Sie in /etc die meisten Dateien anschauen, aber ändern darf sie nur der Systemadministrator. Verzeichnisse, die die Sicherheit und Stabilität des System betreffen, sind für Sie entweder nur lesbar oder ganz verschlossen.

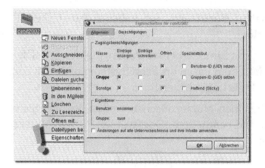

Bei den Daten in Ihren Homeverzeichnis können Sie selbst bestimmen, was Sie vor den Augen der anderer Nutzer verbergen wollen und was Sie zur gemeinsamen Bearbeitung freigeben. Klicken Sie mit der rechten Maustaste auf die Datei und wählen Sie dann den Menüpunkt 'Eigenschaften'. Sie können Dateien sogar ganz verstecken, indem Sie vor den Dateinamen einen Punkt schreiben.

- *Wie kann ich Benutzer hinzufügen oder entfernen?*
  Neue Benutzer werden von `root` angelegt. Wie Sie bereits wissen, müssen Sie sich immer dann als `root` (Systemverwalter) an Ihrem Rechner anmelden, wenn es etwas zu Administrieren gibt, etwa wenn ein neuer Benutzer angelegt werden soll. Starten Sie als normaler Benutzer das YaST2 Kontollzentrum, wählen Sie den Schlüssel 'Sicherheit & Benutzer' und geben Sie das `root`-Passwort ein. Im rechten Feld erscheint eine Auswahl von Möglichkeiten unter anderem auch der Punkt 'Benutzerverwaltung'. Dort gehen Sie auf 'Hinzufügen'. Wenn Sie die Felder ausfüllen (Vorname und Nachname), wird ein neuer Benutzer angelegt und ein Passwort (Kennwort) hinterlegt.

Bei der Eingabe eines Passworts müssen Sie zwischen Groß- und Klein-schreibung unterscheiden. Ein Passwort sollte mindestens fünf Zeichen lang sein und darf keine Sonderzeichen (z. B. Akzente) enthalten. Erlaubt sind die Zeichen #*,.;:._-+!$%&/ | ?{[()]} sowie Leerzeichen und Ziffern von 0 bis 9. Es ist zweckmäßig, eine Länge von ca. 8 Zeichen zu wählen. Um sicherzustellen, dass das Passwort korrekt eingegeben wurde, muss es in einem zweiten Feld zeichengenau wiederholt werden. Wichtig: Merken Sie sich das Passwort gut!

Der sog. Benutzername (engl. *login*) wird aus Komponenten des gesamten Namens erzeugt. Sie können YaST2 einen Benutzernamen vorschlagen lassen. Diesen können Sie ändern oder selbst einen Namen eingeben. Der Name darf nur Kleinbuchstaben (keine Umlaute), Ziffern und die Zeichen

._- enthalten. Benutzernamen haben somit stärkere Beschränkungen als Passwörter.

Wenn Sie mit Linux arbeiten wollen, melden Sie sich mit diesem Benutzernamen und dem Passwort beim System an; dieser Vorgang des Anmeldens wird auch als Login bezeichnet.

Wenn Sie einen Nutzer löschen wollen, wählen Sie den Punkt 'Nutzer anlegen und bearbeiten'. Dort wählen Sie den Nutzer aus und klicken auf 'löschen'.

Mounten, Shell und anderes

- *Was ist mount?*
Im Deutschen heißt „mount" montieren und wird unter Linux auch oft als „Einhängen" bezeichnet, Weil es mount gibt, können Sie Ihre Diskette oder CD nicht einfach so aus dem Laufwerk nehmen. Und selbst wenn diese Medien in die Laufwerke eingelegt werden, müssen sie erst gemountet werden, bevor von ihnen gelesen werden kann. Der Befehl mount fügt einen Datenträger (Floppy, CD, Zip-Laufwerk o.ä.) in den Dateibaum ein, mit umount kann dieser dann wieder entfernt werden (unter KDE wird diese Aktion im Hintergrund ausgeführt, etwa wenn Sie auf das CD- oder das Floppy-Symbol klicken).

Warum ist das so?
Wie immer erweisen sich kleine Linuxhürden als eigentlich praktisch. Linux ist es egal, welche Form von Datenträger Sie mounten wollen, ob Floppy, DVD, Festplatte oder ZIP-Laufwerk, alle werden beim System an- und wieder abgemeldet. An einem System oder Arbeitsplatz, an dem viele Personen gleichzeitig arbeiten, ist das insofern wichtig, als mehrere Benutzer und mehrere Programme auf den Dateibaum zugreifen können.

Stellen Sie sich einmal vor, jemand würde dort in der Firma die Schubladen austauschen, nur weil er für eine Stunde an Ihrem Schreibtisch arbeitet. Sie komme zwischendurch zurück und suchen einen ganz wichtigen Vertragsentwurf, doch nun ist Ihre Schublade nicht mehr da. Aus diesem Grund müssen Sie solche „Schubladen", die Laufwerke unseres Dateisystems, mounten und unmounten.

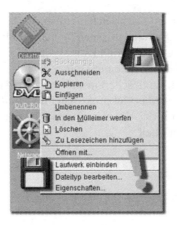

- *Alles hört auf mein Kommando!*

In einem Linux-System kommt man immer über mehrere Wege zum Ziel. Das mag am Anfang etwas verwirrend sein, hat aber viele Vorteile. Sollte ein Funktion ausfallen oder gesperrt sein, können Sie dieselben Befehle dem Rechner auch anders mitteilen.

So können Sie beispielsweise anstelle des Programmaufrufs per Mausklick im Menü den Programmnamen auch über die Tastatur eingeben und das Programm trotzdem starten. Oder lassen Sie sich den Inhalt eines Ordners mit dem Textbefehl `ls` zeigen.

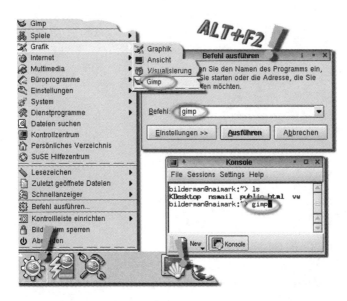

Eingegeben werden solche Befehle über die Textkonsole, ein unspektakuläres kleines Textfeld, auch „shell" genannt, über das der Computer fast vollständig gesteuert werden kann. Profis arbeiten gerne mit der Konsole, weil man hier Befehle zu einer langen Befehlskette zusammenfassen kann und dadurch am Ende schon fast so etwas wie ein kleines Programm hat. Von Fall zu Fall ist das viel praktischer als mit der Maus zu arbeiten. Mehr zum Arbeiten mit der Konsole finden Sie weiter hinten in dem Kapitel Arbeiten mit der Shell.

Schnellinstallation

Einfacher geht's kaum: Im Optimalfall reichen **wenige Klicks** aus und SuSE-Linux ist komplett auf Ihrem Rechner installiert. Wenn bisher noch kein Linux-System auf Ihrem Rechner installiert ist, wird Ihre Festplatte automatisch partitioniert, ein eventuell installiertes Windows-System (95/98/ME) verkleinert, eine Auswahl an Software installiert und Ihre Hardware automatisch eingerichtet. Sind Sie mit den Vorschlägen des Systemassistenten YaST2 nicht zufrieden oder haben Sie spezielle Ansprüche an Ihr System? Kein Problem, denn Sie können natürlich jeden Vorschlag zur Installation manuell ändern. Wie, erfahren Sie im Kapitel *Benutzerdefinierte Installation* auf Seite 21.

Erster Schritt: Die Sprachauswahl

Schalten Sie Ihren Rechner ein und legen Sie die CD 1 oder die DVD in das entsprechende Laufwerk. Während der Begrüßungsbildschirm erscheint, bereitet SuSE Linux die Installation vor. Als erstes erhalten Sie danach die Möglichkeit, die Sprache für Ihr System auszuwählen. Die Spracheinstellung, die Sie hier wählen, wird automatisch für Ihr Tastaturlayout übernommen.

┌─ **Hinweis** ───

Wenn Ihr Rechner nicht von CD 1 oder DVD bootet, lesen Sie bitte Abschnitt *Startbildschirm* auf Seite 23.

── **Hinweis** ─┘

Zweiter Schritt: Vorschläge annehmen

Linux überprüft jetzt als erstes Ihr System. Falls Sie schon ein Linux-Betriebssystem auf Ihrem Rechner installiert haben, werden Sie im nächsten Fenster gefragt, ob Sie SuSE Linux komplett neu installieren wollen, ein Update Ihres bisherigen Systems möchten oder ob Sie das auf Ihrer Festplatte befindliche System booten wollen.

Wenn bisher noch kein Linux auf Ihrem Computer installiert ist oder Sie 'Neuinstallation' gewählt haben, überprüft SuSE Linux jetzt Ihre komplette Hardware und listet das Ergebnis im Anschluss im so genannten „Vorschlagsfenster" auf (siehe Abb. 2.1 auf Seite 20). Sie sehen in diesem Fenster zusätzlich den Partitionierungsvorschlag (ggf. inkl. Windows-Verkleinerung) und die Installationsoption (Neuinstallation). Wenn Sie zum ersten Mal Linux installieren, sollten Sie diese Vorschläge annehmen – sie sind in aller Regel sinnvoll gewählt.

Folgende Meldungen und Vorschläge erhalten Sie nach dem Systemcheck:

Installationsmodus Hier ist 'Neuinstallation' der Standardwert.

Tastaturlayout Das Tastaturlayout wird nach der Sprache ausgewählt, die man im ersten Schritt angegeben hat.

Maus Der erkannte Maustyp wird angegeben.

Partitionierungsvorschlag Hier wird eine sinnvolle Partitionierung vorgeschlagen. Falls sich Windows 9x/ME auf der Platte befindet, wird angegeben, wie stark es verkleinert wird.

Softwareauswahl Ein Standardsystem mit Office-Paket ist hier voreingestellt.

Boot Loader Hier ist eingestellt, wohin SuSE Linux den Bootmanager installiert. Standard ist hier der Master Boot Record (MBR).

Zeiteinstellungen Hier wird nach der Spracheinstellung eine Zeitzone des jeweiligen Landes eingestellt. Diese Einstellung muss natürlich häufig manuell geändert werden, da viele Sprachen in verschiedenen Ländern gesprochen werden und SuSE Linux ja (bisher noch) nicht erraten kann, in welchem Land Sie wohnen.

Sie können jederzeit durch Klick auf den jeweiligen Parameter die von YaST gemachten Vorschläge zur Partitionierung und zur Hardware ändern. Die einzelnen Module sind in Kapitel *YaST2 übernimmt die Arbeit* auf Seite 25 beschrieben. Bei richtig erkannter Hardware ist eine Änderung natürlich nicht sehr sinnvoll. Haben Sie einen Parameter geändert, kehren Sie jedes Mal wieder zur Auswahl zurück und können mit einem Klick auf 'Weiter' die Installation mit den geänderten Werten fortsetzen.

┌─ **Achtung** ─────────────────────────────────────

Falls Sie Änderungen an Bootloader-, Partitionier- oder Hardwareeinstellungen vornehmen, sollten Sie genau wissen, was Sie tun.

───────────────────────────────────── **Achtung** ─┘

Dritter Schritt: Installation

Nun ist es so weit: wenn Sie in dem grünen Fenster 'Ja' wählen, geht es los mit der Installation. Je nach Rechnerleistung haben Sie in ca. 15 Minuten ein fertig installiertes System mit einer Auswahl von ca. 350 Programmpaketen.

Abschluss: Die Konfiguration

Nach Beendigung der Installation müssen Sie noch drei wichtige Einstellungen vornehmen, bevor Sie endgültig mit SuSE Linux arbeiten können (detaillierte Anleitung dazu im Kapitel *System konfigurieren* auf Seite 43): Zuerst müssen Sie für den Systemadministrator (normalerweise Sie!) – den so genannten User ☞ *Root* oder „Superuser" – ein Passwort festlegen.

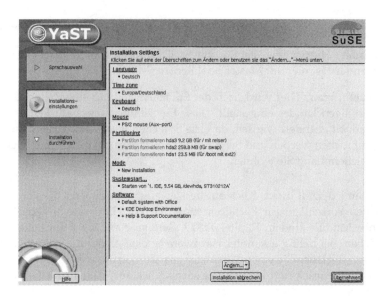

*Abbildung 2.1: „Vorschlagsfenster": Erkannte Hard-
ware, Installations– und Partitionierungsvorschläge*

┌─ **Achtung** ─────────────────────────────────

Merken Sie sich unbedingt das Root-Passwort, da Sie nur als `root` Änderungen am System vornehmen oder Programme installieren können. Um
nicht bei falschen Einstellungen Ihren Bildschirm zu beschädigen, achten
Sie bitte auf die Spezifikationen Ihres Bildschirms und Ihrer Grafikkarte.

───────────────────────────────── **Achtung** ─┘

Danach müssen Sie einen Benutzer anlegen und schließlich wird Ihnen der
erkannte Bildschirm und die Graphikkarte angezeigt. Bei Bedarf können Sie
hier die Grafikauflösung oder die Farbtiefe ändern (s. auch Kapitel *Bildschirm-
Einstellungen* auf Seite 45). Nach dem folgenden Test der Grafikeinstellungen
erhalten Sie noch die Möglichkeit, weitere in Ihrem System befindliche Hardware
wie beispielsweise Drucker, Soundkarte oder Modem einzurichten bzw. automatisch erkennen und konfigurieren zu lassen (s. auch Kapitel *Hardwarekonfiguration*
auf Seite 46). Das können Sie allerdings auch überspringen und später nachholen.

Viel Spaß mit SuSE Linux!

Benutzerdefinierte Installation

Nach der schnellen Standardinstallation im vorigen Kapitel erfahren Sie hier nun Näheres über die einzelnen Parameter, die Sie vom Vorschlagsfenster aus ändern können, indem Sie die jeweiligen Module aufrufen. Auch diese sind so einfach konzipiert, dass Sie keine Angst haben müssen, wenn Sie hier einmal etwas ändern müssen oder wollen. Dank der Neukonzeption von YaST2 ist die Installation von SuSE Linux mitsamt Anwendungsprogrammen auch in der längeren Variante zu einem Kinderspiel geworden.

Systemstart von CD-ROM

Legen Sie die erste CD-ROM oder die DVD von SuSE Linux in das Laufwerk. Starten Sie dann den Rechner erneut, um SuSE Linux zur Installation von dem im Laufwerk befindlichen Medium zu laden und auf Ihrem Rechner einzurichten.

Mögliche Probleme beim Start von CD/DVD

Sollte es beim Starten des Rechners möglich sein, von der CD zu booten, so können Sie mit der Installation mit YaST2 fortfahren. Ist das Booten von der CD hingegen nicht möglich, kann es daran liegen, dass:

- Ihr CD-ROM-Laufwerk das „Bootimage" der ersten CD nicht lesen kann. Benutzen Sie in diesem Fall die CD 2, um das System zu booten. Auf dieser zweiten CD befindet sich ein herkömmliches Bootimage von 1,44 MB Größe, welches auch von älteren Laufwerken eingelesen werden kann.

- die Bootsequenz des Rechner nicht richtig eingestellt ist. Informationen zum Ändern der Einstellungen im BIOS erhalten Sie in der Dokumentation Ihres Mainboards bzw. in folgenden Abschnitten.

  Das BIOS ist eine kleine Software, mit der die Grundfunktionalitäten des Computers gestartet werden können. Die Hersteller von Mainboards stellen ein darauf angepasstes BIOS zur Verfügung.

  Der Aufruf des BIOS-Setups kann erst zu einem bestimmten Zeitpunkt erfolgen: Beim Neustart des Rechners werden einige Diagnosen der Hardware durchgeführt, so wird u. a. der Arbeitsspeicher getestet. Dies können Sie mit dem Hochzählen des Systemspeichers verfolgen. Zur gleichen Zeit wird darunter oder am unteren Bildschirmrand angezeigt, mit welcher Taste Sie das BIOS-Setup aufrufen können. Üblicherweise müssen dazu die Tasten (Del), (F1) oder (Esc) drücken. Statt (Del) wird die Taste mitunter auch (Entf) genannt.
  Drücken Sie die entsprechende Taste, um das BIOS-Setup zu starten.

  Ist das BIOS-Setup gestartet, ändern Sie die Bootsequenz wie folgt: Bei einem AWARD-BIOS suchen Sie den Eintrag BIOS FEATURES SETUP; andere Hersteller verwenden ähnliche Einträge wie z. B. ADVANCED CMOS SETUP. Wählen Sie den entsprechenden Eintrag aus und bestätigen Sie mit (↵).

  Zur Änderung der Boot Sequence ist der Unterpunkt zur Startreihenfolge der Laufwerke wichtig. Die Voreinstellung ist oftmals C, A oder A, C. Im ersten Fall sucht der Rechner beim Booten das Betriebssystem zuerst auf der Festplatte (C) und dann im Diskettenlaufwerk (A). Wählen Sie 'Boot Sequence' und drücken Sie dann solange die Taste (Bild ↑) bzw. (Bild ↓), bis die Sequenz A, CDROM, C angezeigt wird.

Verlassen Sie die Einstellungen durch Drücken von (Esc). Um die Änderungen zu speichern, wählen Sie 'SAVE & EXIT SETUP' oder drücken Sie (F10). Bestätigen Sie Ihre Einstellungen mit (Y); zum Verwerfen drücken Sie (N).

┌─ **Hinweis** ─────────────────────────────────────

Standardmäßig bietet das BIOS keine deutsche Tastaturbelegung an, sondern nur die amerikanische: Die Tasten (Y) und (Z) sind vertauscht.

──────────────────────────────────── **Hinweis** ─┘

Haben Sie ein SCSI-CD-ROM-Laufwerk, müssen Sie z. B. bei einem Adaptec Hostadapter mit (Ctrl) + (A) dessen BIOS aufrufen. Wählen Sie die 'Disk Utilities' aus. Das System prüft und zeigt die angeschlossene Hardware an. Notieren Sie die SCSI-ID für Ihr CD-ROM. Das Menü verlassen Sie mit (Esc), um anschließend 'Configure Adapter Settings' zu öffnen. Unter 'Additional Options' finden Sie 'Boot Device Options'. Wählen Sie dieses Menü aus und drücken Sie (↵). Geben Sie nun die zuvor notierte ID des CD-ROM-Laufwerks ein und drücken Sie wieder (↵). Durch zweimaliges Drücken von (Esc) kehren Sie zum Startbildschirm des SCSI-BIOS zurück, den Sie nach der Bestätigung mit 'Yes' verlassen, um den Rechner neu zu ☞*booten.*

- Ihr CD-ROM-Laufwerk nicht unterstützt wird, weil es sich um ein älteres Laufwerk handelt. Informationen, ob Ihr Laufwerk unterstützt wird, finden Sie in der Hardwaredatenbank der SuSE Linux AGunter http://hardwaredb.suse.de/.

Alternativ können Sie auf die manuelle Installation ('Manual Installation') ausweichen.

Startbildschirm

Während der Startbildschirm erscheint, bereitet SuSE Linux die Installation vor.

Der Startbildschirm zeigt mehrere Auswahlmöglichkeiten für den weiteren Verlauf der Installation. Wenn Sie nichts verändern, wird automatisch die Standardinstallation geladen. Diese funktioniert in ca. 99% aller Fälle. Sollten Sie ältere oder für bestimmte Funktionen nicht optimierte Hardware besitzen,

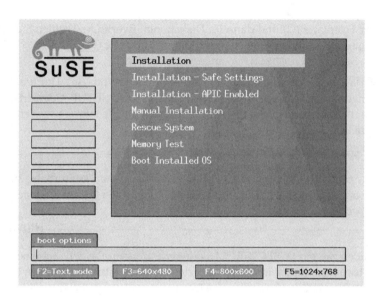

Abbildung 3.1: Der Startbildschirm

können in seltenen Fällen allerdings Probleme bei der Installation auftreten. Solche Probleme hängen meistens mit dem Powermanagement-Modus oder mit der DMA-Fähigkeit Ihre Laufwerke zusammen. Diese Probleme sind vorher nicht abprüfbar und treten sporadisch während der Installation auf. Sollte so etwas passieren, sprich das System nicht durchinstallieren, starten Sie den Rechner neu und wählen Sie im Startbildschirm den Punkt 'Installation – Safe Settings'. Die weiteren Optionen (die Sie in aller Regel niemals brauchen werden), bewirken folgendes:

- **Installation**: Die „normale" Installation, in der alle modernen Hardwarefunktionen aktiviert werden.

- **Installation: Safe Settings** – DMA-Funktion (für das CD-ROM-Laufwerk) und problematisches Powermanagement werden deaktiviert. Experten können hier Kernelparameter in der Eingabezeile mitgeben oder verändern.

- **Manual Installation**: Wenn bestimmte Treiber, die beim Start der Installation automatisch geladen werden, Probleme bereiten, können Sie hier „manuell" installieren, d. h. diese Treiber werden dann nicht automatisch geladen. Sie können Sie hier manuell zum laden auswählen.

- **Rescue System**: Falls Sie keinen Zugriff mehr auf Ihr installiertes Linux-System haben, starten Sie den Rechner mit der eingelegten DVD/CD1 und wählen Sie diesen Punkt. Es startet ein „Rettungssystem", also ein minimales Linux-System ohne grafische Oberfläche, mit dem Experten Zugriff auf Ihre Festplatten haben und eventuelle Fehler das installierten System reparieren können.

- **Memory Test**: Testet Ihren Arbeitsspeicher durch. Der Test läuft endlos, d. h., sie sollten ihn einige Stunden laufen lassen und ihn dann abbrechen, indem Sie den Rechner neu starten.

- **Boot Installed OS**: Bootet Ihr System von der Festplatte (das, das normalerweise beim Rechnerstart hochfährt).

Einige Sekunden nach dem Startbildschirm lädt SuSE Linux ein minimales ☞*Linux-System*, das den weiteren Installationsvorgang kontrolliert; auf dem Bildschirm erscheinen nun zahlreiche Meldungen und Copyright-Hinweise. Zum Abschluss des Ladevorgangs wird das Programm YaST2 gestartet, nach wenigen Sekunden erscheint die grafische Oberfläche von YaST2, dem Installationsprogramm von SuSE Linux.

YaST2 übernimmt die Arbeit

Jetzt beginnt die eigentliche Installation von SuSE Linux mit dem Installationsprogramm YaST2. Alle Bildschirmansichten von YaST2 folgen einem einheitlichen Schema. Alle Eingabefelder, Auswahllisten und Buttons der YaST2-Bildschirme können Sie mit der Maus steuern. Bewegt sich der Cursor nicht, wurde Ihre Maus nicht automatisch erkannt. Verwenden Sie in diesem Fall die Tastatur.

Sprachauswahl

SuSE Linux und YaST2 stellen sich auf die von Ihnen gewünschte Sprache ein. Bei der deutschen Distribution von SuSE Linux ist Deutsch voreingestellt. Andere Sprachen können individuell ausgewählt werden. Die Spracheinstellung, die Sie hier wählen, wird auch für Ihr Tastaturlayout übernommen. Außerdem stellt YaST2 jetzt eine Standardzeitzone ein, die für Ihre Spracheinstellung am wahrscheinlichsten ist. Falls wider Erwarten die Maus noch nicht funktioniert, bewegen Sie sich bitte mit den Pfeiltasten bis zur gewünschten Sprache und drücken dann so oft die (Tab)-Taste, bis der Button 'Weiter' voraktiviert ist, und anschließend die (⏎)-Taste.

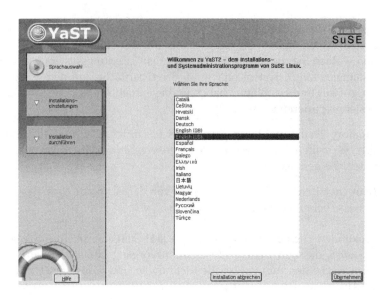

Abbildung 3.2: Auswählen der Sprache

Installationsmodus

Falls auf Ihrem Rechner bereits eine SuSE Linux-Version installiert ist, können Sie nun entscheiden, ob Sie eine 'Neuinstallation', eine 'Update'-Installation durchführen oder ob Sie Ihr vorhandenes System booten möchten. Falls bisher noch kein SuSE Linux installiert ist, können Sie nur eine Neuinstallation durchführen. Klicken Sie auf 'Weiter', um fortzufahren (Abb. 3.3 auf der nächsten Seite). Wir werden in diesem Kapitel nur die 'Neuinstallation' beschreiben. Nähere Informationen zum Systemupdate finden Sie im Kapitel *Update des Systems* auf Seite 58.

Installationsvorschlag

Nach der Hardwareerkennung (und ggf. der manuellen Mauseinrichtung) erhalten Sie Informationen über die erkannte Hardware und Vorschläge zur Installation und Partitionierung, das sog. „Vorschlagsfenster" (s. Kap. *Schnellinstallation* auf Seite 17 und Abb. 2.1 auf Seite 20). Wenn Sie einen Punkt anklicken und dann konfigurieren, gelangen Sie immer wieder in das Vorschlagsfenster mit den

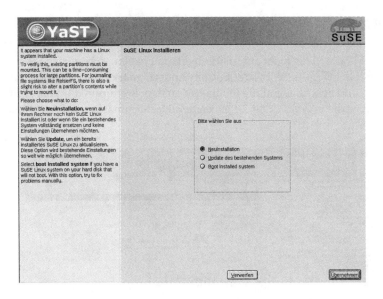

Abbildung 3.3: Auswählen der Installationsart

dann jeweils geänderten Werten zurück. Im Folgenden werden die einzelnen Konfigurationseinstellungen, die Sie vornehmen können, beschrieben.

Modus

Hier können Sie auch nachträglich den Installationsmodus ändern, zu dem Sie vor Erscheinen des Vorschlagsbildschirm schon gefragt wurden, wenn Sie bereits ein Linux-System auf Ihrem Rechner installiert haben. Außerdem können Sie hier Ihr installiertes System booten. Letzteres ist hilfreich, wenn Ihr System nicht mehr von der Festplatte starten kann.

Tastaturlayout

Wählen Sie in dieser Maske das gewünschte Tastaturlayout aus. In der Regel entspricht es der gewählten Sprache. Drücken Sie anschließend im Testfeld die Taste Ü oder Ä, um zu prüfen, ob die Umlaute richtig erscheinen. Falls nicht, stimmt die Tastaturbelegung noch nicht. Mit 'Weiter' gelangen Sie wieder zu den Vorschlägen zurück.

Maus

Sollte YaST2 die Maus nicht automatisch erkannt haben, so bewegen Sie sich bitte zuerst mit der ⟨Tab⟩-Taste, bis der Button 'Ändern' markiert ist, drücken dann die Leertaste und anschließend die Pfeiltasten zu dem Menüpunkt 'Maus'. Mit ⟨Enter⟩ erhalten Sie die in Abbildung 3.4 gezeigte Bildschirmmaske zum Auswählen des Maustyps.

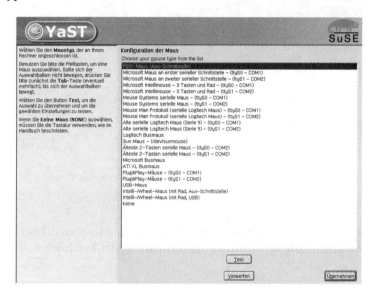

Abbildung 3.4: *Auswählen des Maustyps*

Verwenden Sie zur Auswahl des Maustyps die Tasten ⟨↑⟩ und ⟨↓⟩. Falls Sie eine Dokumentation zu Ihrer Maus besitzen, finden Sie dort eine Beschreibung des Maustyps. Bestätigen Sie den gewünschten Maustyp entweder durch Drücken

- der Tastenkombination ⟨Alt⟩ + ⟨↑⟩ oder

- von ⟨Tab⟩ und anschließender Bestätigung mit ⟨↵⟩.

Testen Sie, ob Ihre Maus funktioniert. Folgt der Mauszeiger am Bildschirm Ihren Bewegungen, war dieser Installationsschritt erfolgreich. Falls sich der Zeiger nicht bewegt, wählen Sie einen anderen Maustyp, und wiederholen Sie den Versuch.

Partitionierung

Wenn Sie neu sind im Umgang mit Linux und dessen Dateisystemen, stellen sich oftmals Fragen wie: Wie viel Platz soll Linux zur Verfügung gestellt werden? Wie viel Platz wird unbedingt gebraucht? Wie viel Platz sollte reserviert werden? Wie viel Platz macht Sinn und wie soll dieser Platz aufgeteilt werden? Die folgenden Abschnitte werden Ihnen dazu Informationen zur Verfügung stellen.

Partitionstypen beim PC

Jede Festplatte enthält eine Partitionstabelle, die Platz für vier Einträge hat. Jeder Eintrag in der Partitionstabelle kann entweder eine primäre Partition oder eine erweiterte Partition sein, wobei aber maximal *eine* erweiterte Partition möglich ist.

Primäre Partitionen sind recht einfach zu betrachten: Sie sind ein durchgehender Bereich von Zylindern, der einem Betriebssystem zugeordnet ist. Mit primären Partitionen könnte man pro Festplatte aber nur maximal vier Partitionen einrichten; mehr passt nicht in die Partitionstabelle.

Hier setzt jetzt das Konzept der erweiterten Partition an. Die erweiterte Partition ist ebenfalls ein durchgehender Bereich von Plattenzylindern. Man kann die erweiterte Partition aber nochmal in so genannte *logische Partitionen* unterteilen, die selbst keinen Eintrag in der Partitionstabelle brauchen. Die erweiterte Partition ist sozusagen ein Container, der die logischen Partitionen enthält.

Wenn Sie mehr als vier Partitionen benötigen, müssen Sie beim Partitionieren nur darauf achten, dass Sie spätestens die vierte Partition als erweiterte Partition vorsehen und ihr den gesamten freien Zylinderbereich zuordnen. Darin können Sie dann „beliebig" viele logische Partitionen einrichten (das Maximum liegt bei 15 Partitionen für SCSI-Platten und bei 63 Partitionen für (E)IDE-Platten).

Linux ist es egal, auf welcher Art von Partitionen (primär und/oder logisch) die Installation vorgenommen wird.

Entscheidung treffen

Beginnen wir mit der Frage nach dem unbedingt Notwendigen: 180 MB, wobei dies schon eine spezielle Anwendung des Rechners voraussetzt. Man arbeitet nur auf der Konsole – kein X Window System. Will man sich mal X anschauen und einige wenige Applikationen starten: 500 MB. Beide Werte sind Swap-inklusive.

Wie viel sollte es sein? 1 GB – in der Welt der Gigabyte-Festplatten eine eher bescheidene Forderung. Swap-inklusive und nach oben hin offen.

Wie viel macht Sinn? Kommt darauf an, was Sie wollen:

- Unter X mit modernen Applikationen wie KDE oder GNOME, Applixware oder Staroffice und Netscape oder Mozilla arbeiten: 1,2 GB.

- Mit Linux viele Filme und Musik downloaden: 2 GB

- Beide o. g. Punkte: 3 GB.

- Eigene CDs brennen und o. g. Punkte: 4 GB.

Wie teilt man den Platz auf? Eine einfache Frage mit einer nicht so einfachen Antwort.

┌ Tipp

Bei der nunmehr erreichten Robustheit des Linux-Dateisystems ist es ein durchaus *gutes* Vorgehen, die gleiche Strategie wie YaST zu verfolgen: eventuell eine kleine Partition zu Beginn der Platte für /boot vorzusehen (etwa 10 MB, bei großen Platten reicht ein 1 Zylinder), eine Partition für Swap (128-256 MB), der ganze Rest für /.

Tipp ┘

Wenn Sie etwas, aber gleichwohl möglichst wenig partitionieren wollen, gelten folgende einfachen Regeln:

- Bis ca. 500 MB: Swap-Partition und eine Root-Partition (/).

- Ca. 500 MB bis 4 GB: kleine Boot-Partition für den Kernel und den Bootloader *zu Beginn* der Festplatte (/boot, mindestens 8 MB bzw. 1 Zylinder), Swap-Partition und der Rest für die Root-Partition (/).

- Vorschlag für ab ca. 4 GB (Sie können aber auch wie beim vorigen Punkt verfahren): Boot (/boot), Swap, Root (250 MB), Home (/home) mit ca. 200 MB je Benutzer und der Rest für Programme (/usr); ggf. je eine weitere Partition für /opt und für /var.

Es ist zu bedenken, dass einige – zumeist kommerzielle – Programme ihre Daten unter /opt installieren; sehen Sie ggf. entweder für /opt eine eigene Partition vor oder dimensionieren Sie die Root-Partition entsprechend größer. Auch KDE oder GNOME liegen unter /opt!

Der Partitionierer von YaST2

Hier erscheint die vorgeschlagene Partitionierung mit den Optionen, diese zu akzeptieren, zu ändern oder zu verwerfen; vgl. die Hinweise auf Seite 37 zu

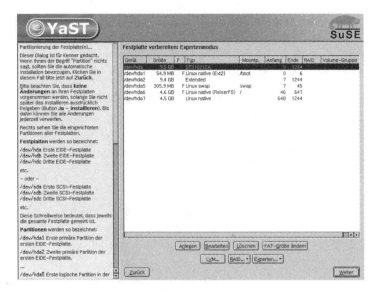

Abbildung 3.5: *Der Partitionierer von SuSE Linux*

automatischen Einträgen in der Dateisystemtabelle. Wählen Sie 'Partitionierung auf Vorschlag basierend', erscheint der „Partitionierer" (Abb. 3.5).

YaST2 listet alle vorhandenen ☞*Partitionen* der ausgewählten Festplatte auf (Abb. 3.5). Der freie Festplattenplatz wird angezeigt und automatisch als gewählt gekennzeichnet. Wenn Sie ☞*Linux* weiteren Speicherplatz zur Verfügung stellen wollen, können Sie ihn in der Liste von unten nach oben, d. h., in der Reihenfolge von der letzten bis hin zur ersten ☞*Partition* freigeben. Es ist jedoch nicht möglich, z. B. bei drei Partitionen ausschließlich die zweite für Linux zu wählen und die dritte und die erste Partition der Festplatte daneben für andere Betriebssysteme zu erhalten.

Wählen Sie 'Benutzerdefinierte Partitionierung', erscheint ein Dialog für die Auswahl der Festplatte (Abb. 3.6 auf der nächsten Seite). Alle in Ihrem System befindlichen Festplatten sind hier aufgelistet. Wählen Sie aus, wo Sie SuSE Linux installieren möchten. Die Auswahl der Festplatte ist ungefährlich; zu diesen Zeitpunkt werden noch keine Daten gelöscht oder Veränderungen an Ihrem System vorgenommen.

Das Menü 'Partitionierung für Experten' zeigt Ihnen die bisherige Partitionierung Ihres Systems an, die Sie dann manuell ändern bzw. für Ihr neues System neu erstellen können.

Klicken Sie im dann folgenden Dialogfenster auf 'Gesamte Festplatte', werden die ganze Festplatte und alle Partitionen für ☞*Linux* freigegeben. Wenn Sie ein Windows-Betriebssystem mit einem FAT-Dateisystem installiert haben, werden Sie hier gefragt, ob Sie Windows löschen oder ob Sie es verkleinern wollen (siehe auch *Anpassen einer Windows-Partition* auf Seite 34).

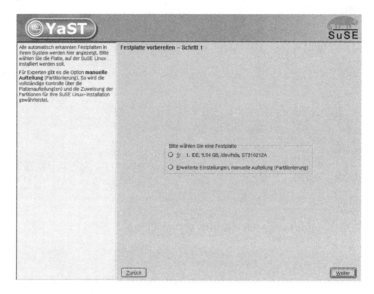

Abbildung 3.6: Auswählen der Festplatte, auf der SuSE Linux installiert werden soll

Im weiteren Verlauf der Installation wird YaST2 überprüfen,

- ob der Festplattenplatz für eine Minimalinstallation ausreicht und

- ob die von Linux verwendeten Standard-Partitionen eingerichtet werden können.

Falls dies nicht der Fall ist, werden Sie darauf hingewiesen, die Auswahl entsprechend abzuändern. Steht genügend Speicherplatz zur Verfügung, wird YaST2 Ihre Einstellungen übernehmen, um die gesamte Festplatte oder die gewählten ☞*Partitionen* aufzuteilen.

┌─ **Achtung** ─────────────────────────────────────

Bei der Auswahl 'Gesamte Festplatte' gehen sämtliche auf dieser Festplatte vorhandenen Daten verloren.

── **Achtung** ─┘

Manuell Partitionieren

Mit dem „Partitionierer" (Abbildung 3.5 auf Seite 31) können Sie manuell die Partitionierung Ihrer Festplatte(n) ändern. Sie können Partitionen hinzufügen, löschen oder bearbeiten.

Nachdem Sie im Vorschlagsbildschirm 'Partitionierung' und in der nächsten Maske 'Partitionierung auf Vorschlag basierend' gewählt haben, listet der Partitionierer eine Liste der Festplatten und aller bisher vorhandenen bzw. vorgeschlagenen Partitionen auf. Ganze Platten sind als Geräte ohne Nummern dargestellt (z. B. `/dev/hda` oder `/dev/sda`) unter Angabe der Festplattenmarke, während einzelne Partitionen als Teile dieser Geräte dargestellt sind (z. B. `/dev/hda1` oder `/dev/sda1`). Von den Platten und den Partitionen sind Größe, Typ, Dateisystem und Mountpunkt als wichtige Parameter dargestellt. Der Mountpunkt beschreibt, wo die Partition im Dateibaum von Linux „eingehängt" ist.

Partition erstellen

Zum Erstellen einer neuen Partition:

1. Markieren Sie die Festplatte, auf der Sie eine neue Partition erstellen wollen (bei nur einer Festplatte ist das automatisch der Fall).

2. Wählen Sie 'Neu'. Ein Dialog erscheint, der Sie nach dem Typ der Partition fragt. Sie können bis zu vier primäre oder drei primäre und eine erweiterte Partition erstellen. In der erweiterten können Sie wiederum mehrere „logische" Partitionen erstellen (siehe Kap. *Partitionstypen beim PC* auf Seite 29).

3. Wählen Sie nun das Dateisystem, mit dem die Partition formatiert werden soll und, wenn nötig, einen Mountpunkt. YaST2 schlägt Ihnen zu jeder Partition, die Sie anlegen, einen Mountpunkt vor. Details zu den Parametern finden Sie im nächsten Absatz.

4. Wählen Sie 'OK', damit die Änderungen wirksam werden.

Die neue Partition wird nun in der Partitionstabelle aufgelistet. Wenn Sie auf 'Weiter' klicken, wird die Partitionstabelle auf die Platte geschrieben und die entsprechenden Partitionen, wenn nötig, formatiert.

Parameter zum Partitionieren

Wenn Sie eine neue Partition in den Dateisystembaum einbinden wollen, müssen Sie folgende Parameter im Partitionierer setzen:

1. Auswählen der Partition

2. 'Bearbeiten' der Partition und Setzen der Parameter:

   - Dateisystem-Kennung (wenn Sie die Partition formatieren wollen): Dies kann sein: 'Linux swap', 'Linux', 'Linux LVM' oder 'Linux RAID'. Details zu LVM und RAID finden Sie im *Administrationshandbuch*.

   - Dateisystem (wenn Sie die Partition formatieren wollen): Dies kann sein 'Swap', 'Ext2', 'Ext3', 'ReiserFS' oder 'JFS'. Swap ist ein spezielles Format, das die Partition zum virtuellen Speicher macht. Jedes System sollte mindestens eine Swap-Partition mit mindestens 128 MB haben (s. Hinweis auf dieser Seite). Als Standard wird „ReiserFS" für die Partitionen benutzt. ReiserFS ist ebenso wie „JFS" und „Ext3" ein „Journaling Filesystem". Ein solches Dateisystem stellt Ihr System nach einem Crash wieder sehr schnell her. ReiserFS ist außerdem sehr schnell beim Umgang mit großen Mengen kleinerer Dateien. „Ext2" ist kein „Journaling Filesystem", jedoch ist es sehr stabil und gut für kleinere Partitionen geeignet, da es wenig Plattenplatz für seine Verwaltung benötigt.

   - Mountpunkt: Setzt das Verzeichnis, wo die neue Partition in den Dateisystembaum eingehängt werden soll.

3. Wählen Sie 'Weiter', um die Partition zu formatieren und zu aktivieren.

Hinweis

Wenn Sie manuell partitionieren, müssen Sie eine Swap-Partition anlegen. Der Swap-Bereich dient dazu, momentan gebrauchte Daten aus dem Hauptspeicher auszulagern, um den Arbeitsspeicher immer für die wichtigsten, gegenwärtig am häufigsten benötigten Daten zur Verfügung zu halten.

Hinweis

Anpassen einer Windows-Partition

In diesem Kapitel wird davon ausgegangen, dass sich Ihr Microsoft Windows-System auf einer Partition befindet, welche mit einem FAT-Dateisystem formatiert ist. Da SuSE Linux mit anderen Betriebssystemen auf Ihrem Rechner koexistieren kann, können Sie mit Hilfe des Programms Resizer diese Windows-Partition verkleinern. Das Verwenden des Programms ist besonders dann sinnvoll, wenn auf der ausgewählte Festplatte Ihres Rechners nur eine einzige ☞ *Partition* mit Windows existiert, was bei den meisten vorinstallierten Rechnern der Fall sein sollte. So haben Sie die Möglichkeit einen für Windows reservierten Teil der Festplatte zu verkleinern, ohne dieses Betriebssystem für die Installation von SuSE Linux löschen zu müssen.

Befindet sich Ihr Microsoft Windows-System auf einer Partition, die als Dateisystem NTFS (Standard bei vorinstalliertem Windows XP) verwendet, kann SuSE Linux dieses Dateisystem nicht verkleinern und damit u. U. aus Platzgründen nicht installiert werden. Um dennoch eine Installation von SuSE Linux vorzunehmen, haben Sie folgende Möglichkeiten:

- Sie löschen Windows komplett von der Festplatte

- Sie installieren Windows auf einem beliebigen FAT-Dateisystem neu

- Sie verkleinern die Windows-Partition entsprechend, um genügend Platz für die Installation von SuSE Linux zu bekommen (Abbildung 3.7 auf der nächsten Seite).

Hinweis

Bei einem vorinstallierten Windows XP empfiehlt es sich, zur Verkleinerung Ihr Windows XP mit den XP-Installations-CDs neu zu installieren und bei der Neuinstallation das Dateisystem FAT 32 zu wählen.

Hinweis ⌐

Bevor Sie die Windows-Partition verkleinern, sollten Sie zuerst Windows ☞*booten*. Führen Sie anschließend die beiden Programme scandisk und defrag laufen. Damit überprüfen und kopieren Sie die unter Windows benutzten Dateien an den Anfang der Festplatte, wodurch der spätere Verkleinerungsprozess unter Linux beschleunigt wird.

Hinweis

Eine von Ihnen evtl. vorab durchgeführte Swapfile-Optimierung unter Windows (Ober- und Untergrenze des Swapfiles fixiert) sollten Sie aufheben, da dieser Bereich ansonsten über den gesamten Festplattenplatz verstreut wird. Windows versieht seine Auslagerungsdatei mit einer speziellen, unsichtbaren Kennung. Defrag verschiebt solche Dateien grundsätzlich nicht, weil sehr alte Kopierschutzmechanismen mancher sehr alter Anwendungen genau auf dieser Kennung beruhen.

Hinweis ⌐

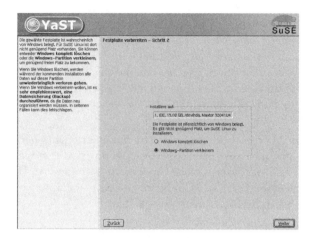

Abbildung 3.7: Mögliche Optionen bei Windows-Partitionen.

Setzt Ihr Betriebssystem auf einem FAT-Dateisystem auf, macht YaST2 Ihnen beim Aufruf von Resizer einen Vorschlag zur sinnvollen Verkleinerung Ihrer Windows-Partition. Im Nachfolgenden können Sie mit der hier beschriebenen Routine diesen Vorschlag manuell ändern.

Wenn Sie im Vorschlagsbildschirm zur Partitionierung gehen und im Folgenden 'Ändern' wählen, können Sie mit der Maus oder mit den Pfeiltasten die Windows-Partition markieren. Dann klicken Sie auf 'FAT-Größe ändern'.

YaST2 zeigt im ersten Balkendiagramm an, wie viel Speicherplatz Windows aktuell belegt und wie viel Festplattenspeicher noch frei ist. Das zweite Diagramm macht Ihnen einen Vorschlag für eine neue Aufteilung der Festplatte (Abbildung 3.8 auf der nächsten Seite). Sie können diesen Vorschlag übernehmen oder die Grenzen mit dem Schieber darunter weitgehend frei verändern. Den Windows-Resizer erhalten Sie auch, wenn Sie bei der genannten Auswahl zuerst 'Verwerfen' und dann 'Gesamte Festplatte' wählen. Dann werden Sie zuerst noch gefragt, ob Sie Windows verkleinern oder komplett löschen wollen. Wenn Sie verkleinern wählen, gelangen Sie ebenfalls in den Resizer.

┌─ **Achtung** ───

  Bei einer Löschung von Windows sollten Sie beachten, dass alle Daten später mit der Installation von Linux unwiederbringlich verloren gehen.

─────────────────────────────────────── **Achtung** ─┘

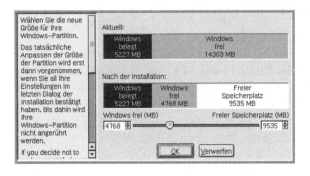

Abbildung 3.8: Anpassen der Windows-Partition.

Weitere Hinweise zum Partitionieren

Wenn YaST2 automatisch die Partitionierung vornimmt und dabei erkennt, dass sich andere Partitionen im System befinden, dann werden diese auch in der Datei /etc/fstab eingetragen, um einen einfachen Zugriff auf diese Daten zu ermöglichen. In dieser Datei stehen alle im System befindlichen Partitionen mit ihren zugehörigen Eigenschaften (Parametern) wie Dateisystem, Mountpunkt und Nutzerrechte. Einen Auszug finden Sie in Datei 1.

```
/dev/sda1      /data1   auto     noauto,user 0 0
/dev/sda8      /data2   auto     noauto,user 0 0
```

Datei 1: /etc/fstab: data-Partitionen

Die Partitionen, egal ob Linux- oder FAT-Partitionen (Windows 95/98,ME), werden mit den Optionen noauto und user eingetragen; so kann jeder Benutzer diese Partitionen bei Bedarf ein- oder aushängen. Aus Sicherheitsüberlegungen heraus wird von YaST2 hier nicht die Option exec eingetragen – falls Sie jedoch von dort Programme oder Skripten ausführen wollen, tragen Sie diese Option nach. Diese Maßnahme ist spätestens notwendig, wenn Sie Meldungen wie "bad interpreter" oder "Permission denied" zu sehen bekommen.

Viele weitere ausführliche Hintergrundinformationen und Tipps zum Partitionieren finden Sie im *Administrationshandbuch* unter *Besondere Installationsvarianten → Partitionieren für Fortgeschrittene.*

Software

Hiermit legen Sie fest, welche Software auf Ihrem Rechner installiert werden soll. Eine Standardauswahl mit KDE und OpenOffice ist voreingestellt. Wenn Sie auf 'Software' klicken, erscheint ein Dialog, wo Sie die Wahl zwischen drei Grundsystemen zur Installation haben:

- Minimal (Nur für Experten empfehlenswert)

- Basissystem mit minimalem X-Windows

- Standardsystem (mit KDE und Office-paket)

Wenn Sie eines der drei Systeme anwählen und dann auf 'Detaillierte Auswahl' klicken, startet das Softwareinstallationsmodul. Wenn Sie SuSE Linux nicht zum ersten Mal installieren und hier in die detaillierte Softwareauswahl einsteigen, werden Sie feststellen, dass sich das Modul im Vergleich zu seinen Vorgängern stark verändert hat. Es wurde komplett überarbeitet (s. Abb. 3.9) und bietet nun mehr Funktionalität und Flexibilität als jemals zuvor.

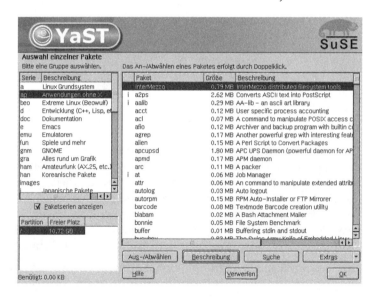

Abbildung 3.9: YaST2: Software installieren und löschen

Vorauswahl

Das Modul startet mit dem so genannten „Selektionsfilter" (Links oben sehen Sie neben 'Filter' den Punkt 'Selektion' ausgewählt. Diese Selektionen stellen Gruppen von Programmpaketen dar, die Sie mit Klick auf die jeweilige Checkbox entweder komplett zum Installieren anwählen können oder komplett zum Deinstallieren, wenn Sie zur Installation vorangewählt waren. Darunter sehen Sie die möglichen Vorauswahlgruppen dieses Filters, von denen einige schon ausgewählt sind, da sie zur Standardinstallation von SuSE Linux gehören.

Im rechten Fenster sehen Sie die Pakete einzeln aufgelistet, die zur jeweiligen Auswahl gehören. Alle Pakete haben einen aktuellen „Zustand". Zum Zeitpunkt der Installation, wo Sie sich gerade befinden, sind vor allem die Zustände „Zum Installieren auswählen" und „nicht installieren" interessant, also ein Häkchen links vom Paketnamen oder ein Leerfeld. Hier können Sie jedes einzelne Paket ebenfalls nach Ihren Bedürfnissen an oder abwählen. Klicken Sie dazu sooft auf das Symbol links, bis der jeweilige Zustand erreicht ist (Installieren oder nicht installieren).

Die anderen Zustände sind zum Installieren weniger von Belang. Eine Beschreibung zu allen möglichen Zuständen ebenso wie die detaillierte Anleitung zu diesem Modul finden Sie im Abschnitt *Software installieren/löschen* auf Seite 55.

┌─ **Achtung** ───────────────────────────────────

Die Standardauswahl, die Ihnen zum Installieren angeboten wird, ist in aller Regel für den Anfänger wie für den fortgeschrittenen Heimanwender sinnvoll und nach Erfahrungswerten gewählt. Es ist normalerweise nicht nötig, hier Änderungen vorzunehmen. Wenn Sie Pakete zusätzlich auswählen und noch mehr, wenn Sie Pakete abwählen, sollten Sie wissen, was Sie tun. Beachten Sie v.a. beim Löschen unbedingt die Warnhinweise und wählen Sie keine Pakete des dx Linux-Grundsystems ab (i. d. R. in der Paketgruppe 'System' zu finden).

─────────────────────────────────── **Achtung** ─┘

Andere Filter

Wenn Sie auf den Button 'Filter' klicken, sehen Sie eine Auswahl von weiteren Filtern, nach denen Sie die Sicht auf die Pakete ordnen können. Interessant ist hier die Auswahl nach 'Paketgruppen', die Sie auch als Standardfilter erhalten, wenn Sie später im fertigen System die Softwareauswahl im YaST starten. Mit diesem Filter erhalten Sie die Programmpakete auf der linken Seite nach Themen in einer Baumstruktur sortiert. Je weiter Sie den Baum in einer Paketobergruppe („Thema") aufklappen, desto exakter wird die Auswahl und desto kleiner die Anzahl der zugehörigen Pakete rechts in der Paketliste.

Booten (Bootloader – Installation)

Um SuSE Linux oder ein anderes Betriebssystem auf Ihrem Rechner starten zu können, benötigen Sie ein Programm, mit dessen Hilfe Sie beim Starten des Rechners (☞*Booten*) entscheiden können, ob Sie SuSE Linux oder ein anderes Betriebssystem nutzen wollen. Ein solches Programm sind die Bootmanager ☞*LILO*, der „**LI**nux **LO**ader" und GRUB („**GR**and **U**nified **B**ootloader").

Bis zur Version 8.0 war LILO der Standardbootmanager von SuSE Linux. Wenn Sie Ihr altes System upgedatet haben, wurde LILO als Bootmanager beibehalten. Haben Sie jedoch eine Neuinstallation durchgeführt, steht Ihnen nun GRUB als Bootloader zur Verfügung. Sie werden allerdings in der Bedienung und der Benutzerfreundlichkeit keine Unterschiede feststellen.

YaST2 schlägt standardmäßig vor, den Bootloader in den Master Boot Record (MBR) der Festplatte zu installieren. Wenn Sie mehrere Festplatten haben, erkennt es aufgrund der Einstellungen im ☞*BIOS*, welches die Boot-Festplatte ist.

Angezeigt wird dies im „Vorschlagsbildschirm" unter 'Systemstart'. YaST2 erkennt, ob Sie außer SuSE Linux noch ein weiteres Betriebssystem verwenden. Sie haben verschiedene Möglichkeiten, den Bootloader zu installieren. Im Folgenden geben wir Ihnen eine Einführung in den Bootmanager. Eine ausführliche Beschreibung (für Experten) finden Sie im Bootloader-Kapitel im *Administrationshandbuch*. Wählen Sie die Bootloader-Konfiguration durch Klick auf 'Booten', erscheint der unter Abbildung 3.10 auf der nächsten Seite dargestellte Dialog.

In diesem Dialog bestimmen Sie, wie und wo der Bootloader installiert werden soll. Zur Verfügung stehen Ihnen mehrere Möglichkeiten:

- Auf `/dev/hda` (im ☞*MBR* Ihrer Bootfestplatte)

- Bootdiskette

- Auf eine andere ☞*Partition*

- Bootloader nicht benutzen

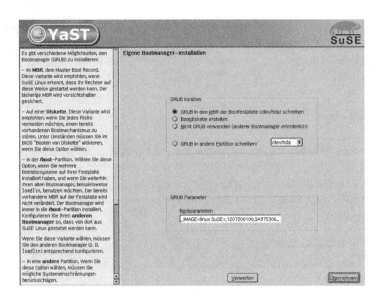

Abbildung 3.10: Bootloader – Installation

In den allermeisten Fällen können Sie die erste Option wählen. Damit wird der Bootloader in den ☞*Master Boot Record (MBR)* Ihrer (Boot-)Festplatte installiert. Verwenden Sie diese Option auch, wenn Sie den Linux-Bootloader als Bootmanager für mehrere Betriebssysteme verwenden möchten. Stellen Sie aber sicher, dass Ihr Betriebssystem von LILO oder GRUB gebootet werden kann (in der Regel MS-DOS, Windows 9x/ME, NT, 2000, XP oder OS/2).

Verwenden Sie mehrere Betriebssysteme, bei denen Sie nicht sicher sind, ob diese von Ihrem Linux-Bootloader gebootet werden können oder möchten Sie den bisherigen Startmechanismus unverändert lassen, dann verwenden Sie die Option 'Bootdiskette'. So können Sie, wenn Sie vor dem Einschalten Ihres Rechners diese Diskette ins Laufwerk stecken, Linux starten. Befindet sich die Diskette nicht im Laufwerk, startet das andere Betriebssystem. Später können Sie in YaST2 an dieser Stelle die Konfiguration des Bootloaders aufrufen und ihn so einstellen, dass Sie beim Systemstart auswählen können, welches Betriebssystem gestartet wird.

Haben Sie bereits einen anderen Bootmanager installiert und möchten SuSE Linux in diesen Bootmanager aufnehmen, dann wählen Sie 'Bootloader nicht benutzen'. Nach der Installation von SuSE Linux müssen Sie den vorhandenen Bootmanager neu konfigurieren und SuSE Linux in den Bootvorgang einbinden.

Wenn Ihr System zusätzliche Kernel-Parameter für jeden Neustart benötigt, geben Sie diese Parameter bitte im vorgesehenen Feld ein. Auf einem normalen Heimanwender-System ist eine solche Angabe i. d. R. nicht nötig.

Zeitzone

In dieser Maske (Abb. 3.11) können Sie im Feld 'Rechneruhr einstellen auf' zwischen Lokalzeit und GMT wählen. Ihre Auswahl hängt von der Einstellung der Uhr im BIOS Ihres Rechners ab. Sollte diese auf GMT stehen, übernimmt SuSE Linux automatisch die Umstellung von Sommer- auf Winterzeit und umgekehrt.

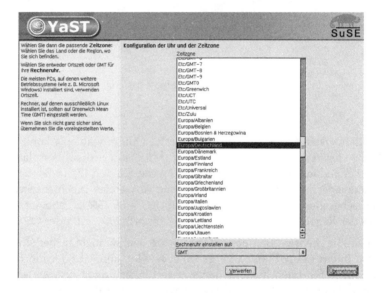

Abbildung 3.11: Auswählen der Zeitzone

Installation starten

Mit Klick auf 'Weiter' nehmen Sie den Vorschlag mit allen von Ihnen gemachten Änderungen an und gelangen in die grüne Bestätigungsmaske. Wenn Sie hier nun 'Ja' wählen, geht es los mit der Installation basierend auf

Ihren Einstellungen. Die Installation dauert je nach Rechnerleistung und Softwareauswahl meist zwischen 15 und 30 Minuten.

System konfigurieren

Nachdem das System und Ihre ausgewählte Software fertig installiert sind, müssen Sie noch drei wichtige Einstellungen vornehmen, damit Sie mit SuSE Linux arbeiten können: Sie müssen ein Passwort für den Systemadministrator (sog. „Root") festlegen, einen normalen Benutzer anlegen und Ihre persönlichen Bildschirmeinstellungen auswählen bzw. bestätigen. Wie das funktioniert, sehen Sie in den folgenden Abschnitten.

Root-Passwort

☞*Root*, das ist der Name für den ☞*Superuser*, den ☞*Administrator* des Systems. root darf all das, was der normale Nutzer nicht darf. Er kann das System verändern, neue Programme für alle einspielen oder neue Hardware einrichten. Wenn jemand sein Passwort vergessen hat oder Programme nicht mehr laufen, hat root die Möglichkeit, zu helfen. Im Allgemeinen sollte man als root nur für administrative Aufgaben, Wartungs- und Reparaturarbeiten am Rechner angemeldet sein. Für den Alltagsbetrieb ist das riskant, da root z. B. alle Dateien unwiederbringlich löschen kann.

Bei der Passwortvergabe für root muss das Passwort zur Überprüfung zweimal eingegeben werden (Abb. 3.12 auf der nächsten Seite). Merken Sie sich das Passwort für den Benutzer root besonders gut. Es kann zu einem späteren Zeitpunkt nicht mehr eingesehen werden.

┌─ **Achtung** ────────────────────────────────────

Der Benutzer root hat alle Rechte und darf alle Veränderungen am System vornehmen. Wenn Sie solche Aufgaben durchführen wollen, benötigen Sie das für root vergebene spezielle Passwort. Ohne dieses Passwort können Sie keine administrativen Aufgaben mehr durchführen!

──────────────────────────────────── **Achtung** ─┘

Username und Passwort

Linux ermöglicht mehreren Benutzern gleichzeitig das Arbeiten am System. Für jeden Benutzer muss ein ☞*Benutzerkonto* (engl. ☞*user account*) angelegt

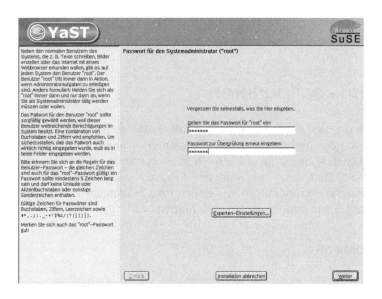

Abbildung 3.12: Passwort für den Benutzer root angeben

werden, mit dem er sich am System anmeldet. Das Einrichten von Benutzerkonten bietet eine hervorragende Betriebssicherheit. So ist es standardmäßig eingerichteten Benutzern nicht möglich, wichtige Systemdateien zu verändern oder zu zerstören. Die eigenen Daten eines Benutzers sind vor dem Zugriff anderer Benutzer geschützt und können von diesen nicht verändert oder zerstört werden. Jeder Benutzer kann außerdem seine eigene Arbeitsumgebung einrichten, die er bei jedem neuen Anmelden am Linux-System unverändert wieder vorfindet.

Für sich persönlich legen Sie ein solches Benutzerkonto mit dem unter Abb. 3.13 auf der nächsten Seite dargestellten Dialog an. Geben Sie Ihren Vor- und Nachnamen ein. Des Weiteren müssen Sie einen Benutzernamen (Loginnamen) wählen. Falls Ihnen kein geeigneter Benutzername einfällt, können Sie sich über den Button 'Vorschlagen' einen Loginnamen automatisch erstellen lassen.

Schließlich ist für den Benutzer noch ein Passwort einzugeben, das zur Überprüfung nochmals wiederholt werden muss. Der Benutzername teilt dem System mit, wer Sie sind; das Passwort garantiert, dass Sie es wirklich sind.

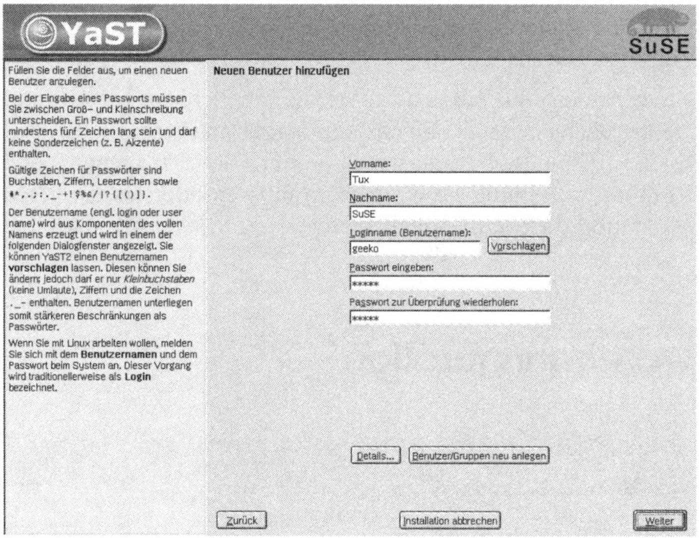

Abbildung 3.13: Benutzernamen und Passwort angeben

┌ Achtung

Den Benutzernamen und das Passwort sollten Sie sich sehr gut einprä-
gen, denn bei der Anmeldung am System benötigen Sie diese beiden
Angaben regelmäßig.

Achtung ┘

Ein Passwort sollte für einen wirkungsvollen Schutz zwischen 5 und 8 Zeichen lang sein. Die maximale Länge eines Passwortes sind 128 Zeichen. Wenn
keine speziellen Module geladen sind, werden nur die ersten 8 Zeichen zur
Passwortunterscheidung benutzt.
Die Groß- und Kleinschreibung wird bei der Passwortvergabe berücksichtigt.
Umlaute sind nicht erlaubt, Sonderzeichen (z. B. *, ., # , ;) und die Ziffern 0-9
dürfen verwendet werden.

Bildschirm-Einstellungen

Hier werden Grafikkarte und Bildschirm mit einer sinnvollen Konfiguration
angezeigt. In den meisten Fällen können Sie diesen Vorschlag übernehmen.
Sie können allerdings Farbtiefe, Auflösung und Bildwiederholfrequenz manuell einstellen und damit Ihren speziellen Anforderungen anpassen.

Nach Annahme des Vorschlags oder nach Eingabe Ihrer Änderungen werden die Einstellungen getestet.

Wenn Sie auf 'Ändern' klicken, haben Sie die Möglichkeit, Einstellungen zur grafischen Oberfläche vorzunehmen. Dazu startet an dieser Stelle das Programm SaX2. Falls Sie jetzt Änderungen an der vorgeschlagenen Konfiguration Ihrer grafischen Oberfläche vornehmen müssen oder wollen, lesen Sie bitte die Anleitung dazu im Kapitel *Anzeige und Eingabegeräte (SaX2)* auf Seite 70.

Hardwarekonfiguration

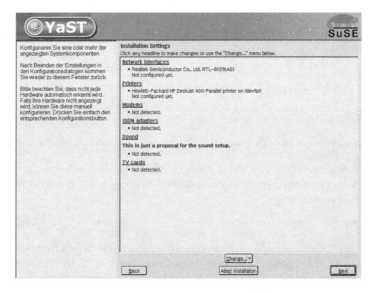

Abbildung 3.14: *Konfiguration der Systemkomponenten*

Nachdem Ihre Grafikkarte konfiguriert wurde, gelangen Sie zu dem in Abb. 3.14 dargestelltem Bildschirm. Hier haben Sie jetzt die Möglichkeit, am System angeschlossene Hardware (wie Drucker oder Soundkarte) einzurichten. Wir empfehlen, dass Sie diese Einstellungen später vornehmen, wenn Sie SuSE Linux kennen gelernt haben. Durch Klicken auf die einzelnen Komponenten können Sie die Hardwarekonfiguration starten. YaST2 erkennt und konfiguriert die Hardware dann automatisch.

Bitte klicken Sie jetzt auf 'Installation abschließen'.

Grafisches Login

SuSE Linux ist nun installiert und Sie können sich zum ersten Mal an Ihrem System anmelden. Auf Ihrem Monitor erscheint nun das grafische ☞*Login*, das Sie in Abb. 3.15 sehen können. Geben Sie bitte den vorher festgelegten Benutzernamen und das dazu gehörige Passwort ein, um sich am System anzumelden.

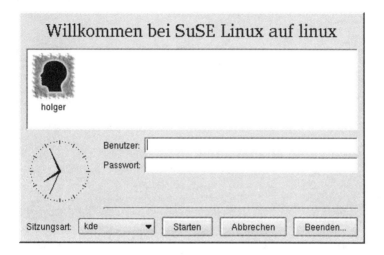

Abbildung 3.15: Einloggen in das System

Teil II

Konfigurieren

YaST2 – Konfigurationen

YaST2, das Sie schon beim Installieren kennen gelernt haben, ist gleichzeitig auch *das* Konfigurationswerkzeug für Ihr SuSE Linux! Das Kapitel beschreibt die Konfiguration Ihres Systems mit YaST2. Die wichtigen Systemkomponenten können bequem eingerichtet werden. Dazu gehört der größte Teil der Hardware, die grafische Oberfläche, der Internetzugang, Sicherheitseinstellungen, die Benutzerverwaltung, Installieren von Software sowie Systemupdates und -informationen. Außerdem finden Sie eine Anleitung, wie Sie YaST2 im Textmodus bedienen.

Der Start von YaST2

Über das 'K'- bzw. 'SuSE'-Menü (die Icons links unten auf Ihrer KDE-Werkzeugleiste) haben Sie mehrere Zugangsmöglichkeiten zu YaST2: über das 'Kontrollzentrum', über 'SuSE' →' 'Administration' →' 'Konfiguration' und über 'Einstellungen'.

In dem K-Menü können Sie das Konfigurationsmodul, das Sie brauchen, direkt anwählen. YaST2 wird beim Starten zunächst ein kleines Eingabefenster öffnen. Hier müssen Sie das Passwort für den Benutzer root (den Systemadministrator) eingeben. Die Konfiguration wird deshalb als Benutzer root durchgeführt, weil nur dieser die Linux-Systemdateien verändern kann.

Falls es aus irgendeinem Grund nicht möglich sein sollte, YaST2 wie oben beschrieben aufzurufen, dann gibt es den etwas komplizierteren Weg über die Befehlszeile. Wechseln Sie in der Shell zum Benutzer root mit sux (Root-Passwort eingeben) und rufen Sie dann yast2 auf:

```
tux@erde:~ >  sux -
     (Rootpasswort eingeben)
erde:~ #  yast2
```

Nach dem Beenden von YaST2 sollten Sie dann mit exit vom Benutzer root wieder zum normalen Benutzer wechseln:

```
erde:~ #  exit
```

Falls Sie die Sprache von YaST2 ändern wollen, klicken Sie im YaST2 Control Center auf 'System' und dann auf 'Sprache wählen' – wählen Sie dort Ihre Sprache aus, schließen Sie das YaST2 Control Center, loggen Sie sich aus Ihrem Rechner aus, melden Sie sich erneut an und starten Sie YaST wieder.

Das YaST2-Kontrollzentrum

Wenn Sie YaST2 im grafischen Modus starten, erscheint zunächst das YaST2 Kontrollzentrum (Abb. *Das YaST2-Kontrollzentrum*). Im linken Bereich finden Sie die Einteilung 'Software', 'Hardware', 'Netzwerk/Basis', 'Netzwerk/Erweitert', 'Sicherheit & Benutzer', 'System' und 'Sonstiges'. Wenn Sie auf eines der Icons klicken, werden rechts die entsprechenden Inhalte aufgelistet. Klicken Sie beispielsweise auf 'Sound', so öffnet sich ein Fenster, in dem Sie die Konfiguration der Soundkarte vornehmen können. Die Konfiguration erfolgt meist in mehreren Schritten. YaST2 führt Sie mit 'Weiter' durch alle Dialoge.

Im linken Bildschirmteil wird ein Hilfetext zum jeweiligen Thema angezeigt, der erklärt, welche Eingaben nötig sind. Wenn die erforderlichen Angaben gemacht sind, schließen Sie im jeweils letzten Konfigurationsdialog den Vorgang mit 'Beenden' ab. Die Konfiguration wird dann gespeichert.

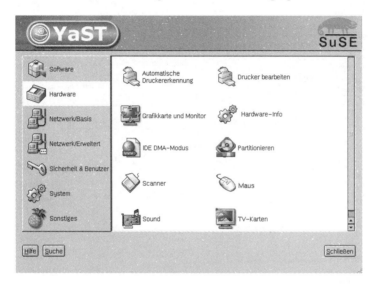

Abbildung 4.1: Das YaST2-Kontrollzentrum

Software

Installationsquelle wechseln

Die Installationsquelle ist das Medium, auf dem die zu installierende Software zur Verfügung steht. Sie können von CD (der übliche Weg), von einem Netzwerkserver oder von Festplatte installieren. (Lesen Sie hierzu bitte den ausführlichen YaST2-Hilfetext).

Wenn Sie das Modul (zu finden unter 'Software') mit 'Speichern und Beenden' verlassen, werden die Einstellungen gespeichert und gelten dann für die Konfigurationsmodule 'Pakete nachinstallieren/löschen', 'Systemupdate' und 'Boot- und Kernelkonfiguration'. Dieses Modul bietet aber auch die Möglichkeit, mit 'Installieren' weiterzugehen, um Pakete nachzuinstallieren bzw. zu löschen.

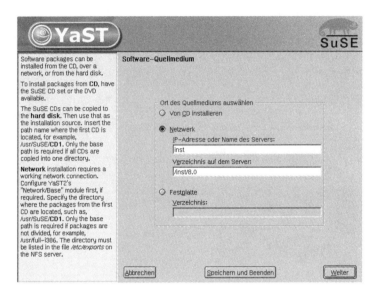

Abbildung 4.2: Installationsquelle wechseln

Online-Update

Das YaST-Online-Update (YOU) ermöglicht die Installation von wichtigen Upgrades bzw. Verbesserungen. Auf dem SuSE-FTP-Server werden die entsprechenden „Patches" zum Herunterladen bereitgelegt. Die Installation der aktuellen Pakete kann vollautomatisch erfolgen. Mit 'Manuelles Update' haben Sie jedoch auch die Möglichkeit, selbst zu bestimmen, welche Patches in Ihr SuSE Linux System eingespielt werden.

Mit 'Weiter' laden Sie die Liste aller verfügbaren Patches (falls Sie 'Manuelles Update' gewählt haben) herunter. Nun startet das Modul zur Softwareinstallation (s. *Software installieren/löschen* auf der nächsten Seite), in dem die heruntergeladenen Patches aufgelistet werden. Hier können Sie nun Ihre Auswahl treffen, welche Pakete installiert werden sollen. Sie können auch einfach den Vorschlag der zum Installieren schon gekennzeichneten Patches übernehmen. Sie werden dann wie normale Pakete installiert.

Patch-CD-Update

Im Gegensatz zum Online-Update werden hier die Patches nicht vom ftp-Server geholt, sondern von CD eingespielt (diese CD erhalten Kunden des

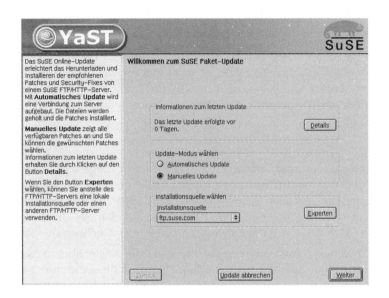

Abbildung 4.3: YaST2: Online-Update

„SuSE Linux Enterprise Servers"). Der Vorteil ist, dass es mit der CD viel schneller geht.

Wenn die Patch-CD eingelegt ist, werden in der Maske dieses YaST2-Moduls alle Patches, die sich auf der CD befinden, eingelesen und angezeigt. Aus der Patch-Liste können Sie auswählen, welche installiert werden sollen. Falls Sie vergessen haben sollten, die CD in das Laufwerk zu legen, erscheint eine entsprechende Meldung. Legen Sie dann die CD ein und starten Sie das Patch-CD-Update neu.

Software installieren/löschen

Dieses Modul ermöglicht es, Software auf Ihrem Rechner zu installieren, upzudaten oder zu deinstallieren. Es wurde für SuSE Linux 8.1 komplett überarbeitet (Abb. 3.9 auf Seite 38). Wenn Sie von CD installieren wollen, legen Sie bitte die erste CD in das Laufwerk.

Der Auswahlfilter

Sie können im Hauptfenster links oben unter 'Filter' auswählen, nach welchem Kriterium Sie die Paketauswahl angezeigt haben wollen. Standard ist hier die Auswahl nach 'Paketgruppen'.

Wenn Sie schon Vorgängerversionen von SuSE Linux benutzt haben, werden Sie hier feststellen, dass Sie nicht mehr nach „Paketserien" auswählen können. Die Paketdatenbankstruktur wurde nämlich ebenfalls komplett überarbeitet und die Pakete werden nun in sog. „Gruppen" eingeteilt.

─────────────────────────────────────── **Hinweis** ─┘

Diese Paketgruppen sind links in einer Baumstruktur dargestellt. Wenn Sie auf eine der übergeordneten Hauptgruppen klicken (z. B. 'Entwicklung' oder 'Dokumentation'), erhalten Sie im Fenster rechts oben alle Programmpakete, die zu dieser Hauptgruppe gehören. Klicken Sie auf eine der Untergruppen, sehen Sie rechts nur die zu der jeweiligen Untergruppe gehörenden Pakete.

Unter den weiteren Auswahlfiltern ist vor allem die Auswahl nach 'Selektionen' interessant, die Sie eventuell schon beim Installieren kennen gelernt haben, falls Sie dort im Vorschlagsbildschirm in die Softwareeinstellungen gegangen sind (vgl. Kap. *Software* auf Seite 38). Mit dem Selektionsfilter können Sie vordefinierte Auswahlen bestimmter Anwendungsbereiche mit einem einzigen Klick installieren bzw. zum Installieren anwählen. Dies ist der einzige Filter, bei dem Sie links schon etwas aktivieren können. Wenn Sie die Checkboxen der Selektionen hier anklicken, werden alle Pakete der jeweiligen Auswahl installiert. Wenn Sie von der Standardauswahl hingegen z. B. KDE abwählen, werden beim Bestätigen alle Pakete von KDE deinstalliert. Zu jeder Selektion sehen Sie rechts jeweils die Pakete, die zu dieser Selektion gehören mit Ihrem jeweiligen Zustand (s.u.). Natürlich können Sie hier auch einzelne Pakete nach Ihren eigenen Wünschen wieder selektieren oder deselektieren.

Einzelne Vorauswahlen („Selektionen") sind z. B. 'Entwicklung', 'Spiele', 'KDE', 'GNOME', 'Multimedia', 'Webserver' oder 'Dokumentation'.

Das Paketfenster

In dem Paketfenster rechts sehen Sie von links nach rechts zu jedem Paket den Status (s.u.), den Paketnamen, eine kurze Beschreibung, die Größe, die Version und die Quellenspalte, in der Sie anwählen können, ob sie den Quellcode zu diesem Paket mitinstallieren wollen.

Der Status des Paketes wird durch verschiedene Icons dargestellt. Ein Paket kann folgende Zustände (Stati) einnehmen:

- ist installiert

- ist nicht und wird nicht installiert

- wird installiert durch manuelle Anwahl

- wird installiert, weil es von einem anderen angewählten Paket verlangt wird (Abhängigkeit)

- wird durch eine neuere Version ersetzt (upgedatet)

- wird gelöscht (deinstalliert)

- umbenannt: dieser Status kann nicht von Hand angewählt werden (bei Fällen, in denen ein Paket upgedatet wurde, das neue aber einen anderen Namen hat)

Schauen Sie bitte in die 'Hilfe' zu diesem Modul. Dort finden Sie die genauen Beschreibungen zu den einzelnen Icons bzw. welches Icon welchen Status darstellt.

Durch Klicken auf die Icons links des Paketnamens können Sie in die einzelnen Stati umschalten. Es werden jeweils nur die sinnvollen Stati angeboten, d. h. ein nicht installiertes Paket kann z. B. nicht den Status „Deinstallieren" einnehmen. Sollte Ihnen ein Status nichts sagen, wählen Sie ihn bitte nicht aus bzw. ändern Sie ihn nicht, wenn er automatisch eingestellt wurde.

Achtung

Sie haben die Möglichkeit, installierte Pakete zum Löschen zu markieren. Beachten Sie dabei bitte die Warnhinweise und löschen Sie keine Pakete des Linux-Grundsystems (i. d. R. in der Paketgruppe 'System' zu finden).

Achtung

Das Infofenster

Rechts unten sehen Sie das Fenster, in dem Sie mittels Reitern verschiedene Informationen zu dem jeweils ausgewählten Paket erhalten, so eine ausführliche Beschreibung, die technischen Daten, eine Liste der Dateien, die mit diesem Paket installiert werden, die Pakete, die dieses Paket zusätzlich benötigt, die Pakete, von denen dieses Paket benötigt wird und eventuell auftretende Konflikte mit anderen Paketen, die installiert sind oder die zur Installation ausgewählt sind.

Die Suche

Mit dem Button 'Suche' gelangen Sie in eine Suchmaske, in der Sie gezielt nach Paketnamen oder -namensteilen suchen können. Im Suchergebnis können Sie dann wählen, was mit den gefundenen Paketen weiter geschehen soll.

Update des Systems

Dieses Modul ermöglicht es, Ihr System auf den aktuellen Stand zu bringen. Es werden mehrere Arbeitsschritte aufgerufen und YaST2 wird ermitteln, welche Pakete zu erneuern sind. Falls gewünscht, können Sie für jedes Paket einzeln entscheiden, ob ein Update erfolgen soll. Das Basissystem kann damit allerdings nicht erneuert werden, denn dazu muss vom Installationsmedium, z. B. von CD, gebootet werden.

┌─ **Hinweis** ───

Das Update des Systems ist softwaretechnisch eine hochkomplexe Angelegenheit. YaST2 muss dabei für jedes Programmpaket prüfen, welche Version sich auf dem Rechner befindet und danach, was es tun muss, damit die neue Version die alte korrekt ersetzt. Dabei muss YaST2 darauf achten, zu möglichst jedem installierten Paket eventuell vorhandene persönliche Einstellungen, soweit es möglich ist, zu übernehmen, damit Sie Ihre eigenen Konfigurationen nicht wieder jedes Mal komplett anpassen müssen. Dabei kann es in manchen Fällen passieren, dass nach dem Update bestimmte Konfigurationen Probleme bereiten, weil die alte Konfiguration mit der neuen Programmversion nicht so zurechtkommt wie erwartet oder weil nicht vorhersehbare Inkonsistenzen zwischen verschiedenen Konfigurationen auftreten können.

Außerdem wird ein Update umso problematischer, je älter die zugrunde liegende Version ist, die aktualisiert werden soll und/oder je mehr die Konfiguration der Pakete, die aktualisiert werden sollen, vom Standard abweicht. Bisweilen kann die alte Konfiguration unter Umständen nicht korrekt übernommen werden; dann sollte eine komplett neue Konfiguration erstellt werden. Eine bestehende Konfiguration sollte außerdem vor dem Update gesichert werden.

── **Hinweis** ┘

Hardware

Neue Hardware muss zunächst entsprechend den Vorgaben des Herstellers eingebaut bzw. angeschlossen werden. Schalten Sie externe Geräte wie Drucker oder Modem an und rufen Sie das entsprechende YaST2-Modul auf. Ein Großteil der handelsüblichen Geräte wird von YaST2 automatisch erkannt und die technischen Daten angezeigt. Falls die automatische Erkennung fehlschlägt, bietet YaST2 eine Geräteliste an (z. B. Modell/Hersteller), aus der Sie

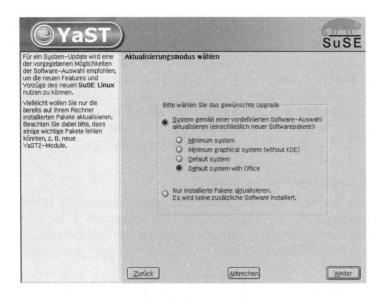

Abbildung 4.4: Update des Systems

das passende Gerät auswählen. Konsultieren Sie die Dokumentation zu Ihrer Hardware, wenn die auf Ihrem Gerät aufgedruckte Information nicht ausreicht.

┌─ **Hinweis** ─────────────────────────────────────

Achtung bei Modellbezeichnungen: Im Zweifelsfall empfiehlt es sich, es mit einer ähnlichen Bezeichnung zu probieren, wenn Sie Ihr Modell in der Geräteliste nicht finden.

In manchen Fällen ist jedoch eine absolut buchstaben- bzw. nummerngetreue Angabe unerlässlich, denn ähnliche Bezeichnungen lassen nicht immer auf Kompatibilität schließen. Leider versteht ähnlich bezeichnete Hardware oft nicht dieselbe Sprache!

───────────────────────────────────── **Hinweis** ─┘

Drucker

Drucken unter Linux ist etwas anders

Unter Linux werden Drucker über sog. „Druckerwarteschlangen" angesprochen. Die zu druckenden Daten werden dabei in einer Druckerwarteschlange zwischengespeichert und durch den sog. „Druckerspooler" nacheinander zum Drucker geschickt.

Meist liegen diese Daten nicht in einer Form vor, die direkt an den Drucker geschickt werden könnte. Eine Grafik beispielsweise muss normalerweise in ein Format umgewandelt werden, das der Drucker direkt ausgeben kann. Die Umwandlung in die sog. „Druckersprache" erfolgt durch den Druckerfilter, der vom Druckerspooler zwischengeschaltet wird, um Daten ggf. so umzuwandeln, dass sie der Drucker direkt ausgeben kann.

Beispiele für Standarddruckersprachen

- ASCII-Text – Jeder normale Drucker kann wenigstens ASCII-Text direkt ausgeben, aber es gibt Drucker, die zwar keinen ASCII-Text direkt drucken können, aber über eine der folgenden Standarddruckersprachen angesprochen werden können.

- PostScript – PostScript ist die Standardsprache unter Unix/Linux in der Druckausgaben erstellt werden, die dann auf PostScript-Druckern direkt ausgegeben werden können.

- PCL3, PCL4, PCL5e, PCL6, ESC/P , ESC/P2, ESC/P-Raster – Wenn kein PostScript-Drucker angeschlossen ist, verwendet der Druckerfilter das Programm Ghostscript, um die Daten in eine dieser anderen Standarddruckersprachen umzuwandeln. Dabei wird ein möglichst gut zu dem jeweiligen Druckermodell passender Treiber verwendet, um modellspezifische Besonderheiten (z. B. Farbeinstellungen) berücksichtigen zu können.

Ablauf des Druckauftrages unter Linux

1. Der Anwender oder ein Anwendungsprogramm erzeugt einen neuen Druckauftrag.

2. Die zu druckenden Daten werden in der Druckerwarteschlange zwischengespeichert, von wo sie der Druckerspooler an den Druckerfilter weiterleitet.

3. Der Druckerfilter macht nun normalerweise folgendes:

   (a) Der Typ der zu druckenden Daten wird bestimmt.

   (b) Wenn die zu druckenden Daten nicht PostScript sind, werden sie zuerst in die Standardsprache PostScript umgewandelt. Insbesondere ASCII-Text wird normalerweise mit dem Programm a2ps in PostScript umgewandelt.

(c) Die PostScript-Daten werden ggf. in eine andere Druckersprache umgewandelt.

- Wenn ein PostScript-Drucker angeschlossen ist, werden die PostScript-Daten direkt an den Drucker geschickt.
- Wenn kein PostScript-Drucker angeschlossen ist, wird das Programm Ghostscript mit einem zur Druckersprache des jeweiligen Druckermodells passenden Ghostscript-Treiber verwendet, um die druckerspezifischen Daten zu erzeugen, die dann an den Drucker geschickt werden.

4. Nachdem der Druckauftrag komplett an den Drucker geschickt wurde, löscht der Druckerspooler den Druckauftrag aus der Druckerwarteschlange.

Verschiedene Drucksysteme

Bei SuSE Linux werden zwei verschiedene Drucksysteme unterstützt:

LPRng/lpdfilter Das ist ein traditionelles Drucksystem bestehend aus dem Druckerspooler „LPRng" und dem Druckerfilter „lpdfilter". Beim traditionellen Drucksystem wird die gesamte Konfiguration einer Warteschlange vom Systemverwalter festgelegt und der Benutzer kann nur zwischen verschiedenen Warteschlangen wählen. Um für einen Drucker zwischen verschiedenen Konfiguration wählen zu können, müssen für denselben Drucker verschiedene Warteschlangen mit verschiedenen Konfiguration eingerichtet werden.

CUPS Beim Drucksystem CUPS hat der Benutzer die Möglichkeit, für jeden Ausdruck druckerspezifische Einstellungen individuell festzulegen, denn hier ist nicht die gesamte Konfiguration einer Warteschlange durch den Systemverwalter festgelegt, sondern die Möglichkeiten für druckerspezifische Einstellungen sind in einer sog. „PPD-Datei" (engl. *PostScript Printer Description*) pro Warteschlange hinterlegt und können so dem Benutzer in einem Druckdialog angeboten werden.

Da es Überschneidungen in den Konfigurationsdateien gibt, schließen sich die beiden Drucksysteme gegenseitig aus – es kann nur eines davon installiert sein. Lesen Sie dazu *Konfiguration mit YaST2* auf Seite 64.

Weiterführende Hinweise zu CUPS finden Sie unter
`http://www.cups.org/`
und im *Administrationshandbuch*.

Warteschlangen

Normalerweise werden mehrere Druckerwarteschlangen aus folgenden Gründen benötigt:

- Verschiedene Drucker werden über verschiedene Warteschlangen angesprochen.

- Für jede Warteschlange kann der Druckerfilter individuell konfiguriert werden. Also werden verschiedene Warteschlangen für denselben Drucker verwendet, um verschiedene Konfigurationen zu benutzen.

Bei reinen Schwarzweiß-Druckern (z. B. die meisten Laserdrucker) ist eine Standardkonfiguration ausreichend, aber bei Farb-Tintenstrahldruckern werden normalerweise mindestens zwei Konfigurationen - also zwei Warteschlangen - benötigt:

- Eine „lp"-Standardkonfiguration, mit der der Drucker schnellen und kostengünstigen Schwarzweißdruck liefert; eine Warteschlange mit Namen `lp` sollte es immer geben, denn das ist der traditionelle Name der Standardwarteschlange.

- Eine „color"-Konfiguration bzw. Warteschlange für Farbdruck.

Unterstützte Drucker

Da die Druckertreiber für Linux normalerweise nicht vom Hersteller der Hardware entwickelt werden, ist es erforderlich, dass der Drucker über eine der allgemein bekannten Druckersprachen angesprochen werden kann.

Hochwertigere Drucker verstehen zumindest eine der bekannten Druckersprachen. Verzichtet aber der Hersteller darauf und baut einen Drucker, der nur mit speziellen eigenen Steuersequenzen angesprochen werden kann, so hat man einen sog. „GDI-Drucker" (z. B. viele preiswerte Tintenstrahldrucker), der von Hause aus nur unter der Betriebssystemversion läuft, für die der Hersteller einen Treiber mitgeliefert. Da die Art, solche Drucker anzusprechen, keiner bekannten Norm genügt, sind derartige Gräte häufig nur unter Schwierigkeiten für Linux verwendbar.

Nichtsdestotrotz werden viele dieser Drucker von SuSE Linux unterstützt. Trotzdem sind solche Drucker oft problematisch und es kann evtl. bei einzelnen Modellen Einschränkungen wie z. B. nur Schwarzweißdruck in geringer Auflösung geben. Bitte beachten Sie, dass wir nicht für die Verlässlichkeit der folgenden Angaben garantieren können, da wir GDI-Druckertreiber nicht selbst testen. Folgende Drucker werden direkt durch die Konfiguration mit YaST unterstützt:

- Brother HL 720/730/820/1020/1040, MFC 4650/6550MC/9050 und dazu kompatible Modelle.

- HP DeskJet 710/712/720/722/820/1000 und dazu kompatible Modelle.

- Lexmark 1000/1020/1100/2030/2050/2070/3200/5000/5700/7000/7200, Z11/42/43/51/52 und dazu kompatible Modelle. Linux-Treiber direkt von Lexmark finden Sie unter http://www.lexmark.com/printers/linuxprinters.html

- Oki Okipage 4w/4w+/6w/8w/8wLite/8z/400w und dazu kompatible Modelle.

- Samsung ML-200/210/1000/1010/1020/1200/1210/1220/4500/5080/6040 und dazu kompatible Modelle.

Zumindest folgende GDI-Drucker sind unseres Wissens nicht durch SuSE Linux unterstützt, aber diese Liste ist sicher längst nicht vollständig:

- Brother DCP-1000, MP-21C, WL-660

- Canon BJC 5000/5100/8000/8500, LBP 460/600/660/800, MultiPASS L6000

- Epson AcuLaser C1000, EPL 5500W/5700L/5800L

- HP LaserJet 1000/3100/3150

- Lexmark Z12/22/23/31/32/33/82, Winwriter 100/150c/200

- Minolta PagePro 6L/1100L/18L, Color PagePro L, Magicolor 6100DeskLaser/2DeskLaserPlus/2DeskLaserDuplex

- Nec SuperScript 610plus/660/660plus

- Oki Okijet 2010

- Samsung ML 85G/5050G, QL 85G

- Sharp AJ 2100, AL 1000/800/840/F880/121

Konfiguration mit YaST2

In dem YaST2-Druckermodul hat sich in SuSE Linux 8.1 einiges geändert. Das Modul wurde vereinfacht bzw. aus bisher vier Buttons im YaST wurde ein einziger und CUPS ist zum Standarddrucksystem geworden. Außerdem kann jederzeit zwischen den beiden Drucksystemen CUPS und LPRng umgeschaltet werden. Folgen Sie für eine Umstellung zwischen den Drucksystemen den Anweisungen von YaST2 und halten Sie Ihre CDs bereit.

┌─ **Hinweis** ──

Wenn Sie beim Installieren von SuSE Linux 8.1 Neuinstallation gewählt haben, wird CUPS mit den zugehörigen Programmpaketen automatisch installiert. Wenn Sie jedoch ein Update Ihres alten SuSE Linux durchgeführt haben, wurden Sie gefragt, ob Sie Ihr System von LPRng auf das neue Drucksystem umstellen wollen. Wenn Sie LPRng beibehalten haben, können Sie nun im YaST2-Druckermodul Ihr System nachträglich auf CUPS umstellen, um den Komfort dieses Systems zu nutzen. Beachten Sie dabei aber, dass LPRng-Konfigurationen von früheren SuSE Linux-Versionen nicht in CUPS übernommen werden können.

── **Hinweis** ─┘

Zur Druckereinrichtung wählen Sie in YaST2 unter 'Hardware' den Punkt 'Drucker'. Es erscheint das Hauptfenster der Druckereinrichtung. Hier sehen Sie bereits installierte Drucker. Wenn Sie nun einen Drucker hinzufügen wollen, klicken Sie auf 'Hinzufügen'. Im folgenden Dialog werden Sie gefragt, ob Sie den Drucker automatisch erkennen lassen wollen oder ob Sie ihn manuell hinzufügen möchten. Falls Sie die automatische Erkennung wählen und diese fehlschlägt, landen Sie ebenfalls in der manuellen Einrichtung. Falls Ihr Drucker automatisch erkannt wird, erscheint er danach im oberen Teil des Hauptfensters. Automatische und manuelle Einrichtung werden in den folgenden Abschnitten besprochen.

Automatische Konfiguration

YaST2 ermöglicht eine automatische Konfiguration des Druckers, wenn folgende Bedingungen erfüllt sind:

1. Der parallele bzw. der USB-Anschluss wird automatisch korrekt eingerichtet und der daran angeschlossene Drucker wird automatisch erkannt.

2. In der Druckerdatenbank findet sich die Identifikation des Druckermodells, die YaST2 bei der automatischen Hardwareerkennung erhalten

hat. Da diese Identifikation von der Modellbezeichnung verschieden sein kann, kann das Modell unter Umständen nur manuell ausgewählt werden.

3. Es ist für das jeweilige Modell wenigstens eine Konfiguration in der Druckerdatenbank eingetragen, die als problemlos funktionierend gilt. Druckerabhängig werden bis zu fünf Konfigurationen bzw. Warteschlangen automatisch eingerichtet.

Für jede Konfiguration sollte grundsätzlich mit dem YaST2-Testdruck ausprobiert werden, ob sie tatsächlich funktioniert . Die YaST2-Testseite liefert zusätzlich wichtige Informationen zur jeweiligen Konfiguration.

Manuelle Konfiguration

Wenn eine der Bedingungen für die automatische Konfiguration nicht erfüllt ist, oder wenn eine speziell individuelle Konfiguration gewünscht wird, muss das mehr oder weniger manuell erfolgen.

Je nachdem in wie weit YaST2 die Hardware automatisch erkennt und in wie weit zu dem jeweiligen Druckermodell Informationen in der Druckerdatenbank vorhanden sind, kann YaST2 die benötigten Daten automatisch ermitteln oder eine sinnvolle Vorauswahl anbieten.

Insgesamt müssen folgende Werte konfiguriert werden:

Hardwareanschluss (Schnittstelle)

- Kann YaST2 das Druckermodell automatisch erkennen, ist davon auszugehen, dass der Druckeranschluss auf Hardwareebene funktioniert und es müssen hier keine Einstellungen konfiguriert werden.

- Kann aber YaST2 das Druckermodell nicht automatisch erkennen, deutet dies darauf hin, dass der Druckeranschluss auf Hardwareebene nicht ohne manuelle Konfiguration funktioniert.

Name der Warteschlange
Da der Warteschlangenname beim Drucken oft einzugeben sein wird, sollten nur kurze Namen aus Kleinbuchstaben und evtl. Zahlen verwendet werden.

Ghostscript-Treiber bzw. Druckersprache
Da der Ghostscript-Treiber die druckerspezifischen Daten für Nicht-PostScript-Drucker erzeugt, ist die Konfiguration des Ghostscript-Treibers die entscheidende Stelle, wo die Art des Ausdrucks festgelegt

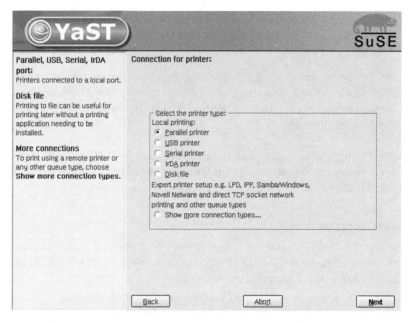

Abbildung 4.5: YaST2-Druckereinrichtung: Wahl des Anschlusses

wird. Zuerst die Wahl des Ghostscript-Treibers und dann passende treiberspezifische Einstellungen bestimmen das Druckbild. Hier werden die
Unterschiede im Druckbild zwischen verschiedenen Konfigurationen für
denselben Drucker festgelegt.

Hat YaST2 das Druckermodell automatisch erkannt bzw. findet sich das
Modell in der Druckerdatenbank, so gibt es eine sinnvolle Vorauswahl
geeigneter Ghostscript-Treiber. In diesem Fall bietet YaST2 zumeist mehrere vordefinierte Konfigurationen an – z. B.

- Schwarzweißdruck 300 dpi
- nur LPRng: Graustufendruck 300 dpi
- Farbdruck 300 dpi
- nur CUPS: Farbdruck 600 dpi
- Photodruck 600 dpi

Hierbei zeigt YaST2 auch an, wenn eine Konfiguration nur von einem
der beiden Drucksysteme CUPS oder LPRng/lpdfilter unterstützt wird.

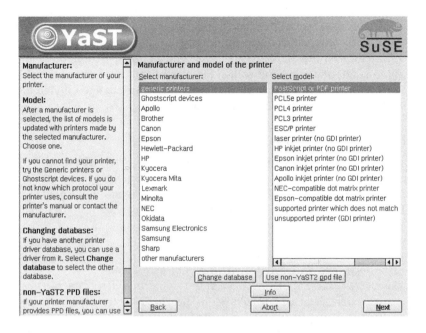

Abbildung 4.6: YaST2-Druckereinrichtung: Wahl des Druckers

Eine vordefinierte Konfiguration beinhaltet einen geeigneten Ghostscript-Treiber und ggf. passende treiberspezifische Einstellungen für die jeweilige Art des Ausdrucks.

Nicht alle auswählbaren Kombinationen einzelner Treibereinstellungen funktionieren mit jedem Druckermodell – insbesondere oft nicht in Kombination mit einer hohen Auflösung.

Ein Test durch das Drucken der YaST2 Testseite ist unerlässlich. Wenn beim Drucken der Testseite Unsinn (z. B. viele fast leere Seiten) gedruckt wird, können Sie normalerweise den Druck sofort am Drucker stoppen indem Sie alles Papier entnehmen und erst dann den Testdruck abbrechen. Allerdings gibt es Fälle, wo danach kein weiterer Ausdruck mehr möglich ist. Es funktioniert daher problemloser, den Testdruck abzubrechen und das Ende des Ausdrucks abzuwarten.

Ist das Druckermodell nicht in der Druckerdatenbank eingetragen, so gibt es eine Auswahl an Standardtreibern für die Standarddruckersprachen.

Erweiterte Einstellungen

Hier gelangen Sie zu den hardwarabhängigen (treiberspezifischen) und den hardwareunabhängigen Einstellungen. Hier können Sie spezielle Einstellungen für die Warteschlangen und Zugriffsbeschränkungen . Im Normalfall brauchen und sollten Sie hier keine Änderungen vornehmen. Detailinformationen zu den möglichen Einstellungen finden Sie im *Administrationshandbuch*im Druckerkapitel.

Konfiguration für Anwendungsprogramme

Anwendungsprogramme verwenden die bestehenden Warteschlangen in analoger Weise, wie es auch beim Drucken auf der Kommandozeile geschieht. Konfigurieren Sie daher in den Anwendungsprogrammen im Normalfall nicht den Drucker erneut, sondern verwenden Sie die existierenden Warteschlangen.

Drucken auf der Kommandozeile

Auf der Kommandozeile druckt man mit dem Befehl `lpr -Plp Dateiname` wobei `Dateiname` durch den Namen der zu druckenden Datei zu ersetzen ist. In diesem Fall wird die Standardwarteschlange `lp` verwendet. Durch die Option `-P` kann die Warteschlange explizit bestimmt werden. Mit `lpr -Pcolor Dateiname` wird beispielsweise die Warteschlange `color` verwendet.

Beim LPRng/lpdfilter Drucksystem

Anwendungsprogramme verwenden hier den `lpr`-Befehl zum Drucken. Wählen Sie dazu im Anwendungsprogramm den Namen einer bestehenden Warteschlange (z. B. `lp` oder `color`) oder geben Sie in der Druckmaske des Anwendungsprogramms das passende Druck-Kommando (z. B. `lpr -Plp` oder `lpr -Pcolor`) ein.

Beim CUPS Drucksystem

Das Paket cups-client enthält Kommandozeilentools zum Drucken mit CUPS wie z. B. den `lpr`-Befehl, sodass Obiges auch für CUPS funktioniert.

Zusätzlich gibt es Programme wie xpp oder der bei KDE integrierte Druckerdialog kprinter, die es ermöglichen, nicht nur die Warteschlange zu wählen, sondern auch CUPS-Standardoptionen und druckerspezifische Optionen aus der PPD-Datei über graphische Auswahlmenüs einzustellen.

Mögliche Probleme

Kommt es zu einer Störung in der Kommunikation zwischen Rechner und Drucker so kann der Drucker mit den gesendeten Daten nichts sinnvolles anfangen und es kommt zu dem Problem, dass Unmengen Papier mit sinnlosen Zeichen vollgedruckt werden.

1. Entnehmen Sie alles Papier bei Tintenstrahldruckern bzw. öffnen Sie die Papierschächte bei Laserdruckern, damit das Drucken aufhört.

2. Da der Druckauftrag erst dann aus der Warteschlange entfernt wird, nachdem er komplett an den Drucker geschickt wurde, wird er meist noch in der Warteschlange stehen. Auch durch einen Reboot wird kein Druckauftrag aus der Warteschlange gelöscht. Sie können Druckaufträge z. B. mit dem Programm kprinter löschen. Hinweise zur Behandlung von Druckaufträgen auf der Kommandozeile erhalten Sie im *Administrationshandbuch*.

3. Evtl. werden noch einige Daten an den Drucker übertragen, obwohl der Druckauftrag aus der Warteschlange gelöscht ist. Alle Prozesse, die noch auf den Drucker zugreifen, können mit `fuser` beendet werden; für einen Drucker am Parallelport:

```
erde:~ # fuser -k /dev/lp0
```

Für einen USB-Drucker können:

```
erde:~ # fuser -k /dev/usb/lp0
```

4. Setzen Sie den Drucker komplett zurück indem Sie ihn einige Zeit vom Stromnetz trennen. Danach legen Sie das Papier wieder ein und schalten den Drucker an. Nun sollte der Drucker Ruhe geben.

Weitere Informationen

Details zum Drucken unter Linux finden Sie im *Administrationshandbuch*, das auf Ihrem SuSE Linux bereits installiert ist, im Kapitel *Druckerbetrieb*. Zum Betrachten des Buches starten Sie die SuSE-Hilfe (der Rettungsring auf Ihrem KDE-Desktop) und klicken dort auf *Administrationshandbuch*. Alternativ können Sie auch in Ihrem Browser das Verzeichnis `/usr/share/doc/packages/suselinux-reference_de` laden und dort auf die PDF-Datei klicken.

Die Dokumentation im *Administrationshandbuch* beschreibt vorwiegend allgemeine Fragestellungen und deren Lösung.

Für viele spezielle Problemfälle finden Sie in der Support-Datenbank eine Lösung.

Bei Druckerproblemen sind die Supportdatenbank-Artikel *Drucker einrichten,*
Drucker einrichten ab SuSE Linux 8.0 und *Drucker einrichten ab SuSE Linux 6.4*
und bis 7.3 der Ausgangspunkt, die Sie unter dem Stichwort „einrichten" finden bzw. online unter:
`http://sdb.suse.de/de/sdb/html/jsmeix_print-einrichten.html`
`http://sdb.suse.de/de/sdb/html/jsmeix_print-einrichten-80.`
`html`
`http://sdb.suse.de/de/sdb/html/jsmeix_print-einrichten-64.`
`html`

Die Supportdatenbank finden Sie im SuSE Hilfesystem bzw. die jeweils aktuellste Version online unter `http://sdb.suse.de/`

Die wichtigsten Problemfälle pro Version sind jeweils in einem zentralen Artikel zusammengefasst:
Bekannte Probleme und Besonderheiten in SuSE Linux 8.1
`http://sdb.suse.de/de/sdb/html/bugs81.html`

Sollten Sie weder in der Dokumentation noch in der Support-Datenbank fündig geworden sein, dann helfen wir Ihnen gerne im Rahmen der SuSE Support Services unter
`http://www.suse.de/de/services/support/index.html`
weiter.

Anzeige und Eingabegeräte (SaX2)

Unterschied zwischen X-Server und Windowmanager

Unter Linux versteht man als grafische Oberfläche jene Einheit, die dafür
sorgt, dass alle notwendigen Hardwarekomponenten unterstützt werden. Diesen Dienst bezeichnet man dann kurz als *X-Server*.

Die grafische Oberfläche, der X-Server, ermöglicht die Kommunikation zwischen Hardware und Software. Desktops wie KDE und GNOME können
somit Informationen auf dem Bildschirm anzeigen, mit denen der Benutzer
arbeiten kann. Desktops und ähnliche Anwendungen werden oft als *Windowmanager* bezeichnet. Unter Linux gibt es viele solcher Windowmanager, die
sich in Aussehen und Funktionalität stark unterscheiden können.

Ohne eine funktionierende grafische Oberfläche, also einen gestarteten X-
Server, gibt es auch keine grafische Benutzerumgebung. Um Ihnen die Ein-
richtung der grafischen Oberfläche so einfach wie möglich zu gestalten, bietet
SuSE ein Programm namens SaX2 an.

Die grafische Oberfläche, auch als X11-System bezeichnet, ist die Basis für das
Arbeiten innerhalb einer grafischen Umgebung (wie z. B. KDE-Desktop).

Die grafische Oberfläche wird normalerweise bereits während der Installation eingerichtet. Wenn Sie jedoch die Werte verbessern oder beispielsweise im laufenden System einen anderen Monitor anschließen wollen, so haben Sie mit diesem YaST2-Modul die Möglichkeit dazu. Vor einer eventuellen Änderung wird die aktuelle Konfiguration gespeichert.

Danach gelangen Sie in den gleichen Dialog wie bei der Installation von SuSE Linux.

Sie haben die Wahl zwischen 'Nur Textmodus' und der grafischen Oberfläche. Für letztere werden die aktuellen Werte angezeigt: Die Bildschirmauflösung, die Farbtiefe, die Bild-Wiederholfrequenz, Hersteller und Typ Ihres Monitors, falls dieser automatisch erkannt wurde. Falls Sie Ihr System gerade installieren oder eine neue Grafikkarte eingebaut haben und diese zum erstenmal initialisiert wird, erscheint zusätzlich ein kleines Fenster, in dem Sie gefragt werden, ob Sie 3D-Beschleunigung für Ihre Grafikkarte aktivieren wollen.

Klicken Sie auf 'Ändern'. Jetzt startet SaX2, das Tool zum Konfigurieren der Eingabe- und Anzeigegeräte, in einem separaten Fenster (Abb. 4.7).

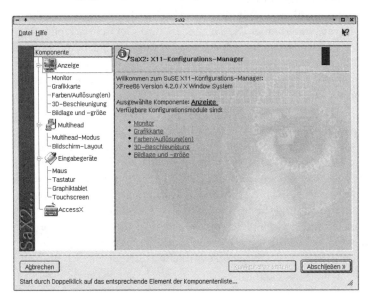

Abbildung 4.7: *Das Hauptfenster des neuen SaX2*

SaX2– Hauptfenster

In der linken Navigationsleiste sehen Sie vier Hauptpunkte: 'Anzeige', 'Eingabegeräte', 'Multihead' und 'AccessX'. Unter 'Anzeige' können Sie nun Ihren Monitor, Ihre Grafikkarte, Farbtiefe und Auflösung sowie Lage und Größe des dargestellten Bildes einrichten. Unter 'Eingabegeräte' können Sie Tastatur und Maus sowie bei Bedarf einen Touchscreen-Monitor und ein Grafiktablett konfigurieren. Im 'Multihead'-Menü richten Sie einen Mehrbildschirmbetrieb ein (s. *Multihead* auf Seite 77). Sie können hier den Modus der Multihead-Anzeige sowie die Anordnung der Bildschirme auf Ihrem Schreibtisch festlegen. 'AccessX' ist ein hilfreiches Tool zur Steuerung des Mauszeigers mit dem Nummerntastenblock für den Fall, dass Sie einen Rechner ohne Maus booten oder die Maus noch nicht funktioniert. Hier können Sie die Geschwindigkeit des Mauszeigers, der dann mit dem Nummerntastenblock bedient wird, ändern.

Bei Monitor und Grafikkarte stellen Sie Ihre jeweiligen Modelle ein. In aller Regel werden Bildschirm und Grafikkarte automatisch vom System erkannt. Dann sind hier keine Einstellungen nötig.

Falls Ihr Monitor nicht automatisch erkannt wird, gelangen sie automatisch in den Monitorauswahldialog. Die Hersteller- und Geräteliste bietet eine große Auswahl an Modellen, aus der Sie Ihren Monitor wahrscheinlich ausfindig machen können, oder Sie geben die Werte, die Sie der Anleitung Ihres Monitors entnehmen, manuell ein, oder Sie wählen vordefinierte Einstellungen, die so genannten Vesa-Modi.

Wenn Sie nach Abschluss Ihrer Einstellungen für Ihren Monitor und Ihre Grafikkarte hier im Hauptfenster auf 'Abschließen' klicken, haben Sie die Möglichkeit, einen Test Ihrer Einstellungen durchzuführen. Damit können Sie sicherstellen, dass Ihre Konfiguration problemlos von Ihren Geräten übernommen wurde. Falls Sie hier kein ruhiges Bild erhalten, brechen Sie den Test bitte sofort mit der Taste (Esc) ab und reduzieren Sie die Werte für die Bildwiederholfrequenz und/oder für Auflösung/Farbtiefe. Alle Ihre vorgenommenen Änderungen, ganz gleich ob Sie den Test durchgeführt haben oder nicht, werden erst aktiv, wenn Sie das grafische System, sprich den X-Server neu starten. Wenn Sie KDE benutzen, reicht es, wenn Sie sich einfach einmal aus- und wieder einloggen.

Anzeige

Gehen Sie hier auf 'Konfiguration ändern' → 'Eigenschaften', erscheint ein Fenster mit den drei Reitern 'Monitor', 'Frequenzen' und 'Erweitert':

- 'Monitor' – Hier wählen Sie im linken Fensterteil den Hersteller und im rechten Ihr Modell aus. Falls Sie Disketten mit Linux-Treibern für Ihren

Monitor haben, können Sie diese nach Klick auf den Button 'Treiberdiskette' einspielen.

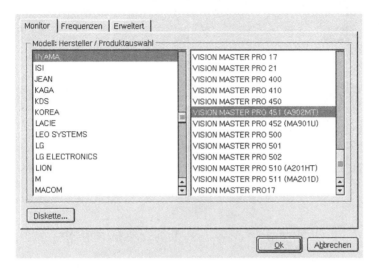

Abbildung 4.8: *SaX2: Die Auswahl des Monitors*

- 'Frequenzen' – Hier können Sie die jeweiligen Horizontal- und Vertikalfrequenzen für Ihren Bildschirm eintragen. Die Vertikalfrequenz ist eine andere Bezeichnung für die Bildwiederholfrequenz. Normalerweise werden aus dem Modell die jeweiligen zulässigen Wertebereiche ausgelesen und hier eingetragen. Sie brauchen sie i. d. R. nicht zu ändern.

- 'Erweitert' – Hier können Sie noch einige Optionen für Ihren Bildschirm eintragen. Im oberen Auswahlfeld können Sie festlegen, mit welcher Methode die Bildschirmauflösung und -geometrie berechnet werden. Nehmen Sie hier bitte nur Änderungen vor, wenn der Monitor fehlerhaft angesteuert wrid, sprich kein stabiles Bild zu erkennen ist. Weiter können Sie die Größe des dargestellten Bildes ändern und den Stromsparmodus „DPMS" aktivieren.

Grafikkarte

Im Grafikkartendialog erscheinen zwei Reiter: 'Allgemein' und 'Erweitert':

- 'Allgemein' – Hier stellen Sie wie oben bei der Monitoreinrichtung links den Hersteller und rechts das Modell Ihrer Grafikkarte ein.

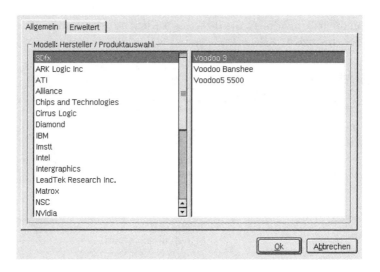

Abbildung 4.9: SaX2: Die Auswahl der Grafikkarte

- 'Erweitert' – Sie können hier rechts einstellen, ob Sie Ihren Bildschirm nach links oder in die Senkrechte gedreht haben (v. a. bei manchen drehbaren TFT-Bildschirmen sinnvoll). Die Eintragungen für die BusID sind nur beim Betrieb mehrerer Bildschirme von Bedeutung. Hier brauchen Sie normalerweise nichts zu ändern. Auch die Kartenoptionen sollten sie nicht ändern, wenn Sie kein Spezialwissen haben und die Bedeutung der Optionen nicht kennen. Lesen Sie hierzu bei Bedarf in der Dokumentation Ihrer Grafikkarte nach, was die Optionen bedeuten.

┌ Hinweis ──

Die Konfiguration von Grafikkarten, die ausschließlich von XFree86 3.3.6 unterstützt werden, ist ab SuSE Linux 8.1 nicht mehr Teil der Installation. Typische Beispiele hierfür sind ältere S3 PCI Karten. YaST2 konfiguriert stattdessen je nach Grafikkarte den unbeschleunigten Framebuffer- bzw. generischen 16 Farben-vga-Treiber für diese Grafikkarten. Sollte Ihre Grafikkarte davon betroffen sein, können Sie weiterhin XFree86 3.3.6 mit Hilfe von SaX 1 nachkonfigurieren. Hierzu müssen Sie SaX 1 mit YaST2 nachinstallieren und dann den Befehl `sax` auf der Kommandozeile eingeben.

──────────────────────────────────── **Hinweis** ┘

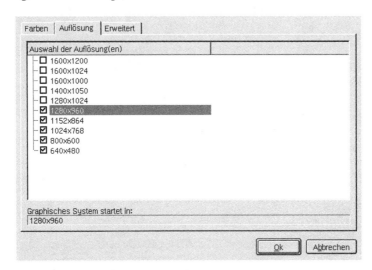

Farben/Auflösung(en)

Auch hier sehen Sie wieder drei Reiter: 'Farben', 'Auflösung' und 'Erweitert'.

- 'Farben' – Bei der Auswahl der Farbtiefe stehen Ihnen abhängig von der verwendeten Hardware die Einstellungen 16, 256, 32768, 65536 und 16,7 Millionen Farben bei 4, 8, 15, 16 oder 24 Bit zur Verfügung. Für eine brauchbare Darstellung sollten Sie wenigstens 256 Farben einstellen.

- 'Auflösung' – Beim Erkennen der Hardware wird diese abgefragt und es werden i. d. R. nur Kombinationen aus Auflösung und Farbtiefen angeboten, die von Ihrer Hardware fehlerfrei angezeigt werden können. Daher ist die Gefahr, dass Sie durch falsche Einstellungen Ihre Hardware beschädigen, heutzutage unter SuSE Linux sehr gering. Wenn Sie allerdings die Auflösung manuell ändern, sollten Sie sich unbedingt in der Dokumentation zu Ihrer Hardware informieren, ob diese Ihre neu eingestellten Werte problemlos darstellen kann.

Abbildung 4.10: SaX2: Auflösungen einstellen

- 'Erweitert' – Hier können Sie zu den Auflösungen, die im vorigen Reiter angeboten wurden, eigene hinzufügen, die dann in dem Reiter in die Auswahl mitaufgenommen werden.

3D-Beschleunigung

Falls Sie bei der Erstinstallation oder beim Einbau einer neuen Grafikkarte und deren Konfiguration die 3D-Beschleunigung nicht aktiviert haben, können sie dies hier jederzeit nachholen. Es öffnet sich ein Fenster, in dem Sie die 3D-Eigenschaften Ihrer Grafikkarte aktivieren können.

Bildlage und -größe

Hier können Sie in beiden Reitern mit Hilfe der Pfeile die Größe und Position des angezeigten Bildes genau justieren (vgl. Abb. 4.11). Wenn Sie mit einer Multihead-Umgebung arbeiten (mehr als ein Bildschirm), können Sie mit dem Button 'Nächster Bildschirm' zu Ihren weiteren Monitoren springen, um dort ebenfalls Größe und Position festzulegen. Mit 'Speichern' speichern Sie Ihre Einstellungen ab.

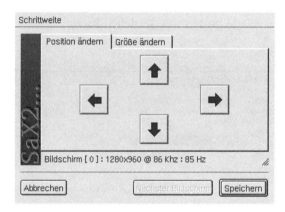

Abbildung 4.11: SaX2: Anpassung der Bildgeometrie

Achtung

Lassen Sie trotz der eingebauten Schutzmechanismen insbesondere bei der manuellen Eingabe der zulässigen Frequenzen besondere Sorgfalt walten. Falsche Werte können zur Zerstörung des Monitors führen. Schlagen Sie die Werte gegebenenfalls im Handbuch Ihres Monitors nach.

Achtung

Multihead

Wenn Sie mehr als eine Grafikkarte in Ihren Rechner eingebaut haben oder
eine Grafikkarte mit mehreren Ausgängen besitzen, können Sie mehr als
einen Bildschirm an Ihrem System betreiben! Betreiben Sie zwei Bildschirme,
wird das „Dualhead", bei mehr als zwei „Multihead" genannt. SaX2 erkennt
automatisch, wenn sich im System mehrere Grafikkarten befinden und bereitet die Konfiguration entsprechend darauf vor. In dem Multihead-Dialog von
SaX können Sie den Multihead-Modus und die Anordnung Ihrer Bildschirme
festlegen. Drei Modi stehen zur Verfügung: 'Traditionell' (default), 'Xinerama'
und 'Cloned':

- 'Traditionelles Multihead' – Sie haben Sie mit jedem Monitor eine ei-
  genständige Einheit. Lediglich der Mauszeiger kann zwischen den Bildschirmen wechseln.

- 'Cloned Multihead' – Dieser Modus ist überwiegend für Präsentationen
  und Messen von Bedeutung und vor allem bei großen Bildschirmwän-
  den sehr effektvoll. Jeder Monitor hat in diesem Modus den gleichen
  Inhalt. Die Maus ist in diesem Modus nur auf dem Hauptschirm zu
  sehen.

- 'Xinerama Multihead' – Alle Bildschirme „verschmelzen" zu einem einzigen großen, d. h. Programmfenster können frei auf allen Monitoren
  plaziert werden oder auf eine Größe, die mehr als einen Monitor umfasst, aufgezogen werden.

Unter dem Layout einer Multihead-Umgebung versteht man die Anordnung
und Nachbarschaftsbeziehungen der einzelnen Bildschirme. SaX2 legt standardmäßig in der Reihenfolge der erkannten Grafikkarten ein Standardlay-
out an, das alle Bildschirme in einer Linie von links nach rechts anordnet.
Im 'Layout'-Dialog des Multihead-Tools legen Sie fest, wie die Monitore auf
Ihrem Schreibtisch angeordnet sind, indem Sie einfach mit der Maus die Bild-
schirmsymbole auf der Gitterwand verschieben.

Nachdem Sie den Layout-Dialog abgeschlossen haben, können Sie die neue
Konfiguration durch Klick auf den Button 'Test' überprüfen.

Bitte beachten Sie, dass Linux derzeit keine 3D-Unterstützung in einer
Xinerama-Multiheadumgebung bietet. SaX2 schaltet die 3D Unterstützung
in diesem Fall ab.

Eingabegeräte

Maus Wenn die Maus bereits funktioniert, müssen Sie hier nichts weiter tun.
Sollte die Maus jedoch nicht funktionieren, können Sie sie über den

Ziffernblock der Tastatur wie im Abschnitt *AccessX* auf der nächsten Seite beschrieben steuern.

Falls die automatische Erkennung fehlschlägt, müssen Sie Ihre Maus hier manuell konfigurieren. Der Dokumentation zu Ihrer Maus können Sie eine Beschreibung des Typs entnehmen.

Wählen Sie diesen aus der Liste der unterstützten Maustypen aus. Wenn der richtige Maustyp markiert ist, bestätigen Sie dies durch „Klick" mit der Taste ⑤ auf dem Ziffernblock.

Tastatur In diesem Dialog legen Sie in dem oberen Auswahlfeld fest, was für eine Art von Tastatur Sie benutzen. Darunter wählen Sie die Sprache für Ihr Tastaturlayout, sprich für die länderspezifische Lage der Tasten. In dem Testfeld schließlich können Sie durch Eingabe von Sonderzeichen, im deutschen z. B. "ö", "ä", "ü" oder "ß", feststellen, ob Ihr gewähltes Sprachlayout korrekt übernommen wurde.

Die Checkbox, mit der Sie die Eingabe von akzentuierten Buchstaben ein- und ausschalten können, sollten Sie im Normalfall so lassen, wie sie für die jeweilige Sprache voreingestellt ist. Mit 'Beenden' übernehmen Sie die neuen Einstellungen in Ihr System.

Touchscreen Derzeit werden von XFree86 Touchscreens der Marken Microtouch und Elo TouchSystems unterstützt. SaX2 kann in diesem Fall nur den Monitor automatisch erkennen, nicht aber den Toucher. Der Toucher ist wiederum wie ein Eingabegerät anzusehen. Folgende Schritte sind zur Einrichtung nötig:

1. Starten Sie SaX2 und wechseln Sie zu 'Eingabegeräte' → 'Touchscreens'.

2. Klicken Sie auf 'Hinzufügen' und fügen Sie einen Touchscreen hinzu.

3. Speichern Sie die Konfiguration durch Klick auf 'Beenden' ab. Ein Test der Konfiguration ist nicht zwingend erforderlich.

Touchscreens besitzen eine Vielzahl von Optionen und müssen in den meisten Fällen zuerst kalibriert werden. Unter Linux gibt es dazu leider kein allgemeines Werkzeug. Zu den Größenverhältnissen der Touchscreens sind in die Standardkonfigurationen sinnvolle Default-Werte integriert, so dass hier i. d. R. keine zusätzliche Konfiguration nötig wird.

Grafiktablet Derzeit werden von XFree86 noch wenige Grafiktablets unterstützt. SaX2 bietet dazu die Konfiguration über USB bzw. serielle Schnittstelle an. Ein Grafiktablet ist aus der Sicht der Konfiguration wie eine Maus anzusehen, oder allgemeiner ausgedrückt, wie ein Eingabegerät. Es empfiehlt sich folgende Vorgehensweise:

1. Starten Sie SaX2 und wechseln Sie zu 'Eingabegeräte' → 'Grafiktablet'.

2. Klicken Sie auf 'Hinzufügen', wählen Sie im folgenden Dialog den
   Hersteller und und fügen Sie ein Grafiktablet aus der angebotenen
   Liste hinzu.

3. Kreuzen Sie dann rechts in den Checkboxen an, ob Sie noch einen
   Stift und/oder einen Radierer angeschlossen haben.

4. Prüfen Sie bei einem seriellen Tablet bei allen hinzugefügten Geräten, ob der Anschluss richtig ist: /dev/ttyS0 bezeichnet die erste
   serielle Schnittstelle, /dev/ttyS1 die zweite und so weiter.

5. Speichern Sie die Konfiguration durch Kilck auf 'Beenden' ab.

AccessX

Wenn Sie Ihren Rechner ohne Maus betreiben und nach dem Start von SaX2
AccessX aktivieren, können Sie den Mauszeiger auf Ihrem Bildschirm mit
dem Nummerntastenblock Ihrer Tastatur auf folgende Weise steuern:

- **Button 1** entspricht der Taste (%)
  Diese Taste aktiviert die linke Maustaste

- **Button 2** entspricht der Taste (X)
  Diese Taste aktiviert die mittlere Maustaste

- **Button 3** entspricht der Taste (-)
  Diese Taste aktiviert die rechte Maustaste

- **Click** entspricht der Taste (5)
  Diese Taste löst einen Klick des zuvor aktivierten Mausbuttons aus.
  Wurde kein Mausbutton aktiviert, wird die linke Maustaste benutzt.
  Die Aktivierung der jeweiligen Taste wird nach dem Klick wieder auf
  die Defaulteinstellung gesetzt.

- **Double Click** entspricht der Taste (+)
  Diese Taste wirkt wie die Taste (5) mit dem Unterschied, dass dadurch
  ein Doppelklick ausgelöst wird.

- **Button Lock** entspricht der Taste (0)
  Diese Taste wirkt wie die Taste (5) mit dem Unterschied, dass sie nur
  einen Druck des Mausbuttons bewirkt und diesen beibehält.

- **Button Release** entspricht der Taste (Entf)
  Diese Taste löst den Druck auf einen Mausbutton, der mit der Taste (0) erzeugt wurde.

- Im Bild: **Pfeil nach links oben** entspricht der Taste (7)
  Diese Taste bewegt die Maus nach links oben.

- **Pfeil nach oben** entspricht der Taste (8)
  Diese Taste bewegt die Maus geradlinig nach oben.

- **Pfeil nach rechts oben** entspricht der Taste (9)
  Diese Taste bewegt die Maus nach rechts oben.

- **Pfeil nach links** entspricht der Taste (4)
  Diese Taste bewegt die Maus nach links.

- **Pfeil nach rechts** entspricht der Taste (6)
  Diese Taste bewegt die Maus nach rechts.

- **Pfeil nach links unten** entspricht der Taste (1)
  Diese Taste bewegt die Maus nach links unten.

- **Pfeil nach unten** entspricht der Taste (2)
  Diese Taste bewegt die Maus geradlinig nach unten.

- **Pfeil nach rechts unten** entspricht der Taste (3)
  Diese Taste bewegt die Maus nach rechts unten.

Sie können nun mit dem Schieberegler einstellen, wie schnell sich Ihr Mauszeiger bei Druck der jeweiligen Tasten bewegen soll.

Weiterführende Informationen

Weiterführende Informationen über das X-Window-System, seine Geschichte und seine Eigenschaften finden Sie im *Administrationshandbuch* im Kapitel *Konfiguration des X Window System mit SaX2*.

Hardware-Info

YaST2 führt für die Konfiguration von Hardwarekomponenten eine Hardware-Erkennung durch. Die erkannten technischen Daten werden in dieser Maske angezeigt. Dies ist insbesondere dann nützlich, wenn Sie z. B. eine Support-Anfrage stellen wollen – dafür brauchen Sie Informationen zu Ihrer Hardware.

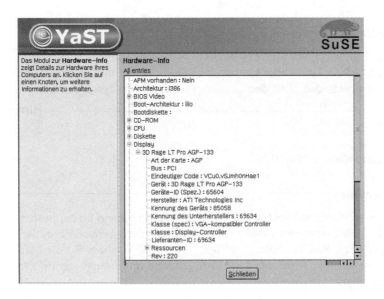

Abbildung 4.12: Hardwareinformationen anzeigen

IDE DMA-Modus

Dieses Modul erlaubt es Ihnen, bei installiertem System den sog. „DMA-Modus" für Ihre (IDE-) Festplatte(n) und Ihre (IDE-) CD/DVD-Laufwerke zu aktivieren oder zu deaktivieren . Bei SCSI-Geräten ist dieses Modul funktionslos. DMA-Modi können die Leistungsfähigkeit bzw. die Geschwindigkeit der Datenübertragung in Ihrem System erheblich steigern.

Der aktuelle Kernel von SuSE Linux aktiviert bei der Systeminstallation DMA automatisch für Festplatten und lässt ihn für CD-Laufwerke deaktiviert, da in der Vergangenheit bei standardmäßiger DMA–Aktivierung für alle Laufwerke des öfteren Probleme bei CD-Laufwerken aufgetreten sind. Sie können nachträglich mit dem DMA–Modul für Ihre Laufwerke entscheiden, ob Sie DMA aktivieren oder nicht. Sollten z. B. bei Ihrem Festplattenbetrieb Probleme auftauchen, kann es hilfreich sein, DMA zu deaktivieren. Umgekehrt steigern Sie die Datenübertragungsrate Ihres CD–Laufwerks, wenn Sie DMA dafür aktivieren und das Laufwerk den Modus ohne Probleme unterstützt.

Mausmodell wählen

Mit diesem YaST2-Modul haben Sie die Möglichkeit, Ihre Maus manuell auszuwählen. Der Dokumentation zu Ihrer Maus können Sie eine Beschreibung des Typs entnehmen.

Wählen Sie diesen aus der Liste im YaST2-Fenster aus. Dies bewerkstelligen Sie mit den Pfeiltasten ⬆ und ⬇. Wenn der richtige Maustyp markiert ist, bestätigen Sie dies entweder mit der Tastenkombination (Alt) + ⊤ oder mit (Tab) und anschließender Bestätigung mit (↵).

Wechseln Sie nun mit der Tabulator-Taste zum Button 'Test' und drücken (↵). Jetzt sollte sich Ihre Maus über den Bildschirm bewegen lassen. Falls es nicht funktioniert, haben Sie eventuell einen falschen Maustyp ausgewählt. Wählen Sie dann am besten einen anderen Typ und wiederholen den Versuch.

Joystick

Mit diesem neuen Modul können Sie auf einfachste Weise Ihren Joystick konfigurieren, indem Sie einfach Ihren Hersteller und das Modell aus der Liste auswählen. Zugang zu diesem Modul haben Sie auch noch über die Soundkartenkonfiguration (s.u.), in die es integriert ist.

Scanner

Wenn Sie Ihren Scanner angeschlossen und eingeschaltet haben, sollte beim Start dieses YaST2-Moduls Ihr Scanner automatisch erkannt werden. In diesem Fall erscheint der Dialog zur Installation des Scanners. Falls kein Scanner erkannt wird, geht es weiter mit der manuellen Konfiguration. Wenn Sie bereits einen oder mehrere Scanner installiert haben sollten, erscheint zunächst eine Übersichtstabelle mit einer Liste vorhandener Scanner, die bearbeitet oder gelöscht werden können. Mit 'Hinzufügen' können Sie ein neues Gerät einrichten.

Als Nächstes wird eine Installation mit Standard-Einstellungen durchgeführt. Wenn die Installation erfolgreich war, erscheint eine entsprechende Meldung. Nun haben Sie die Möglichkeit, Ihren Scanner zu testen, indem Sie eine Vorlage darauf legen und dann auf 'Test' klicken.

Scanner wurde nicht erkannt

Beachten Sie, dass nur unterstützte Scanner automatisch erkannt werden können. Scanner, die an einer anderen Maschine im Netzwerk betrieben werden, werden auch nicht erkannt. Unterscheiden Sie zur manuellen Konfiguration zwischen einem USB-, SCSI- oder Netzwerkscanner.

- USB-Scanner: Hier muss der Hersteller bzw. das Modell eingegeben werden. YaST2 versucht, USB-Module nachzuladen. Falls Ihr Scanner sehr neu ist, kann es sein, dass die Module nicht automatisch geladen werden können. In diesem Fall gelangen Sie weiter in einen Dialog, in dem Sie die Möglichkeit haben, das USB-Modul „per Hand" nachzuladen. Lesen Sie hierzu den YaST2-Hilfetext.

- SCSI-Scanner: Geben Sie das Device an (z. B. `/dev/sg0`). Hinweis: Ein SCSI-Scanner darf nicht im laufenden System angeschlossen oder ausgesteckt werden. Fahren Sie zuerst das System herunter.

- Netzwerk-Scanner: Hier benötigen Sie die IP-Adresse bzw. den Hostnamen.

Bei einem Netzwerk-Scanner können Sie einen anderen Scanner verwenden, der an einem Rechner in Ihrem Netzwerk angeschlossen und als Netzwerk-Scanner eingerichtet ist. Lesen Sie zur Konfiguration eines Netzwerk-Scanners den Supportdatenbank-Artikel „Scanner unter Linux" (`http://sdb.suse.de/`, Stichwortsuche „Scanner"). Bei der Wahl des Netzwerk-Scanners ist in der sich öffnenden Maske der Hostname oder die IP-Adresse des Rechners, an dem der Scanner angeschlossen ist, einzutragen.

Wenn Ihr Scanner nicht erkannt wurde, ist das Gerät wahrscheinlich nicht unterstützt. Manchmal werden jedoch auch unterstützte Scanner nicht erkannt. Hier hilft Ihnen gegebenenfalls die manuelle Scanner-Auswahl weiter. Wenn Sie in der Hersteller- und Modellliste Ihren Scanner identifizieren können, wählen Sie ihn einfach an – falls nicht, gehen Sie lieber auf 'Abbrechen'. Informationen zu Scannern, die mit Linux funktionieren, finden Sie unter `http://cdb.suse.de`, `http://sdb.suse.de` oder `http://www.mostang.com/sane`.

⌐ Achtung ───────────────────────────────

Die manuelle Zuordnung des Scanners sollten Sie nur dann vornehmen, wenn Sie sich sicher sind. Bei einer falschen Auswahl kann sonst Ihre Hardware Schaden nehmen.

─────────────────────────────── Achtung ⌐

Troubleshooting

Wenn Ihr Scanner nicht erkannt wurde, sind folgende Ursachen möglich:

- Der Scanner wird nicht unterstützt. Unter `http://www.suse.de/sdb` finden Sie eine Liste mit Geräten, die zu Linux kompatibel sind.

- Ihr SCSI-Controller ist nicht korrekt installiert.

- Es gibt Terminierungs-Probleme mit Ihrer SCSI-Schnittstelle.

- Ihr SCSI-Kabel überschreitet die zulässige Länge.

- Ihr Scanner hat einen SCSI-Light-Controller, der von Linux nicht unterstützt wird.

- Ihr Scanner könnte defekt sein.

⌐ Achtung ───────────────────────────────

Bei einem SCSI-Scanner darf das Gerät auf keinen Fall im laufenden System angeschlossen oder ausgesteckt werden. Fahren Sie bitte zuerst Ihren Rechner herunter.

─────────────────────────────── Achtung ⌐

Weitere Informationen zum Scannen finden Sie im Kapitel *Kooka – Das Scanprogramm* auf Seite 307.

Sound

YaST2 versucht beim Aufruf des Sound-Konfigurationstools Ihre Soundkarte
automatisch zu erkennen. Sie können eine oder mehrere Soundkarten einrichten. Falls man mehrere Soundkarten verwenden möchte, wählt man zuerst
eine der zu konfigurierenden Karten aus. Mit dem Button 'Konfigurieren' gelangen Sie weiter zum Menü 'Setup'. Über den Button 'Bearbeiten' kann man
bereits konfigurierte Soundkarten unter 'Soundkonfiguration' editieren. 'Beenden' speichert die momentanen Einstellungen und schließt die Soundkonfiguration ab. Sollte YaST2 Ihre Soundkarte nicht automatisch erkennen, kann
man über das Menü 'Soundkonfiguration' mit dem Button 'Soundkarte hinzufügen' zur 'Manuellen Auswahl der Soundkarten' gelangen. In diesem ist
es möglich, eine Soundkarte und das zugehörige Modul selbst auszuwählen.

Setup

Unter 'Schnelles automatisches Setup' werden keine weiteren Konfigurations-
schritte abgefragt und kein Testsound gestartet. Die Soundkarte wird fertig
eingerichtet.

Mit 'Normales Setup' hat man die Möglichkeit, im folgenden Menü 'Lautstärke der Soundkarte' die Ausgangslautstärke zu regeln und einen Testsound
abzuspielen.

Bei 'Erweitertes Setup' mit der Möglichkeit, Optionen zu ändern, gelangt man
in das Menü 'Erweiterte Optionen für die Soundkarte'. Hier kann man die
Optionen der Soundmodule manuell anpassen.

Zusätzlich können Sie von hier aus Ihren Joystick einrichten, indem Sie auf
die gleichnamige Checkbox klicken. Es erscheint dann ein Dialog, in dem Sie
den Typ Ihres Joysticks auswählen und dann auf 'Weiter' klicken. Der gleiche Dialog erscheint auch, wenn Sie im YaST-Kontrollzentrum auf 'Joystick'
klicken.

Lautstärke der Soundkarte

Unter dieser Testmaske können Sie Ihre Soundkonfiguration testen. Mit den
Buttons '+' und '-' stellen Sie die Lautstärke ein. Beginnen Sie bitte bei etwa
10%, um weder Ihre Lautsprecher noch Ihr Gehör zu schädigen. Durch einen
Klick auf den Button 'Test' sollte jetzt ein Testsound zu hören sein. Falls
nicht, regeln Sie die Lautstärke nach. Mit 'Weiter' schließen Sie die Soundkonfiguration ab und die Lautstärke wird gespeichert.

Soundkonfiguration

Mit der Option 'Löschen' kann man eine Soundkarte entfernen. Vorhandene Einträge von bereits konfigurierten Soundkarten werden in der Datei `/etc/modules.conf` deaktiviert. Unter 'Optionen' gelangt man in das Menü 'Erweiterte Optionen für die Soundkarte'. Hier kann man die Optionen der Soundmodule manuell anpassen. Im Menü 'Mixer' ist es möglich, die Pegeleinstellungen für Ein- und Ausgänge der jeweiligen Soundkarten zu konfigurieren. Mit 'Weiter' werden die neuen Werte gespeichert und mit 'Zurück' wieder auf die Defaulteinstellungen zurückgesetzt. Bei 'Soundkarte hinzufügen...' können Sie weitere Soundkarten integrieren. Findet YaST2 automatisch eine weitere Soundkarte, gelangen Sie in das Menü 'Konfigurieren Sie eine Soundkarte'. Findet YaST2 keine Soundkarte, geht es direkt zu 'Manuelle Auswahl der Soundkarte'.

Wenn Sie eine Creative Soundblaster Live oder AWE verwenden, können Sie über die Option 'Soundfonts installieren' automatisch von der orginal Soundblaster Treiber CD-ROM SF2-Soundfonts auf Ihre Festplatte kopieren. Diese werden im Verzeichnis `/usr/share/sfbank/creative/` abgelegt.

Über die Checkbox 'ALSA starten' kann man das Starten von ALSA beim Booten des Rechners (de-)aktivieren. Zur Wiedergabe von Midi-Dateien sollten Sie die Checkbox 'Sequenzer starten' aktiviert haben. Somit werden beim Laden der ALSA-Module die benötigten Soundmodule für die Sequenzerunterstützung mitgeladen.

Beim Aufruf von 'Beenden' wird die Lautstärke und die Konfiguration aller bis dahin installierten Soundkarten gespeichert. Die Mixereinstellungen werden in der Datei `/etc/asound.conf` abgelegt und die ALSA-Konfigurationsdaten werden am Ende der Datei `/etc/modules.conf` eingetragen.

Konfigurieren Sie eine Soundkarte

Wurden mehrere Soundkarten gefunden, wählen Sie unter 'Liste der automatisch erkannten...' Ihre gewünschte Karte aus. Mit 'Weiter' gelangen Sie nun zum Menüpunkt 'Setup'. Wird die Soundkarte nicht automatisch gefunden, wählen Sie den Punkt 'von der Liste wählen' an und mit 'Weiter' gelangt man in das Menü 'Manuelle Auswahl der Soundkarte'.

Manuelle Auswahl der Soundkarte

Falls Ihre Soundkarte nicht automatisch erkannt wurde, wird eine Liste von Soundkartentreibern und Soundkartenmodellen angezeigt, aus der Sie eine

Auswahl treffen können. Mit der Auswahl 'Alle' können Sie die komplette Liste der unterstützten Soundkarten ansehen.

Sehen Sie gegebenenfalls in der Dokumentation zu Ihrer Soundkarte nach, um die nötigen Informationen zu erhalten. Des Weiteren finden Sie auch eine Aufstellung der von ALSA unterstützten Soundkarten mit den jeweils zugehörigen Soundmodulen unter `/usr/share/doc/packages/alsa/cards. txt` und `http://www.alsa-project.org/~goemon/`. Nach der Auswahl gelangt man über 'Weiter' wieder in das Menü 'Setup'.

TV-Karten

Nach dem Start und der Initialisierung dieses YaST2-Moduls erscheint zunächst der Dialog 'Einrichtung der TV-Karte'. Wenn Ihre TV-Karte automatisch erkannt wurde, wird sie hier angezeigt. Markieren sie die Zeile per Mausklick und klicken Sie dann auf 'Hinzufügen'. Falls Ihre TV-Karte nicht erkannt wurde, konfigurieren Sie die „andere, nicht erkannte" Karte, damit gelangen Sie zur manuellen Konfiguration. Mit dem Button 'Bearbeiten' haben Sie die Möglichkeit, eine bestehende Konfiguration zu ändern.

Der Dialog 'Überblick über die TV-Karten' erscheint nach einem Klick auf 'Bearbeiten' oder gleich nach dem Start dieses YaST2-Moduls, wenn Sie bereits eine oder mehrere TV-Karten installiert und konfiguriert haben. In diesem Dialog können Sie die Konfiguration von jeder Karte einzeln bearbeiten oder diese löschen. Mit 'Hinzufügen' starten Sie die manuelle Konfiguration.

In der Maske 'Manuelle Konfiguration' wählen Sie zunächst den Typ Ihrer TV-Karte aus der Liste aus. Falls Sie einen Tuner-Typ wählen müssen, um eine funktionierende Konfiguration zu erhalten, klicken Sie auf den Button 'Tuner wählen' und markieren darin Ihren Tunertyp. Wenn Sie sich nicht sicher sind, sollten Sie die Einstellungen erst einmal auf 'Standard (erkannt)' lassen und feststellen, ob es funktioniert. Falls sich kein oder nicht alle Sender einstellen lassen, könnte das z. B. daran liegen, dass die automatische Erkennung des Tunertyps nicht gelang oder Sie einen falschen Typ ausgewählt haben.

Hinter 'Details' finden Sie die Expertenkonfiguration. Hier können Sie speziell das Kernelmodul, das als Treiber Ihrer TV-Karte läuft, und dessen Parameter auswählen. Auch lassen sich alle Parameter Ihres TV-Karten-Treibers kontrollieren. Wählen Sie hierfür die zu bearbeitenden Parameter aus und geben Sie den neuen Wert ein. Mit 'Anwenden' werden die neuen Werte übernommen und mit 'Zurücksetzen' werden wieder die Standardwerte angenommen.

In dem Dialog 'TV-Karte, Audio' können Sie die entsprechenden Einstellungen vornehmen, damit Sie auch mit Ton am Computer fernsehen können. Normalerweise wurde dann ein kurzes Kabel mit Ihrer TV-Karte mitgeliefert, mit dem Sie den Ton auf den externen Audioeingang der Soundkarte legen können.

Hierfür muss die Soundkarte bereits eingerichtet und der externe Eingang nicht mehr stummgeschaltet sein. Klicken Sie hierfür in der Maske auf 'Ja' und selektieren Sie im nächsten Schritt eine Soundkarte. Hier haben Sie auch die Möglichkeit, Ihre Soundkarte zu konfigurieren; vgl. Abschnitt *Sound* auf Seite 85. Sie haben zudem die Möglichkeit, die Lautsprecherboxen direkt – ohne Soundkarte dazwischen – an die TV-Karte zu klemmen, falls Sie den Sound nicht sowieso von woanders her erhalten (z. B. externer SAT-Receiver). Es gibt auch TV-Karten ganz ohne Soundfunktion, z. B. für CCD-Kameras. In so einem Fall ist keine Audiokonfiguration nötig bzw. möglich.

Netzwerk/Basis

Grundlegendes zum Internet-Zugang

Hier werden einige wichtige Begriffe zur Internetanbindung angesprochen und deren Zweck und Funktion kurz dargestellt.

Alle Rechner im Internet bilden ein einziges großes Netzwerk, in dem unterschiedliche Betriebssysteme auf unterschiedlicher Hardware laufen. Damit dennoch beliebige Rechner miteinander kommunizieren können, muss ein allgemeines, verbindliches Kommunikationsprotokoll verwendet werden, über das die unterschiedlichen Betriebssysteme unabhängig von der jeweiligen Hardware ihre Daten austauschen können. Das leistet das Internet Protocol (IP) zusammen mit dem Transmission Control Protocol (TCP), dem User Datagram Protocol (UDP) und dem Internet Control Message Protocol (ICMP). Diese Protokolle bilden die gemeinsame „Sprache" aller Rechner im Internet und die Kurzbezeichnung ist TCP/IP.

Jeder Rechner im Internet hat eine Identifikationsnummer, die so genannte IP-Adresse, und nur über diese Nummer kann er via TCP/IP angesprochen werden. Normalerweise hat ein Rechner auch einen Klartextnamen, mit dem er in Anwendungsprogrammen bezeichnet wird. Um die IP-Adresse zu einem Klartextnamen zu bekommen, gibt es das Domain Name System (DNS). Dies ist ein spezieller Dienst, den so genannte Nameserver bereitstellen. Ein Rechner bzw. ein Programm, das einen Dienst bereitstellt, heißt Server (hier z. B. DNS-Server), ein Rechner oder Programm, das einen Dienst beansprucht, heißt Client.

Unterhalb von TCP/IP gibt es verschiedene standardisierte Protokolle, um TCP/IP-Daten passend zur jeweiligen Übertragungsart übermitteln zu können: Bei Verbindungen über Netzwerkkarte ist es das Ethernet-Protokoll, bei

Modem- und ISDN-Telefonverbindungen das Point to Point Protocol (PPP) und bei ADSL/T-DSL-Verbindungen das Point to Point over Ethernet Protocol (PPPoE).

Zum Aufbau einer Internetverbindung muss also zuerst die Ethernet-, PPP- oder PPPoE-Verbindung und dann die TCP/IP-Verbindung zwischen dem eigenen Rechner und einem Rechner beim Internetprovider hergestellt werden.

Oberhalb von TCP/IP gibt es verschiedene standardisierte Protokolle, um Daten passend zur jeweiligen Anwendung übertragen zu können:

- Das HyperText Transfer Protocol (HTTP) dient dazu, WWW-Seiten im HyperText Markup Language (HTML) Format zu übertragen,

- mit dem Simple Mail Transfer Protocol (SMTP) werden E-Mails zu einem anderen Rechner verschickt und mit dem Post Office Protocol (POP3) können E-Mails bei Bedarf von einem Mail-Server heruntergeladen werden.

- Um Dateien zu übertragen, wird das File Transfer Protocol (FTP) verwendet.

Damit verschiedene Anwendungsprogramme, z. B. ein WWW-Browser und ein E-Mail-Programm, die Internetverbindung zur selben Zeit nutzen können, wird pro Anwendung eine separate TCP/IP-Verbindung verwendet und große TCP/IP-Datenmengen werden in kleine Pakete zerlegt, so dass abwechselnd z. B. die HTTP-Pakete des WWW-Browsers über dessen TCP/IP-Verbindung und die SMTP- bzw. POP3-Pakete des E-Mail-Programms über andere TCP/IP-Verbindungen übertragen werden können.

Da verschiedene Programme die selbe Internetverbindung benutzen, genügt die IP-Adresse, die nur den Rechner identifiziert, alleine nicht, sondern zur Unterscheidung welche TCP/IP-Daten zu welchem Programm gehören, dient die so genannte Port-Nummer.

Die Standarddienste werden traditionell auf dem entsprechenden Server unter folgenden Standard-Port-Nummern angeboten:

- DNS unter Port 53,

- HTTP unter Port 80,

- SMTP unter Port 25 und POP3 unter Port 110,

- FTP unter Port 20 und 21.

Nur wenn der Client die richtige Port-Nummer beim Server anspricht, kann er den passenden Dienst in Anspruch nehmen.

Hinweise zur Einwahl ins Internet

Wenn Sie in den YaST2-Modulen 'Dial on demand' oder 'Automatische Einwahl' aktivieren, dann wird z. B. nach der Eingabe einer externen URL im Browser oder beim Senden und Abholen von E-Mail die Internet-Verbindung automatisch aufgebaut. Nur wenn Sie eine so genannte Flatrate (Pauschaltarif) für den Internetzugang haben, ist 'Dial on demand' bzw. 'automatisch' empfehlenswert. Ansonsten wählen Sie manuelle Einwahl, dann wählt sich Ihr Rechner nur dann ins Internet, wenn Sie es wollen. Denn durch Prozesse, die im Hintergrund ablaufen (z. B. zum regelmäßigen Abholen von E-Mail), erfolgt eine häufige Einwahl in das Internet und das erhöht die Telefonkosten.

E-Mail

Das Konfigurationsmodul lässt Sie Ihre Maileinstellungen anpassen, wenn Sie Ihre Mails mit sendmail, postfix oder mittels des SMTP-Servers Ihres Providers versenden. Mail herunterladen können Sie mittels SMTP oder mit dem Programm fetchmail, zu dem Sie hier ebenfalls die Daten des POP3- oder IMAP-Servers Ihres Providers eintragen können.

Alternativ können Sie in einem Mailprogramm Ihrer Wahl, z. B. KMail (s Kap. *KMail – Das Mailprogramm von KDE* auf Seite 251), einfach Ihre POP- und SMTP-Zugangsdaten einstellen, wie Sie es bisher gewohnt waren. (Empfang mit POP3, Versand mit SMTP). Sie benötigen dann dieses Modul nicht. Das E-Mail-Modul ist im *Administrationshandbuch* genauer beschrieben.

Netzwerkkarte

Mit Hilfe von YaST2 können Sie Ihre Netzwerkkarte für den Einsatz im (lokalen) Netzwerk einrichten. Zunächst haben Sie die Möglichkeit, zwischen 'Automatische Adressvergabe (mit DHCP)' und 'Konfiguration der statischen Adresse' zu wählen.

'Automatische Adressvergabe (mit DHCP)' DHCP (Dynamic Host Configuration Protocol) sorgt dafür, dass ein Rechner automatisch eine IP-Adresse von einem DHCP-Server übermittelt bekommt. Die Netzwerkkonfiguration erfolgt dann automatisch. Verwenden können Sie diese Funktion nur dann, wenn es in Ihrem Netzwerk einen DHCP-Server gibt.

'Konfiguration der statischen Adresse' Dies ist die konventionellere Methode. Geben Sie hier Ihre IP-Adresse ein. Unter 'Subnetzmaske' ist bereits eine Netzwerkmaske eingetragen, die in den Standardfällen passt – andernfalls muss sie noch angepasst werden. Erfragen Sie diese Daten bei Ihrem Systemadministrator.

Wenn Sie auf 'Beenden' klicken, gelangen Sie weiter zur nächsten Maske. Nun wird die Schnittstelle, an der Ihre Netzwerkkarte angeschlossen ist, und die automatisch erkannte Hardware angezeigt, falls Sie eine PCI-Karte besitzen. Bei ISA- und ISA-PnP-Karten müssen Sie vorher eine manuelle Auswahl treffen. Sie können auch die Einstellungen bearbeiten oder die Konfiguration einer Netzwerkkarte löschen oder auch weitere Karten hinzufügen. Wenn Sie sich in einem kabellosen Netzwerk befinden (engl. *wireless lan*), können Sie hier mit der Checkbox den „Wireless support" aktivieren. Ist er aktiviert, können Sie über den Button neben der Checkbox die Optionen und den Zugang für Ihr Wireless Lan einrichten. Mit 'Weiter' erhalten Sie einen Überblick über die konfigurierten Netzwerkkarten. Mit 'Beenden' schließen Sie die Installation ab.

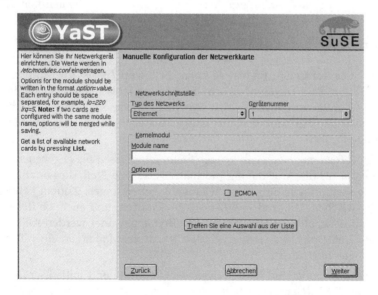

Abbildung 4.13: Konfiguration der Netzwerkkarte

Kabelmodem

In manchen Ländern (Österreich, USA) ist der Internetzugang über das Fernsehkabelnetz weit verbreitet. Der Telekabel-Teilnehmer bekommt von der Kabelfirma ein „Modem", welches einerseits an das Fernsehkabel, andererseits mittels 10Base-T (Twisted-Pair) Leitung an eine Netzwerkkarte im Computer angeschlossen wird. Dieses Modem stellt dann für den Computer eine Standleitung mit einer fixen IP-Adresse dar.

Nach den Angaben Ihres Providers wählen Sie bei der Konfiguration Ihrer Netzwerkkarte zwischen 'Automatische Adressvergabe (mit DHCP)' und 'Konfiguration der statischen Adresse'. Die meisten Provider verwenden heute DHCP. Eine statische IP-Adresse wird im allgemeinen bei Business-Paketen der Provider verwendet. Der Provider hat Ihnen in diesem Fall eine feste IP-Adresse zugeteilt.

Lesen Sie dazu unbedingt die Supportdatenbank-Artikel über Einrichtung und Konfigurationen für Kabelmodems, die Sie auch online unter
`http://sdb.suse.de/de/sdb/html/cmodem8.html`
und
`http://sdb.suse.de/en/sdb/html/cmodem8.html` erhalten können.

Modem

Im YaST2 Control Center finden Sie unter 'Netzwerk/Basis' die Modem-Konfiguration. Falls die automatische Erkennung fehlschlägt, wählen Sie die manuelle Konfiguration. In der sich öffnenden Maske sind bei 'Gerät' die Schnittstelle und bei 'Modemname' ein frei wählbarer Name für das Modem einzutragen.

Wenn eine Telefonanlage zwischengeschaltet ist, müssen Sie gegebenenfalls die Vorwahl für die Amtsholung (normalerweise eine Null; dies erfahren Sie in der Bedienungsanleitung Ihrer Telefonanlage) eintragen. Zudem können Sie sich zwischen Ton- und Impulswahl entscheiden, und auch, ob der Lautsprecher angeschaltet ist oder ob der Wahlton abgewartet werden soll. Letztere Option sollte nicht verwendet werden, wenn Ihr Modem an einer Telefonanlage angeschlossen ist.

Unter 'Details' finden Sie Einstellungen zur Baudrate und Initialisierungs-Strings für das Modem. Hier sollten Sie nur dann Änderungen vornehmen, wenn Ihr Modem nicht automatisch erkannt wurde und für die Datenübertragung speziell eingestellt werden muss. Dies ist vor allem bei ISDN-Terminaladaptern der Fall.

Weiter geht es mit der ISP-Auswahl (Internet Service Provider). Wählen Sie entweder einen voreingestellten Provider aus Ihrem Land aus oder klicken

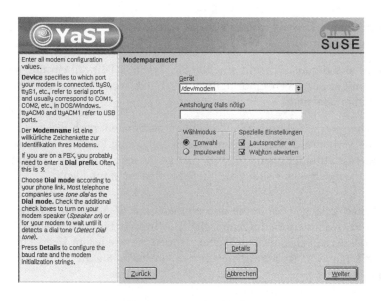

Abbildung 4.14: *Modemkonfiguration*

Sie auf 'Neu' und geben dort die ISP-Parameter manuell ein: den Namen für die Einwahl und für die Verbindung (sinnfälligerweise z. B. den Namen des gewählten Providers), die Telefonnummer (die des Providers) und Ihren Benutzernamen.

Unter 'Passwortabfrage' geben Sie entweder das Passwort ein oder – wenn Sie sicherheitshalber ein Abspeichern des Passworts auf der Festplatte verhindern wollen – aktivieren Sie den Punkt 'Bitte immer fragen'. In der nächsten Maske können Sie den von Ihnen eingetragenen Provider als Standard festlegen. Wenn Sie mehrere Modems haben, können Sie hier für den jeweiligen Provider ein Defaultmodem festlegen. Wenn Sie 'Automatische Einwahl' aktivieren, wird jedes Mal, wenn Sie eine Internetanwendung starten, automatisch eine Verbindung hergestellt. Das sollten Sie nur benutzen, wenn Sie eine Flatrate haben (vgl. *Hinweise zur Einwahl ins Internet* auf Seite 90). .

Weiter geht es dann mit den Verbindungsparametern:

'Automatische Einwahl' Lesen Sie dazu *Hinweise zur Einwahl ins Internet* auf
Seite 90.

'Während Verbindung DNS ändern' Das ist normalerweise voreingestellt
und sollte so belassen werden.

'Stupid Mode' Lassen Sie ebenfalls die Voreinstellung und lesen Sie den Hilfetext.

'Firewall aktivieren' Hiermit schalten Sie die SuSE Firewall ein und sind damit sicher gegen Eindringlinge geschützt, wenn Sie mit dem Internet verbunden sind.

'Abbrechen nach (Sekunden)' Sie können bestimmen, nach welcher Zeit die Verbindung abgebrochen werden soll, wenn kein Informationsfluss mehr stattfindet (wenn Sie z. B. mal vergessen sollten, die Verbindung zu beenden – hier sind z. B. 180 Sekunden zu empfehlen).

Mit 'Weiter' gelangen Sie in die Einstellungen zur IP-Adressenvergabe. Die meisten Provider vergeben dynamische IP-Adressen. Sie sollten daher die Voreinstellungen belassen. Mit 'Weiter' landen Sie wieder im Übersichtsdialog und sehen, was sie konfiguriert haben. Schließen Sie die Einrichtung mit 'Beenden' ab.

DSL

Beachten Sie bitte, dass die Konfiguration Ihres ADSL-Zugangs eine erfolgreiche Konfiguration Ihrer Netzwerkkarte voraussetzt. Zur Zeit können mit YaST2 nur Zugänge eingerichtet werden, die auf dem Point-to-Point-over-Ethernet-Verfahren (PPPoE) beruhen. Die automatische IP-Adressenvergabe findet dabei nicht mit dem DHCP-Protokoll statt. Deshalb dürfen Sie auch nicht 'Automatische Adressvergabe (mit DHCP)' verwenden. Vergeben Sie stattdessen eine statische „Dummy-IP-Adresse", z. B. 192.168.22.1 ist eine gute Wahl. Im Feld 'Subnetzmaske' ist 255.255.255.0 einzutragen. Bitte achten Sie unbedingt darauf, dass Sie für ein Einzelplatzsystem keinen Eintrag in das Feld 'Standardgateway' machen. Hinweis: Die Werte für 'IP-Adresse' Ihres Rechners und 'Subnetzmaske' sind nur Platzhalter. Sie haben für den Verbindungsaufbau mit ADSL keine Bedeutung und werden nur zur Aktivierung der Netzwerkkarte benötigt.

Das YaST2-Modul zur Konfiguration von ADSL, zu finden unter 'Netzwerk/Basis', ist nur für PPPoE ADSL-Zugänge geeignet, die typischerweise in Deutschland verwendet werden (PPtP, was häufig in Österreich vorkommt, wird derzeit nicht „out of the box" unterstützt – vgl. auch http://www.adsl4linux.de/infos/). In der Maske geben Sie die Mitbenutzerkennung und das persönliche Kennwort ein. Geben Sie schließlich noch die Ethernetkarte an, an der Ihr Modem angeschlossen ist (in der Regel ist es eth0). Als 'Idletime' sind 60 Sekunden empfehlenswert – das bedeutet, dass die Verbindung automatisch nach dieser Zeit abgebrochen wird, wenn kein Datenfluss mehr stattfindet. Mit 'Beenden' schließen Sie den Vorgang ab.

Um 'Dial on demand' (vgl. Seite 90) nutzen zu können, müssen Sie bei Einzelplatzsystemen auf jeden Fall DNS (Nameserver) konfigurieren. Die meisten Provider unterstützen heute dynamische DNS-Vergabe, das heißt beim Verbindungsaufbau wird eine aktuelle IP-Adresse der Nameserver übergeben. Dennoch muss in Ihrem Einzelplatzsystem in diesem Dialog ein Platzhalter für einen DNS-Server eingetragen werden, z. B. ist `192.168.22.99` gut geeignet. Falls Sie den Nameserver nicht dynamisch zugewiesen bekommen, müssen Sie hier die IP-Adressen der Nameserver Ihres Providers eintragen.

Empfehlenswert ist folgender Link:

`http://www.adsl4linux.de/infos/`

Hier finden Sie neben vielen Informationen rund um ADSL auch Hinweise auf Informationsquellen zu den in Österreich verwendeten ADSL-Varianten (PPtP).

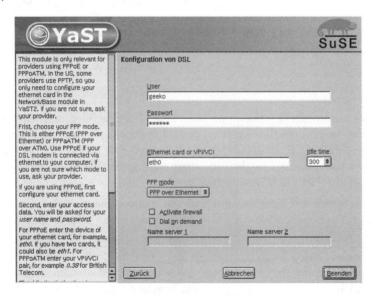

Abbildung 4.15: *ADSL-Konfiguration*

Verfahren Sie für T-DSL wie bei ADSL.

Für Ihre T-DSL-Konfiguration benötigen Sie folgende Daten: Anschlusskennung, T-Online-Nummer, Mitbenutzerkennung und Ihr persönliches Kennwort. Entnehmen Sie die Informationen Ihrem T-DSL-Anmeldezettel.

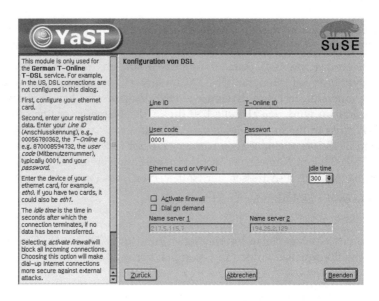

Abbildung 4.16: T-DSL-Konfiguration in Deutschland

ISDN

Wenn die automatische Erkennung Ihrer ISDN-Karte gelingt, erscheint zuerst ein Dialog, in dem Sie die 'Auswahl des ISDN-Protokolls' treffen. Hierbei gilt 'Euro-ISDN (EDSS1)' als Standard (vgl. unten Fall 1. und 2a). Bei '1TR6' handelt es sich um ein Protokoll für ältere bzw. große Telefonanlagen (vgl. unten Fall 2b). Für die USA gilt 'NI1'.

alls die automatische Erkennung fehlschlägt, wählen Sie zunächst die richtige ISDN-Karte aus. Geben Sie dann das ISDN-Protokoll an und es geht 'Weiter'. . .

Im folgenden Dialog legen Sie nun ein sog. „Interface" an. Theoretisch können Sie mehrere Interfaces einrichten. Im Normalfall ist dies für den heimanwender nicht notwendig, da er in einem Interface mehrere Provider einrichten kann. Das erste Interface, das Sie anlegen, heißt "ippp0". Klicken Sei auf 'Weiter'. Sie können nun für das Interface angeben, ob es beim Rechnerstart initialisiert werden soll (empfohlen) und ob Sie Kanalbündelung möchten. Lesen Sie dazu bitte den Hilfetext. 'ChargeHUP' bewirkt, dass dieses automatische Auflegen erst vor der nächsten zu zahlenden Gebühreneinheit erfolgt. Das funktioniert jedoch nicht mit jedem Provider.

Weiter geht es mit den Parametern für eine ISDN-Verbindung. Hier erfordern folgende Situationen unterschiedliche Angaben für die 'Eigene Telefonnummer':

- Die ISDN-Karte ist direkt am NTBA (Telefondose der Telekom) angeschlossen: Es gibt eine so genannte „MSN" – das ist eine der Telefonnummern (ohne Vorwahl eingeben!), welche von der Telekom für Ihren Anschluss zur Verfügung gestellt wurde. Trägt man etwas Falsches ein, sollte es trotzdem funktionieren, denn der Netzbetreiber (z. B. die Telekom) sollte in diesem Fall die erste Ihrem ISDN-Anschluss zugeordnete MSN verwenden.

- Die ISDN-Karte ist an einer Telefonanlage angeschlossen:

  ▷ Das Protokoll der Telefonanlage für die internen Anschlüsse ist Euro-ISDN/EDSS1 (in der Regel bei „kleinen" Telefonanlagen für den Hausgebrauch): Diese Telefonanlagen haben einen internen S0-Bus und verwenden für die angeschlossenen Geräte interne Rufnummern. Verwenden Sie in einem solchen Fall die interne Rufnummer als MSN. Weitere Informationen entnehmen Sie bitte der Dokumentation Ihrer Telefonanlage. Irgendeine der gemäß Telefonanlage möglichen MSNs sollte funktionieren, sofern für diese MSN der Zugriff nach außen freigeschaltet ist. Im Notfall funktioniert eventuell auch eine einzelne Null.

  ▷ Das Protokoll der Telefonanlage für die internen Anschlüsse ist 1TR6 (das ist normalerweise nur noch bei „großen" Telefonanlagen in Firmen der Fall): Die MSN heißt hier „EAZ" und ist üblicherweise die Durchwahl. Für die Linux-Konfiguration ist normalerweise nur die letzte Ziffer der EAZ einzutragen. Im Notfall probieren Sie die Ziffern 1 bis 9.

Es empfiehlt sich dringend, den Punkt 'ISDN-System beim Booten initialisieren' anzuwählen, damit die benötigten Treiber geladen werden. Dadurch wird noch keine Internet-Verbindung aufgebaut.

Im nächsten Dialog treffen Sie die Einstellungen für die Vergabe der IP-Adressen. Von den meisten Providern werden dynamische Adressen vergeben. Diese Einstellungen sollten Sie daher übernehmen.

In der nachfolgenden Maske bestimmen Sie Ihr Land und Ihren Provider. Bei den hier aufgelisteten handelt es sich um „Call-by-Call"-Provider. Wollen Sie einen Provider verwenden, welcher nicht in dieser Liste aufgeführt ist, so klicken Sie auf 'Neu'. Es erscheint die Maske 'ISP-Parameter', in der Sie alle notwendigen Einstellungen bezüglich Ihres gewünschten Providers vornehmen können. Bei 'ISDN-Typ' ist 'ISDN SyncPPP' der Standard. Bei 'Name für die Verbindung' geben Sie am besten den Namen des Providers ein und dann die Telefonnummer des Providers.

Wenn eine Telefonanlage zwischengeschaltet ist, benötigen Sie gegebenenfalls eine zusätzliche Vorwahl zur Amtsholung (normalerweise eine Null, sehen Sie am besten in der Bedienungsanleitung Ihrer Telefonanlage nach) vor der Telefonnummer. Die gesamte Telefonnummer darf keinerlei Trenner wie Komma oder Leerzeichen enthalten. Weiter geben Sie den Benutzernamen und das Passwort ein, das Sie von Ihrem Provider erhalten haben.

Im Folgenden entscheiden Sie sich für einen Wählmodus. Lesen Sie bitte Seite 90 zum Wählmodus 'Automatische Einwahl'. Wenn Sie 'Automatische Einwahl' nicht ankreuzen, können Sie sich später bequem z. B. per kinternet in das Internet einwählen. In der Shell wählen Sie sich ein mit `/usr/sbin/isdnctrl dial ippp0` und mit `/usr/sbin/isdnctrl hangup ippp0` legen Sie wieder auf. In kinternet können Sie auch zwischen den verschiedenen Providern, die Sie eingestellt haben, wechseln.

Ferner können Sie einstellen, nach wie vielen Sekunden die Verbindung automatisch abgebrochen werden soll, wenn kein Datenaustausch stattfindet.

Zudem haben Sie hier die Möglichkeit, die SuSE firewall zu aktivieren.

'Weiter' bzw. 'Beenden' schließen Sie die Konfiguration ab.

Start oder Stopp von Systemdiensten

Mit diesem Werkzeug können Sie einstellen, welche Netzwerkdienste, z. B. telnet, finger, talk, ftp usw., beim Booten von SuSE Linux gestartet werden. Sie bewirken, dass sich andere von außen mit Ihrem Rechner durch diese Dienste verbinden können. Für jeden Dienst können Sie zudem unterschiedliche Parameter einstellen. Standardmäßig wird der übergeordnete Dienst, der die einzelnen Netzdienste verwaltet („inetd") nicht gestartet. Sie müssen ihn also zuerst hier aktiveren und können zwischen einer Standardkonfiguration und benutzerdefinierten Einstellungen wählen.

Achtung

Es handelt sich um ein Expertentool! Nehmen Sie hier nur Änderungen vor, wenn Sie sich in Netzwerkdiensten auskennen und genau wissen, was Sie tun!

Achtung

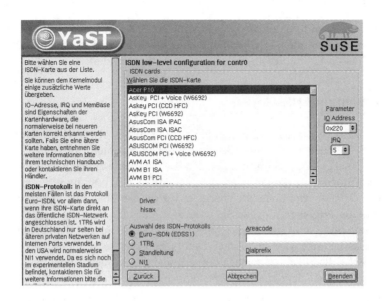

Abbildung 4.17: ISDN-Konfiguration

Netzwerk/Erweitert

Vorbemerkung

In dieser Gruppe befinden sich überwiegend Werkzeuge für den Profi bzw. für den Systemadministrator. Wenn Sie SuSE Linux Personal Edition besitzen, werden Sie einige der angesprochenen Tools nicht in dieser Gruppe finden, da sie nur in der Professional Edition installiert sind.

Die Tools 'LDAP-Client', 'NIS-Server', 'NIS-Client' und 'NIS+-Client' sollen hier nicht besprochen werden, da Sie absolute Expertentools sind und i. d. R. nur in Firmennetzwerken zum Einsatz kommen. Nähere Informationen über diese Module finden Sie im *Administrationshandbuch*.

Hostname und DNS

Interessant ist für den Heimanwender, dass er hier den Namen seines Rechners und seinen Domainnamen ändern kann. Hat er für sein DSL, Modem oder ISDN-Zugang den Provider korrekt konfiguriert, sieht er hier in der Liste der Nameserver Eintragungen, die automatisch vorgenommen wurden, da sie aus den Providerdaten ausgelesen wurden. Falls Sie sich in einem lokalen Netzwerk befinden, erhalten Sie wahrscheinlich Ihren Hostnamen über DHCP. Lassen Sie in diesem Fall den Namen unverändert!

NFS-Client und NFS-Server

Diese beiden Werkzeuge benötigen Sie nur, wenn Sie sich in einem Netzwerk befinden. In diesem Fall haben Sie die Möglichkeit, unter Linux einen so genannten Fileserver zu betreiben, auf den die Mitglieder Ihres Netzwerkes zugreifen können. Auf diesem Fileserver stellen Sie z. B. bestimmte Programme und Dateien oder auch Speicherplatz für die Benutzer zur Verfügung. In dem Modul 'NFS-Server' legen Sie dann fest, dass Ihr Rechner als NFS-Server fungieren soll und welche Verzeichnisse exportiert, d. h. von den Usern des Netzwerks benutzt werden können. Den NFS-Server sollte nur ein Experte einrichten! Falls Sie einen solchen Server aufsetzen wollen, finden Sie eine Kurzanleitung im *Administrationshandbuch* unter *Linux im Netzwerk* → *NFS*.

Jeder Benutzer (der die Rechte dazu erteilt bekommt), kann dann diese Verzeichnisse in seinen eigenen Dateibaum „hineinmounten". Dies macht er am komfortabelsten mit dem Modul 'NFS-Client'. Dort muss der User lediglich den Hostnamen des als NFS-Server fungierenden Rechners eintragen, das Verzeichnis, das von dem Server exportiert wird und den Mountpunkt, unter dem es auf dem eigenen Computer eingehängt werden soll. Wählen Sie dazu im ersten Dialogfenster 'Hinzufügen' und tragen Sie dann die genannten Angaben ein (s. Abb. 4.18).

Abbildung 4.18: *Konfiguration des NFS-Clients*

Routing

Dieses Tool benötigen Sie ebenfalls nur, wenn Sie sich in einem lokalen Netzwerk befinden oder mittels einer Netzwerkkarte mit dem Internet verbunden sind, z. B. bei DSL. Im Kapitel *DSL* auf Seite 94 ist bereits erwähnt, dass die Gatewayangabe bei DSL nur für die korrekte Konfiguration der Netzwerkkarte von Bedeutung ist, die Eintragungen aber nur Dummies darstellen, die keine Funktion haben. Wichtig wird dieser Wert nur, wenn Sie sich in einem lokalen Netzwerk befinden und einen eigenen Rechner als Gateway (sozusagen das „Tor zum Internet") benutzen.

Sicherheit und Benutzer

Eine grundlegende Eigenschaft von Linux ist, dass es ein „Multi-User-System" ist. Daher können mehrere Benutzer unabhängig voneinander an einem einzigen Linux-System arbeiten. Jeder hat seinen eigenen „Benutzer-Account", bestehend aus einem Benutzer- bzw. Login-Namen und einem persönlichen Passwort, mit dem er sich am System anmeldet. Jeder hat ein persönliches Home-Verzeichnis, in dem die privaten Dateien und Konfigurationen gespeichert werden.

Benutzerverwaltung

Nach dem Aufruf dieses Konfigurations-Tools öffnet sich die Maske „Verwaltung von Benutzern und Gruppen". Zunächst haben Sie die Wahl, ob Sie Benutzer oder Gruppen bearbeiten wollen. Die Gruppenverwaltung entspricht dem Modul 'Gruppenverwaltung' und wird dort beschrieben.

Für eine komfortable Benutzerverwaltung stellt YaST2 Ihnen eine Liste aller Benutzer zur Verfügung. Soll einer gelöscht werden, so klicken Sie ihn einfach in der Liste an, so dass die Zeile dunkelblau erscheint und klicken Sie dann auf 'Löschen'. Für das 'Hinzufügen' füllen Sie einfach die geforderten Felder aus. Danach darf sich die neue Person mit ihrem Login-Namen und Passwort auf dem Rechner anmelden. Bei 'Bearbeiten' befinden sich hinter 'Details' die Bearbeitungsmöglichkeiten.

Gruppenverwaltung

Nach dem Aufruf dieses Moduls öffnet sich ebenfalls die Maske „Verwaltung von Benutzern und Gruppen". Sie haben wieder die Wahl, ob Sie Benutzer

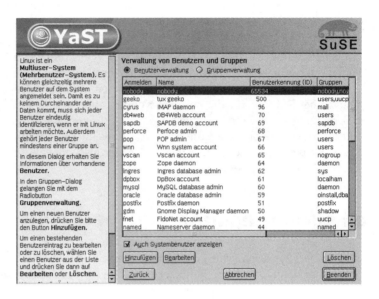

Abbildung 4.19: *Benutzerverwaltung*

oder Gruppen bearbeiten wollen. Die Benutzerverwaltung entspricht dem Modul 'Benutzerverwaltung' und wird dort beschrieben.

Für eine komfortable Gruppenverwaltung stellt YaST2 Ihnen eine Liste aller Gruppen zur Verfügung. Soll eine gelöscht werden, so klicken Sie diese einfach in der Liste an, so dass die Zeile dunkelblau erscheint und klicken Sie dann auf 'Löschen'. Das 'Hinzufügen' und 'Bearbeiten' ist sehr einfach. Folgen Sie am besten den Hilfetexten im YaST. Wenn Sie im unteren Eingabefeld die Mitglieder der neuen Gruppe angeben, achten Sie bitte darauf, dass die Benutzernamen bzw. Login-Namen ohne Leerzeichen hinter dem Komma eingetragen werden müssen. YaST2 schlägt eine Gruppen-ID vor, die Sie einfach übernehmen können.

Einstellungen zur Sicherheit

In der Startmaske 'Lokale Sicherheitskonfiguration', die Sie unter 'Sicherheit und Benutzer' aufrufen können, gibt es vier Punkte anzuwählen:

Level 1 ist für Einzelplatzrechner (vorkonfiguriert), Level 2 ist für Workstations mit Netzwerk (vorkonfiguriert), Level 3 ist für Server mit Netzwerk (vorkonfiguriert) und Benutzerdefiniert ist für eigene Einstellungen.

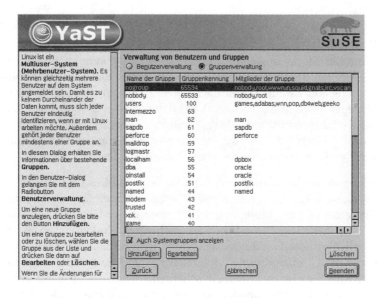

Abbildung 4.20: Gruppenverwaltung

Wenn Sie einen der ersten drei Punkte anwählen, haben Sie die Möglichkeit, eine je nach Bedarf entsprechend vorkonfigurierte Systemsicherheit zu übernehmen. Klicken Sie hierfür einfach auf 'Beenden'. Unter 'Details' haben Sie auch Zugang zu den einzelnen Einstellungen, die Sie auf Wunsch verändern können. Wenn Sie 'Benutzerdefiniert' wählen, gelangen Sie mit 'Weiter' automatisch zu den verschiedenen Dialogen. Hier finden Sie die bei der Installation voreingestellten Werte.

'Passworteinstellungen' Hier legen Sie fest, wie lang das Passwort für zukünftige Anwender mindestens sein muss bzw. maximal sein darf. Sinnvoll ist eine Zeichenanzahl von fünf bis acht. Ferner stellen Sie ein, wie lange das Passwort Gültigkeit besitzt, bis es abläuft und wie viele Tage vor Ablauf gewarnt werden soll (die Warnung erfolgt als Meldung beim Login auf der Textkonsole).

'Einstellungen für den Systemstart' In dieser Maske geht es um zweierlei. Erstens: Wie soll die Tastenkombination (Ctrl) (Alt) (Entf) interpretiert werden?

Üblicherweise bewirkt sie auf der Textkonsole einen System-Neustart. Das sollten Sie so belassen, es sei denn, Ihr Rechner bzw. Server ist öffentlich zugänglich und Sie befürchten, dass jemand unerlaubt diese Aktion durchführen könnte.

Wenn Sie 'Stopp' anwählen, bewirkt diese Tastenkombination ein Herunterfahren des Systems, bei 'Ignorieren' bleibt diese Tastenkombination wirkungslos. Zweitens: Wer darf das System vom KDM (KDE-Display-Manager – das grafische Login) aus herunterfahren? 'Nur Root' (also der Systemadministrator), 'Alle Benutzer', 'Nobody' oder 'Lokale Benutzer'? Wenn Sie 'Nobody' anwählen, dann kann das System nur noch von der Textkonsole aus heruntergefahren werden.

'Einstellungen für das Anmelden' Üblicherweise gibt es nach einem fehlgeschlagenen Anmeldeversuch eine Wartezeit von einigen Sekunden, bis eine erneute Anmeldung möglich ist. Sinn dieser Übung ist es, einem „Passwort-Knacker" das Leben zu erschweren. Zudem haben Sie die Möglichkeit, die Punkte 'Aufzeichnung fehlgeschlagener Anmeldeversuche' und 'Aufzeichnung erfolgreicher Anmeldeversuche' zu aktivieren. Falls Sie also mal Verdacht schöpfen sollten, dass jemand versucht, Ihr Passwort herauszufinden, können Sie die Einträge in den System-Logdateien unter /var/log kontrollieren.

'Einstellungen für das Anlegen neuer Benutzer' Jeder Benutzer hat eine numerische und eine alphanumerische Benutzerkennung. Die Zuordnung zwischen den beiden geschieht durch die Datei /etc/passwd und sollte möglichst eindeutig sein.

Mit den Daten dieser Maske können Sie festlegen, welche Zahlenbereiche für den numerischen Teil der Benutzerkennung vergeben wird, wenn Sie einen neuen Benutzer anlegen. Das Minimum von 500 für einen Benutzer ist sinnvoll und sollte nicht unterschritten werden.

'Verschiedene Einstellungen' Bei 'Einstellung der Dateirechte' gibt es drei Auswahlmöglichkeiten: 'Easy', 'Sicher' und 'Paranoid'. Den meisten Benutzern dürfte ersteres ausreichen. Der YaST2-Hilfetext gibt Ihnen Auskunft über die drei Sicherheitsstufen.

Die Einstellung 'Paranoid' ist extrem restriktiv und sollte als Ausgangsbasis für eigene Einstellungen eines Administrators dienen. Wenn Sie 'Paranoid' auswählen, müssen Sie bei der Verwendung von einzelnen Programmen mit Störungen bzw. Fehlfunktionen rechnen, weil Sie nicht mehr die Rechte haben, auf verschiedene Dateien zuzugreifen. Außerdem können Sie in diesem Dialog den Benutzer festlegen, der das Programm updatedb starten soll.

Das täglich oder nach dem Booten automatisch ablaufende updatedb erzeugt eine Datenbank (locatedb), in welcher der Ort jeder Datei auf

Ihrem Rechner gespeichert wird (locatedb lässt sich mit dem Befehl `locate` durchsuchen). Wenn Sie 'Nobody' wählen, kann jeder Benutzer nur Pfade in der Datenbank finden, die auch jeder andere (unprivilegierte) Benutzer sehen würde. Wenn `root` angewählt ist, werden alle lokalen Dateien indiziert, da der Benutzer `root` als Super-User alle Verzeichnisse listen darf.

Ferner gibt es die Möglichkeit, den Punkt 'Das aktuelle Verzeichnis aus dem Pfad des Benutzers root entfernen' zu aktivieren. Diesen Punkt zu wählen wird empfohlen. Zuletzt gibt es noch die Option 'Telnet-Anmeldung für den Benutzer root deaktivieren'. Es wird empfohlen, auch diesen Punkt anzuwählen; falls nicht, kann sich ein Benutzer vom Netz aus mittels telnet als `root` auf Ihrem Rechner einloggen, wodurch das Root-Passwort auf dem Netz in unverschlüsselter Form sichtbar wird.

Mit 'Beenden' schließen Sie Ihre Sicherheitskonfiguration ab.

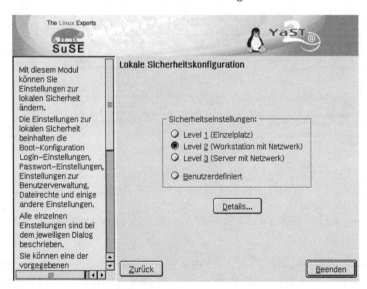

Abbildung 4.21: YaST2: Sicherheitseinstellungen

Firewall

Mit diesem Modul können Sie sehr einfach die SuSE Firewall einschalten und konfigurieren. Wenn Sie mit dem Internet verbunden sind, sollten Sie unbedingt abgesichert sein, da heute die Angriffsmöglichkeiten enorm sind und die SuSE Firewall sicheren Schutz bietet.

Nach dem Modulstart folgen vier Dialoge. Im ersten wählen Sie die Schnittstellen, die abgesichert werden sollen (s. Abb. 4.22). Bei 'Externe Schnittstelle' wählen die Schnittstelle ins Internet. 'Interne Schnittstelle' kommt für Sie nur in Frage, wenn Sie sich in einem internen Netzwerk befinden und Ihren Computer auch gegen dieses durch eine Firewall abschirmen wollen. Ihr Rechner würde sich dann in einer sog. „demilitarisierten Zone" (=DMZ) befinden. Eine Konfiguration mit DMZ kommt normalerweise nur für Firmennetzwerke in Frage.

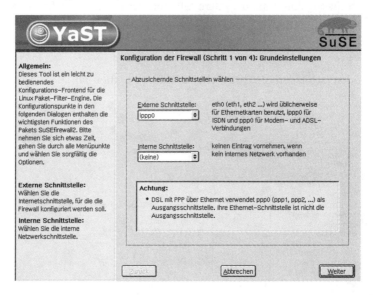

Abbildung 4.22: YaST2: SuSE-Firewall: Auswahl der zu schützenden Schnittstellen

Wenn Sie Ihre Schnittstelle ausgewählt haben, können Sie im nächsten Dialogfenster die Dienste einzeln aktivieren, die vom Internet aus auf Ihrem Rechner erreichbar sein sollen (s. Abb. 4.23 auf der nächsten Seite). Wenn Sie keinen Server mit einem dieser Dienste betreiben und nur im Internet surfen und Mails verschicken und empfangen wollen, sollten sie natürlich keinen dieser Dienste einschalten. (Je mehr „Tore" nach außen geschlossen sind, desto weniger Eindringmöglichkeiten bieten Sie dem Angreifer!)

Den dritten Dialog sollten Sie, vor allem, wenn Ihnen die Begriffe Masquerading und Traceroute nicht geläufig sind, unverändert übernehmen, ebenso

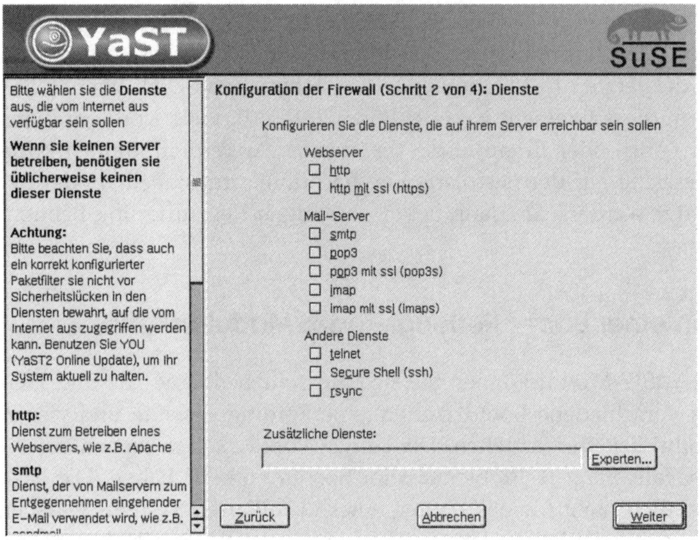

Abbildung 4.23: *YaST2: SuSE-Firewall: Diens-te, die von außen erreichbar sein sollen*

wie den letzten, in dem die Standardoptionen zur Protokollierung im Nor-malfall ausreichen.

Nach Klick auf 'Weiter' werden Sie in einem kleinen Fenster noch einmal zur Bestätigung aufgefordert. Danach wird die neue Konfiguration auf Ihre Fest-platte geschrieben und nach dem nächsten Start Ihrer Internetverbindung ist Ihr Rechner wirkungsvoll vor Angriffen geschützt.

Weitere Informationen über die SuSE Firewall finden Sie im *Administrations-handbuch* unter *Linux im Netzwerk* → *Firewall*.

System

Backup des Systems erstellen

Mit dem Backup-Modul haben Sie die Möglichkeit, mit YaST2 Backups Ihres Systems durchzuführen. Das Modul führt keine vollständigen Systembackups durch, sondern sichert nur Informationen über geänderte Pakete, systemkriti-sche Bereiche und Konfigurationsdateien.

Bei der Konfiguration können Sie bestimmen, welche Dateien gesichert werden sollen. Standardmäßig werden Informationen gesichert, welche Pakete sich seit der letzten Installation geändert haben. Zusätzlich können Sie Dateien sichern, die zu keinem Paket gehören, wie z. B. viele Konfigurationsdateien in Ihrem /etc- oder Ihrem home-Verzeichnis. Außerdem können kritische Systembereiche auf der Festplatte wie Partitionierungstabellen oder der MBR hinzugefügt werden, die dann bei einer nötigen Restaurierung benutzt werden können.

Erstellen einer Boot-, Rettungs- oder Moduldiskette

Mit dem YaST2-Modul können Sie sich auf sehr bequeme Art und Weise zweierlei verschiedene Bootdisketten, eine Rettungsdiskette und vier verschiedene Moduldisketten erstellen. Die beiden Bootdisketten dienen zur Neuinstallation, falls Sie z. B. Probleme beim Booten von CD haben. Die Disketten sind eigentlich nicht für das Booten eines installierten Systems gedacht, mit einem kleinen Trick (siehe letzter Abschnitt) können Sie sie aber trotzdem dafür verwenden.

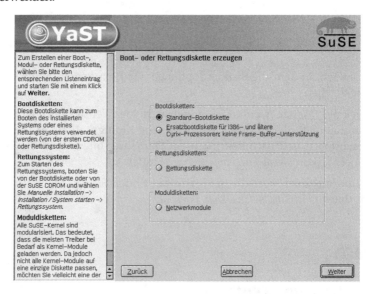

Abbildung 4.24: *Eine Boot-/Moduldiskette erstellen*

'Bootdisketten erstellen' Die Standard-Bootdisketten enthalten ein komplettes Minimalsystem mit allen zum Start von SuSE Linux nötigen Dateien inklusive Kernel. Außerdem können Sie sich eine Bootdiskette für i386 und ältere Cyrix-Prozessoren erstellen.

'Rettungsdiskette erstellen' Schließlich gibt es noch die Rettungsdiskette, mit deren Hilfe Sie wieder Handlungszugriff auf Ihr System erhalten. Es wird ein „minimales Linux" gestartet, das alle hilfreichen Tools enthält, mit denen Sie eventuell Ihre Probleme beseitigen können.

'Moduldisketten erstellen' Wenn Sie zur Installation zusätzliche Module/Treiber für Ihre Hardware benötigen, z. B. falls Sie über Netzwerk installieren, dann erstellen Sie sich eine dieser Disketten:

- Module 1: USB-Treiber
- Module 2: IDE/RAID/SCSI-Module
- Module 3: Netzwerkmodule
- Module 4: CD-ROM, PCMCIA, Firewire, Filesysteme

Wählen Sie den entsprechenden Punkt in der Maske an, legen Sie eine (am besten leere bzw. formatierte) Diskette ein und klicken Sie auf 'Weiter', dann wird der jeweilige Inhalt auf die Diskette geschrieben.

Hinweis

Die oben genannten Bootdisketten sind nicht zu verwechseln mit den Bootdisketten, die ein bereits installiertes System booten. Eine solche Diskette wird z. B. während der Installation oder im installierten System in YaST2 mit dem Bootloader-Modul erstellt und startet Ihr auf der Festplatte installiertes Linux, wenn Sie beim Rechnerstart eingelegt ist. Sie enthält kein System, sondern lediglich den Bootloader.

Hinweis

Zur Not können Sie aber auch mit der oben erstellten Bootdiskette ein bereits installiertes System starten. Booten Sie hierfür von der Diskette, und wenn Sie aufgefordert werden, die erste CD einzulegen, brechen Sie den Dialog ab (um den Beginn einer Neuinstallation zu verhindern). Wenn Sie die dann folgenden Eingaben für Sprache und Tastatur machen, gelangen Sie in ein Menü, in dem Sie 'Installation/System starten' wählen. Im nächsten Fenster erscheint dann 'Installiertes System booten'.

Konfiguration des Bootloaders

Der Boot-Modus wird normalerweise während der Installation festgelegt (s. Kap. *Booten (Bootloader – Installation)* auf Seite 40). Wenn sich Ihr SuSE Linux booten lässt, brauchen Sie hier nachträglich nichts zu verändern, es sei denn, Sie haben bislang von Diskette gebootet und möchten dies nun von der Festplatte aus.

Die Konfiguration des Bootloaders wurde stark erweitert. Außer dem beschriebenen Hauptdialog können Sie die meisten anderen, die Sie durch den 'Weiter'-Button erreichen (wenn Sie 'Ändern' gewählt haben), als normaler Anwender getrost ignorieren, da es sich meist um Experteneinstellungen handelt. Interessant ist für den Heimanwender allerdings noch der Dialog, mit dem Sie sehr einfach neue Bootpartitionen in Ihr Bootloader-Startfenster (das nach dem Rechnerstart erscheint) aufnehmen können. Wenn Sie Linux installiert haben und sich noch andere Betriebssysteme (z. B. ein Windows-System, OS/2 oder ein anderes Linux) auf dem Rechner befinden, können Sie diese in die Auswahlliste des Bootloaders aufnehmen, um beim Start zu entscheiden, womit Sie booten wollen.

┌─ **Hinweis** ──

Das Ändern des Boot-Modus im laufenden System ist nur für Experten zu empfehlen. Lesen Sie bei Bedarf im *Administrationshandbuch* den Abschnitt zur Einrichtung des Bootloaders.

────────────────────────────────────── **Hinweis** ─┘

LVM

Der „Logical Volume Manager" (LVM) ist ein Werkzeug zur individuellen Partitionierung der Festplatten mittels logischer Laufwerke. Da es sich um ein reines Expertentool handelt, wird es im Rahmen des Benutzerhandbuches nicht weiter erläutert. Nähere Informationen dazu finden Sie bei Bedarf im *Administrationshandbuch*.

Partitionieren

Es ist zwar möglich, im installierten System die Partitionierung zu modifizieren, dies sollten jedoch nur Experten durchführen, die genau wissen, was sie tun, da ansonsten die Gefahr des Datenverlustes sehr hoch ist. Falls Sie das Werkzeug trotzdem benutzen möchten, finden Sie die Beschreibung im Installationsteil dieses Buches im Kapitel *Partitionierung* auf Seite 29 (der Partitionierer während der Installation ist der gleiche wie im fertigen System!).

Profilmanager (SCPM)

Mit dem Modul für den Profilmanager (engl. *System Configuration Profile Management SCPM*) wurde eine Möglichkeit geschaffen, komplette individuelle

Systemkonfigurationen anzulegen, zu verwalten und zwischen ihnen bei Bedarf zu wechseln. Normalerweise kann so etwas vor allem bei mobilen Computern sehr hilfreich sein, die an verschiedenen Standorten (in verschiedenen Netzwerken) und von verschiedenen Personen verwendet werden. Aber auch bei stationären Rechnern können auf diese Weise unterschiedliche Hardware bzw. verschiedene Testkonfigurationen zum Einsatz kommen. Obwohl das Modul mit der zugehörigen Hilfe einfach zu bedienen ist, ist die Konfiguration solcher Profile immer eine Angelegenheit für Experten bzw. für Systemadministratoren.

Wenn Sie weiterführende Informationen über die Grundlagen und die Bedienung des SCPM erfahren möchten, lesen Sie bitte dazu die entsprechenden Abschnitte im Notebook-Kapitel im *Administrationshandbuch*.

Restore

Mit dem Restore-Modul (Abb. 4.25 auf der nächsten Seite) können Sie Ihr System von einem Backup-Archiv wiederherstellen. Folgen Sie den Anweisungen im YaST. Mit 'Weiter' gelangen Sie in die verschiedenen Dialogen. Zu Beginn geben Sie an, wo sich das/die Archiv(e) befinden, also entweder auf Wechselmedien, lokalen Platten oder auf Netzwerk-Filesystemen. Im weiteren Verlauf der Dialoge erhalten Sie zu den Archiven die jeweiligen Beschreibungen und Inhalte und Sie können entscheiden, was Sie aus den Archiven wiederhergestellt haben möchten.

Weiterhin können Sie in zwei Dialogen erstens Pakete zum Deinstallieren wählen, die seit dem letzten Backup neu hinzugekommen sind und zweitens werden Ihnen Pakete, die seit dem letzten Backup gelöscht wurden, zum erneuten Installieren angeboten. Durch diese beiden zusätzlichen Schritte können Sie exakt den Systemzustand zum Zeitpunkt des letzten Backups wiederherstellen.

⌐ Achtung ──────────────────────────

Da dieses Modul im Normalfall viele Pakete und Dateien installiert, ersetzt oder deinstalliert, sollten Sie es nur benutzen, wenn Sie Erfahrung mit Backups haben, sonst kann Ihnen unter Umständen Datenverlust entstehen.

────────────────────────── Achtung ⌐

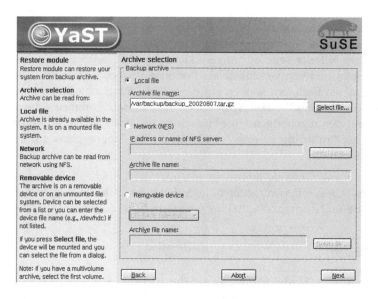

Abbildung 4.25: YaST2: Startfenster des Restore-Moduls

Runlevel-Editor

Die Runlevel in SuSE Linux

SuSE Linux können Sie in verschiedenen sog. „Runleveln" betreiben. Standardmäßig startet das System in Runlevel 5. Das bedeutet, Sie haben dann Mehrbenutzerbetrieb, Netzwerkzugang und grafische Oberfläche (X-Window-System). Als weitere Runlevel haben Sie Mehrbenutzerbetrieb mit Netzwerk ohne X (Runlevel 3), Mehrbenutzerbetrieb ohne Netzwerk (Runlevel 2), Einzelnutzerbetrieb (Runlevel 1 und S), System herunterfahren (Runlevel 0) und System neu starten (Runlevel 6).

Die verschiedenen Runlevel sind vor allem hilfreich, wenn in einem höheren Runlevel Probleme mit dem jeweiligen Dienst auftreten (X oder Netzwerk). Dann kann das System in einem niedrigeren Runlevel gestartet werden, um den jeweiligen Dienst zu reparieren. Außerdem laufen viele Server ohne grafische Oberfläche. Deshalb müssen solche Rechner z. B. in den Runlevel 3 gebootet werden.

In der Regel benötigen Heimanwender nur den Standardrunlevel (5). Wenn allerdings Ihre grafische Oberfläche einmal hängen bleiben sollte, können Sie zum Neustart des X-Window-Systems auf eine Textkonsole mit der Tastenkombination (Ctrl) + (Alt) + (F1) umschalten, sich dort als Root anmelden und dann in den Runlevel drei schalten mit dem Befehl `init 3`. Damit wird Ihr X-Window-System heruntergefahren. Starten können Sie es dann einfach wieder mit `init 5`.

Tipp

Wenn Sie einfach nur einmal ausprobieren möchten, was z. B. im Runlevel drei passiert, starten Sie Ihren Rechner und geben Sie im Bootloader (Startbilddschirm) nach Drücken der Pfeiltaste (↑) eine (3) ein und drücken Sie (↵). Das System startet dann mit einer reinen Textkonsole. Um Ihre grafische Oberfläche dann von da aus zu starten, müssen Sie sich einfach einloggen und den Befehl `startx` eingeben (oder alternativ als Root einloggen und `init 5` eingeben).

Tipp ⌋

Runlevel einstellen im YaST

Bei einer Standardinstallation ist Runlevel 5 ausgewählt. Wollen Sie beim Booten in einen anderen Runlevel starten, können Sie hier einfach den Standardrunlevel ändern. Auf 'Runlevel-Eigenschaften' können Sie außerdem individuell festlegen, welche Dienste in welchem Runlevel gestartet werden.

Achtung

Machen Sie hier nur Änderungen, wenn Sie genau wissen, was Sie tun! Falls Sie aus Versehen bestimmte Dienste für einen Runlevel deaktivieren, kann es sein, dass Ihr System dann nicht mehr ordnungsgemäß läuft.

Achtung ⌋

Weitere Informationen zu den Runlevels in SuSE Linux finden Sie im *Administrationshandbuch* unter *Das Bootkonzept* → *Die Runlevels*.

Sysconfig-Editor

Im Verzeichnis `/etc/sysconfig` sind die Dateien mit den wichtigsten Einstellungen für SuSE Linux hinterlegt (ehemals in der Datei `/etc/rc.config` zentral verwaltet). Der „Sysconfig-Editor" stellt alle Einstellmöglichkeiten übersichtlich dar. Die Werte können geändert und anschließend in die einzelnen Konfigurationsdateien übernommen werden. Im Allgemeinen ist das manuelle Editieren allerdings nicht notwendig, da bei der Installation eines Paketes oder beim Einrichten eines Dienstes etc. die Dateien automatisch angepasst werden.

Weitere Informationen zu den Runlevels in SuSE Linux finden Sie im *Administrationshandbuch* unter *Das Bootkonzept*.

Zeitzone auswählen

Die Zeitzone legen Sie bereits während der Installation fest – hier haben Sie
die Möglichkeit, eine nachträgliche Änderung vorzunehmen. Klicken Sie in
der Länder-Liste einfach auf Ihr Land und wählen Sie 'Ortszeit' oder 'GMT'
(engl. *Greenwich Mean Time*). Bei einem Linux-System ist es üblich, 'GMT' zu
verwenden. Rechner mit weiteren Betriebssystemen wie z. B. Microsoft Windows verwenden meistens die Ortszeit.

Sprache auswählen

Hier können Sie die Sprache für Ihr Linux-System einstellen, wenn nicht
schon während der Installation geschehen.

Die Sprache lässt sich hier auch nachträglich ändern. Die mit YaST2 vorge-
nommene Spracheinstellung erstreckt sich systemweit – also für YaST2 und
den Desktop KDE 3.

Tastaturlayout auswählen

Das gewünschte Tastatur-Layout entspricht in der Regel der gewählten Sprache. Im Testfeld sollten Sie die Einstellung ausprobieren, z. B. ob die Umlaute

(ä, ö und ü) korrekt wiedergegeben werden, oder der Buchstabe 'ß' oder das so genannte Pipe-Symbol '|'. Auch die Buchstaben 'z' und 'y' sollten geprüft werden, da diese bei einer amerikanischen Tastatur andersherum liegen.

Sonstiges

Eine Support-Anfrage stellen

Mit dem Kauf von SuSE Linux haben Sie Anspruch auf kostenlosen Installationssupport. Informationen hierzu (z. B. über den Umfang, Adresse, Telefonnr. etc.) finden Sie am Ende dieses Buches im Kapitel *Installationssupport* auf Seite 376.

Sie haben aber auch hier in YaST2 die Möglichkeit, direkt per E-Mail eine Supportanfrage an das SuSE-Team zu stellen. Anspruch darauf haben Sie nach erfolgter Registrierung. Geben Sie bitte zu Beginn die entsprechenden Daten ein – Ihren Registriercode finden Sie auf der Rückseite der CD-Hülle. Zu Ihrer Anfrage selbst wählen Sie bitte im folgenden Fenster die Kategorie Ihres Problems und schildern Sie es (Abbildung 4.26 auf der nächsten Seite). Lesen Sie bitte dazu den YaST2-Hilfetext. Er gibt Ihnen Auskunft darüber, wie Sie dem Support-Team Ihr Problem am besten beschreiben, so dass es Ihnen helfen können.

Tipp

Wenn Sie weiterführenden Support (z. B. für speziellere Probleme) benötigen, können Sie die Hilfe der SuSE Professional Services in Anspruch nehmen. Unter der Adresse `http://www.suse.de/de/ support/` finden Sie nähere Informationen.

Tipp

Startprotokoll

Beim Startprotokoll handelt es sich um die Bildschirmmeldungen, die beim Hochfahren des Rechners erscheinen. Das Startprotokoll ist in der Datei `/var/log/boot.msg` hinterlegt. Mit diesem YaST2-Modul können Sie es sich komfortabel anzeigen lassen und z. B. nachsehen, ob alle Dienste und Funktionen so gestartet wurden, wie Sie es erwarteten.

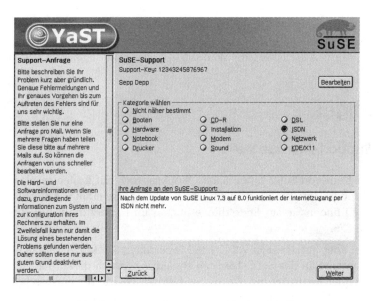

Abbildung 4.26: Eine Support-Anfrage stellen

Systemprotokoll

Das Systemprotokoll dokumentiert den laufenden Betrieb Ihres Rechners und ist in der Datei `/var/log/messsages` hinterlegt. Sortiert nach Datum und Uhrzeit erscheinen hier die Kernel-Meldungen.

Treiber-CD des Herstellers laden

Mit diesem Modul können Sie Gerätetreiber von einer Linux-Treiber-CD, die Treiber für SuSE Linux enthält, automatisch installieren.

Falls eine Neuinstallation Ihres SuSE Linux nötig sein sollte, können Sie nach der Installation mit Hilfe dieses YaST2-Moduls die notwendigen Treiber von der Hersteller-CD nachladen.

Die Bedienung von YaST2 im Textmodus

Falls Sie auf einer Textkonsole arbeiten müssen, weil Sie ein System ohne X administrieren wollen oder weil Ihr X-Window-System aus irgendeinem

Grund einmal nicht funktioniert, starten Sie das textbasierte YaST2 auf einer reinen Textkonsole einfach als `root` mit dem Befehl `yast`.

Vorbemerkung

Nachdem aus vielerlei Gründen die Weiterentwicklung von YaST1 eingestellt werden musste, tritt an seine Stelle die textbasierte Version von YaST2, das sog. „YaST2-ncurses". Bis zu SuSE Linux 7.3, also während YaST1 noch existierte, benutzte kaum jemand YaST2-ncurses, obwohl es schon auf den Distributionen war. Viele hatten sich an die Bedienung von YaST1 gewöhnt und sind nun manchmal etwas irritiert, da YaST2-ncurses erstens ein anderes „Look-and-Feel" mitbringt und zweitens gewohnte Shortkeys aus YaST1 nicht mehr funktionieren.

Warum überhaupt und warum so? – Fragen, die viele beschäftigen

Erste Frage: Warum wurde **YaST1** *abgeschafft?*

YaST1 musste in erster Linie aus wirtschaftlichen Gründen eingestellt werden. Der Programmcode war von dem von YaST2 völlig verschieden und es band sehr viele Ressourcen in der Firma, beide ja nicht gerade simplen Programme parallel zu pflegen und weiterzuentwickeln.

Zweite Frage: Warum ist die Bedienung von **YaST2** *so verschieden von der gewohnten aus* **YaST1**?

Die Gründe hierfür sind sehr unterschiedlich. Eine Kurzform der mannigfaltigen Ursachen-Wirkungskette finden Sie bei Interesse im *Administrationshandbuch*.

Bedienung

Die Bedienung ist zwar ungewohnt, aber sehr einfach. Mit den Tasten (Tab),
(Alt) + (Tab), (Leertaste), Pfeiltasten ((↑) und (↓)) und (Enter) sowie mit Shortcuts lässt sich im Prinzip das ganze Programm bedienen. Wenn Sie YaST2 im Textmodus starten, erscheint zuerst das YaST-Kontrollzentrum (s. Abb. 4.27 auf der nächsten Seite).

Sie sehen hier drei Bereiche: In der linken Spalte sehen Sie die Kategorien, in denen die verschiedenen Module eingeordnet sind. Rechts sind die jeweiligen

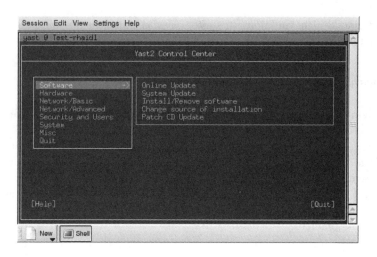

Abbildung 4.27: *Das Hauptfenster von YaST2-ncurses mit aktivem Modulrahmen*

Module der Kategorie (jener, die mit einem (x) ausgewählt ist) in einem weißen Rahmen. Unten sind die beiden Buttons zum Verlassen bzw. zum Starten des im rechten Rahmen markierten Moduls.

Nach dem Start steht der Cursor auf dem obersten Feld 'Alle' bzw. ist dieses Feld farbig (i. d. R. grün) unterlegt. Ausgewählt ist jedoch 'Software', erkenntlich an dem "x" in der Klammer. Mit (Tab) wechseln Sie nun in der linken Spalte von einem Punkt zum nächsten. Sie aktivieren die Kategorie, die grün unterlegt ist, mit der (Leertaste). Sie sehen dann, dass im rechten Rahmen die jeweiligen Module dieser Kategorie erscheinen. Die Farbe der markierten Punkte ist abhängig von den Einstellungen des Terminals, das sie benutzen.

Drücken Sie nun so oft (Tab), bis der dünne weiße Rahmen rechts verstärkt hervortritt. Alternativ können Sie im Regelfall (s. u.) auch mit der Tastenkombination (Alt) + (Tab) oder mit (⇑) + (Tab) zurückspringen. Jetzt haben Sie den Kategorie-Bereich verlassen und befinden sich in dem rechten Fenster, um ein Modul zum Starten auszuwählen. Hier bewegen Sie sich nun mit den Pfeiltasten zwischen den Modulen hin und her. Ist Ihr gewünschtes Modul grün unterlegt, verlassen Sie mit (Tab) den Modulrahmen und landen unten auf dem Button 'Verlassen'. Hier können Sie YaST beenden. Ein weiterer Druck auf (Tab) bringt Sie zum Button 'Starten'. Hier starten Sie nun mit (Enter) das ausgewählte Modul. Verschiedene Buttons oder Auswahlfelder enthalten auch einen andersfarbigen (bei Standardeinstellungen gelben) Buchstaben. Mit der Kombination (Alt) + (gelberBuchstabe) können Sie den jeweiligen Button ohne umständliche TAB-Navigation direkt anwählen.

Einschränkung der Tastenkombinationen

Sollten auf Ihrem System bei laufendem X-Server systemweite ALT-Tastenkombinationen bestehen, kann es sein, dass die (Alt)-Kombinationen im YaST nicht funktionieren. Außerdem können Tasten wie (Alt) oder (⇑) durch Einstellungen des benutzten Terminals vorbelegt sein.

Ersatz von (Alt) durch (Esc): Alt-Shortcuts können mit (Esc) anstatt (Alt) durchgeführt werden, z. B. ersetzt (Esc) + (h) (Alt) + (h).

Ersatz von Vor- und Zurückspringen mittels (Ctrl) + (f) und (Ctrl) + (b): Falls (Alt)- und (⇑)-Kombinationen durch den Windowmanager oder das Terminal vorbelegt sind, können Sie hier alternativ die Kombinationen (Ctrl) + (f) (vorwärts) und (Ctrl) + (b) (zurück) verwenden.

Einschränkung von Funktionstasten: In SuSE Linux 8.1 sind auch die F-Tasten mit Funktionen belegt (s. u.). Auch hier können bestimmte F-Tasten durch die Wahl des Terminals vorbelegt sein und daher nicht für YaST zur Verfügung stehen. Auf einer reinen Textkonsole sollten allerdings die (Alt)-Tastenkombinationen und die F-Tasten stets in vollem Umfang verfügbar sein.

Im folgenden wird bei der Beschreibung zur besseren Übersicht davon ausgegangen, dass die (Alt)-Tastenkombinationen funktionieren.

Bedienung der Module

Navigation zwischen Buttons/Auswahllisten: Mit (Tab) und (Alt) + (Tab) navigieren Sie jeweils zwischen den Buttons und/oder den Rahmen von Auswahllisten hin und her.

Navigation in Auswahllisten: In einem aktivierten Rahmen, in dem sich eine Auswahlliste befindet, springen Sie immer mit den Pfeiltasten ((↑) und (↓)) zwischen den einzelnen Elementen, z. B. zwischen den einzelnen Modulen einer Modulgruppe im Kontrollzentrum.

Ankreuzen von Radiobuttons und Checkboxen Die Auswahl von Buttons mit einer leeren eckigen Klammer (Checkbox) oder im Kontrollzentrum links die Modulgruppen mit runden Klammern (Radiobuttons) erfolgt ebenso wie das Anwählen von Paketen bei der Paketinstallation mit (Leertaste) oder (Enter). Das Anwählen der Buttons am unteren Rand der einzelnen Module oder des Kontrollzentrums erfolgt mit (Enter), wenn Sie ausgewählt (grün unterlegt) sind, bzw. schneller mit der Kombination (Alt) + (gelbeTaste).

Die Funktionstasten: Die F-Tasten ($\boxed{\text{F1}}$ bis $\boxed{\text{F12}}$) sind ebenfalls mit Funktionen belegt. Sie dienen zur schnellen Ansprache der verschiedenen Buttons, die zur Verfügung stehen. Welche F-Tasten mit Funktionen belegt sind, hängt es davon ab, in welchen Modulen Sie sich im YaST befinden, da in verschiedenen Modulen verschiedene Buttons angeboten sind (z. B. Details, Infos, Add, Delete...). Für Freunde des alten YaST1 liegen z. B. die Buttons 'OK', 'Weiter' und 'Beenden' auf der Taste $\boxed{\text{F10}}$. In der Hilfe zu YaST, die Sie mit $\boxed{\text{F1}}$ erhalten, erfahren Sie die einzelnen Funktionen hinter den F-Tasten.

Aufruf der einzelnen Module

Zur Zeitersparnis lässt sich jedes der YaST-Module auch einzeln aufrufen. Gestartet werden die Module einfach mit dem Aufruf

```
yast ⟨modulname⟩
```

So startet man z. B. das Netzwerkmodul mit `yast lan`. Eine Liste aller Modulnamen, die auf Ihrem System zur Verfügung stehen, erhalten Sie mit dem Aufruf

```
yast -l
```

oder

```
yast - -list
```

KDE – Der Desktop

K Desktop Environment (oder kurz KDE) ist der Standard-Desktop bei SuSE Linux. Hier finden Sie alle Informationen, um mit Ihrem Desktopsystem optimal arbeiten zu können. Wir zeigen Ihnen die grafischen Elemente, gehen kurz auf einige Anwendungen ein und werfen einen Blick auf die Internetanbindung von KDE.

Einführung

Dieses Kapitel setzt voraus, dass Sie SuSE Linux erfolgreich installiert und den X-Server richtig eingerichtet haben. Ferner sollten Ihnen Begriffe wie root, mounten usw. nicht völlig fremd sein. Falls Sie hier noch Probleme haben, lesen Sie bitte im Installationshandbuch die entsprechenden Stellen nochmals nach. Noch ein Hinweis: KDE basiert auf einem funktionsfähigen X Window System, wie alle Desktopsysteme unter Linux. Eine sorgfältige Konfiguration erspart Ihnen spätere Frustrationen.

Die Geschichte hinter KDE

Die Story hinter KDE hört sich wie ein modernes Märchen aus Hollywood an: Ein frustrierter Tübinger Informatikstudent war es leid, dass unter Unix bzw. Linux die Oberflächen generell keine Konformität aufwiesen. Und so entwickelte er die wohl populärste grafische Benutzeroberfläche für X Window Systeme: KDE. Damals konnte Matthias Ettrich sicherlich noch nicht ahnen, was sein Aufruf in einer Newsgroup bewirken würde. Er suchte einige Freiwillige für sein Projekt „K Desktop Environment" und fand auch regen Zuspruch. Bald wurde eine erste lauffähige Version erstellt und KDE wurde bekannter und beliebter. Verbesserungen folgten, das KDE-Projekt erreichte eine kritische Masse und entwickelte sich quasi zum Selbstläufer.

Heute sind hunderte Programmierer auf der ganzen Welt damit beschäftigt, KDE noch besser zu machen.

Der erste Start

Wenn Sie KDE das erste Mal starten, erscheint auf dem Bildschirm der Einrichtungsassistent. In fünf Schritten wählen Sie zuerst das Land bzw. die Sprache aus, das Systemverhalten (KDE, Unix, Windows, Apple OS), verschiedene Effekte und das Design der Oberfläche. Am Schluss können Sie noch das Kontrollzentrum starten und KDE noch weiter Ihren Wünschen anpassen.

Das Programm können Sie auch manuell starten, indem Sie (Alt) + (F2) drücken, und `kpersonalizer` eingeben.

Hilfe

Falls Sie unter KDE einmal nicht weiterkommen sollten, können Sie jederzeit (F1) drücken oder im Menü des entsprechenden Programms unter 'Hilfe'
den Eintrag 'Inhalt...' wählen. Das KDE-Hilfezentrum erscheint. Nach dem
Start finden Sie auf der linken Seite ein Register mit den Reitern 'Inhalt' und
'Suchen'. Die beiden folgenden Unterkapitel beschreiben die jeweiligen beinhalteten Funktionen.

Inhalt

Unter 'Inhalt' finden Sie verschiedene Dokumente, die sowohl zu Programmen des KDE-Systems als auch zum Linux-System Informationen bereitstellen. Des Weiteren finden Sie hier Man- (von Manual; Anleitungen) und auch
Info-Seiten.

Klicken Sie beispielsweise auf 'Programmhandbücher', dann wird Ihnen die
gleiche Menüstruktur wie im K-Menü angezeigt. Sie können hier weiter im
Menü verzweigen oder bekommen direkt im rechten Feld die Dokumentation
zu Ihrer Auswahl angezeigt. Über den Eintrag 'Unix-Handbuchseiten' finden Sie die „Man-Pages". Die Struktur ist geschichtlich bedingt in neun (bzw.
zehn je nach Zählweise) Abschnitte bzw. Sektionen aufgeteilt (Benutzerkommandos, Systemaufrufe usw.) Ein Klick auf die entsprechende Sektion zeigt
Ihnen alle Einträge zu dieser an. Wählen Sie den gewünschten Eintrag, um
Informationen dazu zu erhalten.

Informationen zu einem bestimmten Befehl erhalten Sie auch, indem Sie das
Nummernzeichen # und den Namen des Befehls in das URL-Eingabefenster
eines Konqueror-Fensters eingeben.

Arbeiten mit KDE

Unter KDE existieren verschiedene Möglichkeiten, um Einstellungen zu verändern bzw. Dateien, Anwendungen etc. aufzurufen. Ihnen stehen dazu der
KDE-Desktop, das Arbeitsflächenmenü, Titel-, Fenster- und Kontrollleiste zur
Verfügung. Die einzelnen Möglichkeiten werden wir Ihnen in den nachfolgenden Abschnitten vorstellen.

Der KDE-Desktop

Der Desktop ist unter KDE die zentrale Schaltstelle. Auf dem Desktop finden Sie nach dem Start verschiedene Icons, über die Sie z. B. auf CD-ROM-,

Disketten- oder Festplattenlaufwerke zugreifen, Dateien ablegen sowie Verweise auf Verzeichnisse und Dateien einfügen können.

Eigentlich ist der Desktop nur ein Ordner auf Ihrer Festplatte. Er befindet sich in Ihrem Homeverzeichnis unter KDesktop. Alle hier abgelegten Dateien werden vom KDE auf Ihrem Desktop angezeigt. Wie Sie den Pfad ändern können, erfahren Sie im Abschnitt *Erscheinungsbild* auf Seite 142.

Das Arbeitsflächenmenü

Wie bei vielen anderen Betriebssystemen können Sie auch unter KDE eine Menüleiste am oberen Rand positionieren. Wenn Sie sie anzeigen möchten, klicken Sie mit der rechte Maustaste auf den Desktop. Es erscheint ein Popup-Menü; wählen Sie den Eintrag 'Arbeitsflächenmenü aktivieren' aus. Sie können durch einfachen Klick auf den Eintrag die Menüleiste ein- bzw. ausstellen.

Im Nachfolgenden geben wir Ihnen eine Übersicht über die enthaltenen Menüpunkte und Möglichkeiten, um den Umgang mit KDE zu vereinfachen:

'Datei' Führen Sie einzelne Befehle aus, starten Sie Anwendungen, sperren Sie Ihren Bildschirm oder melden Sie sich ab.

'Neu' Legen Sie sich z. B. Verzeichnisse, Verknüpfungen zu FTP- bzw. WWW-Dateien und verschiedenen Anwendungen an, um diese später schnell wieder zu finden.

'Lesezeichen' Verwalten Sie Ihre Lesezeichen („Bookmarks"). So haben Sie leichten Zugriff auf häufig benötigte Adressen oder Dateien. KDE verwaltet automatisch auch Lesezeichen aus anderen Browsern (derzeit Netscape und Mozilla).

'Arbeitsfläche' Sie können Fenster und Symbole anordnen bzw. ausrichten, den Hintergrund und die Arbeitsfläche einrichten, sowie die Menüleiste deaktivieren.

'Fenster' Lassen Sie sich alle Arbeitsflächen mit den darauf geöffneten Anwendungen anzeigen.

'Hilfe' Nutzen Sie Hilfestellungen und Informationen zu KDE bzw. berichten Sie selbst über Probleme oder Wünsche.

Die Titelleiste

Die Titelleiste ist der obere Streifen eines jeden Fensters und beinhaltet den Namen des Fensters und je nach Dekoration verschiedene Icons.

In der Dekoration „KDE2" zeigt sich z. B. folgender Aufbau der Titelleiste: das Fensterleistenmenü, das Anpinnsymbol, der jeweilige Fenstername, das Minimier-, das Vergrößerungs- sowie das Schließsymbol. Teilweise kann auch vor dem Minimiersymbol noch ein Fragezeichen, das so genannte „Was ist das?"-Symbol, erscheinen. Den Aufbau zeigt Abbildung 5.1.

Abbildung 5.1: Die Titelleiste eines KDE-Fensters in der Dekoration KDE2

Weitere Funktionen erhalten Sie, wenn Sie mit der rechten Maustaste auf die Titelleiste klicken. Ein Popup-Menü öffnet sich, in dem Sie Einstellungen zum aktuellen Fenster bzw. zum Layout aller Fenster vornehmen können. Es besitzt folgende Einträge:

'Verschieben' Das Fenster folgt der Mausbewegung, bis Sie es mit einem Klick auf die linke Maustaste „ablegen".

'Größe' Ändern Sie die horizontale und vertikale Ausrichtung des Fensters durch Bewegen der Maus, bis Sie mit einem Klick auf die linke Maustaste die Größe bestätigen.

'Minimieren' Minimieren Sie das aktuelle Fenster. Die Anwendung wird nicht geschlossen, sondern als Symbol in die Fensterleiste abgelegt. Um das Programm wieder zu öffnen, aktivieren Sie die Anwendung über das Symbol in der Fensterleiste.

'Maximieren' Maximieren Sie das aktuelle Fenster. Die Anwendung wird jetzt bildschirmfüllend dargestellt. Durch ein erneutes Auswählen stellen Sie die ursprüngliche Größe wieder her.

'Fensterheber' Das aktuelle Fenster wird bis auf die Titelleiste verkleinert.

'Immer im Vordergrund' Das aktuelle Fenster bleibt so lange im Vordergrund sichtbar, bis Sie die Funktion deaktivieren oder das Fenster schließen.

'Einstellungen speichern' Sichert Ihre Vorgaben.

'Einrichten...' Öffnet ein Einstellfenster, in dem sich die Eigenschaften und die Dekoration der Fenster angeben können.

'Auf Arbeitsfläche' Durch die Anwahl eines Untermenüs können Sie das Fenster auf die jeweilige Arbeitsfläche verschieben.

'Schließen' schließt das aktuelle Fenster.

Die Kontrollleiste

Die Kontrollleiste erscheint nach dem Start von KDE standardmäßig am unteren Rand. Darin befindet sich das SuSE-Menü und diverse Icons zum schnellen Start von häufig benötigten Anwendungen, wie z. B. einer Shell, der Datei- und Webbrowser Konqueror u. a. Des Weiteren finden Sie noch diverse „Miniprogramme" die wir Ihnen im Abschnitt *Die Applets: Miniprogramme* auf dieser Seite vorstellen werden.

Die Menüstrukturen von KDE und SuSE

Die KDE-Pakete von SuSE werden mit zwei Menüs ausgeliefert: dem normalen K-Menü und dem erweiterten SuSE-Menü. Das K-Menü ist das „traditionelle" Menü; dort befinden sich nur KDE-Programme. Die Gruppierung des SuSE-Menüs ist ein wenig anders. Nach dem Start ist standardmäßig dieses Menü eingestellt. Im SuSE-Menü finden Sie natürlich auch alle KDE-Programme und noch einiges mehr. So können Sie z. B. alle GNOME- und X-Anwendungen hier aufrufen. Folgende Rubriken stehen zur Auswahl: Entwicklung, Spiele, Grafik, Internet, Multimedia, Büroprogramme, Einstellungen, System, und Dienstprogramme. Daneben finden Sie auch Einträge für die SuSE-Hilfe, das Kontrollzentrum u. a.

Möchten Sie von einem Menü auf das andere umschalten, können Sie dies im Kontrollzentrum unter 'Erscheinungsbild' → 'Menüeinstellungen' vornehmen. Dort können Sie auch zusätzliche Menüs für die Startleiste einbinden, wie z. B. das Arbeitsmenü oder das Administratormenü. Diese bieten häufig benötigte Programme bequem vorsortiert an. Prinzipiell sind alle KDE-Programme sowohl vom K- als auch vom SuSE-Menü aus erreichbar. Entscheiden Sie selbst, welche Menüstruktur Sie bevorzugen.

Die Applets: Miniprogramme

Die Kontrollleiste kann noch mehr: Sie bietet Platz für so genannte Applets, die Sie dort einbetten können; z. B. können Sie die Uhrzeit anzeigen lassen.

Abbildung 5.2: *Eine Auswahl von Miniprogrammen*

In Abbildung 5.2 sehen Sie von links nach rechts: Umschalter, Schnellstarter, Systemmonitor, Augen, Newsticker, Systemabschnitt der Kontrollleiste und Uhr.

Jedes Miniprogramm besitzt einen kleinen Pfeil links oben, der ein Menü öffnet. Dort können Sie das Applet verschieben, entfernen oder einen Einstellungsdialog (sofern vorhanden) aufrufen.

Wenn Sie noch weitere dieser nützlichen Programme hinzufügen wollen, klicken Sie mit der rechten Maustaste auf eine freie Fläche und wählen 'Hinzufügen' → 'Miniprogramme'.

Die Fensterleiste – Mit Hilfe der Fensterleiste können Sie einfach und schnell zwischen verschiedenen geöffneten Anwendungen hin- und herspringen. Sie können die Programme z. B. nach Arbeitsflächen sortieren oder zusammengehörige Fenster gruppieren. Wählen Sie im KDE-Kontrollzentrum den Menüpunkt 'Erscheinungsbild' → 'Fensterleiste' aus und informieren Sie sich über die Einstellungsmöglichkeiten.

Abbildung 5.3: *Fensterleiste: Zeigt alle Fenster der aktiven Arbeitsfläche an.*

Der Umschalter – KDE bietet Ihnen an, mit mehreren Arbeitsflächen zu arbeiten. Sie können bis zu 16 sog. virtuelle Flächen einstellen, denen Sie sogar eigene Namen geben können.

Abbildung 5.4: *Drei unterschiedliche Umschalter*

Abbildung 5.4 auf der vorherigen Seite zeigt den gleichen Umschalter (von links nach rechts) jeweils mit Nummernansicht, Voransicht und Namensansicht.

Ein Klick mit der rechten Maustaste innerhalb des Umschalters öffnet ein Popup-Menü. Hier können Sie auswählen, ob Sie eine 'Voransicht' wünschen oder Ihnen 'Nummern' oder 'Namen' lieber sind. Aktivieren Sie 'Arbeitsflächenvorschau aktivieren', erscheint links daneben ein Pfeil. Beim Anklicken öffnet er ein kleines Fenster, das die Arbeitsflächen als kleine Vorschau zeigt. So können Sie gezielt ein Fenster aktivieren.

Newsticker – Wenn Sie eine Internetanbindung besitzen, können Sie sich aktuelle Nachrichten holen lassen; die Nachrichten werden dann als Lauftext in einem kleinen Miniprogramm dargestellt. Abschnitt *Netzwerk* auf Seite 149 geht ausführlich auf dieses nützliche Werkzeug ein.

Ausgewählte KDE-Anwendungen

Es gibt inzwischen eine Vielzahl an KDE-Anwendungen. Aus Platzgründen können wir Ihnen nicht alle Programme im Detail vorstellen. Auswahl und Reihenfolge stellen daher keineswegs ein Qualitätskriterium dar.

Festplattenverwaltung

Die beiden Systemprogramme kdf und kwikdisk helfen Ihnen, die auf Ihrem System verfügbaren Datenträger schnell und einfach ein- bzw. auszuhängen (engl. *mounten*).

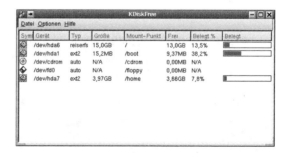

Abbildung 5.5: Übersicht über Ihre Datenträger mit kdf

- kwikdisk ist ein „Miniprogramm", d. h. es bindet sich in die Kontrollleiste ein. Beim Klick mit der rechten Maustaste auf das Icon öffnet sich
  ein Menü, in dem Sie die entsprechenden Datenträger ein- oder aushängen können. Wenn Sie eine grafische Übersicht möchten, wählen Sie
  'KDiskFree starten' aus.

- kdf bzw. KDiskFree zeigt Ihnen analog zum `df`-Kommando eine Übersicht Ihrer Datenträger an, die aus der Datei `/etc/fstab` entnommen
  wird. Das Fenster beinhaltet das Symbol des Datenträgers, den Typ,
  die Größe, den Mount-Punkt, den freien Speicherplatz, die Belegung in
  Prozent und eine grafische Darstellung. So behalten Sie leicht den Überblick.

  Wenn Sie mit der rechten Maustaste auf einen Eintrag klicken, öffnet
  sich ein Popup-Menü. Hier können Sie dann den Datenträger mittels
  'Gerät mounten' in Ihr System einbinden oder durch 'Gerät unmounten' entfernen. Der Menüpunkt 'Dateimanager öffnen' startet ein neues
  Konqueror-Fenster mit dem Inhalt des Datenträgers.

DVI-, PostScript- und PDF-Betrachter

Mit die wichtigsten Formate unter Linux sind DVI und PostScript. Sie lassen sich sehr bequem mit dem DVI-Betrachter kdvi bzw. dem PostScript- und
PDF-Betrachter kghostview ansehen. Beide Programme sind recht intuitiv aufgebaut. Die Abbildung 5.6 zeigt das Fenster von KDvi.

Abbildung 5.6: KDvi beim Anzeigen eines Dokumentes

Eine der Fähigkeiten dieser Betrachter ist die Einbettung in ein Konqueror-Fenster. Dies macht es sehr einfach, Dateien anzuzeigen ohne das entsprechende Programm manuell zu starten. In kghostview (s. Abbildung 5.7, S. 130) können Sie ein beliebiges PostScript- oder PDF-Dokument laden und sich anzeigen lassen. Rufen Sie hierzu 'Datei', 'Öffnen' auf und wählen Sie das entsprechende Dokument aus.

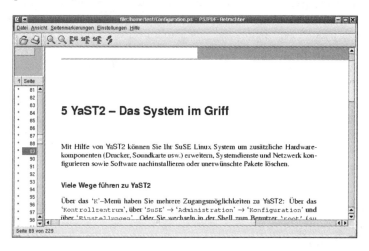

Abbildung 5.7: KGhostview beim Anzeigen eines Dokumentes

Im 'Ansicht'-Menü können Sie zwischen verschiedenen Darstellungen wählen, in welcher Größe das Dokument dargestellt werden soll.

Falls Sie die Darstellung um 90 Grad drehen wollen, bietet es sich an, einen Blick in das Untermenü 'Ausrichtung' von 'Ansicht' zu werfen.

Terminverwaltung mit KOrganizer

Mit der Anwendung KOrganizer können Sie Ihre Termine verwalten und sich an Geburtstage und wichtige Termine erinnern lassen. Zudem können Sie Aufgaben definieren und ihren Fortschritt festhalten. Das Programm finden Sie im Paket kdepim3. Installieren Sie es ggf. mit YaST2.

Sie können das Programm starten, indem Sie die Tasten (Alt) + (F2) drücken und im Eingabefeld korganizer eingeben.

Wenn Sie einen neuen Termin anlegen wollen, dann klicken Sie im 'Aktionen'-Menü auf 'Neuer Termin'. Ein Fenster erscheint, in dem Sie allgemeine Daten zum Termin sowie eventuelle Gesprächsteilnehmer festlegen

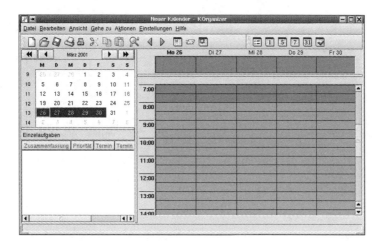

Abbildung 5.8: KOrganizer – der Terminplaner für KDE

können. Falls sich ein Eintrag z. B. wöchentlich wiederholt, können Sie dies im Reiter 'Eintrag wiederholen' entsprechend einstellen. Dazu muss allerdings das Feld 'Wiederkehrender Termin' aktiviert sein.

Unter dem Reiter 'Allgemein' tragen Sie eine 'Zusammenfassung' ein, legen Anfangs- und Enddatum sowie Start- und Endzeit fest. Sie können sich auch an Ihren Termin erinnern lassen. Aktivieren Sie dazu nur das Feld 'Erinnerung' und legen Sie die Zeit fest, zu der KOrganizer Sie an den Termin erinnern soll.
Im unteren Textfeld können Sie einen etwas ausführlicheren Text eingeben. Um Ihren Terminen eine gewisse Struktur zu geben, können Sie so genannte *Kategorien* festlegen. Dazu brauchen Sie nur den Button 'Kategorien' anklicken; ein Fenster öffnet sich, aus dem Sie die entsprechenden Einträge auswählen können. Falls kein solcher Eintrag existiert, tragen Sie in 'Kategorie bearbeiten' den neuen Namen ein und drücken ⏎. Mit 'OK' schließen Sie das Fenster.

Im Folgenden stellen wir Ihnen vor, wie Sie effektiv einen Termin anlegen können. Rufen Sie dazu am besten im 'Aktionen'-Menü den Punkt 'Neuer Eintrag' auf.

Beispiel Legen wir einen einfachen Termin an. Dazu tragen Sie im Feld 'Zusammenfassung' ein, worum es bei Ihrem Termin geht. Das Datum bestimmen Sie durch 'Anfangsdatum' bzw. 'Enddatum'. Falls eine Zeit sinnvoll erscheint, legen Sie die Zeit im Auswahlfeld 'Beginn um:' bzw.

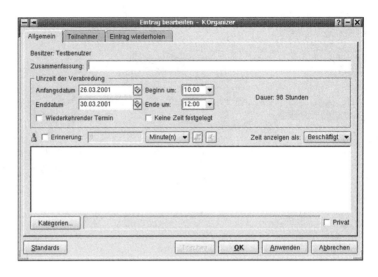

Abbildung 5.9: Dialogfenster zum Anlegen eines neuen Termins

'Ende um:' fest. Falls Sie keine Zeit festlegen wollen, aktivieren Sie einfach 'Keine Zeit festgelegt'.

Wenn Sie sich an Ihren Termin erinnern lassen wollen, aktivieren Sie 'Erinnerung'. Jetzt wird das nebenstehende Eingabefeld frei und Sie können bestimmen, ob Sie in Minuten, Stunden oder Tagen daran erinnert werden wollen. Im darunter liegenden Textfeld geben Sie Details zu Ihrem Termin ein, und 'Kategorie' verbessert die Übersichtlichkeit des Kalenders.

Falls Sie andere Gesprächsteilnehmer definieren möchten, klicken Sie auf den Reiter 'Teilnehmer'. Sie können jetzt den Namen und die E-Mail-Adresse eingeben. Hier lässt sich auch festlegen, welche Rolle ein Teilnehmer ausübt (Gesprächspartner/in, Organisator/in ...) und welchen Status er hat (Benötigt Vorbereitung, akzeptiert, bestätigt, ...). Falls Sie in Ihrem Adressbuch Ihre Kollegen eingetragen haben, können Sie durch den Button 'Adressbuch...' den Teilnehmer auswählen und Name und E-Mail-Adresse werden automatisch eingefügt. Wenn Sie jetzt auf 'Übernehmen' klicken, wird Ihr Termin in Ihren Kalender eingefügt. Dieser Button lässt das Fenster noch offen, sodass Sie noch kleine Änderungen vornehmen können. Möchten Sie das Fenster schließen, klicken Sie auf 'OK'.

Mit KOrganizer können Sie nicht nur Termine sondern auch Aufgaben verwalten. Im Menü 'Aktionen' finden Sie den Eintrag 'Neue Aufgabe'. Probieren Sie doch einfach mal die vielfältigen Möglichkeiten aus, die Ihnen KOrganizer bietet.

KInternet – der Weg ins WWW

Um im Internet surfen oder via E-Mail Nachrichten senden und empfangen zu können, müssen Sie ein Modem oder eine ISDN- bzw. Ethernet-Karte an Ihren Rechner anschließen und unter SuSE Linux einrichten. Das geschieht mit Hilfe des Installations- und Konfigurationstools YaST2. Sobald Sie das jeweilige Gerät entsprechend konfiguriert haben, können Sie mit dem Programm KInternet die Einwahl ins Internet steuern.

KDE lädt beim Start KInternet; das Programm überprüft selbstständig, ob eine Internetverbindung hergestellt werden kann. Falls dies möglich ist, erscheint das Icon des Programms automatisch rechts unten im KDE-Panel als Stecker. Hier eine Übersicht über die Symbole und ihrer Bedeutung:

 Momentan besteht keine Verbindung zum Internet.

 Verbindung wird gerade aufgebaut.

 Die Verbindung wurde hergestellt.
Momentan besteht keine Verbindung zum Internet, sie wird aber aufgebaut, sobald Daten aus dem Internet abgefordert werden.

 Es werden Daten vom oder zum Internet übertragen.

Wenn Sie mit der rechten Maustaste einmal auf das KInternet-Icon klicken, erscheint ein Menü, mit dessen Hilfe Sie KInternet sehr leicht konfigurieren und auch die Datenverbindung zu Ihrem Provider kontrollieren können. Die Konfiguration des Zugangs über einen von Ihnen gewählten Provider geschieht mit Hilfe von YaST2. Dort sind die gängigsten Provider vorkonfiguriert.

Es gibt unter KInternet noch eine Reihe weiterer Features, die Sie nutzen können, etwa den Proxy-Server WWW-Offle. Dabei handelt es sich um einen Zwischenspeicher für alle WWW-Seiten (unabhängig davon, welchen Web-Browser Sie benutzen). Er ermöglicht Ihnen, bereits geladene Seiten zu betrachten, ohne dass Sie sich erneut ins WWW einwählen müssen.

Ebenso werden Webseiten, die Sie offline angefordert haben, automatisch heruntergeladen, wenn Sie wieder online gehen. Wenn Sie diese Features nutzen wollen, muss das Programm wwwoffle installiert sein. Darüber hinaus müssen Sie in Ihrem Web-Browser den Proxy

```
localhost, Port 8080,
```

eintragen; unter Netscape Navigator finden Sie diese Option beispielsweise unter 'Bearbeiten' → 'Einstellungen' → 'Erweitert' → 'Proxies'.

Im Konqueror rufen Sie den Eintrag 'Einstellungen' → 'Konqueror einrichten' auf. Unter 'Proxy-Server' können Sie die Einstellungen eintragen.

Häufig gestellte Fragen und Antworten

- **Wie kann ich auf eine CD bzw. DVD zugreifen?**

  Auf Ihrem KDE-Desktop befindet sich ein Piktogramm mit einem CD-Bild. Legen Sie Ihre CD bzw. DVD in Ihr Laufwerk ein und klicken Sie mit der linken Maustaste auf das Bild. Die CD wird eingebunden und der Inhalt über ein Konqueror-Fenster angezeigt.

- **Auf meinem Desktop befindet sich kein CD-Piktogramm. Wie erstelle ich eines?**

  Klicken Sie mit der rechten Maustaste auf den Desktop. Wählen Sie aus dem Menü den Punkt 'Neu erstellen...' → 'CD-ROM...' aus. Ein Fenster öffnet sich. Unter 'Allgemein' können Sie den Namen des Piktogramms auf dem Desktop ändern. Unter 'Gerät' tragen Sie den Gerätenamen Ihres CD- bzw. DVD-Laufwerks ein.

- **Kann ich die Kontrollleiste auch woanders platzieren?**

  Ja, natürlich. Klicken Sie mit der linken Maustaste auf eine freie Fläche und ziehen Sie diese an einen beliebigen Rand. Nachdem Sie die Maustaste losgelassen haben, wird die Kontrollleiste dorthin verschoben.

- **Ich möchte eine separate Kontrollleiste haben. Geht das?**

  Ja. Klicken Sie mit der rechten Maustaste auf eine freie Fläche der schon vorhandenen Kontrollleiste. Wählen Sie 'Hinzufügen' → 'Erweiterung' → 'Abhängige Kontrollleiste'. Es öffnet sich eine Kontrollleiste. Jetzt können Sie über den Konqueror Dateien oder Verzeichnisse dort ablegen. Oder Sie klicken mit der rechten Maustaste auf die Leiste und wählen aus dem Menüpunkt 'Hinzufügen' die entsprechenden Angebote aus.

- **Wie füge ich Programme o. ä. in die Kontrollleiste ein?**

  Hierzu gibt es zwei Möglichkeiten:

  1. Klicken Sie mit der rechten Maustaste auf eine freie Fläche der Kontrollleiste. Es öffnet sich ein Popup-Menü. Wählen Sie 'Hinzufügen' → 'Knopf' aus und Sie sehen die Einträge, wie Sie auch im K-Menü erscheinen. Jetzt können Sie Ihre bevorzugte Rubrik durch 'Dieses Menü hinzufügen' auf der Kontrollleiste ablegen. Oder Sie wählen das gewünschte Programm durch einen Klick direkt an. In beiden Fällen erscheint auf der Kontrollleiste das entsprechende Symbol.

  2. Programme, Ordner usw. können Sie auch direkt aus dem Konqueror heraus mit der linken Maustaste anklicken, gedrückt halten und auf der Kontrollleiste ablegen.

- **Ich möchte mehr über mein System erfahren. Wo kann ich das?**

  Es gibt zwei Möglichkeiten: Drücken Sie die Tastenkombination (Alt) + (F2) und geben Sie den Befehl ksysguard ein. Ein Fenster öffnet sich. Durch so genannte „Sensor-Browser" auf der linken Fensterseite können Sie gezielt Überwachungsmodule anklicken und in das Hauptfenster herüberziehen. Die andere Möglichkeit befindet sich im Kontrollzentrum. Unter 'Informationen' befinden sich alle Ressourcen und Geräte, die mit Ihrem Rechner verknüpft sind.

- **Wie kann ich PostScript- oder PDF-Dateien anzeigen?**

  Unter KDE gibt es dazu ein Programm: KGhostview. In Abschnitt *DVI-, PostScript- und PDF-Betrachter* auf Seite 129 erfahren Sie mehr darüber.

- **Wie kann ich Grafikdateien anzeigen?**

  Durch das Programm Pixie. Sie können es starten, indem Sie (Alt) + (F2) und pixie eingeben. Das Programm unterstützt eine Vielzahl von Grafikformaten.

- **Kann ich meine WAV, MP3-Dateien usw. unter KDE abspielen lassen?**

  Ja, drücken Sie (Alt) + (F2) und geben Sie xmms ein. Ein Fenster öffnet sich; Tippen Sie (L) und wählen Sie dann die Dateien aus, die Sie abspielen möchten.

- **Wie kann ich eine Audio-CD abspielen?**

Legen Sie die Audio-CD in das Laufwerk ein, starten Sie das Programm xmms (Alt + F2 und `xmms` eingeben). Möglicherweise müssen Sie noch die Lautstärke nachregulieren. Dies können Sie mit dem Lautstärkeschieber von xmms oder mit dem Programm kmix tun.

- **Wie kann ich Filme abspielen?**

Filme in verschiedenen Dateiformaten wie mpeg1, avi oder DVDs (unkodiert, mpeg2) können sie mit dem Programm gmplayer abspielen. Es unterstützt viele verschiedene Movieformate. Sie starten es mit Alt + F2 und `gmplayer`.

┌─ Hinweis ───

Bilder, Sound und Filme können Sie auch automatisch mit den genannten drei Programmen starten, wenn Sie sie einfach durch Klick auf die jeweilige Datei in Ihrem Dateimanager Konqueror aufrufen.

─── Hinweis ─┘

- **Wie kann ich mich ins Internet einwählen?**

Über das Programm KInternet. Sie finden eine ausführliche Beschreibung im Abschnitt *KInternet – der Weg ins WWW* auf Seite 133.

- **Wie kann ich meine E-Mails lesen?** Das Programm KMail hilft Ihnen dabei. Es wird ausführlich im Abschnitt *KMail – Das Mailprogramm von KDE* auf Seite 251 beschrieben.

Weiterführende Informationen

Falls Sie mehr Informationen zu KDE benötigen, werden Sie auf einer der folgenden Web-Seiten sicherlich fündig werden:

`http://www.kde.org`	*Die* Seite für KDE.
`http://www.konqueror.org`	Alles über das Programm Konqueror.
`http://i18n.kde.org`	Internationalisierung von KDE.
`http://kde.themes.org`	Alles rund um Designs, Themen usw. für KDE.
`http://artist.kde.org`	Alles rund um Icons, Cliparts usw. für KDE.
`http://lists.kde.org`	Mailinglisten zu allen Themen von KDE.
`http://bugs.kde.org`	Alle Fehler von KDE finden hier ihren Platz.
`http://www.gnupg.org`	Verschlüsselungssoftware.

KDE – Die Konfiguration

In diesem Kapitel zeigen wir Ihnen, wie Sie mit Hilfe des Kontrollzentrums das Erscheinungsbild ändern, und wie Sie Dateimanager, Webbrowser und vieles mehr, nach Ihren Bedürfnissen einrichten können.

Einleitung

Um KDE nach Ihren Vorstellungen einzurichten, steht Ihnen das so genannte KDE-Kontrollzentrum zur Verfügung. Seine Möglichkeiten sind so vielfältig, dass sie den Rahmen dieses Buches sprengen würden, wir werden uns daher im Folgenden auf einige wichtige Module konzentrieren.

Das KDE-Kontrollzentrum erreichen Sie entweder direkt über das Symbol in der Kontrollleiste oder im K- bzw. SuSE-Menü über den Menüpunkt 'Kontrollzentrum'. Nach dem Aufruf öffnet sich das Fenster wie in Abbildung 6.1.

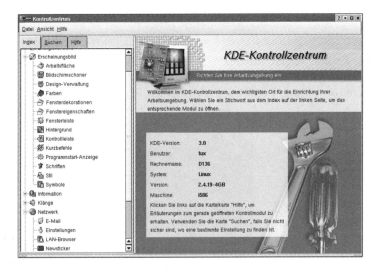

Abbildung 6.1: Das KDE-Kontrollzentrum

Das Kontrollzentrum ist in eine Menüleiste sowie einen linken und einen rechten Bereich aufgeteilt. Im linken Bereich finden Sie die Liste der Konfigurationsmodule. Wird ein Menü angeklickt, werden dazu im rechten Bereich die beinhalteten Module mit einer Kurzinformation angezeigt. Mit einem weiteren Klick auf das Modul wird der Einstelldialog in den rechten Bereich geladen. Darunter angeordnet finden Sie meist diese vier Schaltflächen:

'Hilfe' Zeigt einen kurzen Hilfetext an.

'Voreinstellungen benutzen' Stellt den Standardeinstellung wieder her.

'Anwenden' Wendet die vorgenommenen Einstellungen an.

'Zurücksetzen' Setzt Einstellungen auf den ursprünglichen Wert zurück.

Die Menüleiste ist in folgende Menüs untergliedert:

'Datei' Schließen Sie das Kontrollzentrum über 'Beenden'.

'Ansicht' Wählen Sie das Aussehen des Kontrollzentrums: In 'Modus' stellen Sie ein, ob Sie mit der strukturierten 'Baumansicht' oder der einfachen 'Symbolansicht' arbeiten möchten. Bei letzterem können Sie über 'Symbolgröße' die Größe der angezeigten Symbole bestimmen.

'Hilfe' In diesem Menüeintrag können Sie sich über 'Inhalt' die Hilfeseiten des Kontrollzentrums anzeigen lassen oder erhalten über 'Was ist das?' einen Informationstext zu dem Symbol oder die Eingabezeile, die Sie anschließend mit der Maus anklicken.
Des Weiteren können Sie über den Menüpunkt einen 'Problembericht zu Bereich ...' für den Autor des Programms verfassen. Weitere Informationen über KDE und das Kontrollzentrum finden Sie unter den entsprechenden Einträgen.

Wenn Sie einmal nicht genau wissen sollten, was eine Einstellung bedeuten könnte, versuchen Sie es über einen sog. „Tooltipp". Drücken Sie die Tastenkombination ⇧ + F1 und ein Klick auf das entsprechende Element zeigt einen entsprechenden Hilfetext an.

Angeschlossene Geräte

Beinhaltet 'Druckerverwaltung', 'Maus', 'Smartcards' und 'Tastatur'.

Maus Das Modul bietet Ihnen folgende Einstellungsmöglichkeiten:

Der Reiter 'Allgemein' definiert, ob Sie die Maus oder den Trackball als Links- oder Rechtshänder benutzen wollen, ob das Öffnen einer Datei oder eines Ordners über Einfach- oder Doppelklick erfolgen soll sowie ob Symbole sich bei Mauskontakt ändern werden bzw. die Änderung der Mauszeigerform über Symbolen.

Der Reiter 'Erweitert' beinhaltet u. a. die Einstellmöglichkeit für das Verhältnis zwischen dem Bewegen der Maus und der entsprechenden Bewegung des Cursors auf dem Bildschirm ('Zeigerbeschleunigung'), wie schnell der zweite Mausklick auf den ersten folgen muss, um als Doppelklick verarbeitet zu werden ('Doppelklickabstand') sowie welche Zeilenänderung durch das Betätigen des Scrollrades der Maus erfolgen soll ('Mausrad erzeugt Bildlauf um').

Tastatur Sollten Sie mit mehreren Tastaturbelegungen arbeiten müssen, können Sie hier die entsprechende Belegung auswählen.

Unter dem Reiter 'Erweitert' können Sie den Nummernblock (Eintrag 'Zahlenblocksperre bei KDE-Start') und die Tastenwiederholung einstellen.

Dateianzeige

Das Menü beinhaltet die Module 'Dateimanager' und 'Dateizuordnungen'.

Dateimanager Dieses Modul besitzt die Einstellmöglichkeiten 'Verhalten', 'Erscheinungsbild' und 'Mülleimer'.

Unter 'Verhalten' können Sie festlegen, ob Verzeichnisse in einem separaten Fenster geöffnet werden sollen. Hilfreich ist die Option 'Netzwerkvorgänge in einem einzigen Fenster anzeigen'. Sie „sammelt" alle Vorgänge in einem einzigen, übersichtlichen Fenster.

'Erscheinungsbild' legt die Optik der Konqueror-Fenster fest (Schriftart, Schriftgröße, ...)

Einstellungen zum Mülleimer finden Sie im gleichnamigen Reiter.

Dateizuordnungen Weisen Sie bestimmten Programmen Dateitypen zu – auch „MIME"-Typen (engl. *Multipurpose Internet Mail Extension*) genannt –, welche sich ursprünglich nur auf Dateianhänge in E-Mails bezogen. Zur Dateizuordnung gehören Regeln für die Erkennung einer Datei, Beschreibung und Symbol sowie eine Liste der Programme zum Öffnen des Dateityps. Alle Dateizuordnungen werden einen der Typen 'application' (Anwendungen), 'audio' (Audiodaten), 'image' (Bilder), 'inode' (Sonderdateien), 'message' (Nachrichten), 'print' (Drucksystem), 'text' (Texte) oder 'video' (Videodaten) zugeordnet und im Listenfeld unter 'Bekannte Typen' angezeigt.
Die Funktionsmöglichkeiten im Überblick:

Für die automatische *Suche nach einem MIME-Typ* geben Sie dessen Bezeichnung bei 'Dateimuster suchen' ein (s. Abb. 6.2 auf der nächsten Seite). Die manuelle Suche erfolgt, indem Sie mit einem Doppelklick einen Typ öffnen und dessen zugeordnete MIME-Typen einsehen.

Einen neuen *MIME-Typ hinzufügen* können Sie, wenn Sie auf 'Hinzufügen' im linken unteren Teil des Fensters klicken. Daraufhin erscheint eine kleine Dialogbox, in der Sie aus der Auswahlliste die passende

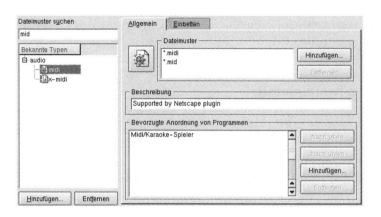

Abbildung 6.2: Das Editieren eines MIME-Typs

Kategorie auswählen und anschließend unter 'Name' einen Namen eingeben.

Zum *Editieren eines MIME-Typs* wählen Sie den Typ aus, den Sie verändern möchten (s. Abb. 6.2). Treffen Sie die entsprechende Auswahl aus der Liste der verfügbaren Dateitypen; die zugehörigen Einstellungen werden dann im rechten Teil des Fensters angezeigt.

Beim Klick auf einen MIME-Typ öffnet sich auf der rechten Seite einen Bereich, in dem Sie weitere Einstellungen vornehmen können:

Unter dem Reiter 'Allgemein' legen Sie das Icon, die Dateimuster und eine kurze Beschreibung fest. Programme, die diesen Typ verarbeiten können, legen Sie mit 'Hinzufügen' an.

Sofern das ausgewählte Programm ein KDE-Plugin ist, können Sie unter 'Einbetten' diese Aktion kontrollieren, d. h. ob die Datei in Konqueror eingebettet werden soll oder dafür ein separaten Fenster geöffnet wird.

Energiekontrolle

Mit Hilfe der Module dieses Menüpunktes lassen sich die Energiesparfunktionen Ihres Rechners aktivieren. So können Sie bei Stromknappheit einen Befehl oder Klang ausführen. Moderne Rechner können z. B. nach einer Zeit der Inaktivität auf den Bereitschaftsmodus geschaltet werden. Die Voraussetzung dafür ist eine APM-Unterstützung, welche in den heutigen PCs bereits standardmäßig enthalten ist.

Erscheinungsbild

Dieses Modul bietet Ihnen eine Vielzahl von Einstellungsmöglichkeiten zu Ihrem KDE-System. Folgende Module sind verfügbar: 'Arbeitsfläche', 'Bildschirmschoner', 'Design-Verwaltung', 'Farben', 'Fensterdekoration', 'Fenstereigenschaften', 'Fensterleiste', 'Hintergrund', 'Kontrollleiste', 'Programmstart-Anzeige', 'Schriften', 'Stil', 'Symbole' und 'Tastenzuordnung'.

┌ **Hinweis** ───────────────────────────────────────

Bedenken Sie bei Änderungen am Erscheinungsbild die Anforderungen an Ihren Rechner: Wählen Sie einen Stil mit vielen Farbnuancen und Hintergrundbildern, benötigen Sie entsprechend Speicher und Rechenleistung.

─────────────────────────────────────── **Hinweis** ┘

Die meisten Dialoge sind selbsterklärend; wir werden allerdings einige wichtige Module herausgreifen:

Arbeitsfläche Unter 'Arbeitsfläche' definieren Sie das vertikale Ausrichten auf der Arbeitsfläche, das Anzeigen von versteckten Dateien oder das Aktivieren der Menüleiste. Sie können sich eine Vorschau anzeigen lassen für bestimmte Dateien (z. B. HTML). Die wichtigste Einstellung sind hier die Pfade für KDE, wie z. B. für die Arbeitsfläche.

Unter 'Erscheinungsbild' wählen Sie Schriftgröße, Standardschriftart, die farbliche Darstellung des Normaltextes und die dazu passende Hintergrundfarbe sowie ob Dateinamen unterstrichen werden sollen.

Falls Sie mehrere Arbeitsflächen benötigen, werden Sie unter 'Anzahl der Arbeitsflächen' fündig. Hier können Sie die Anzahl und die Namen einstellen.

┌ **Tipp** ───

Zum Wechseln zwischen Arbeitsflächen, drücken Sie die Taste (Strg) und eine Funktionstaste (Fx), wobei „x" für die Nummer der Arbeitsfläche steht oder benutzen Sie (Strg)+(Tab).

─── **Tipp** ┘

Bildschirmschoner Um einen Bildschirmschoner einzuschalten, aktivieren Sie das Feld vor 'Bildschirmschoner einschalten'. Jetzt können Sie die aus der Liste einen nach Ihrem Geschmack passenden auswählen. Um weitere Einstellmöglichkeiten zum jeweiligen Bildschirmschoner zu bekommen, klicken Sie auf 'Einrichten'.

Design-Verwaltung Das Modul bietet die Möglichkeit, sog. „Themes" (das Design des Desktop) hinzuzufügen, selbst zu erstellen, zu speichern oder zu entfernen. Unter 'Installation' können Sie aus der Liste ein Theme auswählen. Unter dem Reiter 'Inhalt' können Sie eine Feineinstellung vornehmen, welche Elemente (Farben, Klänge, Symbole, ...) verwendet werden sollen. Wenn Sie mehr Informationen zu diesem Theme erhalten möchten, wählen Sie den Reiter 'Über'.

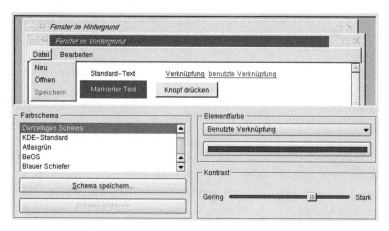

Abbildung 6.3: *Farbanpassungen Ihres Desktops*

Farben Hier können Sie das Farbschema Ihres KDE-Desktops ändern bzw. individuelle Farbanpassungen durchführen (s. Abb. 6.3), welche von den meisten KDE-Programmen übernommen werden. In der Liste werden Ihnen schon einige Farbschemata angeboten. Klicken Sie auf eines, wird die Änderung im oberen Anzeigefenster dargestellt.

Fensterdekoration In diesem Modul können Sie die Dekoration der Fensterränder und der Titelleiste vornehmen. In der Liste finden Sie schon einige vielversprechende. Klicken Sie auf einen Eintrag, werden je nach Dekorationsmodul die zwei folgenden Reiter ('Knöpfe' bzw. 'Einrichten [...]') aktiviert. Dort können Sie ggf. Ihre Feineinstellungen vornehmen. Probieren Sie doch die vielfältigen Designmöglichkeiten einmal aus.

Fenster-Eigenschaften In diesem Modul können Sie das Verhalten von Fenstern einstellen, wenn Sie diese anklicken, verschieben oder deren Größe ändern. Beachten Sie, falls Sie einen anderen Fenstermanager als KWin (Punkt 'Fensterdekoration', 'KDE2 (Standard)') wählen, die Einstellungen u.U. nicht wirksam sein könnten.

Fensterleiste In diesem Modul wählen Sie, ob die geöffneten Anwendungen der aktuellen oder aller Arbeitsflächen in der Fensterleiste angezeigt werden sollen. Außerdem können Sie den Knopf für das Mini-Programm Fensterleiste in der Fensterleiste anzeigen lassen, zusammengehörige Fenster gruppieren oder geöffnete Programme nach Arbeitsflächen sortieren. Sie sollten sich zur besseren Übersicht die 'Programmsymbole anzeigen' lassen.

Hintergrund Weisen Sie in diesem Modul Ihren Arbeitsflächen einen gemeinsamen Hintergrund, verschiedene Hintergründe oder Farbverläufe zu.

Für das Zuweisen von Hintergründen oder Farbverläufen wählen Sie eine Arbeitsfläche aus der Liste aus. Rechts davon sehen Sie die jeweilige Vorschau; darunter finden Sie die Reiter 'Hintergrund', 'Hintergrundbild', 'Erweitert' und 'Optimierung'.

Unter 'Hintergrund' können Sie einen Modus einstellen, z.B. ein Muster, ein senkrechter oder waagrechter Farbverlauf usw. Die entsprechenden Farben hierzu finden Sie gleich darunter.

Der Reiter 'Hintergrundbild' legt einen oder mehrere Hintergrundbilder Ihres Desktops fest. Sie können hier auch einen Modus (zentriert, gekachelt, usw.) angeben. Möchten Sie diese Möglichkeiten nicht nutzen, wählen Sie 'Kein Hintergrundbild' aus.

Unter 'Erweitert' können Sie zusätzlich eine Überblendung Ihres Hintergrundbildes vornehmen lassen. Es stehen hier mehrere Optionen (waagrechte, senkrechte, pyramidale Überblendung) zur Verfügung.

'Optimierung' stellt Einstellungen für Speicheroptimierungen bereit (für Experten).

Kontrollleiste In diesem Modul können Sie zu Ihrer Kontrollleiste („Kicker") die Position, die Größe und das Aussehen einrichten. Sie finden in dem Modul ein Register mit verschiedenen Karten:

Unter 'Position' können Sie die Position der Kontrollleiste (links, rechts, oben, unten), der Stil (sehr klein, klein, mittel, groß) und die Größe der Kontrollleiste einstellen.

Falls Sie die Kontrollleiste automatisch verbergen möchten, können Sie dies im Reiter 'Ausblenden' vornehmen.

'Erscheinungsbild' legt verschiedene Hintergründe für bestimmte Menüs fest. Hierzu müssen Sie zuerst das Kästchen 'Hintergrundkacheln aktivieren' auswählen; danach können Sie alle anderen Spezialmenüs aktivieren oder deaktivieren.

Der Reiter 'Menüs' legt fest, wie das Layout des K-Menüs aussehen soll, d. h. welche zusätzlichen Einträge verwendet werden sollen. Des Weiteren können Sie noch ein Schnellanzeiger-Menü integrieren, den Menü-Zwischenspeicher und noch diverse andere Kleinigkeiten einstellen.

Für die Miniprogramme für die Kontrollleiste können Sie über den Reiter 'Miniprogramme' die Sicherheitsstufe angeben. Sie können diese auf zwei Arten starten: intern oder extern. Die interne ist der externen Methode vorzuziehen, kann allerdings bei unsauber programmierten Miniprogrammen zu Stabilitäts- oder Sicherheitsproblemen führen. Wählen Sie die entsprechende Sicherheitsstufe hier aus.

Der letzte Reiter heißt 'Erweiterungen' und dient dazu, zusätzliche externe Fensterleisten einzustellen, wie z. B. die Position, das automatische Ausblenden oder ob Ausblendknöpfe vorhanden sein sollen.

Programmstart-Anzeige Um zu sehen, dass ein Programm gestartet wird, können verschiedene Einstellungen in diesem Menü vorgenommen werden.

Schalten Sie 'Aktivitätsanzeige bei Programmstart' ein, um eine Rückmeldung zu erhalten, die Sie an Ihrem Mauszeiger ausgegeben bekommen. Entscheiden Sie des Weiteren, ob diese Rückmeldung als Blinkeffekt möglich bzw. wie lange die Programmstart-Anzeige aktiv sein soll.

Die Ausgabe der Rückmeldung, dass ein Programm gestartet wurde, kann auch in der Kontrollleiste erfolgen, indem Sie 'Anzeige in der Fensterleiste' aktivieren. Auch hier können Sie einstellen, wie lange die Programmstart-Anzeige aktiv sein soll.

Schriften Sollten Ihnen die voreingestellten Schriftarten Ihrer Benutzeroberfläche nicht zusagen, dann können Sie hier die Schriftarten an Ihre Bedürfnisse anpassen: Wählen Sie 'Auswählen' neben der zu verändernden Schriftart. Im Dialog stellen Sie die Schriftart, den Schriftstil und die Schriftgröße ein und bestätigen Ihre Einstellungen mit 'OK'.

Stil Ein Stil ist die Art, wie Knöpfe, Listen, Menüs u. Ä. dargestellt werden. In der Liste sind einige vordefinierte bereits verfügbar. Falls Sie noch Stile von GNOME/GTK benutzen möchten, klicken Sie auf 'GTK-Design importieren...'. Ein Fenster öffnet sich, das Sie durch die Installation führt.

Symbole Das Modul erlaubt Ihnen, die Darstellung der Symbole für Ihre Arbeitsfläche auszuwählen. Sie können außerdem Effekte angeben, die auf die Symbole angewendet werden sollen.

Im Reiter 'Design' wählen Sie, ob Sie die Symbole in einer Darstellung mit weniger Farben oder in Echtfarben mit mehr Abstufungen bevorzugen. Sie können auch ein weiteres Design über 'Neues Design installieren' einspielen.

Unter 'Erweitert' entscheiden Sie, ob Sie Effekte für Symbole bzw. verschiedene Symbolgrößen in den verschiedenen Leisten bzw. Arbeitsflächen definieren möchten.

Tastenzuordnung Wenn Ihnen die bisherige Tastaturbelegung nicht zusagt, können Sie in diesem Modul verschiedene Tastaturkürzel für Aktionen und Programme neu definieren:

Unter 'Allgemeine Tastenkürzel' werden die allgemeinen Tastaturkombinationen für Ihren Desktop eingestellt. In der Liste können Sie einer Aktion einen Kurzbefehl zuweisen, z. B. ruft standardmäßig die Kombination von (Alt) und (F2) das Fenster 'Befehl ausführen' auf.

'Tastenkürzel-Serien' definiert die Kurzbefehle zum Wechseln auf einen anderen Desktop oder die Verschiebung eines Fensters auf einen Desktop.

Der Reiter 'Tastenkürzel für Einzelprogramme' legt für verschiedene Aktionen, die in Programmen häufig auftreten, bestimmte Tastenkombinationen fest, wie z. B. Kopieren, Einfügen usw.

Information

Wenn Sie Informationen über Ihr System einsehen möchten, dann nehmen Sie sich für die einzelnen Module ein wenig Zeit. Die Informationen, die Sie hier finden, stammen zum Großteil aus dem /proc-Verzeichnis. Die Einträge sind selbsterklärend und zeigen i. d. R. hardwarespezifische Informationen an. So können Sie leicht überprüfen, ob bestimmte Geräte von Linux ordnungsgemäß angesprochen werden.

Klänge

In diesem Modul können Sie die verschiedenen Einstellungen für Ihre Soundkarte bestimmen.

Audio-CD Dieses Modul dient zum Einrichten des Ein- und Ausgabemoduls für Ihre Audio-CDs. Der Aufruf erfolgt durch die Eingabe von `audiocd:/` in der URL-Zeile des Konquerors.

Einstellungen können vorgenommen werden zum automatischen Erkennen von Audio-CDs, zur Fehlerkorrektur, zu den Dateiformaten „Ogg-Vorbis" und „MP3" sowie zur Anbindung an eine Musikdatenbank im Internet.

Midi Wählen Sie für das Abspielen von Midi-Dateien das Midigerät, das Sie zum Abspielen verwenden möchten.

Mixer In diesem Modul können Grundeinstellungen zur Soundkarte von kmix (dem KDE-Mixer) verändert werden.

Im ersten Abschnitt können Sie die aktuelle Lautstärke als Standard speichern oder gespeicherte Lautstärken laden sowie gewählte Einstellungen beim Start von KDE über 'Lautstärke-Einstellungen beim Anmelden laden' automatisch laden lassen.

Im Abschnitt 'Einstellungen zur Hardware' legen Sie bei 'Maximale Anzahl getesteter Mixer' fest, nach wie vielen Soundkarten kmix beim Start suchen soll und bei 'Maximale Anzahl getesteter Geräte pro Mixer' wie viele Geräte auf jeder Soundkarte gesucht werden sollen.

Signalton Statt Systemnachrichten können Sie sich auch einen Signalton ausgeben lassen, zu dem Sie in diesem Modul die Lautstärke, Höhe und Dauer einstellen können.

Soundserver Mit diesem Modul können Sie den Soundserver aRts von KDE einrichten, mit dem Sie Systemklänge, MP3-Dateien usw. anhören können.

Systemnachrichten – Um bei Eintreffen eines bestimmten Ereignisses benachrichtigt zu werden bzw. dieses zu dokumentieren, können Sie in diesem Modul die Einstellungen dazu vornehmen.

Wählen Sie sich eines der Programme oder eine Rubrik aus und öffnen Sie einen Eintrag durch das Klicken auf das + -Zeichen davor, bis Ihnen die folgenden vier Optionen vorliegen:

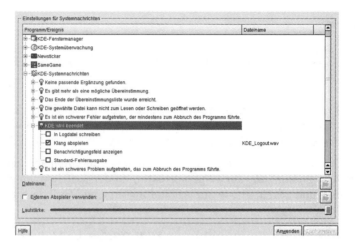

Abbildung 6.4: KDE-Systemnachrichten

'In Logdatei schreiben' speichert die Meldungen in einer Datei ohne Abgabe von akustischen oder optischen Signalen. 'Klang abspielen' spielt Ihnen die eingestellte Sounddatei ab. 'Benachrichtungsfeld anzeigen' zeigt ein Meldungsfenster an, während bei 'Standard-Fehlerausgabe' die Fehlerausgaben vom jeweiligen Programm selbst vorgenommen wird.

Die Auswahl, welche Text- oder Sounddatei abgespielt werden soll, erfolgt bei 'Dateiname'. Sie können den Dateinamen direkt eingeben oder aber die Datei über das Verzeichnis-Symbol und im Dialog auswählen.

Haben Sie eine Sounddatei gewählt, kann diese über den Play-Startknopf rechts neben dem Verzeichnis-Symbol getestet werden. Die Lautstärke beim Abspielen stellen Sie über den Schieberegler bei 'Lautstärke' ein.

Möchten Sie ein externes Abspielprogramm nutzen, aktivieren Sie das Kästchen vor 'Externen Abspieler verwenden' und wählen Sie das entsprechende Programm über das Verzeichnis-Symbol aus.

Netzwerk

Hier nehmen Sie alle netzwerkrelevanten Einstellungen vor.

Email In diesem Modul können Sie einige Benutzerinformationen wie Name, Organisation, E-Mail-Adresse und Antwortadresse eintragen. Ferner können Sie Ihr bevorzugtes E-Mail-Programm angeben.

Einstellungen Um das Verhalten von KDE-Programmen in Verbindung mit dem Internet und Netzwerken zu testen, können Sie hier einfache Netzwerkeinstellungen wie z. B. Zeitüberschreitungen vornehmen.

LAN-Browser Mit diesem Modul können Sie den LAN-Informationsserver LISa einrichten; Veränderungen können Sie aber nur als `root` vornehmen.

Newsticker Mit diesem Modul richten Sie das Miniprogramm KNewsTicker ein. Dazu bieten Ihnen vier Registerkarten weitere Einstellmöglichkeiten:

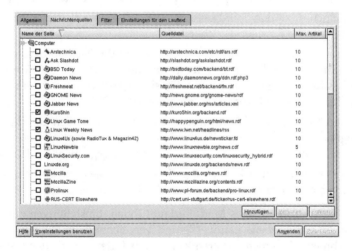

Abbildung 6.5: Der KDE Newsticker

Unter 'Allgemein' können Sie, wenn Sie eine Maus mit Scrollrad angeschlossen haben, die Empfindlichkeit des Rades einstellen und die Häufigkeit der Nachrichtenabfrage bestimmen sowie ob der Lauftext teilweise verlangsamt angezeigt werden soll.

Alle verfügbaren Internetadressen, von denen eine Nachrichtenabfrage möglich ist, finden Sie unter dem Reiter 'Nachrichtenquellen'. Möchten Sie die Einstellungen zu dieser Nachrichtenquelle ändern, wie Quelldatei, Symbol, Kategorie oder maximale Artikel, wählen Sie unter der Liste den Button 'Bearbeiten' an; zum Hinzufügen von Nachrichtenquellen klicken Sie auf 'Hinzufügen'.

Falls Sie sich nur für bestimmte Nachrichten interessieren, können Sie über den Reiter 'Filter' Regeln definieren.

Der letzte Reiter 'Einstellungen für den Lauftext' bestimmt die Geschwindigkeit des Lauftextes, die Laufrichtung sowie für das Erscheinungsbild die Schriftart, Vordergrund-, Hintergrund- und Vorhebungsfarbe. Ob nur aktuelle Schlagzeilen, Symbole, endloser Lauftext bzw. hervorgehobene Schlagzeilen unterstrichen angezeigt werden sollen, definieren Sie im Abschnitt 'Verschiedenes'.

SOCKS Mit diesem Modul können Sie sich für einen SOCKS-Server oder Proxy eine KDE-Unterstützung einrichten.

Talk-Einrichtung Kommunizieren Sie über das Netzwerk mit anderen. Sie benötigen dazu den Talk-Daemon. Auf drei Registerkarten erhalten Sie umfangreiche Einstellmöglichkeiten:

Nutzen Sie die Registerkarte 'Meldung', um das Meldeprogramm, welches Ihnen die Talkanfrage mitteilt und das zu startende Talkprogramm zu bestimmen. Ebenfalls können Sie sich akustisch darauf aufmerksam machen lassen, falls eine Talkanfrage vorliegt.

Stellen Sie Ihren Anrufbeantworter nach Ihren Vorgaben ein, damit bei eingehenden Talkanfragen Textnachrichten für Sie hinterlassen werden können, falls Sie die Anfrage einmal nicht entgegennehmen können.

Unter 'Weiterleitung' können Sie die Einstellungen vornehmen, um ankommende Talkanfragen auf andere Rechner weiterzuleiten.

Windows-Ressourcen Dieses Modul erlaubt Ihnen, Einstellungen zum Zugriff auf freigegebene Laufwerke und Verzeichnisse in Netzwerken vorzunehmen. Um einen späteren Zugriff auf Daten zu erhalten, müssen Sie sich vorerst authentifizieren. Geben Sie dazu die erforderlichen Daten ein.

Die Kombination eines Servers mit zugehöriger Authentifizierung nennt man „Zuordnung". Wenn Sie auf eine Ressource zugreifen, für die schon eine Zuordnung existiert, wird KDE die Authentifizierung automatisch für Sie vornehmen. Haben Sie ein Passwort angegeben, werden Sie künftig nicht mehr gefragt.

┌ Achtung ─────────────────────────────────

Das Speichern von Passwörtern sollte aus Sicherheitsgründen vermieden werden; besonders in sicherheitsrelevanten Netzen.

───────────────────────────── **Achtung ┘**

Persönliche Einstellungen

Unter diesem Menüpunkt befinden sich verschiedene Module, mit denen Sie KDE mit persönlichen Einstellungen Ihren Wünschen und Bedürfnissen anpassen können.

Land & Sprache In diesem Modul können Sie die Sprach-, Zahlen- und Datumseinstellungen für Ihre Region vornehmen. Meist reicht ein Klick auf das entsprechende 'Land' und alle weiteren nötigen Einstellungen werden entsprechend gesetzt. Sollten Sie darüber hinaus Einstellungen ändern wollen, können Sie diese unter 'Zahlen', 'Währung' sowie 'Zeit & Datum' Ihren individuellen Vorgaben anpassen.

Sollte die gesuchte Sprache nicht vorhanden sein, haben Sie wahrscheinlich das KDE-Sprachpaket nicht installiert. Der Name des Pakets beginnt mit `kde3-i18n-` und enthält zusätzlich noch ein Kürzel für die Sprache, z. B. `de` für Deutsch, `fr` für Französisch usw. Ein Beispiel wäre `kde3-i18n-de` für das deutsche Paket.

┌─ **Tipp** ────────────────────────────────────
In der Voransicht des Moduls (am unteren Rand) sehen Sie, wie sich die von Ihnen gewählten Einstellungen auswirken werden.
──────────────────────────────────── **Tipp** ─┘

Passwörter Entscheiden Sie, ob Sie bei der Eingabe des Passwortes keine Anzeige oder einfach Sterne anzeigen lassen wollen. Begrenzen Sie in jedem Fall die zeitliche Speicherung von Passwörtern.

Rechtschreibung Wählen Sie u. a. das zu verwendende Wörterbuch, die Zeichenkodierung und das Programm, mit welchem Sie die Rechtschreibprüfung durchführen werden. Als Programme werden sowohl ASpell (KDE) als auch ISpell (Nicht-KDE-Programme) unterstützt.

Verschlüsselung Dieser Bereich erlaubt die Einrichtung von SSL (engl. *Secure Socket Library*), Zertifikaten, Authentifizierungen und die Einstellung anderer sicherheitsrelevanter Aspekte. Für weitere Informationen betätigen Sie die 'Hilfe'.

Zugangshilfen Wenn Ihnen Fehlermeldungen nicht nur durch Klänge, sondern auch durch andere hörbare oder sichtbare Signale angezeigt werden sollen, können Sie dies in diesem Modul über die Karte 'Signal' einstellen.

Stellen Sie über die Karte 'Tastatur' die Verzögerungen beim Tastenanschlag ein. So verhindern Sie beispielsweise eine Zeichenannahme über die Tastatur, wenn sie nur eine Taste gedrückt halten.

Möchten oder müssen Sie mit dem Nummernblock die Maus steuern, dann aktivieren Sie auf der Karte 'Maus' den Punkt 'Maus mit Tastatur (Nummernblock) bewegen'. Zusätzlich haben Sie noch die Möglichkeit, die Verzögerungen, Beschleunigungen, Wiederholungen etc. einzustellen.

System

Das Menü beinhaltet Module, mit denen Sie das Systemverhalten einstellen.

┌─ **Achtung** ───

Da die Einstellungen in den Modulen 'Anmeldungsmanager' und 'Datum & Zeit' für das gesamte System gelten, können Sie hier nur als root Änderungen vornehmen.

─────────────────────────────────────── **Achtung** ┘

Anmeldungsmanager Mit diesem Modul können Sie den grafischen Anmeldungsvorgang von KDE einrichten: Verändern Sie das Aussehen des Begrüßungsbildschirmes und stellen Sie u. a. ein, wer Zugang zum Anmeldungsmanager haben oder diesen herunterfahren darf.

Unter dem Reiter 'Erscheinungsbild' stellen Sie das Aussehen des Anmeldungsbildschirmes mit Begrüßungstext und Logo, den optischen Stil sowie der Sprache (diese ist unabhängig von der benutzerdefinierten Einstellung) oder definieren Sie eine zentrale oder genau zu bestimmende Position des Anmeldungsmanagers.

'Schriftart' lässt Sie die Schriften wählen, die der Anmeldungsmanager für die Begrüßungen und Benutzernamen verwenden soll.

Möchten Sie für Ihren Anmeldungsbildschirm ein spezielles Hintergrundbild oder einfache Farbübergänge, so können Sie die Einstellungen dazu unter dem Reiter 'Hintergrund' vornehmen.

Unter 'Sitzungen' entscheiden Sie, welche Sitzungstypen wie 'KDE' oder 'failsafe' Ihnen im Anmeldungsmanager angezeigt werden sollen sowie von wem und von wo aus ein „Herunterfahren" des Rechners erlaubt sein wird. Des Weiteren können Sie bestimmen, welche Befehle bei „Halt" oder „Neustart" ausgeführt werden.

Der Reiter 'Benutzer' stellt ein, welche der verfügbaren Benutzer Ihnen vom Anmeldungsmanager angezeigt werden sollen.

'Vereinfachung' legt unter anderem fest, dass Benutzer sich ggf. automatisch anmelden können.

⌐ **Achtung** ───

Das Speichern von Passwörtern stellt ein Sicherheitsrisiko dar, vermeiden Sie daher diese Art der „Vereinfachung".

── **Achtung** ⌐

Datum & Zeit Legen Sie Systemdatum und -zeit sowie deren Zeitzone fest.

Einrichtung des Linux-Kernels Falls Sie selbst einen Linux-Kernel übersetzen möchten, bietet KDE Ihnen eine grafische Oberfläche dazu an. Hierzu müssen Sie natürlich die Quellcodes des Kernels besitzen (Paket `kernel-source`). Sie sollten genau wissen, was Sie tun, wenn Sie hier etwas ändern; dieses Modul ist daher eher etwas für die Experten!

Konsole Richten Sie in diesem Modul das Terminalprogramm von KDE ein, indem Sie für folgende Registerkarten allgemeine Einstellungen vornehmen oder Farbschemata der Konsole bearbeiten.

Unter dem Reiter 'Allgemein' legen Sie fest, welches Programm als Ihr Standard-Terminal verwendet werden soll und bestimmen Sie die Position von Leisten und Rahmen oder das grundsätzliche Layout der Schrift.

Falls Sie Ihre eigenen persönlichen Farben bevorzugen, können Sie unter dem Reiter 'Farbschema' Ihre persönlichen Lieblingsfarben zusammenstellen. Beachten Sie jedoch, dass die Lesbarkeit des Textes noch gegeben sein sollte.

Im letzten Reiter können Sie angeben, welche Sitzungen gespeichert werden sollen.

Schriften-Installation Beim ersten Aufruf dieses Moduls erscheint ein Assistent, der Ihnen bei der Installation von Schriften behilflich ist. Normalerweise brauchen Sie hier nicht viel zu ändern, da schon Standardeinstellungen vorgegeben werden.

Sitzungsverwaltung Mit diesem Modul können Sie festlegen, ob nach der Abmeldung noch eine Bestätigung erfolgen oder bei der Anmeldung die Einstellungen der vorigen Sitzung wiederhergestellt werden sollen.

Webbrowser

Das Menü enthält Module zur Einstellung des Konquerors als Webbrowser.

Cookies Diese Dateien dienen zum Speichern und Abrufen von Informationen über Ihren Rechner und zu Ihren Aktivitäten, die von Webservern mit Hilfe von Browsern abgerufen werden. Hilfreich sind sie bspw., wenn in ihnen Einstellungen zu Internetseiten gespeichert werden, um beim nächsten Aufruf der Internetseite nicht erneut bestimmte Einstellungen vornehmen zu müssen. Oft speichern und rufen Webseiten Informationen über Cookies ab, ohne Sie darüber zu informieren. Die abgerufenen Informationen werden für Statistiken verwendet oder um Bannerwerbung für Sie gezielt zu platzieren.
Das Modul erlaubt Ihnen Regelungen festzulegen, die die Verwendung von Cookies einschränken oder bei bestimmten Servern generell erlauben.

Erweitertes Web-Browsen Mit diesem Modul können Sie die zwei zusätzlichen Funktionen des Konquerors aktivieren:

Die Option 'Internet-Stichwörter aktivieren' hilft Ihnen im Internet Markennamen wie Firmen, Persönlichkeiten oder Organisationen etc. zu finden. So können Sie statt `http://www.kde.org/` einfach „K Desktop Environment" in das URL-Feld des Konquerors eintippen. Die eingegebene Bezeichnung wird dann in eine URL übersetzt und aufgerufen.

Im Abschnitt 'Web-Kurzbefehle aktivieren' finden Sie für das Abfragen bestimmter Suchmaschinen Kurzbefehle, die Sie auch individuell verändern können. Zum Verändern geben Sie in das URL-Feld des Konquerors den Kurzbefehl der Suchmaschine und durch einen Doppelpunkt getrennt, den gewünschten Suchbegriff ein. Ein Beispiel wäre `gg:icq`, wenn Sie nach „icq" über die Suchmaschine „google" suchen.

Konqueror-Browser Richten Sie in diesem Modul die Browser-Funktionen des Konquerors ein. Die Einstellmöglichkeiten sind auf verschiedenen Registerkarten gruppiert:

Unter dem Reiter 'HTML' bestimmen Sie u. a., ob bei Formularen ein automatisches Ausfüllen möglich ist und wie oft dies maximal geschehen soll.

Wählen Sie über 'Erscheinungsbild' die Schriften, deren Größe und deren Kodierung zur Darstellung der Webseiten aus.

┌─ **Achtung** ───

Aktive Inhalte wie Java-/JavaScript-Programme stellen ein Sicherheitsrisiko dar, auch wenn das mögliche Schadensausmaß
nicht groß ist. Nutzen Sie die Angabe von domain-spezifischen
Einstellungen.

───────────────────────────────────── **Achtung** ─┘

Stellen Sie ein, ob eingebettete 'Java'-Programme in Webseiten ausgeführt werden dürfen. Sie können Einstellungen domain-spezifisch oder
zur Laufzeit der Programme vornehmen.

Legen Sie fest, ob eingebettete 'JavaScript'-Programme in Webseiten
ausgeführt werden dürfen.

Auf der Karte 'Plugins' nehmen Sie deren globale Aktivierung vor.

Netscape-Plugins „Plugins" bieten die Möglichkeit, innerhalb des jeweiligen
Browsers Inhalte von anderen Programmen wie z. B. Flash anzuzeigen.
Sie können beim Start von KDE automatisch nach Plugins suchen las-
sen.

Unter dem Reiter 'Plugins' erhalten Sie eine detaillierte Auflistung Ihrer installierten Netscape-Plugins. Diese können auch von Konqueror
genutzt werden.

Proxy-Server Nehmen Sie mit diesem Modul Einstellungen für den Proxy-
Server vor.

Stilvorlagen Die so genannten „CSS"-Dateien enthalten Informationen, um
die Darstellung von HTML-Seiten einheitlich zu gestalten. Dazu werden
den einzelnen Stilelementen wie Überschriften bestimmte Formatierun-
gen zugeordnet.
Die zu verwendende Stilvorlage bestimmen Sie über die Karte 'Allgemein'. Um auf der Karte 'Benutzerdefiniert' die erstellte Stilvorlage zu
nutzen, wählen Sie den Punkt 'Stilvorlage aus Karteikarte „Benutzerdefiniert" …'.

User Agent Wenn Konqueror die Verbindung zu einer Web-Seite aufbaut,
werden einige grundlegende Informationen zur Identifikation in Form
einer „User Agent"-Anmeldung übertragen. Intelligente Web-Seiten
werten diese Informationen aus, um den HTML-Code ihrer Seiten an
den verwendeten Browser anzupassen. Dies ist nützlich, da es Unterschiede in der Arbeitsweise von Web-Browsern gibt.

Einige Web-Server verweigern „ungeeigneten" Browsern die Verbindung, die Sie mit einer falschen „User Agent"-Anmeldung täuschen können.

GNOME – Der Desktop

Mit seinem neuen Release GNOME2 bietet GNOME eine erstaunlich schnelle Option für den Linux-Desktop. Die Geschwindigkeit geht keinesfalls auf Kosten der Funktionen oder der Benutzerfreundlichkeit. GNOME (GNU Network Object Model Environment) ist nicht nur ein effektiver Desktop sondern ebenfalls eine flexible und intelligente Entwicklungsumgebung. Ziel seiner Entwicklung war, die Benutzeroberfläche einheitlicher zu gestalten und die verschiedenen Aspekte des Look & Feel zu rationalisieren. Nicht nur die einzelnen Komponenten zur Fensterverwaltung, sondern auch zusätzliche Komponenten gewährleisten gemeinsame Datennutzung verschiedener Applikationen und verfügen über ein einheitliches Betriebskonzept und Hilfesystem. Modularisierung erlaubt die Integration wiederverwendbarer Programmelemente in andere Applikationen, sodass das Rad nicht jedes Mal neu erfunden werden muss.

Dieses Kapitel konzentriert sich auf die Arbeit unter GNOME und auf die möglichen Benutzereinstellungen für die Umgebung und die Programme. Zudem werden einige der wichtigsten Applikationen behandelt.

Umstieg auf GNOME2

Obwohl der Core GNOME2-Desktop herausgebracht wurde, ist der Umstieg bei den Applikationen etwas zeitintensiver. SuSE Linux 8.1 beinhaltet soviele GNOME2-Applikationen wie möglich. Wenn die Applikation noch nicht an die neue Umgebung angepasst wurde, dann wird die letzte Version GNOME 1.4 beigelegt.

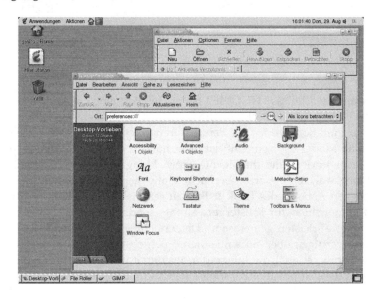

Abbildung 7.1: *Der Desktop unter GNOME2*

Diese Applikationen können zwar ganz einfach unter GNOME2 verwendet werden, aber sie bieten nicht die Konfigurationsintegration wie GNOME2-Applikationen. Leider sind die für GNOME 1.4 entwickelten Applets nicht zu den GNOME2-Panels kompatibel. In der Distribution sind soviele Applikationen und Applets als möglich enthalten.

Weitere Informationen über die Unterschiede von GNOME und GNOME2 finden Sie in den Release Notes unter http://www.gnome.org/start/2.0/releasenotes.html. Hier werden von den Entwicklern spezielle Informationen zu Änderungen des GNOME-Desktops bereitgestellt.

GNOME starten

Eine GNOME2-Sitzung kann entweder in den grafischen Display-Managern unter SuSE Linux oder mit dem Befehl `startx gnome2` gestartet werden. Die Standardkonfiguration ist sowohl für den normalen Benutzer als auch für den Benutzer root geeignet. Der Systemadministrator hat die Möglichkeit, diese Konfiguration zu ändern oder zusätzliche Optionen hinzuzufügen.

GNOME und Windowmanager

Zusätzlich zu GNOME2 muss ein Windowmanager verwendet werden. Mit dem Windowmanager können Einstellungen zu den Fenstereigenschaften vorgenommen werden. GNOME2 enthält zwei Windowmanager — Metacity und Sawfish2. Sawfish2 ist ein Port des Sawfish-Windowmanagers, der üblicherweise in früheren GNOME-Versionen verwendet wurde. Metacity ist ein neuer Windowmanager, der für GNOME2 entwickelt wurde. Er ist kleiner und schneller als Sawfish und die Konfiguration wurde vereinfacht. Unter SuSE Linux ist Metacity mittlerweile der Standard-Windowmanager für GNOME2.

Hilfe

GNOME2 verfügt über umfangreiche Hilfeseiten und Dokumentation. Yelp, der Hilfe-Browser von GNOME2, ermöglicht außerdem leichten Zugriff auf weitere Dokumentation Ihres Systems, wie z. B. Manpages. Zugriff erhalten Sie über den Menüpunkt 'Hilfe'. Auch viele Konfigurationsdialoge und Applikationen bieten Hilfeseiten über Menüs oder Buttons.

Konfiguration von GNOME

Entspricht die Standardkonfiguration nicht Ihren Anforderungen, können Sie sie entsprechend anpassen.

GConf

GNOME2 bietet eine neue Konfigurationsmethode. Intention war die Vereinfachung und Vereinheitlichung der Konfiguration der einzelnen Programme. So müssen Sie nun z. B. die Schrift nicht mehr für jede einzelne Applikation ändern, sondern können Ihre Einstellung für alle GConf-kompatiblen

Applikationen vornehmen. Systemadministratoren können GConf auch für Konfigurations-Layouts verwenden. Der GConf-Konfigurationseditor ist für Adminstratoren und erfahrene Anwender gedacht. Die Grundfunktionen von GConf befinden sich in den 'Desktop-Vorlieben' sowie den Konfigurationsdialogen der einzelnen Programme.

Desktop-Vorlieben

Bei einem Erststart sollten Sie das Desktop-Icon 'Hier starten' verwenden und dann 'Desktop-Vorlieben' wählen. Steht dieses Icon nicht zur Verfügung, öffnen Sie Nautilus, den Standard-Dateimanager und -betrachter von GNOME, indem Sie mit der rechten Maustaste auf den Desktop klicken und 'Neues Fenster' wählen. Geben Sie unter 'Ort:' `preferences://` ein. Greifen Sie durch Doppelklick auf das Icon auf den Dialog zu. Die dort verfügbaren Konfigurationsoptionen können auch aus dem Menü heraus geöffnet werden.

Accessibility

Bei der Entwicklung von GNOME2 wurde sehr auf die Benutzerfreundlichkeit für Menschen mit Behinderungen geachtet. Spezielle Zugriffsoptionen wie z. B. Steuerung über Tastatur sind in diesem Ordner enthalten.

Advanced

Der Ordner 'Advanced' enthält tiefer gehende Konfigurationsdialoge. Mit deren Hilfe können Sie Applikationen für die verschiedenen Dateitypen wählen, den Zugriff auf eine Datenbank steuern, u.v.m. Der Unterordner 'Sawfish' enthält die Konfiguration für den Sawfish2-Windowmanager. Wenn Sie sich nicht ausdrücklich für die Verwendung von Sawfish entschieden haben, sollten Sie diese Konfiguration ignorieren und den unten erläuterten 'Metacity-Setup'-Dialog verwenden.

Sehr hilfreich ist der Dialog 'Bevorzugte Anwendungen', der zum Wählen des Standard-Browsers und -Texteditors verwendet werden sollte.

Hintergrund

Ihr GNOME-Hintergrund kann aus einem Bild oder einfach einem Verlauf bestehen. Ein Bild können Sie entweder durch Drag & Drop aus einem geöffneten Nautilus-Fenster wählen oder über den Button 'Picture', der bei Klick einen Datei-Browser öffnet. Wählen Sie unter 'Picture Options' eine Darstellung für die Optionen. Wenn Sie kein Bild möchten, wählen Sie 'No Picture'. In diesem Fall legen Sie unter 'Farbe' die zu verwendende Hintergrundfarbe fest. Falls Sie ein Bild und zusätzlich eine Hintergrundfarbe wählen, wird die Hintergrundfarbe hinter dem Bild dargestellt.

Font

Wählen Sie Ihren 'Standard application font' und Ihren 'Desktop font:'. Klicken Sie auf die aufgeführte Schrift zum Öffnen eines Auswahldialogs. Der 'Standard application font' wird auf alle Applikationen angewendet, die kompatibel zur GNOME2-Konfiguration sind.

Tastatur

In diesem Dialog können Sie spezielle Einstellungen für Ihre Tastatur vornehmen. Hier kann auch das Blinken des Cursors eingestellt werden.

Keyboard Shortcuts

Mit der Tastatur können etliche Funktionen des Windowmanagers gesteuert werden. Viele vernünftige Tastenkürzel sind bereits standardmäßig eingestellt. Verwenden Sie diesen Dialog zum Testen der Tastenkürzel oder zum Anpassen an die eigenen Bedürfnisse. Es stehen zwei Schemes zur Verfügung: 'Default' und 'Emacs'. Das Emacs-Scheme wird besonders den Emacs-Benutzern gefallen. Jedes Scheme kann an die individuellen Anforderungen angepasst werden. Zum Speichern eines neuen Tastenkürzels wählen Sie den zu ändernden und drücken Sie die gewünschten neuen Tasten für die Funktion.

Metacity-Setup

Dieses Konfigurationstool erhalten Sie nur, wenn Sie den Metacity-Windowmanager verwenden. Unter SuSE Linux ist dies der Standard-Windowmanager. Wenn Sie nun ein Theme aus der Liste wählen, wird dieses sofort verwendet. Sie sehen also gleich wie es aussehen wird. Wollen Sie eine andere Schrift verwenden, als im Dialog 'Font Preferences' festgelegt, dann deaktivieren Sie die Checkbox 'Use Default Font' und wählen Sie die gewünschte Schrift. In 'Focus Selector' können Sie das Fokusverhalten von Fenstern bestimmen. Bei 'Click' erhalten nur angeklickte Fenster den Fokus. Sowohl 'Mouse' als auch 'Sloppy' übergeben den Fokus an Fenster, die Mauskontakt erhalten. Wird 'Mouse' gewählt, dann verliert ein Fenster seinen Fokus, wenn der Cursor es verlässt. Mit 'Workspace Selector' wählen Sie die Anzahl der zu verwendenden Workspaces.

Maus

Verwenden Sie den Reiter 'Buttons' zum Konfigurieren Ihrer Maus für Links-
oder Rechtshänder. Legen Sie auch den 'Double-click Delay' fest. Unter 'Cursors' konfigurieren Sie das Aussehen des Maus-Cursors und können optional eine animierte Markierung um den Cursor herum wählen, wenn (Ctrl) gedrückt wird. 'Motion' enthält Einstellungen für die Mausbeschleunigung und
die Empfindlichkeit sowie einen Schwellenwert für das Ziehen (Drag).

Netzwerk

Falls Sie einen Proxy für den Webzugriff verwenden, konfigurieren Sie hier
sein Setup. Dieses wird dann auf alle GConf-kompatiblen Applikationen angewandt.

Audio

Aktivieren oder deaktivieren Sie unter 'Allgemein' den Sound-Server für den
Start. Wenn der Sound-Server aktiviert ist, aktivieren Sie optional 'Klänge für
Ereignisse'. Verwenden Sie die Liste unter 'Klangereignisse' zum Konfigurie-
ren einzelner Sounds für Ereignisse in kompatiblen Applikationen.

Theme

Diese Auswahl bestimmt das Gtk+-Theme, das für kompatible Applikationen verwendet wird. Das Gtk+-Theme wählt die Bedienelemente für die Programme, wie z. B. Buttons, Checkboxen und Radiobuttons. Titelleisten und
Fensterrahmen werden vom Windowmanager-Theme bestimmt, das mit dem
zugehörigen Windowmanager-Konfigurationstool festgelegt wird.

Toolbars & Menus

Hier legen Sie das Erscheinungsbild und die Funktionsweise von Werkzeugleisten und Menüs fest. Wählen Sie die Verwendung von Text und Icons in
den Werkzeugleisten, ob die Werkzeugleisten verschiebbar sein sollen und ob
Menüpunkte Icons enthalten dürfen.

Panels

GNOME-Panels können leicht konfiguriert, hinzugefügt und entfernt werden.
Ein Panel kann für die Bereitstellung von Menüs, Applets, Schubladen und
Startern verwendet werden. Applets sind kleine Programme mit nützlichen

Funktionen. Starter sind Icons zum Starten eines Programms. Eine Schublade ist so etwas wie ein Unter-Panel, das weitere Panelobjekte enthalten kann. Das Steuermenü eines Panels erhalten Sie durch einen Klick mit der rechten Maustaste auf einen leeren Teil des Panels. Klicken Sie mit der rechten Maustaste auf einen Starter oder ein Applet, dann wird lediglich das Kontextmenü dafür geöffnet.

Panels konfigurieren

Für Panel-spezifische Einstellungen verwenden Sie 'Properties', falls verfügbar. Die verfügbaren Einstellungen variieren je nach Panel-Typ. Die Einstellungen unter 'Hiding' stehen für die meisten Panel-Typen zur Verfügung. 'Autohide' versteckt das Panel bei Nichtgebauch. Das Panel erscheint wieder, wenn die Maus sich über das Panel bewegt. 'Show hide buttons' ermöglicht das Verkleinern und Vergrößern des Panels nach Wunsch. Der Reiter 'Background' enthält Einstellungen für die Hintergrundfarbe oder -bild des Panels.

Panels anlegen

Es gibt fünf Arten von Panels unter GNOME — Menüpanel, Kantenpanel, ausgerichtetes Panel, gleitendes Panel und freischwebendes Panel. Das Menüpanel stellt an der oberen Bildschirmkante das Menü und die Uhr zur Verfügung. Kantenpanels ziehen sich immer von einer zur gegenüberliegenden Seite. Ausgerichtete Panels können rechtsbündig oder zentriert an den Kanten des Arbeitsplatzes ausgerichtet werden. Gleitende Panels sind ausgerichtetee Panels, bei denen zusätzlich der Abstand zur Kante genau bestimmt werden kann. Freischwebende Panels können mit der mittleren Maustaste beliebig positioniert werden.

Zum Anlegen eines neuen Panels klicken Sie mit der rechten Maustaste auf ein bereits bestehendes Panel und wählen Sie 'New Panel'. Wählen Sie den gewünschten Paneltyp. Klicken Sie mit der rechten Maustaste auf das neue Panel, um es zu konfigurieren oder um etwas hinzuzufügen. Verschieben können Sie es mit der mittleren Maustaste.

Objekte hinzufügen

Wollen Sie etwas zu einem Panel hinzufügen, klicken Sie mit der rechten Maustaste auf eine freie Fläche und wählen Sie 'Add to Panel'. Die verfügbaren Applets sind im Untermenü nach Kategorien aufgeführt. Starter können entweder manuell oder vom Menü hinzugefügt werden. Treffen Sie Ihre Auswahl. Wenn Sie 'Starter' wählen, wird ein Dialog geöffnet. Geben Sie einen spezifischen und einen generischen Namen ein. Falls gewünscht, können

Sie auch einen Kommentar eingeben. Bei 'Befehl' müssen Sie das Kommando zum Starten des Programms eingeben, wie z. B. xchat zum Starten von xchat. Wollen Sie die Applikation in einem Terminal laufen lassen, müssen Sie die Checkbox 'In einem Terminal ausführen' aktivieren. Klicken Sie auf 'Kein Icon' zum Auswählen eines Icons für die das Programm. Die Optionen unter 'Komplex' sind nicht erforderlich.

Panelobjekte anordnen

Applets, Starter, Schubladen etc. können verschoben werden. Ziehen Sie die gewünschten Objekte einfach an die gewünschte Stelle oder klicken Sie mit der rechten Maustaste darauf und wählen Sie 'Verschieben'. Objekte können von einem Panel zum anderen verschoben werden. Entfernen können Sie sie mit 'Aus dem Panel entfernen'.

Panels löschen

Wenn Sie ein Panel löschen möchten, klicken Sie mit der rechten Maustaste darauf und wählen Sie 'Delete This Panel...'. Beim Löschen eines Panels gehen alle Objekte des Panels sowie die Konfigurationseinstellungen verloren. Wenn Sie bestimmte Objekte eines Panels in einem anderen Panel zur Verfügung stellen möchten, dann verschieben Sie sie vor dem Löschen.

Nautilus

Nautilus ist der Dateimanager und -betrachter von GNOME2. Er enthält auch die Icons für den Desktop. Nautilus wurde für GNOME2 sehr stark verändert. Seine Geschwindigkeit wurde dadurch drastisch erhöht. Falls Sie Nautilus bis jetzt ablehnten, sollten Sie ihm eine zweite Chance geben. Wir können an dieser Stelle nur einen kurzen Überblick über die grundlegendsten Funktionen von Nautilus bereitstellen. Weitere Informationen erhalten Sie auf den internen Hilfeseiten.

Desktopkonfiguration

Die Standardkonfiguration enthält einige nützliche Icons für den Desktop. Zum Öffnen von Applikationen müssen Sie doppelt auf die entsprechenden Icons klicken oder den Ordner in Nautilus öffnen. Wollen Sie Änderungen am Icon vornehmen, wie z. B. umbenennen, klicken Sie mit der rechten Maustaste darauf und wählen Sie die entsprechende Option aus dem Menü.

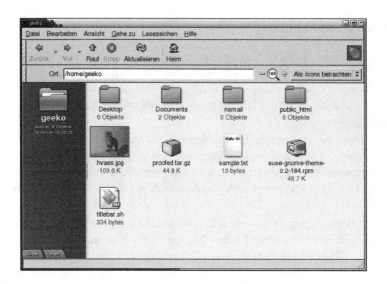

Abbildung 7.2: *Das Hauptfenster von Nautilus*

Verwenden Sie 'Properties' zur Auswahl eines anderen Icons oder für weitere Änderungen. Soll ein Icon einfach nur umbenannt werden, können Sie 'Rename' verwenden. Wollen Sie ein Starter-Icon löschen, werfen Sie es einfach in den Papierkorb. Seien Sie jedoch vorsichtig mit dieser Option beim Verschieben von Ordner- oder Daten-Icons in den Papierkorb. Handelt es sich bei dem Icon um einen Ordner oder eine Datei, dann werden die tatsächlichen Daten gelöscht. Falls es sich nur um einen Verweis auf ein Verzeichnis oder eine Datei handelt, dann wird nur der Verweis gelöscht.

Klicken Sie mit der rechten Maustaste auf einen freien Desktop-Platz, öffnet sich ein Menü mit mehreren Optionen. Zum Anlegen eines neuen Ordners auf dem Desktop, wählen Sie 'Neuer Ordner'. Einen Starter für ein Programm erhalten Sie unter 'Neuer Starter'. Geben Sie den Namen und Befehl für das Programm ein und wählen Sie ein Icon. Aktivieren Sie 'In einem Terminal ausführen', falls das Programm in einem Terminal laufen soll.

Zum Anlegen eines Verweises auf dem Desktop auf einen Ordner oder eine Datei öffnen Sie das gewünschte Objekt in Nautilus (doppelklicken Sie auf Ihr Home-Icon und navigieren Sie zur entsprechenden Stelle). Klicken Sie mit der rechten Maustaste auf das zu verlinkende Objekt und wählen Sie 'Link anlegen'. Ziehen Sie den Verweis aus dem Nautilus-Fenster und lassen Sie ihn auf dem Dektop fallen.

Navigieren in Nautilus

Nautilus hat eine ähnliche Navigation wie die meisten anderen Webbrowser. Zum Öffnen eines Fensters klicken Sie mit der rechten Maustaste auf einen freien Platz auf dem Desktop und wählen Sie 'Neues Fenster'. Standardmäßig wird Nautilus in Ihrem Homeverzeichnis geöffnet. Dies kann geändert werden.

Mit den Icons in der Werkzeugleiste können Sie vor- und zurückgehen, eine Verzeichnisebene hochgehen, den Ladevorgang stoppen, neu laden oder zur Startseite zurückgehen. Unter 'Ort' sehen Sie den Pfad zum aktuellen Verzeichnis oder zur aktuellen Datei. Dort können Sie direkt einen anderen Pfad angeben.

Das linke Fenster enthält das aktuelle Objekt sowie einige Informationen darüber. Am unteren Fensterrand sehen Sie die Reiter 'Chronik' und 'Notizen'. Der Reiter 'Chronik' kann zum Anlegen von Notizen über das Objekt verwendet werden. Diese Notizen werden zusammen mit dem Objekt gespeichert. In der 'Chronik' sehen Sie Objekte, auf die Sie zugegriffen haben. Zur Standardansicht kehren Sie mithilfe des oberen Reiters zurück.

Nautilus versucht anhand von Dateiinformationen, passende Icons für die Objekte zu wählen. Für Bild- und Textdateien wird eine kleine Vorschau ausgegeben. Durch Doppelklick wird die Datei in einem Betrachter geöffnet. Im linken Reiter wird daraufhin eine Liste möglicher Applikationen zum Öffnen der Datei ausgegeben. Die Datei im Betrachter kann nicht in Nautilus bearbeitet werden.

In Nautilus können Sie auch Lesezeichen anlegen. Wollen Sie Ihre Lesezeichen bearbeiten, darauf zugreifen oder neue anlegen, gehen Sie zu 'Lesezeichen'.

Dateiverwaltung

Verwenden Sie Drag & Drop zum Verwalten Ihrer Dateien in Nautilus. Zum Verschieben von Dateien aus einem Verzeichnis ins nächste, verwenden Sie 'Neues Fenster' aus dem Kontextmenü oder das Menü 'Datei' unter Nautilus zum Öffnen zweier Fenster. Gehen Sie in einem Fenster zum Pfad der zu verschiebenden Objekte. Im anderen gehen Sie zum Zielverzeichnis. Zum Verschieben einer Datei ziehen Sie diese einfach zum Zielverzeichnis und lassen Sie sie fallen. Das Kopieren ist etwas komplizierter. Klicken sie mit der rechten Maustaste auf das zu kopierende Objekt und wählen Sie 'Duplizieren'. Ziehen Sie dann die Kopie zum neuen Verzeichnis. Das Kontextmenü, das über die rechte Maustaste erhältlich ist, besitzt Optionen zum Umbenennen sowie weitere Bearbeitungsoptionen.

Konfiguration von Nautilus

Nautilus übernimmt seine Standardschrift und weitere Informationen aus der Desktop-Konfiguration. wollen Sie spezifische Einstellungen für Nautilus vornehmen, gehen Sie in einem Nautilus-Fenster zu 'Bearbeiten' 'Vorlieben'.

Unter 'Vorgegebene Ansicht' können Sie Standardeinstellungen zum Anzeigen von Ordnern vornehmen. Sie haben die Wahl zwischen 'Icon-Ansicht' und 'Listenansicht'. Für beide Optionen haben Sie die Möglichkeit, eine Reihenfolge für die Darstellung zu wählen.

Unter 'Erscheinungsbild' können Sie ein Theme für Nautilus wählen. Dieses Theme legt nur die Farben für Nautilus fest. Es hat keine Auswirkungen auf das Theme Ihres Windowmanagers oder von Gtk+.

Unter 'Fenster' können Sie die Darstellung von Fenstern festlegen. Wenn Sie Jede Datei bzw. jeden Ordner in einem eigenen Fenster öffnen wählen, dann öffnet Nautilus beim Doppelklick auf eine Datei oder einen Ordner ein neues Fenster. Jedes Objekt erhält ein eigenes Fenster. Das linke Fenster ist die Seitenleiste.

'Desktop & Müll' enthält die Option zum Verwenden von Nautilus, um den Desktop zu zeichnen, zum Verwenden des Heimordners als Desktop sowie sezielle Einstellungen für den Mülleimer. So können Sie vor Leeren des Mülls oder dem Löschen von Dateien gefragt werden und somit ein versehentliches Löschen von Daten verhindern.

'Icon u. Listenansichten' enthält Einstellungen zum Klickverhalten und zur Sortierung. Unter 'Ausführbare Textdateien' legen Sie fest, ob Dateien bei Klick ausgeführt oder angezeigt werden sollen oder ob Sie jedes Mal gefragt werden sollen. 'Optionen anzeigen' steuert die Auflistung spezieller Dateitypen.
'Icon-Unterschriften' enthält Einstellungen zu den Icon-Unterschriften. 'Seitenleisten' enthält Einstellungen zu den Seitenleisten.

'Leistung' enthält Einstellungen zum Anzeigeverhalten und damit zur Geschwindigkeit.

Nützliche Applets und Applikationen

GNOME2 enthält eine Vielzahl an Applets und Applikationen. Hier erhalten Sie lediglich eine Einführung zu den nützlichsten und interessantesten. Diese sind alle kompatibel zum Konfigurationsschema von GNOME2.

Panel-Applets

Wörterbuch

Wörterbuch ist ein nützliches Applet zum Nachschlagen der Schreibweise und Bedeutung von Wörtern. Da es auf ein Online-Wörterbuch zugreift, ist eine Internetverbindung erforderlich. Mit 'Add to Panel' → 'Zubehör' → 'Wörterbuchsuche' fügen Sie es einem Panel hinzu.

E-Mail-Eingangsmonitor

E-Mail-Eingangsmonitor ist ein nettes Applet zur Mailbenachrichtung. Es kann per Spund auf neue Nachrichten aufmerksam machen und kann für eine Vielzahl von Mailboxtypen und -orten konfiguriert werden. Fügen Sie es mit 'Add to Panel' → 'Internet' → 'E-Mail-Eingangsmonitor' hinzu.

Disk Mounter

Diese nützliche Applet kann zum Mounten und Unmounten von Laufwerken eingesetzt werden. Es kann für jeden Mountpunkt konfiguriert werden und enthält eine Vielzahl von Icons. Hinzufügen können Sie es mit 'Add to Panel' → 'Werkzeug' 'Platten-Mounter'.

Fisch

Wenn Sie etwas Unterhaltung im Panel haben möchten, versuchen Sie es mit dem GNOME-Fisch. Der Fisch mit dem berühmten Namen Wanda ist voll konfigurierbar — er bietet verschiedene Animationen und kann individuell benannt werden. In der Standardeinstellung erscheint ein Spruch, wenn Sie auf den Fisch klicken. Hinzufügen können Sie den Fisch mit 'Add to Panel' → 'Unterhaltung' → 'Fisch'.

GNOME-Terminal

Verwenden Sie das GNOME-Terminal zum Zugriff auf die Kommandozeile. Gestartet wird es mit 'Anwendungen' → 'Systemwerkzeuge' → 'Terminal'. Die Standardschrift basiert auf Ihren entsprechenden Einstellungen. Diese neue Version des GNOME-Terminals enthält das Profil-Feature. Mit Profilen können Sie eine Reihe verschiedener Einstellungsoptionen für unterschiedliche Zwecke aktivieren und leicht zwischen den einzelnen Profilen wechseln. Wenn Sie sich z.B. auf verschiedenen Rechner anmelden, dann können Sie für jeden Rechner andere Terminal-Einstellungen verwenden.

Zum Anlegen, Bearbeiten oder Verwalten von Profilen wählen Sie 'Bearbeiten' → 'Profile'. In diesem Dialog legen Sie das Standardprofil für neue Terminals fest. Zum Anlegen eines neuen Terminals klicken Sie auf 'Neu'. Geben Sie einen Namen für das Profil ein und wählen Sie das Profil, auf dem die Einstellungen basieren sollen. Klicken Sie auf 'Erzeugen'. Wählen Sie das neue Profil aus der Liste und klicken Sie auf 'Bearbeiten'. Hier können Sie auch bestehende Profile bearbeiten. Nehmen Sie unter den verschiedenen Reitern Einstellungen für das neue Profil vor.

Zum Wechseln des Profils in einem geöffneten Terminal wählen Sie 'Terminal' → 'Profil' und selektieren Sie das gewünschte Profil. Die Änderung erfolgt sofort. Im Menü 'Datei' können zusätzliche Terminals können als neue Fenster oder als Reiter geöffnet werden. Tastaturkürzel für die Applikation können unter 'Bearbeiten' → 'Tastenkombinationen' konfiguriert werden.

File Roller

File Roller ist ein hilfreiches Benutzer-Interface zum Anlegen von verschiedenen Archiven. Mit diesem Zubehör können Archive angelegt und entpackt werden und Objekte zu Archiven hinzugefügt und daraus entfernt werden. Objekte können nicht nur mithilfe der Menüpunkte und Buttons sondern auch per Drag & Drop von einem Nautilus-Fenster zu File Roller hinzugefügt werden. File Roller kann mit 'Anwendungen' → 'Zubehör' →File Roller gestartet werden.

Spiele

GNOME2 enthält eine ganze Reihe von Spielen, die im Menü unter 'Spiele' zu finden sind. Aisleriot ist ein Solitaire-Spiel mit vielen verschiedenen Solitaire-Layouts. Iagno ist ein Othello-ähnliches Spiel. Bei Tangrams müssen Sie aus geometrischen Formen Figuren bilden, wie z.B. ein Huhn.

Weitere Informationen

Mehr über den GNOME-Desktop erfahren Sie unter den folgenden Links.

http://www.gnome.org	The GNOME project home page
http://www.gtk.org/	GIMP Toolkit (GTK) home page
http://www.sunshineinabag.co.uk/	A Resource for GNOME2 Themes
http://www.gnome.org/faqs/	Frequently Answered Questions and Answers

Ergonomie am Arbeitsplatz

Das folgende Kapitel enthält einen kurzen Streifzug durch das Thema „ergonomische Gestaltung von Arbeitsplätzen". Die Lektüre dieses Textes ersetzt nicht das Studium einschlägiger Normen. Diese werden nicht einzeln zitiert, aus Gründen der besseren Lesbarkeit wird auf Literaturverweise verzichtet. Der Autor hat sich bemüht den aktuellen Forschungsstand knapp und prägnant zusammenzufassen, dennoch bleibt vieles unerwähnt. Die in den einzelnen Abschnitten referierten Punkte sind zumeist deutschsprachiger Literatur entnommen und begründen sich fast immer auf Verordnungen bzw. Regelungen der Bundesrepublik Deutschland. Diese sind im Rahmen der Vereinheitlichung europäischer und internationaler Normen oft in ähnlicher Form zumindest europaweit gültig.

Einleitung

Relevant wird das Thema v. a. durch das Inkrafttreten der Verordnung über Sicherheit und Gesundheitsschutz bei der Arbeit an Bildschirmgeräten (Bildschirmarbeitsverordnung - BildscharbV). Sie wurde aufgrund einer EU-Richtlinie entwickelt und regelt die Mindestanforderungen, nach denen Bildschirmarbeitsplätze gestaltet werden müssen. In der Bundesrepublik Deutschland waren die Alt-Arbeitsplätze bis zum 31.12.1999 nach den Forderungen der Verordnung anzupassen. Sicherlich ist dies in vielen Betrieben noch nicht erfolgt.

Die Arbeitsumgebung

Würden Ergonomen die „Heimarbeitsplätze" von Computernutzern systematisch untersuchen, würden sie angesichts der kuriosesten Konstruktionen wahrscheinlich in Verzweiflung und Tränen ausbrechen. Leider wird der Einzelne noch nicht durch eine Norm vom Kauf so genannter „Spezialcomputertische" abgehalten. Die oft auch für wenig Geld erwerbbaren Metallröhrengestelle mit „praktischen Rollen" (= wenig Standfestigkeit), „ergonomisch versenkbarer Tastaturablage" (= keine Handballenauflage), „integriertem PC-Gehäusehalter und Druckerständer mit Papierhalterung" (= wenig Ablagefläche und wenig Beinfreiheit) und „schwenkbarer Mausauflage" (= instabile und zu kleine Arbeitsfläche) und „guter Sicht auf den Bildschirm" (= zu nahe, zu hoch gestellt) sind höchstens für den kurzzeitigen Gebrauch eines Computers zu verwenden. An professionellen Bildschirmarbeitsplätzen haben diese nichts verloren da sie die entsprechenden Normen in fast allen Punkten nicht erfüllen. Deswegen werden Sie viele dieser Computer-Möbel in den Katalogen professioneller Büromöbelhersteller vergeblich suchen, denn diese achten indirekt durch die Einhaltung von Mindestnormen bei Firmenarbeitsplätzen auf die Gesundheit der Beschäftigten. Man beachte – das Wort „Mindestnorm" bedeutet, dass man es eigentlich noch besser machen könnte.

Der gute Schreibtisch

Eine falsche Tischhöhe beansprucht Arm- und Rückenmuskulatur. Die daraus resultierende Zwangshaltung belastet vor allem die Wirbelsäule. Daneben kann zu wenig Beinfreiheit eine unnatürliche Körperhaltung erzwingen und Durchblutungsstörungen verursachen.

Im Grunde genommen ist die Auswahl des richtigen Tisches sehr einfach. Er soll möglichst breit und tief sein. Dazu wäre eine individuelle Einstellung der Tischhöhe optimal. Luxus sind Arbeitstische, an denen man zwischen Sitzen und Stehen wechseln kann indem man die Tischplatte (z. B. besonders bequem per Knopfdruck) zum Stehpult macht, denn ein Wechsel zwischen den Belastungsformen Sitzen und Stehen bringt Entlastung.

- Die flexible Anordnung von Arbeitsmitteln benötigt eine Tischplatte von mindestens 160 x 80 cm.

- Für das Arbeiten werden Arbeitsplätze aus mehreren verketteten Platten empfohlen.

- Die Tischhöhe muss bei nicht höhenverstellbaren Tischen 72 cm betragen, höhenverstellbare Tische müssen mindestens von 68 bis 76 cm verstellbar sein. Eine verstellbare Höhe ist zwar in Deutschland nicht vorgeschrieben, ergonomisch aber sinnvoll.

- Die DIN-Norm fordert für bestimmte Arbeitsaufgaben wie z. B. für CAD-Arbeitsplätze noch mehr Breite. Bei einem Wechsel zwischen Bildschirmarbeit und anderer Arbeit mindestens 200 cm.

- Die Beinraumbreite soll mindestens 60 cm betragen. Erfahrungsgemäß ist die nach der Norm zur Verfügung stehende Beinfreiheit allerdings zu klein.

- Bei der Verwendung von großen Bildschirmen sollten 100 oder sogar 120 cm tiefe Tische benutzt werden.

- Die Tischoberfläche sollte grelle Farben vermeiden und reflexionsarm sein (deswegen sind viele Büromöbel oft nur in dezentem Grau erhältlich).

Richtiges Sitzen auf dem richtigen Arbeitsstuhl

Sitzen in einem Arbeitsstuhl erzwingt eher eine statische Dauerhaltung als das „Lümmeln" in einem Erholungsstuhl. Ständiges falsches Sitzen, so etwa immer nach vorne gebeugt oder verdreht, beeinträchtigt die Atmungs- und Verdauungsorgane. Es führt zu vorzeitiger Ermüdung, Durchblutungsstörungen und durch die höhere Belastung der Wirbelsäule und der Bandscheiben zu Rückenschmerzen. Im Extremfall können bei jahrelanger falscher Belastung sogar Muskel- und Skeletterkrankungen auftreten.

Richtiges Sitzen bedeutet, oft die Haltung zu wechseln. Dann werden über die Zeit hinweg immer wieder verschiedene Körperteile beansprucht. Im

Prinzip ist vieles eine Frage der richtigen Einstellung: Die Höhe Ihres Arbeitsstuhls ist optimal, wenn die auf dem Arbeitstisch liegenden Unterarme einen rechten Winkel zum Oberarm bilden. Mit Ihren Füßen sollten Sie vollständig auf dem Boden stehen können, und Ober- und Unterschenkel sollten ebenfalls rechtwinklig sein. Alternativen zu herkömmlichen Sitzgelegenheiten bieten Gymnastikbälle und „Balancestühle".

Leider ist ein guter, nach ergonomischen Kriterien konstruierter Stuhl relativ teuer, aber die Investition in Ihre Gesundheit lohnt sich. Übrigens: Das deutsche GS-Prüfsiegel zeigt nur auf, dass Mindestanforderung erfüllt sind. Das Siegel „TÜV Rheinland – Ergonomie geprüft" stellt mehr Anforderungen an einen Stuhl.

Wichtige Merkmale eines guten Stuhles sind:

- Eine Rückenlehne, die bis unter die Schulterblätter reicht und deren Bewegungswiderstand sich individuell regeln lässt.

- Eine Stütze für die Lendenwirbelsäule.

- Die Sitzfläche ist ebenfalls variabel und kann sich nach vorne oder hinten neigen.

- Lehne und Sitzfläche werden durch eine Automatik in einem idealen Winkel gehalten.

- Der Stuhl hat eine Federung, die das Gewicht beim Hinsetzen sanft auffängt.

- Außerdem muss der Stuhl durch mindestens fünf Fußbeine mit Rollen standfest sein und die Rollen sind beim Aufstehen abgebremst.

- Da die Menschen unterschiedlich groß sind und auch unterschiedliche Rumpf- und Beinlängen haben, ist eine Sitzhöhenverstellung unabdingbar (nach Norm 42 bis 53 cm), ebenso sollte die Rückenlehne nach oben oder unten verschiebbar sein.

- Luxus sind individuelle Einstellmöglichkeiten für eventuell vorhandene Armlehnen.

- Erreichen Ihre Füße den Boden nicht, sollte eine Fußstütze vorhanden sein.

Gutes Licht für gute Arbeit

Im Allgemeinen erreicht die Arbeitsplatzbeleuchtung nicht annähernd eine Leuchtstärke, wie wir sie im Freien antreffen würden. Dieser Unterschied fällt dem Menschen nicht auf, da der menschliche Wahrnehmungsapparat äußerst flexibel ist. Der Einfluss der Lichtverhältnisse auf die eigene Leistungsfähigkeit wird oft unterschätzt. Wenn es zu hell ist, kann man die Bildschirmdarstellung nicht gut erkennen, wenn es zu dunkel ist, sinkt die Sehschärfe. Eine falsche Beleuchtung verursacht somit eine Überbeanspruchung des visuellen Systems und in letzter Konsequenz Müdigkeitserscheinungen und Überanstrengungssymptome.

Inzwischen geht man davon aus, dass eine Kombination von Allgemeinbeleuchtung und individueller Arbeitsplatzbeleuchtung optimal ist. Für den Arbeitsplatz zuhause ist somit die Kombination eines leistungsstarken Deckenfluters (500 Watt und im besten Fall dimmbar) mit einer oder zwei Arbeitsplatzleuchten zu empfehlen. Die in Büros gängigen Leuchtstoffröhren für die Allgemeinbeleuchtung sollten durch individuelle Arbeitsplatzleuchten ergänzt werden. Die Beleuchtung sollte aber auch nicht zu stark und individuell regelbar sein. Hohe Kontraste sollten vermieden werden. Vorsicht also bei zu starken Einzelplatzleuchten. Leider verhält es sich auch hier so, dass eine gute Beleuchtung sehr teuer ist, und die Mindestanforderungen an die Beleuchtung auch mit billigeren Lichtanlagen erfüllt werden können.

- Zunächst einmal sollte die Möglichkeit gegeben sein, das Tageslicht überhaupt wahrzunehmen. Eine Sicht nach außen ist wichtig.

- Als angenehm wird beurteilt, wenn die Allgemeinbeleuchtungsstärke nicht unter 250 lx liegt (gefordert werden zumeist 500 lx, für ein Großraumbüro 1 000 lx).

- Die individuelle Arbeitsplatzleuchte sollte den Arbeitsbereich mit 500 - 750 lx ausstrahlen. Einzellichtquellen sind allerdings oft problematisch weil sie bei entsprechender Stärke einen zu großen Leuchtdichteunterschied zur Allgemeinbeleuchtung erzeugen. Harmonische fließende Übergänge werden als angenehmer empfunden.

- Die Beleuchtung soll auf jeden Fall flimmer- und flackerfrei sein. (Bei altersschwachen Leuchtstoffröhren kann manchmal im Augenwinkel ein Flackern bemerkt werden.)

- Dunkle Schatten sollten vermieden werden.

- Deckenlicht soll schräg seitlich von oben ausstrahlen, die Leuchtbänder sollten seitlich versetzt zum Bildschirmtisch angeordnet sein. Die

Blickrichtung bei Bildschirmarbeit sollte also parallel zum Leuchtband erfolgen.

- Ob die Beleuchtung als angenehm empfunden wird hängt von der Farbtemperatur und Lichtfarbe des Lampentyps ab. Es werden die Lichtfarben warm- oder neutralweiß empfohlen.

- Der Lichtbedarf hängt nicht nur von der Arbeitsaufgabe sondern auch vom Alter ab: Ältere Menschen brauchen mehr Licht. Dass ältere Personen oft nur eine kleine Lampe in der Wohnung brennen lassen, hat also nichts mit dem Lichtbedarf zu tun, sondern mit der Tatsache, dass Strom gespart werden soll.

- Der tageslichtnahe Bildschirmarbeitsplatz setzt optimale Abschirmung gegen Direkt- und Reflexblendung voraus, insbesondere, wenn der Blick direkt oder im 45°-Winkel zum Fenster hinausgeht. Die eingebauten Blendschutzvorrichtungen sollten individuell einstellbar sein. Aber auch künstliche Beleuchtung sollte auf dem Bildschirm keine Reflexblendung verursachen.

Prima Klima hier

Das Raumklima bestimmt in starkem Maß unser Wohlbefinden. Ist es zu kalt, zu warm, zu zügig oder zu trocken, kommt es häufiger zu Problemen. Bei geringer relativer Luftfeuchte können Augenbrennen, trockene Schleimhäute, Hautreizungen und höhere Anfälligkeit für Erkältungskrankheiten die Folgen sein. Kompliziert wird es, wenn Personen in einem Raum arbeiten die sich an unterschiedliche Grundtemperaturen gewöhnt haben. Wichtig für das Wohlbefinden ist die Einhaltung von empfohlenen Grundwerten für die Temperatur, die Luftfeuchtigkeit und zusätzlich die Vermeidung von starker Luftbewegung. Dabei sollten die Arbeitsmittel selbst nicht dazu beitragen, die Temperatur zu erhöhen.

- Für sitzende oder leichte Tätigkeiten wird eine Raumtemperatur von 20 bis 22 °C empfohlen. Im Sommer sollte die Temperatur höchstens 26 °C betragen, dieser Wert sollte nur bei hohen Außentemperaturen für kurze Zeit überschritten werden.

- Es ist zu beachten, dass nicht nur Menschen, sondern auch viele Geräte Wärme abgeben und das Raumklima beeinflussen. Dies sollte soweit als möglich reduziert werden.

- Die Luftfeuchtigkeit sollte zwischen 40 (manchmal 50) bis 65 Prozent liegen und kontrolliert werden. V. a. durch Heizungen wird dieser Wert beeinflusst.

- Zugluft (z. B. durch offene Fenster und Türen oder durch die Klimaanlage) sollte nicht über 0,1 bis 0,15 m/s liegen. Ein Zug auf einzelne Körperteile sollte vermieden werden.

- Eine Klimaanlage sollte individuell einstellbar sein. Es ist auf eine regelmäßige Wartung zu achten.

- Die Fenster sollten zu öffnen sein und Sonnenschutzeinrichtungen gegen Blendeinwirkungen besitzen. Sonnenlicht kann die Raumtemperatur extrem aufheizen. Außen liegende Sonnenschutzeinrichtungen geben den besten Schutz.

- Pflanzen können das Raumklima verbessern, sie sind deswegen auf jeden Fall zu empfehlen. Sie erhöhen die relative Luftfeuchte und filtern Schadstoffe aus der Luft.

Zu viel Lärm macht Stress

Lärm ist ein körperlich wirksamer Stressor, der psychischen Stress auslöst. Auch wenn er oft verharmlost wird, zu viel Lärm macht krank. Neben gesundheitlichen Beeinträchtigungen wie Schwerhörigkeit, vegetativen Störungen und psychischen Veränderungen beeinträchtigt Lärm über die Konzentrationsfähigkeit unser Leistungsvermögen. Außerdem kann durch Unzufriedenheit die Arbeitsmotivation sinken. Problematisch ist ferner, dass eine vernünftige Lärmbekämpfung unter Umständen sehr viel Geld kosten kann.

Eine ruhige Arbeitsplatzumgebung fördert die Leistungsfähigkeit. Gerade Bildschirmarbeitsplätze kennzeichnen sich oft durch eine so genannte „geistige Tätigkeit" aus. Deswegen ist in den Normen z. B. für wissenschaftliche Tätigkeit oder Programmieren der maximale Belastungswert mit 55 dB(A) angegeben. Die dB(A) stellen eine gewichtete Bewertung des Schalldrucks dar. Die so genannte A-Filterkurve kommt der menschlichen Wahrnehmung am nächsten. Eine Erhöhung des Schalldruckpegels um 10 dB(A) empfindet man in der Regel als Verdoppelung der Lautstärke.

- Da an Bildschirmarbeitsplätzen überwiegend geistig gearbeitet wird, sollten von vornherein leise Arbeitsmittel eingesetzt werden.

- Der Grenzwert für Büroarbeit liegt maximal bei 55 dB(A). Bei besonders hohen geistigen Ansprüchen oder bei nötiger sprachlicher Verständigung werden sogar 35 - 45 db(A) gefordert. Dies ist z. B. bei der Sachbearbeitung, bei wissenschaftlicher Arbeit oder beim Programmieren der Fall.

- Wichtig ist außerdem der so genannte Beurteilungspegel von max. 55 dB(A). Wenn 1/4 Stunde lang 70 dB(A) gemessen wurden, soll der Lärm in der restlichen Zeit kleiner oder gleich 55 dB(A) sein.

- Arbeitsplätze können durch Trennwände, schallschluckende Fußböden, geeignet tapezierte Wände, Stoffvorhänge u. a. m. ausgerüstet werden.

- Laute Arbeitsgeräte, wie z. B. die in manchen Betrieben für Durchschläge nötigen Matrixdrucker, sollten in Schallschutzhauben untergebracht werden. In den DIN-Normen werden die zulässigen Geräuschpegel für Bürogeräte festgelegt.

- Eine Klimaanlage sollte den Grundlärmpegel nicht erhöhen.

- Lärmbelastung kann auch durch eine organisatorische Umgestaltung der Arbeit vermindert werden.

Die Arbeitsmittel

Augen auf beim Bildschirmkauf!

Schlechte Bildschirme können bei schon vorhandener schlechter Sehschärfe diese Problematik noch verschlimmern. Neben Augenproblemen ergeben sich dann auch Verspannungen, Müdigkeit und viele andere Befindlichkeitsstörungen.

Der Stand der Technik sind Triniton- oder Black-Matrix-Bildschirme sowie TFT-Flachbildschirme. Leider sind die Flachbildschirme immer noch relativ teuer. Es gibt umfangreiche Normen, die die Lesbarkeit der dargestellten Information regeln. Gute Bildschirme haben in Deutschland ein GS-Zeichen und erfüllen darüber hinaus auch noch andere – nicht zwingend vorgeschriebene – Normen wie z. B. TCO 99 (= strahlungsarm). Vor allem beim Kauf eines Bildschirms empfiehlt es sich, die umfangreichen Normen zu studieren, um keinen Fehlkauf zu tätigen. Eines ist auch hier sicher: Zumeist ist ein guter Bildschirm teuer. Und die gängigen Röhrenbildschirme halten nicht ewig. Sie behalten ihre Schärfe und ihren Kontrast nur für wenige Jahre.

- Alle dargestellten Zeichen sollen bis in die Randbereiche scharf und deutlich lesbar sein, eine Positivdarstellung (= dunkle Zeichen auf hellem Grund wie bei einem Buch) wird empfohlen.

- Da die dargestellten Zeichen ausreichend groß sein müssen, wird zumindest für grafische Benutzeroberflächen (wie z. B. KDE) ein 17-Zoll-Monitor empfohlen. Bei CAD-, Layout- und Grafikbearbeitung sollten es 21 Zoll sein.

- Besonders wichtig ist, dass das Bild flimmerfrei ist. Konkret heißt dies bei bei 15-Zoll-Monitoren mindestens 73 Hz. Empfohlen wird allerdings 85 Hz. Für größere Geräte, z. B. 21 Zoll 100 Hz.

- Helligkeit und Kontrast sollen justierbar sein. Die Schärfe der Zeichen soll nicht durch unterschiedliche Helligkeits- oder Kontrasteinstellungen unterschiedlich sein.

- Selbstverständlich ist, dass das Bild verzerrungsfrei ist und keine Farbfehler aufweist.

- Um Reflexblendungen zu vermeiden, ist eine gute Entspiegelung der Bildschirmoberfläche zu empfehlen.

- Der Bildschirm soll frei dreh- und neigbar sein. Eine Höhenverstellbarkeit wird empfohlen.

- Farbdarstellung führt zu einer besseren Aufnahme der dargestellten Information. Aber die Darstellung von Farben kann auch zu einer Beanspruchung der Augen führen. Denn unterschiedliche Farben werden von der Linse unterschiedlich gebrochen. Für rote Farben sind wir weitsichtig, für blaue kurzsichtig. Ältere Bildschirme weisen oft Konvergenzfehler auf, d. h. dass die drei Strahlen der Bildschrimröhre nicht mehr exakt justiert sind; dadurch entstehen z. B. bei Buchstaben farbige Ränder.

- Die vom Bildschirm ausgehende elektromagnetische Strahlung soll möglichst niedrig gehalten werden. Die Einhaltung der schwedischen Norm MPR II wird empfohlen. TCO 99 ist die im Moment hierfür strengste Norm.

- Neuere Bildschirme in Deutschland besitzen die CE- Kennzeichnung für europäische Normen und erfüllen außerdem Energiesparfunktionen.

Wo stelle ich meinen Bildschirm auf?

Auch hier gilt: Ein falsch aufgestellter Bildschirm erzeugt bei der Arbeit eine Zwangshaltung die bekanntermaßen zur Erkrankung führen kann.

Oft verhindert eine ausreichende Schreibtischtiefe eine sinnvolle Aufstellung des Bildschirms. Die natürliche Haltung des Kopfes und der Arme ist für eine Arbeit ausgerichtet die im wahrsten Sinne des Wortes vor uns liegt.

Die Ergonomen haben für den so genannten Seh- und Greifraum eigene Richtlinien entwickelt. Diese lehnen z. B. die oft vorhandene seitlich versetzte Bildschirmplatzierung ab. Eine Ausnahme ist hier nur eine seltene Benutzung des Bildschirms. Ein Grund für diese Aufstellpraxis ist die Tatsache, dass selbst die geforderte Mindestgröße von 80 cm Schreibtischtiefe bei einem großen Bildschirm und bei der Verwendung von Arbeitsvorlagen nicht ausreicht. Oft wird auch der Bildschirm – wie in vielen PC-Handbüchern bildlich dargestellt – auf das Rechnergehäuse gestellt. Dies führt ebenfalls zu einer unnatürlichen Körperhaltung. Beobachten Sie sich doch einmal beim Lesen. Schauen Sie geradeaus oder am liebsten leicht nach unten?

- Schulter, Tastatur und Bildschirm sollten linear ausgerichtet sein. Man sieht also direkt auf den Bildschirm. Eine Regel, die aber nicht immer und zwangsweise umgesetzt werden sollte.

- Im Endeffekt sollte der Arbeitsplatz individuell auf die Person und die Arbeitsaufgabe eingestellt werden. Flexibilität ist das Schlagwort. Also wären leicht verschiebbare, schwenkbare und im Idealfall etwas in den Tisch versenkbare Bildschirme gefordert.

- Ein angenehmer Sehabstand ist individuell sehr verschieden, zumeist werden 50 cm gefordert. Manche Menschen benötigen deutlich mehr.

- Gut ist, wenn der Bildschirmbenutzer ab und zu seine Augen schweifen lässt. So können sich die Augen zwischendurch auf eine andere Entfernung einstellen.

- Wird von einer Vorlage abgetippt, sollte sich diese in derselben Entfernung wie der Bildschirm befinden. So wird häufiges Wechseln der Entfernungsfokussierung vermieden.

- Zwischen dem direkten Arbeitsbereich, das ist der Bildschirminhalt, und den unmittelbar angrenzenden Flächen, das ist z. B. das Bildschirmgehäuse, sollte der Leuchtdichteunterschied nicht größer als 3:1 sein. Deswegen sind in Büros die Gehäuse der Geräte nicht coolschwarz. Die Unterschiede zwischen dem Arbeitsbereich und der Umgebung sollten nicht größer als 10:1 sein.

- Auch glänzende Flächen erzeugen große Leuchtdichteunterschiede. Deswegen sind Büromöbel nicht in grellen Farben erhältlich und haben eine matte Oberfläche.

- Um die Gefahr der Reflexblendung auf dem Bildschirm zu minimieren, sollten Bildschirm und Tastatur so angeordnet sein, dass die Blickrichtung zu den Fensterflächen parallel verläuft. Je weiter der Bildschirm vom Fenster entfernt wird, desto besser.

- Der Bildschirm sollte auch nicht direkt unter einem Leuchtband, sondern versetzt daneben aufgestellt werden. Die Blickrichtung sollte parallel zum Leuchtband verlaufen.

Schlag auf Schlag auf die Tastatur und die Handgelenke

Schon seit längerem ist bekannt, dass die von der Schreibmaschine her abgeleitete Anordnung der Tasten auf der Tastatur nicht unbedingt ergonomisch ist. Durch Tippen werden nicht nur die Finger oder Hände sondern auch Arme und Schulterbereich strapaziert. Verspannungen sind die Folge. Die durch eine schlechte Tastatur erzeugte Belastung summiert sich im Laufe der Zeit auf. Leider sind die beim Tippen auftretenden Micro-Bewegungen sehr schwer zu messen. Als Risikofaktor ist hier v. a. das RSI-Syndrom zu nennen.

Die Tastatur ist zweifelsohne das am häufigsten benutzte Eingabegerät des Computers. Deswegen muss sie besonders gut konstruiert sein. Immer wieder werden von den Ergonomen zu kleine ⬆-Tasten oder (Enter)-Tasten kritisiert. Ein grundsätzliches Übel scheint auch hier das häufig zu kurze Kabel zu sein, das eine bequeme individuelle Platzierung verhindert. Es stellt sich die Frage, warum viele Leute bereit sind, für einen PC 1 000 Euro auszugeben, für die dazugehörige Tastatur aber nur 10 Euro? Eigentlich sollten Sie zu einer Tastatur gleich auch ein Verlängerungskabel mitkaufen.

- Die Tastatur soll zunächst einmal vom Bildschirm getrennt sein, sie soll ferner individuell neigbar, dennoch aber standfest aufstellbar sein (genügend große und gummierte Füße).

- Die mittlere Tastenreihe sollte nicht mehr als 30 mm über der Tischfläche liegen.

- Vor der Tastatur sollte ein Platz für das Auflegen der Hände vorhanden sein. Falls keine eingebaute Tastaturhandballenauflage vorhanden ist, empfiehlt sich deren Anschaffung.

- Die Beschriftung muss sich deutlich von der Farbe des Plastiks abheben und gut lesbar sein. Auch die Tastatur sollte keine intensive Farbtönung aufweisen und eine seidenmatte Oberfläche besitzen.

- Für die Tastenkennzeichnung empfiehlt sich eine dunkle Schrift auf hellerem Grund. Schwarze Tastaturen sind insofern unergonomisch.

- Die Form der Tasten soll ein leichtes und treffsicheres Tippen ermöglichen. Der Tastenweg soll 2-4 mm betragen und der Druckpunkt soll gut spürbar sein (Rückmeldung über Aktion). Hierbei sind 50 - 80 g Tastendruckkraft zu empfehlen.

- Bei Vieltippern ist auf regelmäßige Erholungspausen zu achten.

- Außerdem ist das Erlernen des 10-Finger-Systems von Vorteil, da hier die Last auf alle Finger verteilt wird.

- Geteilte oder individuell teilbare Tastaturen sind zwar gewöhnungsbedürftig, aber durchaus eine überlegenswerte Alternative. Sie sind nach neuesten arbeitswissenschaftlichen Erkenntnissen konstruiert und werden in manchen Normen bereits empfohlen. Dadurch lässt sich ein seitliches Abknicken des Handgelenks vermeiden.

- Die Tastatur eines Notebooks kann wegen der zusammengeschobenen Tasten nicht der Norm entsprechen. Ein Notebook ist deswegen als Arbeitsplatzgerät abzulehnen, außer man schließt eine externe Tastatur (und Maus) an.

Meine Maus lebt frei

Aufgrund des Siegeszugs der grafischen Benutzeroberflächen wird man heute quasi gezwungen, eine Maus zu verwenden. Die intensive Benutzung der Maus kann nicht nur Ermüdungen, sondern sogar Erkrankungen im Hand-Arm-Schulter-Bereich verursachen. Als Beispiel sei hier (zum letzten Mal) das so genannte RSI-Syndrom genannt. Die Gefahr steigt bei Verwendung einer „schlechten" Maus. Für die ergonomische Maus existieren noch keine richtigen Normen. Oft wird ein PC mit Standard-Maus verkauft. Diese sollte man auf jeden Fall kritisch begutachten. Ist die Maus wirklich tauglich, oder sollte man sie gegen eine bessere austauschen? Lassen Sie sich mehrere Mäuse auspacken und probieren Sie diese aus! Auf jeden Fall dürfte das Kabel auch hier zu kurz sein. Verlangen Sie kulanterweise eine Verlängerung von Ihrem PC-Händler. Es stellt sich auch die Frage, inwieweit die persönliche Mausnutzung umtrainiert werden kann. Professionelle Programme mit vielen Interaktionen verzichten oft auf Mausklicks. Die Benutzung von Tastaturkürzeln zur

Bedienung der Programme muss zwar erst gelernt werden, man kann aber unter Umständen bis zu vier mal schneller arbeiten. Oft ist auch die Kombination Maus-Tastatur-Bedienung zu empfehlen.

- Die ergonomische Maus liegt gut in Ihrer Hand. Die Tasten sollten einander nicht zu nahe und nicht zu klein sein. Mäuse gibt es inzwischen sogar für Kinderhände.

- Die Finger sollten entspannt auf den Tasten liegen können.

- Die Maus sollte nahe neben der Tastatur liegen. Hier haben die Linkshänder einen Vorteil, denn auf der rechten Seite der Tastatur liegen zwischen Buchstabentasten und Maus noch mehrere Funktionstasten und der numerische Tastenblock. Diese verlängern den Greifweg. Wenn Sie Linkshänder sind, dann kaufen Sie sich eine Maus für Linkshänder; das Lernen von Tastaturcodes entlastet den ganzen Arm. Und ein durch vernünftiges Körpertraining gekräfteter Arm-Schulter-Bereich kann kurzzeitige Überbelastungen besser verkraften.

- Das Kabel sollte lang genug sein, evtl. muss eine Verlängerung erworben werden. Luxus ist natürlich eine kabellose Maus.

- Die Maus braucht eine vernünftige Unterlage, um gut zu funktionieren; besorgen Sie sich ein gutes Mauspad.

- Achten Sie auch auf jeden Fall auf den Maustreiber. Gute Mäuse haben Maustreiber mit vielfältigsten Funktionen. Man kann z. B. die Cursorbewegung je nach Bedarf genau justieren oder den verschiedenen Maustasten Sonderbefehle zuordnen. Evtl. kann der Doppelklick mit dem Maustreiber auf die mittlere Taste gelegt werden.

- Außerdem: Stellen Sie auf jeden Fall die Beschleunigungs- und die Doppelklickeinstellung der Maus individuell ein. Manche Personen arbeiten mit der Maus nur aus dem Handgelenk heraus, andere wiederum möchten den ganzen Unterarm mitbewegen.

- Eine Alternative zur Maus ist ein Trackball. Hier bewegen Sie in einem feststehenden Gehäuse eine Kugel zur Steuerung des Mauszeigers. Die Bewegungen im Hand-Arm-Bereich sind gegenüber einer Maus reduziert.

Links und Literatur

Ein hervorragendes Handbuch für Mitarbeiter und Vorgesetzte mit vielen Checklisten und Befragungsinstrumenten die auch die psychische Belastung nicht außer Acht lassen: Burmester, M., Görner, C., Hacker, W., Kärcher, M. u. a. (1997). Das SANUS-Handbuch. Bildschirmarbeit EU-konform (- Forschung - FB 760). Berlin: Schriftenreihe der Bundesanstalt für Arbeitsschutz und Arbeitsmedizin. [SANUS: Sicherheit und Gesundheitsschutz bei der Arbeit an Bildschirmen auf der Basis internationaler Normen und Standards]

Ein übersichtlicher und gut strukturierter Leitfaden für Analyse und Arbeitsschutzaufgaben rund um den Bildschirmarbeitsplatz:

Richenhagen, G., Prümper, J. & Wagner, J. (1998, 2. Auflage). Handbuch der Bildschirmarbeit. Neuwied: Luchterhand.

Eine umfangreiche Sammlung zu Arbeit und Gesundheit mit allen wichtigen Informationen über die aktuellen deutschen oder internationalen Normen. Sehr zu empfehlen, leider nur deutschsprachig:

http://www.sozialnetz-hessen.de/ergo-online

Information Network of the European Agency for Safety and Health at Work. In vielen Sprachen verfügbar, umfangreichste Informationen:

http://europe.osha.eu.int/

Teil III

Anwenden

Textverarbeitung und mehr mit OpenOffice.org

Mit OpenOffice.org steht Ihnen ein umfangreiches und leistungsfähiges Office-Paket für Linux zur Verfügung. Ob Sie Texte schreiben, mit Tabellenkalkulationen arbeiten, eindrucksvolle Grafiken erstellen oder aufwendige Präsentationen erstellen, OpenOffice.org bietet für alle Anforderungen im Officebereich das richtige Werkzeug. Natürlich können Sie auch alle Dateien von Microsoft Office öffnen, bearbeiten und sogar wieder im Microsoft-Format abspeichern. Sie lernen hier die Installation und ersten Schritte mit OpenOffice.org.

Aus StarOffice wird OpenOffice.org

Manche von Ihnen werden sich fragen, was aus dem bisher bei SuSE Linux mitgelieferten StarOffice wurde. Der Hersteller *Sun* veröffentlichte vor einiger Zeit die Version 6.0 seines Officepaketes, die im Gegensatz zur Vorversion nicht mehr kostenlos verfügbar ist. Wer das Paket verwenden will, muss dafür einen (im Vergleich zur Konkurrenz geringen) Betrag bezahlen. Um Ihnen weiterhin StarOffice anbieten zu können, müssten wir den Preis unseres SuSE Linux erheblich erhöhen.

Doch keine Sorge, wir haben für guten Ersatz gesorgt: Das Büropaket OpenOffice.org ist das Ergebnis knapp zweijähriger Arbeit engagierter Programmierer der Open-Source-Community und Sun, die den im Oktober 2000 veröffentlichten Quellcode von StarOffice 5.2 kontinuierlich weiterentwickelt haben. Das Paket steht unter LGPL-Lizenz und kann somit kostenlos heruntergeladen und verwendet werden.

Hinweis

Der Name "OpenOffice" ist ein registriertes Produkt von *Sun*, daher darf das Open Source-Office-Paket diesen Namen nicht tragen. Es wurde deshalb "OpenOffice.org" genannt.

Hinweis

Obwohl OpenOffice.org große Ähnlichkeiten zu StarOffice aufweist und sich die neuen Features in Grenzen halten, möchten wir Ihnen im Folgenden einen kurzen Überblick über die wichtigsten Änderungen gegenüber StarOffice 5.2 geben:

- Da es sich bei OpenOffice.org um ein Open-Source-Produkt handelt, mussten die kommerziellen Komponenten von StarOffice aus dem Paket entfernt werden. Betroffen sind vor allem die Datenbank *StarBase*, einige Im- und Exportfilter, Grafiken, Cliparts und Vorlagen. Die von Sun für StarOffice hinzugekaufte Rechtschreibprüfung wurde ebenfalls entfernt und durch die Open-Source-Variante myspell ersetzt.

- Der Terminplaner, das E-Mail-Modul, der Webbrowser, die *Image*-Applikation und der Kalender wurden ebenfalls entfernt. Neu hinzugekommen ist Math, ein komfortables Tool, um mathematische Formeln zu erstellen.

- Das Programm wurde modularisiert, die einzelnen Komponenten lassen sich nun direkt aufrufen. Der Desktop als zentrale Oberfläche wurde von den Programmierern entfernt. Die einzelnen Anwendungen lassen sich nun bequem über das K-Menü aufrufen: 'K' → 'Office' → 'Open-Office.org'

- Ein neues, XML-basiertes Standard-Dateiformat wurde eingeführt (siehe auch `http://xml.openoffice.org`). StarOffice- und Microsoft-Office-Dateien können selbstverständlich weiter sowohl eingelesen als auch ausgegeben werden. An den Filtern für Microsoft-Office-Dateien wurden Verbesserungen vorgenommen.

Voraussetzungen

Dieses Kapitel geht davon aus, dass ein lauffähiges Linuxsystem vorhanden ist. Ferner sollten Begriffe wie „YaST2", „mounten", „klicken" usw. geläufig sein. Bevor Sie mit OpenOffice.org arbeiten können, müssen Sie es mit dem Systemassistenten auf Ihrem Rechner installieren – soweit dies nicht bei der Installation ohnehin schon geschehen ist. Danach folgt die grafische Installation des Programmes. Der folgende Abschnitt gibt Ihnen eine kleine Hilfestellung.

Installation mit YaST2

Wenn Sie der Schnellinstallation gefolgt sind und das OpenOffice.org nicht explizit abgewählt haben, befindet sich das Programm schon auf Ihrem Rechner. Falls dies nicht der Fall sein sollte, können Sie die Installation von OpenOffice.org jetzt nachholen:

1. Legen Sie CD Nr. 1 bzw. die DVD ein und starten Sie den Systemassistenten YaST2.

2. Wählen Sie unter 'Software' den Punkt 'Software installieren/löschen'.

3. Suchen Sie nach dem Paket `OpenOffice_org-de` und klicken Sie auf das Icon links von dem Paketnamen, bis das Zeichen zum Installieren erscheint (ein Haken in einem Kästchen). Alle weiteren von OpenOffice.org benötigten Pakete wird der Assistent für Sie automatisch installieren.

4. Wählen Sie danach 'OK'. Möglicherweise fordert YaST2 Sie auf, die richtige CD einzulegen. Wenn das geschehen ist, wird das Paket jetzt installiert. Nach erfolgreicher Installation wird automatisch SuSEconfig gestartet. Beenden Sie danach den Systemassistenten.

Wenn Sie OpenOffice.org zum ersten Mal über 'K' (unten links) → 'Office' → 'OpenOffice.org' → 'Writer' aufrufen, wird ein Setup-Programm gestartet.

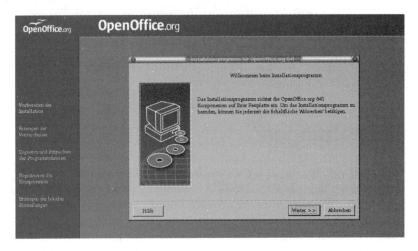

Abbildung 9.1: Der Willkommensbildschirm der OpenOffice.org-Installation

In diesem werden nacheinander einige wichtige Informationen und eine Softwarelizenz angezeigt. Lesen Sie diese bitte gründlich durch und bestätigen Sie, wenn Sie einverstanden sind, damit OpenOffice.org ordnungsgemäß installiert werden kann. Nachdem Sie die Bedingungen akzeptiert haben, können Sie Ihre persönlichen Daten und Einstellungen aus einer früheren Installation übernehmen. Falls OpenOffice.org eine Vorgängerversion erkennt, zeigt es Ihnen das an. Im anderen Fall klicken Sie auf 'persönliche Daten importieren'; danach aktivieren Sie den Button 'Durchsuchen'. Es öffnet sich ein Fenster, in dem Sie das Verzeichnis eingeben können.

Beim Klick auf 'Weiter' werden Sie nach Ihren persönlichen Benutzerdaten gefragt: Vorname, Name, Postleitzahl usw. Sie können die Felder auch leer lassen und später mit sinnvollen Eingaben füllen. Wir empfehlen, dass Sie Ihre Daten eintragen, denn dadurch ersparen Sie sich spätere lästige Eingaben (z. B. bei Briefen, in die Sie Ihren Namen, Straße usw. eingeben müssen).

Hinweis

Ändern Sie die Voreinstellungen für den Installationspfad und die
Art der Installation (Standard-Workstation Installation) *nicht*. Open-
Office.org bietet zwar die „Installation auf die lokale Platte" an, dies
ist aber nicht nötig, da OpenOffice.org bereits lokal vorinstalliert ist.
Falls Sie die Installation wiederholen möchten, löschen Sie in Ihrem
Homeverzeichnis die Dateien `.sversionrc` und `.user*.rdb`.

Hinweis

Damit die Java- und Javascript-Unterstützung in OpenOffice.org funktioniert, muss das Paket `java` installiert sein. Falls Sie außer dieser Version
noch andere Java-Versionen installiert haben, müssen Sie bei der Installation darauf achten, die „richtige" auszuwählen, d. h. die, die im Verzeichnis
`/usr/lib/java` installiert ist. Bei der Installation von OpenOffice.org wird
dem Benutzer `root` eine E-Mail zugestellt. Dort finden Sie in Kurzform die
Vorgehensweise zur Installation.

Als Nächstes werden Sie gefragt, welche Installationsart Sie bevorzugen:
„Standard" oder „Standard-Workstation" (voreingestellt). Wählen Sie an dieser Stelle „Standard-Workstation".

Nach der Installation können Sie OpenOffice.org über das K-Menü oder
durch den Befehl `openoffice` in der Kommandozeile starten.

Reparatur von OpenOffice.org

Falls bei Ihrer Arbeit mit OpenOffice.org Dateien beschädigt worden sind,
können Sie jederzeit eine Reparatur vornehmen lassen. Drücken Sie unter
KDE die Tasten (Alt) + (F2) und geben in der Eingabezeile

`/usr/X11R6/bin/openoffice`

ein. Es wird ein Dialogfenster angezeigt und Sie können auswählen, ob Sie
OpenOffice.org deinstallieren oder reparieren wollen. Mit 'Reparieren' können
Sie eine beschädigte Installation wiederherstellen. Alle Schritte laufen automa-
tisch ab.

Übersicht über die Programme

Es gibt in OpenOffice.org verschiedene Programme, die alle mehr oder weniger miteinander interagieren können:

OpenOffice.org Writer	Leistungsfähiges Textverarbeitungsprogramm
OpenOffice.org Calc	Tabellenkalkulation mit Chart-Programm (zum Erstellen von Diagrammen)
OpenOffice.org Draw	Zeichenprogramm zum Erstellen von Vektorgrafiken
OpenOffice.org Math	Programm zum Erstellen mathematischer Formeln
OpenOffice.org Impress	Programm zum Erstellen von Präsentationen

Tabelle 9.1: Die verfügbaren Programme in OpenOffice

Der Schwerpunkt der Beschreibungen liegt bei Writer und Calc. Die anderen Programme werden nur kurz besprochen. Weiter führende Informationen finden Sie in der Onlinehilfe (siehe auch Abschnitt *Wo bekomme ich Hilfe?* auf dieser Seite).

Erste Schritte

Der folgende Abschnitt gibt einen Überblick über die Möglichkeiten von OpenOffice.org. Folgende Fragen werden beantwortet:

- Wo bekomme ich Hilfe?

- Wie konvertiere ich meine vorhandenen Dokumente von Office 97/2000 in das OpenOffice-Format?

- Wie kann ich Einstellungen vornehmen/ändern?

Wo bekomme ich Hilfe?

Hilfe zu OpenOffice.org erhalten Sie jederzeit im Menü 'Hilfe'. Gleichzeitig können Sie auswählen, wie umfangreich diese ausfallen soll:

1. Wenn Sie sich in ein Thema einlesen wollen, werden Sie in der Regel im Menü unter 'Hilfe' → 'Inhalt' fündig. Hier werden Sie über die entsprechenden OpenOffice.org-Programmteile wie Writer, Calc, Impress usw. informiert. Stöbern Sie ruhig ein wenig herum!

2. Wenn Sie sich von der Informationsfülle (etwas) erschlagen fühlen, probieren Sie doch einmal den 'Help-Agent' aus. Er aktualisiert sein Fenster immer dann, wenn Sie in OpenOffice.org verschiedene Aktionen ausführen und gibt Tipps. Aktivieren Sie einfach den Eintrag 'Help-Agent' im 'Hilfe'-Menü.

3. Falls Ihnen noch weniger Informationen ausreichen, dann probieren Sie einfach 'Tipp' oder 'Aktive Hilfe' aus. Beide zeigen einen Hilfetext an, wenn Sie mit dem Mauszeiger z. B. auf ein Piktogramm zeigen. Bei 'Aktive Hilfe' ist der Text ausführlicher.

Tipp

Wenn Sie unsicher sind, ob die Funktionen aktiviert sind oder nicht, dann klicken Sie auf das 'Hilfe'-Menü. Ein Häkchen am jeweiligen Menüpunkt zeigt den Status an (Häkchen sichtbar = Funktion aktiviert).

Tipp

Für den Anfang ist sicherlich 'Tipp' und/oder 'Aktive Hilfe' (beide zu finden im 'Hilfe'-Menü) sehr nützlich. Wenn Sie mit OpenOffice.org vertrauter geworden sind, können Sie sie leicht wieder abschalten.

Konvertierung von Office-Dokumenten

Sie können Dokumente von Microsoft Office 97 bzw. 2000 in OpenOffice.org problemlos weiter bearbeiten. Dazu rufen Sie einfach im 'Datei'-Menü unter 'Autopilot' den Befehl 'Dokumenten-Konverter...' auf.

Nun können Sie das Dateiformat wählen, das Sie konvertieren wollen. Verschiedene StarOffice- und Microsoft-Office-Formate stehen zur Wahl. Klicken Sie anschließend auf 'Weiter' und geben an, wo OpenOffice.org nach zu konvertierenden Dokumenten suchen und in welchem Verzeichnis es die umgewandelten Dateien ablegen soll. Bitte überprüfen Sie auch die weiteren Einstellungen auf dieser Seite.

Hinweis

Möchten Sie Dokumente von einer Windows-Partition übernehmen, finden Sie diese in aller Regel unterhalb von `/windows/`

Hinweis

Durch einen Klick auf 'Weiter' gelangen Sie zur Seite mit einer Zusammenfassungen. Hier können Sie Ihre Angaben noch einmal überprüfen. Ein Klick 'Konvertieren' startet die Konvertierung.

Einstellungen vornehmen/ändern

Alle globalen Einstellungen lassen sich unter dem Eintrag 'Optionen' im Menü 'Extras' vornehmen. Ein Fenster wie in Abbildung 9.2 öffnet sich.

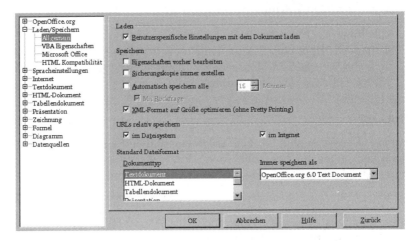

Abbildung 9.2: Der Optionen-Dialog im Menü Extras

Auf der linken Seite des Optionen-Menüs sehen Sie die diversen Einstellungsmöglichkeiten. Diese sind in einer Baumstruktur angeordnet.

'OpenOffice.org' Unterhalb dieser Ordnungseinheit finden verschiedene Grundeinstellungen ihren Platz. Benutzerdaten wie Adresse, E-Mail usw. werden hier ebenso eingetragen wie wichtige Pfade und Einstellungen für den Drucker und externe Programme.

'Laden/Speichern' In diesem Dialog können Sie das Öffnen und Schließen von Dateien beeinflussen. Neben allgemeinen Einstellungen gibt es eine Reihe spezieller Parameter, mit denen der Umgang mit Fremdformaten beeinflusst werden kann.

'Spracheinstellungen' Verschiedene Einstellungen zu Sprache und Linguistik finden Sie in diesem Menü. Gebietsspezifische Parameter und Einstellungen Rechtschreibprüfung können Sie hier ebenfalls verändern. Auch die gegenüber StarOffice 5.2 deutlich verbesserte Unterstützung asiatischer Sprachen lässt sich hier aktivieren.

'Internet' Vor allem Proxy- und Suchmaschineneinstellungen lassen sich in diesem Menü vornehmen.

'Textdokument' Globale Einstellungen für Writer können hier festgelegt werden, z. B. die Grundschriften, das Layout u. a.

'HTML-Dokument' Alle mit der Internetfunktionalität von OpenOffice.org in Zusammenhang stehende Parameter können in diesem Menü verändert werden.

'Tabellendokument' In diesem Menü können Sie verschiedenste Einstellungen zu Calc vornehmen; Sortierlisten, Raster, Eingabe u. a. können Sie bequem hier eingeben.

'Präsentation' Die Einstellungen für alle Präsentationsdokumente legen Sie hier fest. Sie können z. B. die Maßeinheit eingeben, wie am Raster ausgerichtet wird usw.

'Zeichnung' Unter dem Menüpunkt Zeichnung können Sie den Maßstab, das Raster, was gedruckt werden soll usw. festlegen.

'Formel' Druckoptionen und -format werden hier angeboten.

'Diagramm' Für Ihre neu angelegten Chart-Diagramme legen Sie hier die Grundfarben fest.

'Datenquellen' Einstellungen zum Zugriff auf externe Datenquellen können Sie in diesem Menü vornehmen.

Hinweis

Alle hier gemachten Vorgaben wirken *global*, d. h. wenn Sie in diesem Dialog Einstellungen vornehmen, wird bei jedem Öffnen eines neuen Dokuments diese Voreinstellung übernommen.

Hinweis

Textverarbeitung mit OpenOffice.org Writer

Texte mit dem Autopiloten erstellen

Wenn Sie gewisse Vorstellungen oder Vorgaben für Ihren Text haben, dann sollten Sie den Autopiloten benutzen. Der Autopilot ist ein kleines Programm, das Ihre Eingaben entgegennimmt und daraus einen fertigen Text nach einer vorgegebenen Vorlage erzeugt.

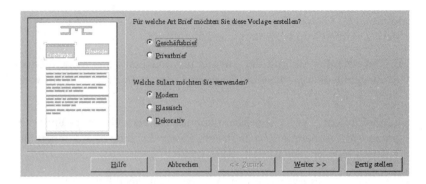

Abbildung 9.3: Der Autopilot unter OpenOffice.org

Wenn Sie z. B. einen geschäftlichen Brief erstellen wollen, dann klicken Sie im Menü 'Datei' auf 'Autopilot'. Im erscheinenden Untermenü wählen Sie 'Brief...' an. Ein Dialog wie in Abbildung 9.3 abgebildet öffnet sich:

Bei Klick auf 'Weiter' kommen Sie zur nächsten Seite. Falls Sie Eingaben wiederholen wollen, geht dies einfach mit 'Zurück'. Ein Klick auf 'Fertig stellen' „baut" aus Ihren Eingaben den Brief auf. 'Abbrechen' schließt den Dialog und mit 'Hilfe' können Sie sich einen Hilfetext im Help-Agent anzeigen lassen.

Die folgende Liste zeigt die einzelnen Seiten und Ihre Eingaben. Denken Sie daran, dass Sie nicht alles eingeben müssen. Sie können jederzeit Ihren Brief durch 'Fertig stellen' erzeugen lassen.

1. Entscheiden Sie, ob Sie einen Geschäfts- oder Privatbrief schreiben möchten. Drei Stilarten werden angeboten: Modern, klassisch oder dekorativ.

2. Wollen Sie eine Grafik einfügen und sie entsprechend platzieren? Diese Seite bietet Ihnen hierfür die Möglichkeit an.

3. Als Nächstes geben Sie Ihren Absender ein und bestimmen die Position und Größe des Absenderfelds.

4. Angaben zum Empfänger können Sie auf dieser Seite vornehmen.

5. Brauchen Sie Datum, eine Betreffzeile, Seitenzahlen u. Ä.? Kein Problem! Hier ist die Stelle!

6. Fußzeilen und Seitenränder können hier eingegeben werden.

7. ... und hier die Kopfzeilen.

8. Dokumenteninfos, Dateiname usw. werden hier eingetragen.

9. Abschließende Frage, welche Druckerschächte und in welchen Fällen Ihr Logo und Absender ausgegeben werden sollen.

Klicken Sie abschließend auf 'Fertig stellen'. Fertig! OpenOffice.org hat aus Ihren Vorgaben einen Brief erstellt. Jetzt brauchen Sie nur noch den Brieftext verfassen und schon ist Ihr „Werk" fertig. Beachten Sie, dass es noch andere nützliche Autopiloten gibt. So lassen sich z. B. Faxe, Agendas, Memos, Präsentationen u. Ä. auch per Autopilot steuern. Viel Spaß!

Texte ohne den Autopiloten erstellen

Ein neues Textdokument legen Sie einfach durch Anklicken von 'Textdokument' im Menü 'Datei' unter 'Neu' an. Sie können nun nach Lust und Laune mit dem Schreiben beginnen. Wenn Sie ein neues Dokument begonnen haben, wird unter der standardmäßigen Funktionsleiste noch eine zweite (Objektleiste) eingeblendet. Im Folgenden sind dies von links nach rechts:

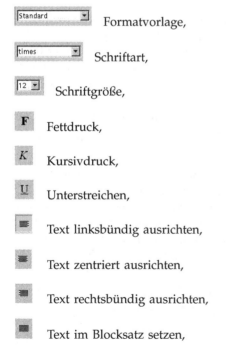 Formatvorlage,

Schriftart,

Schriftgröße,

Fettdruck,

Kursivdruck,

Unterstreichen,

Text linksbündig ausrichten,

Text zentriert ausrichten,

Text rechtsbündig ausrichten,

Text im Blocksatz setzen,

▤	Absätze nummerieren,
▤	Absätze mit einem Punkt, Stern usw. versehen,
▤	Einzug des aktuellen Absatzes wird vermindert (sofern möglich),
▤	Einzug des aktuellen Absatzes wird erhöht,
A	Textfarbe auswählen,
A	Farbe des Texthintergrundes einstellen,
▦	Farbe des Absatzhintergrundes einstellen,

Beachten Sie, dass Sie Ihre Texte auch mit dem Stylist formatieren können (siehe dazu Abschnitt *Arbeiten mit dem Stylist* auf Seite 199).

Wie markiere ich einen Text?

Wenn Sie einen Text markieren möchten, gehen Sie so vor: Klicken Sie auf die Stelle, die Sie markieren wollen, halten Sie die Maustaste gedrückt und überstreichen Sie mit dem Mauszeiger den Buchstaben, das Wort, die Zeile, den Absatz usw. Sie erkennen die Markierung daran, dass der Text jetzt weiß auf schwarz erscheint. Wenn Sie die gewünschte Auswahl getroffen haben, lassen Sie die Maustaste los. Jetzt können Sie mit einem Klick auf die rechte Maustaste ein so genanntes Kontextmenü öffnen (siehe Abbildung 9.4).

Im Kontextmenü können Sie die Schrift, den Schriftstil u. a. ändern. Probieren Sie ruhig ein wenig herum, es kann nichts passieren!

Der Navigator zeigt Ihnen nicht nur viele Informationen über den Inhalt Ihres Dokuments an; mit ihm bewegen Sie sich auch zielgerichtet an verschiedene Stellen Ihres Dokuments. So können Sie sich bei Writer mit dem Navigator schnell einen Überblick über die verfügbaren Kapitel holen. Oder Sie wollen wissen, welche Grafiken sich in diesem Dokument verbergen: Mit dem Navigator ist das kein Problem. Abbildung 9.5 auf Seite 200 zeigt den Navigator innerhalb von Writer.

Beachten Sie, dass je nach Dokument-Typ der Inhalt des Navigators variiert Den Navigator rufen Sie durch einen Klick auf das 'Bearbeiten'-Menü unter 'Navigator' auf.

Abbildung 9.4: Das Kontextmenü

Arbeiten mit dem Stylist

Einführung

Der Stylist bietet eine Möglichkeit, bequem und schnell Ihre Texte konform zu formatieren. Durch Aufruf von 'Stylist' im Menü 'Format' bzw. durch Drücken der Taste (F11) kann er jederzeit an und abgeschaltet werden. Abbildung 9.6 auf Seite 201 zeigt das Dialogfenster des Stylisten:

Eine Vorlage ist ein unter einem Namen bekanntes Sortiment definierter Vorgaben. Sie können z. B. den Einzug, Schriftstil, -farbe, -größe usw. festlegen.

> **Tipp**
>
> Am unteren Rand des Stylisten sehen sie ein Listenfeld. Steht dort 'Automatisch' versucht OpenOffice.org zu „erraten", welche Vorlagen hier im aktuellen Kontext sinnvoll angeboten werden können. Ist der Punkt 'Alle' eingestellt, so werden alle Vorlagen dieser Gruppe angezeigt.
>
> **Tipp**

Die Formatierung des Textes kann dabei *hart* oder *weich* erfolgen:

Harte Formatierung Ein Textbereich wird *direkt* einem Textattribut zugewiesen. Hart deshalb, weil es *harte* Arbeit ist, diese Formatierung(en) wieder zu entfernen, falls Änderungen gewünscht werden...

Diese Vorgehensweise bietet sich nur bei kleinen Texten an (kurze Briefe, Artikel o. Ä.). Trotzdem ist diese Art schnell und intuitiv.

Weiche Formatierung Der Text wird nicht direkt formatiert, sondern einer Vorlage zugewiesen. Diese kann sehr einfach modifiziert werden. Somit

Abbildung 9.5: Der Navigator innerhalb von Writer

wird bei Änderung der Vorlage auch automatisch die Formatierung des zugewiesenen Textes aktualisiert.

Bietet sich bei größeren Textaufkommen an (Diplom-, Doktorarbeiten, ganze Bücher usw.). Zwar nicht ganz so intuitiv; allerdings – wenn weitreichende Formatierungsänderungen gewünscht werden – ist dies sehr schnell und bequem zu erledigen. Falls unterschiedliche Layouts probiert werden sollen, ist dies ein entscheidender Vorteil.

Der Stylist bietet Ihnen verschiedene Vorlagen für die unterschiedlichsten Formatierungssituationen an:

Absatzvorlagen Einzüge und Abstände, Silbentrennung, Tabulatoren, Ausrichtung, Schrift, Initialen.

Zeichenvorlagen Schriftart, -größe, Sprache.

Rahmenvorlagen Position, Verankerung, Umrandung.

Seitenvorlagen Kopfzeile, Fußzeile, Ränder und Spalten.

Nummerierungsvorlagen Bei Aufzählungspunkten (Bullets), Nummerierungsart, Gliederung, Grafiken, Position, Optionen.

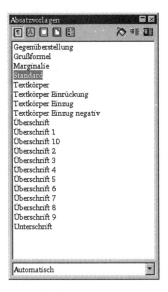

Abbildung 9.6: Der Stylist für Writer

Zuweisen von Absätzen mit dem Stylist

Wenn Sie einem Absatz eine Vorlage zuweisen wollen, kann Ihnen der Stylist viel Arbeit abnehmen:

1. Markieren Sie den Namen der Vorlage, die Sie verwenden wollen, im Stylisten.

2. Klicken Sie auf das Eimersymbol im Stylisten:

3. Durch Mausklick auf die jeweiligen Absätze wird die ausgewählte Vorlage zugewiesen.

4. Zum Abschalten drücken Sie die (Esc)-Taste oder klicken Sie das Eimersymbol nochmals an.

Erzeugen einer neuen Vorlage

Sie können sehr einfach selbst Ihre Vorlagen erstellen, indem Sie folgende Schritte ausführen:

1. Formatieren Sie wie gewünscht einen Absatz oder ein Zeichen. Sie können auch im Menü 'Format' die Befehle 'Zeichen...' bzw. 'Absatz...' nutzen.

2. Klicken Sie mit der linken Maustaste im Stylisten auf 'Neue Vorlage aus Selektion' (rechts neben dem Eimersymbol).

3. Geben Sie für Ihre Vorlage einen Namen ein und klicken Sie auf OK.

Jetzt können Sie unter dem soeben eingegebenen Namen Ihre Vorlage für andere Absätze nutzen. Falls Sie einmal bestimmte Details ändern wollen, ist dies nicht schwer: Wählen Sie den Namen an und klicken Sie mit der rechten Maustaste auf 'ändern'. Im erscheinenden Dialog lassen sich alle Einstellungen vornehmen.

Einfügen einer Tabelle

Eine Tabelle erstellen Sie einfach, indem Sie auf das 'Einfügen'-Icon in der Werkzeugleiste klicken und ein paar Sekunden halten. Es öffnet sich eine weitere Werkzeugleiste, mit dem Sie Ihre Auswahl noch spezifizieren können. Wenn Sie mit dem Mauszeiger das dritte Icon überstreichen, öffnet sich darunter ein Gitternetz. Abbildung 9.7 zeigt den Sachverhalt:

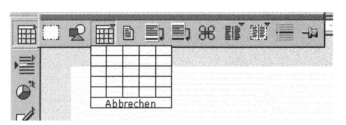

Abbildung 9.7: Tabelle einfügen über die Werkzeugleiste

Wenn Sie z. B. eine Tabelle mit zwei Spalten und zwei Zeilen brauchen, so fahren Sie einfach mit der Maus über das Gitternetz. Beim Darüberstreichen werden diese automatisch schwarz und zeigen so die aktuelle Auswahl der Zeilen und Spalten an. Mit einem Klick wird die Tabelle in den laufenden Text an der aktuellen Cursorposition eingefügt.

Tipp

Das 'Einfügen'-Icon ändert sich, je nachdem was Sie zuletzt eingefügt haben. So können Sie schnell kurz darauf klicken und gleich die gewünschte Aktion auslösen, ohne umständlich das ganze Popup-Menü zu öffnen.

Tipp

Einfügen einer Grafik

Grafiken lassen sich wie im vorigen Abschnitt mit der vertikalen Werkzeugleiste einfügen (2. Icon von links). Oder Sie wählen 'Einfügen' → 'Grafik' → 'Aus Datei...' aus.

Ein Dialogfenster öffnet sich. Wählen Sie die entsprechende Datei aus. Falls Sie auf 'Vorschau' klicken, wird auf der rechten Seite der Inhalt der Datei angezeigt. Beachten Sie, dass bei größeren Bildern dieser Vorgang ein wenig dauern kann. Nachdem Sie Ihre Auswahl getroffen haben, erscheint das eingefügte Bild an der Cursorposition. Aktivieren Sie die Grafik (dies können Sie an acht Quadraten um die Grafik erkennen). Im Kontextmenü können Sie jetzt den Befehl 'Grafik...' aufrufen; der erscheinende Dialog bietet Ihnen vielfältige Einstellungen an. So lässt sich z. B. der Umlauf des Textes um die Grafik, die Umrandung u. v. m. festlegen.

Falls Sie die Größe der Grafik ändern wollen, dann klicken Sie direkt auf die Grafik. An allen vier Ecken und Seiten erscheinen kleine, grüne Quadrate, die eine aktivierte Grafik anzeigen. Klicken Sie einen dieser „Griffe" an, halten und ziehen Sie ihn in die gewünschte Richtung. Sie erkennen einen gestrichelten Rahmen. Lassen Sie die gedrückte Maustaste los und die Grafik wird auf Ihre Änderung skaliert.

Wollen Sie nicht die Größe ändern sondern nur die Position? Kein Problem! Klicken Sie die Grafik an und halten Sie die Maustaste gedrückt. So können Sie das Bild einfach an die gewünschte Position schieben. Maustaste loslassen, fertig!

Tabellenkalkulation mit OpenOffice.org Calc

Einführung

Calc ist die Tabellenkalkulation in OpenOffice.org. Mit diesem Programm können Sie Ihre privaten oder geschäftlichen Berechnungen vornehmen. Calc können Sie einfach aus Writer durch Klicken auf 'Datei' → 'Neu' → 'Tabellendokument' starten.

Nach dem Start präsentiert Ihnen Calc eine leere Tabelle. Diese ist eingeteilt in Zeilen und Spalten: Die Zeilen sind arabisch von oben nach unten durchnummeriert, die Spalten alphabetisch von links nach rechts. Am Kreuzungspunkt einer Spalte mit einer Zeile liegt eine so genannte „Zelle". Jede Zelle hat eine eindeutige Adresse. So kennzeichnet z. B. die Adresse der Zelle B3 die zweite Spalte (B) und die dritte Zeile. Diese wird auch links-oben neben der Eingabezeile angezeigt.

Jede Zelle kann einen Inhalt enthalten (muss aber nicht). Als Inhalt kommen Zahlen, Text, Datum, Zeit, Währungen u. Ä. in Frage; und natürlich – ganz wichtig! – auch Formeln.

Eine Zelle kann aktiv sein oder nicht. Es gibt immer nur eine aktive Zelle; sie ist mit einem dicken, schwarzen Rahmen versehen. Mit den Cursortasten können Sie die Aktivierung verschieben. Selbstverständlich kann dies auch durch Klicken mit der Maus geschehen. Wenn eine Zelle aktiv ist, können Sie sie bearbeiten.

Zellattribute ändern

Wenn Sie in eine Zelle etwas eintragen wollen, schreiben Sie einfach hinein. Texte werden standardmäßig linksbündig, Zahlen rechtsbündig ausgerichtet. Bestätigen Sie mit der ⏎-Taste. Wenn Sie die Formatierung Ihrer Zelle(n) ändern wollen, können Sie durch Drücken der rechten Maustaste ein Kontextmenü öffnen. Unter 'Zellen formatieren' öffnen Sie ein Fenster, in dem Sie die nötigen Einstellungen vornehmen können. Innerhalb des Fensters gibt es sieben Reiter (von links nach rechts): Zahlen, Schrift, Schrifteffekt, Ausrichtung, Umrandung, Hintergrund und Zellschutz (siehe Abbildung 9.8 auf der nächsten Seite):

'Zahlen' Hier können Sie die Kategorie wählen, z. B. Prozent, Währung, Datum, Zeit u. Ä. Das Format bestimmt die Nachkommastellen und/oder führende Nullen.

'Schrift' Die Schriftart, der Schriftstil und die Größe lassen sich hier festlegen.

'Schrifteffekt' Zusätzliche Schrifteinstellungen lassen sich unter dieser Registerkarte vornehmen. Die Möglichkeiten reichen von Unter- und Durchstreichung bis hin zu Relief-, Schatten- und Konturfunktionen.

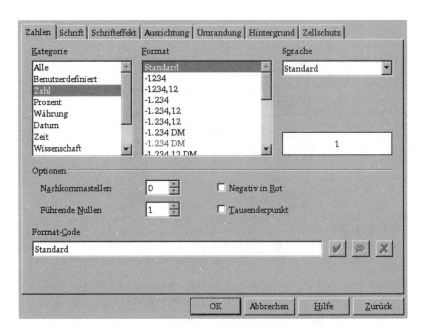

Abbildung 9.8: Dialog zum Einstellen von Zellattributen

'Ausrichtung' Bestimmt die horizontale und/oder vertikale Position des Inhalts der Zelle. Auch lässt sich hier die Schreibrichtung bestimmen.

'Umrandung' Hiermit kann die Zelle einen Rahmen bekommen. Alle Arten von Schatten, Linienstilen und Stärken lassen sich dort einstellen.

'Hintergrund' Legt den Zellhintergrund mit einer Farbe fest.

'Zellschutz' Damit wird eine unabsichtliche oder absichtliche Änderung der Zelle unterbunden, wenn 'Gesperrt' aktiviert ist.

Durch diesen Dialog können Sie die Zellen jetzt beliebig Ihren Vorstellungen anpassen.

Ein Beispiel für Calc: Monatliche Ausgaben

Berechnungen in OpenOffice.org lassen sich durch Formeln vornehmen. Sie geben in den Zellen Ihre Zahlen ein. Dank der eindeutigen Koordinaten der Zellen, können Sie mit den Einträgen Berechnungen vornehmen lassen.

Hierzu ein Beispiel: Sie wollen Ihre monatlichen Ausgaben kontrollieren. In der folgenden (stark vereinfachten) Tabelle sehen Sie die Positionen:

	A	B
1		Monat
2	**Ausgaben**	**Januar**
3	Telefon	200
4	Benzin	400
5	*Summe*	600

Abbildung 9.9: Eine Beispieltabelle für Calc

In Zelle B3 steht die Telefonrechnung für den Monat Januar und in B4, wie viel Sie für Benzin ausgegeben haben. Sie wollen beide Beträge addieren. Geben Sie einfach in die Zelle B5 folgende Formel ein:

= B3+B4

Das Ergebnis wird ebenso in Zelle B5 angezeigt. Jetzt haben Sie schon eine einfache Berechnung durchgeführt. Falls Sie sich bei den Zahlen vertippt haben (oder Ihre Telefonrechnung zu tief/hoch angesetzt haben), geben Sie den Betrag neu ein und die Summe wird automatisch aktualisiert.

In Calc lassen sich nicht nur mit den vier Grundrechenarten rechnen, sondern es gibt noch sehr viele andere Funktionen. Eine umfangreiche Liste können Sie im 'Einfügen'-Menü unter 'Funktion...' – geordnet nach Kategorien – anschauen. Auch die Erweiterung Ihrer Tabelle ist problemlos möglich: Wenn Sie zwischen Benzin und Summe noch einen Eintrag einfügen wollen, klicken Sie einfach mit der rechten Maustaste auf die danebenliegende 5. Ein Kontextmenü öffnet sich; wählen Sie den Eintrag 'Zeilen einfügen' aus. Sofort wird in Zeile 5 eine neue Zeile eingefügt und Sie können bequem weiterschreiben.

Wie Sie sicherlich bemerkt haben, wird die Formeleingabe nach einer gewissen Anzahl zu addierender Zeilen unhandlich. Falls Sie mehrere Positionen in Ihrer A-Spalte besitzen und sie addieren wollen, bietet sich hier eine elegantere Lösung an: Verwenden Sie die SUMME-Funktion!

Geben Sie dazu einfach in das Feld B6 die Formel

```
= SUMME(B3:B5)
```

ein. Alternativ können Sie neben der Eingabezeile das Sigma-Zeichen (Σ) anklicken und den Bereich von Hand eintragen.

Diese Formel addiert alle Zahlen, die sich zwischen (einschließlich) B3 und (einschließlich) B5 befinden. Bei mehreren Zeilen kann dies sehr praktisch sein, da keine vergessen werden kann. Selbstverständlich können Sie hier auch mehrere Bereiche angeben.

Ein Bereich wird (wie in der obigen Formel) durch zwei Zelladressen angegeben, die durch einen Doppelpunkt getrennt sind. Mehrere Bereiche lassen sich durch Semikolon (;) separieren. So addiert die Formel

```
= SUMME(B3:B5;D3:D5)
```

alles zwischen B3 bis B5 *und* zwischen D3 bis D5. Sie ist eigentlich eine Art Abkürzung für den längeren Ausdruck (sind beide im Ergebnis gleich): =

```
B3+B4+B5+D3+D4+D5
```

Probieren Sie die interessanten Möglichkeiten doch einmal aus, die Ihnen Calc bietet. Und vergessen Sie nicht die Hilfe aufzurufen, falls Sie einmal nicht weiterkommen.

Diagramme erstellen

Erweitern wir die Tabelle durch weitere Einträge. Wir schreiben in die Zeile 2 noch ein paar Monate hinein. Unsere Tabelle sieht dann ungefähr so aus wie in Abbildung 9.10:

	A	B	C	D	E	
1		Monat				
2	Ausgaben	Januar	Februar	März	April	
3	Telefon	200	250	230	370	
4	Benzin	400	350	300	380	
5	*Summe*	600	600	530	750	
6						

Abbildung 9.10: Unsere erweiterte Beispiel-Tabelle

Markieren Sie den Bereich von A2 bis E5. Der Text wird weiß auf schwarzem Hintergrund dargestellt.

Um ein Diagramm zu erstellen, klicken Sie auf 'Einfügen' → 'Diagramm...'; es erscheint ein Dialogfenster. Falls Sie noch Änderungen in der Markierung vornehmen wollen oder die erste Zeile bzw. Spalte nur als Beschriftung dient, können Sie dies hier ändern. Normalerweise können die Einstellungen übernommen werden. Klicken Sie auf 'Weiter'.

Das Dialogfenster hat vier Seiten. Die eigentlich interessante und wichtige Seite wird in Abbildung 9.11 gezeigt.

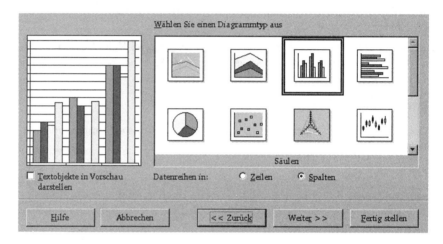

Abbildung 9.11: Auswahl der Diagrammtypen

In der Mitte sehen Sie die verfügbaren Diagrammtypen. So können Sie hier zwischen Linien-, Flächen-, Balken-, Säulendiagrammen u. v. m. auswählen. Links daneben sehen Sie die Vorschau Ihrer Datenpräsentation.

Für unser Beispiel eignet sich am besten das Liniendiagramm. Selbstverständlich lassen sich auch andere Typen auswählen, die Ihnen besser gefallen. Nach einem Mausklick auf 'Weiter' können Sie Varianten des Liniendiagramms auswählen: Mit und ohne Symbole, gestapelt, prozentual oder als kubische Annäherungskurve. Wir wählen den Diagrammtyp 'Symbole' (4. Icon von links) aus. Aktivieren Sie noch 'Textobjekte in Vorschau darstellen', dann werden die Bezeichnungen (also Januar, Februar usw.) auf der X-Achse und die Werte auf der Y-Achse dargestellt. Eine Legende wird auf der rechten Seite hinzugefügt.

Die nächste Seite erlaubt, einen Diagrammtitel zu vergeben sowie die X- und Y-Achse zu benennen. Wir geben als Titel 'Ausgabenübersicht' und für die Y-Achse 'Euro' ein. Standardmäßig ist die X-Achse deaktiviert; Sie können selbstverständlich hier einen Text eintragen. Durch Klick auf den Button 'Fertig stellen' erscheint das Diagramm in Ihrer Tabelle. Abbildung 9.12 zeigt unser fertiges Bild.

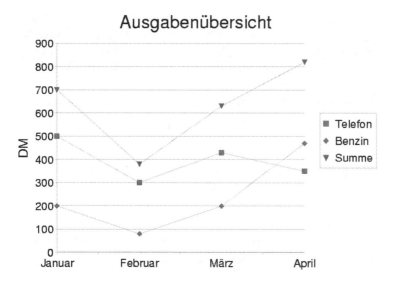

Abbildung 9.12: *Das fertige Beispieldiagramm*

War doch gar nicht so schwer, oder?

Ein weiteres Beispiel: Import von Tabellen

Es gibt häufig Situationen, in denen Sie Informationen in tabellarischer Form in eine Calc-Tabelle importieren möchten. Beispiele wären z. B. Börsendaten, Telefontarife, Listen usw.

Es gibt zwei Möglichkeiten, diese Informationen in Calc zu importieren.

Möglichkeit 1: Importieren aus der Zwischenablage

Nehmen wir einmal an, Sie möchten Börsendaten importieren. Geben Sie dazu in einem Webbrowser die Adresse Ihrer bevorzugten Börsenseite ein. Wenn die Tabelle erscheint, markieren Sie sie mit der Maustaste. Je nach Browser müssen Sie einen Menüpunkt namens 'Kopieren' aufrufen. Der markierte Bereich wird in die Zwischenablage kopiert.

In OpenOffice.org öffnen Sie ein neues Dokument unter 'Datei' → 'Neu' → 'Tabellendokument'. Wählen Sie die Zelle an, von der ab Sie die Einfügung vornehmen möchten; im Menü 'Bearbeiten' wählen Sie bitte den

Eintrag 'Einfügen' aus. Die Tabelle wird jetzt mit allen Formatierungs-
angaben, Hyperlinks usw. in das Dokument eingefügt.

Möglichkeit 2: Importieren mit einem Filter
Falls Sie schon eine HTML-Datei vorliegen haben, die Sie gerne in Calc
importieren möchten, wählen Sie im 'Datei'-Menü den Eintrag 'Öffnen'
an. Es öffnet sich ein Dialogfenster. Unter 'Dateityp' wählen Sie bitte
'Webseite (OpenOffice.org Calc)' aus. Benutzen Sie die Pfeiltasten, um
in der Liste zu navigieren.

Nun müssen Sie nur noch den Dateinamen auswählen und auf 'Öffnen'
klicken und schon wird die Tabelle importiert.

Zeichnen mit OpenOffice.org Draw

Einführung

Mit Draw können Sie Vektorgrafiken erstellen. Aber was sind eigentlich Vektorgrafiken? Man kann eine Linie auf zwei Arten beschreiben:

Erstens mit sehr vielen Punkten die nebeneinander die Linie ergeben. Dies ist
die „klassische" Variante, auch als Bitmapbild bekannt. Gängige Bild-Formate
sind GIF, JPEG, PNG usw. Allerdings stellt diese Art nur eine grobe Annähe-
rung dar, die abhängig ist von der Anzahl der Punkte.

Zweitens durch eine Beschreibung von Anfangs- und Endpunkt. Die letztere ist sehr speicherplatzsparend, setzt allerdings voraus, dass die Dicke der
Linie, die Farbe usw. auch bekannt ist. Gängige Formate sind EPS, AI usw.
Diese Art der Darstellung nennt man Vektorzeichnungen. Sie entsprechen einer *mathematischen* Beschreibung des Bildes.

Zeichnen von Grafikelementen

Um eine neue Zeichnung zu erstellen, rufen Sie Draw direkt aus dem KDE
Panel auf: 'K' → 'Office' →OpenOffice.org → 'Draw'. Wenn OpenOffice.org
bereits läuft, können Sie auch 'Datei' → 'Neu' → 'Zeichnung'. Die in Draw
verfügbaren Grafikelemente lassen sich durch verschiedene Operationen verändern. So ist es ohne weiteres möglich, die Linienstärke, Art, Farbe, Füllung
u. a. zu ändern.

Probieren Sie einmal aus, ein Rechteck zu zeichnen. Auf der linken Seite ist
die Werkzeugleiste sichtbar. Klicken und halten Sie die Maustaste für ein paar

Sekunden auf das fünfte Symbol von oben (das ausgefüllte Rechteck). Es öffnet sich ein kleines Untermenü mit gefüllten/ungefüllten Rechtecken und Quadraten. Zusätzlich werden noch welche mit abgerundeten Ecken angeboten.

Wählen Sie ein ausgefülltes Rechteck aus. Der Mauszeiger ändert sich in Form eines Kreuzes. Klicken Sie auf die Arbeitsfläche und ziehen Sie die Maus nach rechts unten. Es wird ein Rechteck angezeigt, das den Mausbewegungen folgt. Wenn Sie die gewünschte Größe erreicht haben, lassen Sie die Maustaste los.

Ihnen gefällt die Füllfarbe nicht? Kein Problem! Aktivieren Sie das soeben gezeichnete Rechteck mit einem Mausklick. Es werden an den vier Ecken und den vier Seiten grüne Griffe angezeigt mit denen Sie die Größe ändern können.

Durch einen rechten Mausklick öffnen Sie das Kontextmenü. Wählen Sie 'Fläche...' aus; es öffnet sich eine Dialogbox die Ihnen verschiedene Einstellmöglichkeiten gibt. Experimentieren Sie ruhig ein wenig herum. Wenn Sie mit den Eingaben zufrieden sind, klicken Sie auf OK. Alternativ können Sie auch in der zweiten Symbolleiste direkt die Farbe ändern (rechts neben dem farbeverschüttenden Eimer).

Die Werkzeugleiste enthält noch mehr nützliche Grafikelemente. So lassen sich auch Kreise, Ellipsen, Linien und sogar 3D-Elemente einfügen. Probieren Sie doch einmal aus, welche Möglichkeiten Draw Ihnen bietet. Und vergessen Sie nicht die Hilfe, falls Sie einmal nicht weiterkommen.

Präsentationen erstellen mit OpenOffice.org Impress

Präsentationen sind dazu da, Sachverhalte logisch zu gliedern und optisch ansprechend darzulegen.

Präsentationen mit dem Autopiloten erstellen

Falls Sie am Anfang etwas Schwierigkeiten haben, Ihre Ideen auf „virtuelles Papier" zu bannen, dann empfiehlt sich der Autopilot.

Rufen Sie dazu 'Datei' → 'Autopilot' → 'Präsentation...' auf. In drei kurzen Schritten bestimmen Sie nun den grundsätzlichen Aufbau Ihrer Präsentation. Hintergründe und Ausgabemedium können dabei ebenso konfiguriert werden wie verschiedene Effekte. Auch Informationen aus einer bereits vorhandenen Präsentation lassen sich mit den Assistenten sehr einfach übernehmen.

Nachdem Sie den „AutoPilot" mit 'Fertig stellen' beendet haben, bietet Ihnen Impress eine Reihe von Vorlagen zur Seitengestaltung an. Wählen Sie eine davon, die Ihren Ansprüchen gerecht wird und geben Sie einen Titel für die erste Seite ein. Mit einem Klick auf 'OK' erhalten Sie nun die erste Seite der gerade eben erstellten Präsentation.

Nun müssen Sie nur noch Überschriften und Texte eingeben und fertig ist Ihre erste Präsentation, die sich mit dem Befehl 'Bildschirmpräsentation' aus dem Menü 'Präsentation' sofort starten lässt. Je nachdem, wie viele Seiten die Präsentation hat, können Sie durch einen Klick mit der linken Maustaste zur nächsten gelangen. Die Präsentation können Sie durch die (Esc)-Taste beenden.

Für die vielfältigen Modifikationsmöglichkeiten können Sie immer auch auf das Hilfesystem von OpenOffice.org zurückgreifen.

Einfügen einer Seite

Wenn Sie zu Ihrer Präsentation noch eine Seite hinzufügen wollen, können Sie dies im Menü 'Einfügen' unter 'Seite' vornehmen. Ein Dialogfenster öffnet sich (siehe Abbildung 9.13):

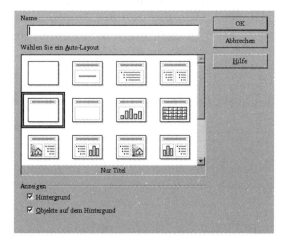

Abbildung 9.13: Seite einfügen in Impress

Dort können Sie der Seite einen Namen geben und auswählen, welches Auto-Layout verwendet werden soll. Durch Klicken auf 'Ok' wird die Seite eingefügt, 'Abbrechen' verwirft Ihr Vorhaben.

Unter 'Datei' → 'Neu' → 'AusVorlage...' können Sie zudem Ihre Vorlagen bestimmen.

Weiterführende Informationen

Falls Sie selbst die Weiterentwicklung von OpenOffice.org verfolgen oder unterstützen wollen oder einfach nur mehr über dieses zweifelsohne wichtige Projekt wissen möchten, können Sie sich auf der OpenOffice.org-Homepage unter `http://www.openoffice.org` informieren.

Adobe Acrobat Reader – Der PDF-Betrachter

Der Acrobat Reader von Adobe ist ein Programm zum Betrachten und Drucken von so genannten PDF-Dateien (= Portable Document Format). Der Acrobat Reader kann als eigenständiges Programm ebenso wie als Netscape-Plugin verwendet werden. Die komfortable Oberfläche lässt Sie auch durch komplexe Dokumente schnell und einfach navigieren. Das Programm heißt unter Linux `acroread` und gehört zur Standardinstallation von SuSE Linux 8.1.

Der Acrobat Reader für Linux ist derzeit leider nur in englischer Sprache verfügbar, eine deutsche Version wurde zum Zeitpunkt der Drucklegung nicht angeboten.

Einführung

Ziel der Entwickler war es, dem Computeranwender ein papierloses Informationsmanagement zu ermöglichen, denn die elektronischen Dokumente eines visionären papierlosen Büros haben theoretisch einige Vorteile. Diese reichen vom bequemen Versand per E–Mail bis hin zur platzsparenden Archivierung großer Datenmengen.

Global betrachtet ist das PDF-Format nur eines von vielen möglichen Speicherformaten für einen Text und der Acrobat Reader ist ein „Betrachter" (engl. *viewer*) für dieses Dateiformat. Das Programm und das Dateiformat haben im Detail einige nützliche Besonderheiten die im Folgenden kurz vorgestellt werden (Abbildung 10.1 auf der nächsten Seite zeigt die Oberfläche der Version 5.0.5 mit angezeigtem Hilfe-Dokument).

Das PDF-Format ist für seinen Bestimmungszweck hochgradig optimiert. Der Acrobat Reader steht dabei plattformübergreifend für Macintosh-, Windows- und eben auch Unix/Linux-Anwender zur Verfügung. Benutzer unterschiedlicher Systeme können mit derselben Benutzeroberfläche dieselbe PDF-Datei in derselben Qualität betrachten und ebenfalls in einheitlicher Qualität ausdrucken.

Das PDF-Format kann inzwischen als weit verbreitetes Standardformat betrachtet werden. Im Internet gibt es viele PDF-Dokumente, die Sie bequem betrachten oder herunterladen können. Der Acrobat Reader kann als so genanntes „Plugin" (= ein Programm mit speziellen Funktionen, das Dienste für ein anderes Programm erbringt) in den Internetbrowser Netscape eingebunden werden. Wenn Sie im WWW auf eine PDF-Datei klicken, öffnet sich automatisch der Acrobat Reader und das ausgewählte Dokument wird angezeigt. Speichern können Sie die Datei dann über das entsprechende Icon in der Iconzeile des Acrobat Reader.

Wie sie in der ersten Abbildung sehen, können PDF-Dokumente Verknüpfungshinweise und Lesezeichen auf einen Eintrag beinhalten. Diese werden links neben dem Text in einem eigenen Fenster dargestellt wenn der Reiter 'Bookmarks' aktiv ist. Klicken Sie auf einen Eintrag, wird sofort die entsprechende Stelle in dem aktuellen Dokument angezeigt oder es öffnet sich sogar eine andere PDF-Datei. Auch im Text funktioniert diese Hypertext-Funktionalität. Sie können durch Anklicken eines Wortes oder einer Grafik zu einem anderen Ort springen.

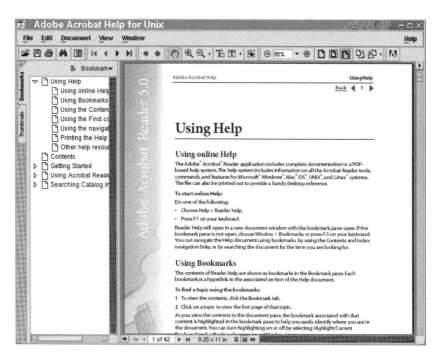

Abbildung 10.1: Der Acrobat Reader mit geladener Hilfedatei

PDF-Dateien können auch Vorschaubilder, so genannte „Thumbnails", besitzen. Diese stellen in Miniaturform eine ganze Seite dar, sind ebenfalls in dem linken Fenster angeordnet und können für die schnelle Übersicht oder für das schnelle Auffinden einer bestimmten Dokumentenstelle benutzt werden.

Hinweis

Mit dem Acrobat Reader können keine PDF-Dokumente erstellt, sondern nur betrachtet werden. Adobe stellt Acrobat (das komplette Textverarbeitungsprogramm) im Moment leider nur für Windows- und Macintosh-Systeme zur Verfügung. Unter SuSE Linux können Sie eigene PDF-Dokumente mit Hilfe verschiedener Programme erzeugen. Sehr verbreitet ist z. B. das Tool ps2pdf, mit dem man aus Postscript-Dateien pdf-Dateien erzeugen kann.

Hinweis ⌐

Der Acrobat Reader im Alltag

Wie öffne ich eine PDF-Datei?

Den Acrobat Reader selbst können Sie mit einem Mausklick im SuSE-Menü auf 'Büroprogramme/Ansicht' starten. Wenn Sie nicht KDE benutzen, können Sie den Acrobat Reader einfach in einer Konsole mit dem Befehl `acroread` starten.

Klicken Sie im KDE-Dateimanager auf eine Datei mit der Endung `.pdf`, öffnet sich in einem SuSE Linux Standard-System nicht der Acrobat Reader sondern KGhostView. Da die PDF-Dateien auf dem PostScript-Format basieren, kann KGhostView diese anzeigen und ausdrucken. Sie haben jedoch nicht die Verknüpfungs- und Suchfunktionen von Acrobat Reader. Falls Sie eine entsprechende automatische KDE-Verknüpfung benötigen, müssen Sie diese manuell einstellen.

Öffnen Sie hierzu im über das Menü 'Einstellungen' → 'Konqeror einrichten' den Dialog 'Dateizuordnungen' (Abb. 10.1 auf der vorherigen Seite). Suchen Sie in der Baumdarstellung im Eintrag 'application' die Dateiendung pdf und verschieben Sie im rechten unteren Feld 'Bevorzugte Anordnung von Programmen' den Eintrag 'Acrobat Reader' mit Hilfe der Buttons ganz nach oben. Wenn Sie nun den Dateimanager beenden und neu starten sollten sich pdf-Dateien automatisch mit Acrobat Reader öffnen.

Im Programm können Sie im 'File'-Menü unter 'Open' (Tastenkürzel: Ctrl + O) oder über das entsprechende Icon den Dateimanager des Acrobat Reader öffnen.

Das Acrobat-Fenster

In der Grundeinstellung sehen Sie beim Acrobat Reader Folgendes: Die erste Zeile mit Steuerungselementen ist die Menüzeile. In den Menüs finden Sie alle Befehle für die Steuerung des Acrobat Reader. Wenn Sie sich mit den Tastaturkürzeln vertraut machen, können Sie das Programm sehr schnell bedienen (Abb. 10.3 auf Seite 220).

Der Acrobat Reader besitzt, wie die meisten Applikationen mit graphischer Benutzeroberfläche, unter der Menüzeile eine Iconzeile. In dieser stellen Piktogramme die wichtigsten Funktionen schnell per Klick zur Verfügung. Neu in der aktuellen Version ist, dass die Icons in Gruppen eingeteilt sind, die je nach individueller Vorliebe sortiert oder an andere Ränder des Programmsfensters verschoben werden können. Es ist sogar möglich die Icons in ein eigenes Programmfenster zu schieben und Sie können manche ein- oder ausblenden.

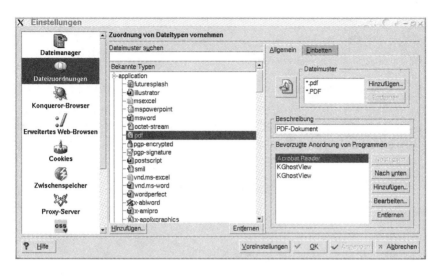

Abbildung 10.2: Zuordnung der Dateitypen im Konqueror

Die Icons werden im folgenden von links nach rechts kurz erläutert (alle sind eingeblendet):

– Öffnet den Acrobat Reader Datei-Manager

– Öffnet den Dialog zum Speichern der momentan angezeigten pdf-Datei.

– Öffnet einen Drucker-Dialog mit mehreren Einstellmöglichkeiten.

– Öffnet die Such-Funktion.

– Zeigt oder verbirgt das linke Fenster, in dem Thumbnails und Book-marks dargestellt werden.

– Springt zur ersten Seite des angezeigten Dokuments.

– Springt eine Seite vor.

– Springt eine Seite weiter.

Abbildung 10.3: *Die Menü- und Iconzeile des Acrobat Readers mit sichtbaren Bookmarks*

▶ – Springt zur letzten Seite des Dokuments.

◀ – Das Programm speichert den Pfad auf dem Sie sich im Dokument bewegt haben. Vor allem, wenn Sie hierzu die Bookmarks benutzt haben ist diese Funktion sehr sinnvoll. Mit ihr springen sie in der so genannten History-Liste einen Schritt zurück.

▶ – Falls Sie im Dokument mit der History-Funktion zurückgesprungen sind, können Sie hiermit wieder schrittweise zur zuletzt betrachteten Seite vorspringen.

🖑 – Das Hand-Werkzeug ermöglicht es, die im Textfenster dargestellten Seite mit der linken Maustaste zur greifen und zu verschieben. Hierzu muss dieses Icon eingeschaltet sein.

🔍 – Das Lupen-Werkzeut vergrößert den Darstellungsmodus im Textfenster und fokusiert das Darstellungszentrum auf die Koordinaten des Klicks.

🔍 – Die Verkleinerungslupe reduziert die Größe der Textdarstellung und fokusiert das Darstellungszentrum auf die Koordinaten des Klicks.

T – Bei eingeschaltetem Icon können Sie Text markieren und mit Hilfe der rechten Maustaste oder über das Menü in die Zwischenablage kopieren. Der Text wird zeilenweise markiert.

[T] – Ein weiteres Werkzeug zur Markierung von Text. Dieses arbeitet spaltenweise. Ziehen sie mit Hilfe der linken Maustaste einen gestrichelten Markierungsrahmen um den Text, den sie kopieren möchten.

[Icon] – Mit Hilfe dieses Icons können Sie aus dargestellten pdf-Dateien Bilder in die Zwischenablage kopieren. Diese stehen jedoch nicht in allen Applikationen zur Verfügung.

[⊖] – Verkleinert die Textdarstellung schrittweise.

[95% ▼] – In dem Prozentfenster können Sie direkt ihre gewünschte Darstellungsgröße eingeben. Der nach Unten gerichtete Pfeil rechts daneben öffnet ein Menü, in dem sie die gängigsten Werte schnell anklicken können.

[⊕] – Vergrößert die Textdarstellung schrittweise.

[Icon] – Ein einziger Klick stellt den Zoomfaktor für die Textdarstellung auf 100 Prozent.

[Icon] – Der Zoomfaktor wird so verändert, dass eine ganze Dokumentenseite im Textfenster dargestellt wird. Je nach Breite werden ggf. auch noch Teile der vorhergehenden oder nachfolgenden Seite gezeigt.

[Icon] – Der Zoomfaktor der Textdarstellung wird an die Breite des Textfensters angepaßt. Dies dürfte bei maximiertem Programmfenster auf den meisten Systemen zu einer Darstellung führen, die am besten lesbar ist.

[A] – Dieses Icon führt Sie zur Adobe Web-Site. Falls für den Acrobat Reader kein Browser definiert ist, öffnet sich der entsprechende Einstellungsdialog.

Unterhalb der Iconzeile befinden sich links in einem eigenen Fenster, die Verknüpfungen (hier als „Bookmarks" bezeichnet) oder die Vorschaubilder (engl. *thumbnails*). Falls ein Dokument diese Funktionalität nicht aufweist, wird es nicht angezeigt.

Auf der rechten Seite ist das ausgewählte Dokument dargestellt. Dieses nimmt normalerweise den größten Platz im Programmfenster ein.

Unter dem Dokument befindet sich eine Statuszeile mit mehreren Informationen (Abb. 10.4). Auch mit dieser kann man im Dokument navigieren und zwischen den Seiten-Darstellungsmodi 'Einzelseite', 'Kontinuierliche Dastellung' und 'Nebeneinander' wechseln.

Abbildung 10.4: *Die Statuszeile des Acrobat Readers*

Wie kann ich das Dokument so darstellen, dass ich es lesen kann?

Manchmal ist die Schrift des dargestellten Dokuments derart klein, dass sie nicht mehr lesbar ist. Acrobat Reader besitzt mehrere Möglichkeiten, um die Vergrößerungsstufe zu ändern. Am einfachsten ist der Klick auf die Papier-Icons in der Icon-Leiste. Mit diesen können Sie die Darstellungsgröße auf 100 %, ganze Seite oder Seitenbreite einstellen. Wenn Sie wollen, können Sie auch in die Prozentanzeige in der Iconleiste klicken und einen eigenen Vergrößerungsfaktor direkt eingeben (siehe Abbildung 10.3 auf Seite 220

Wie navigiere ich im Dokument?

Zum Wechseln der Seiten können Sie die Maus oder die Tastatur benutzen. Die Maus ermöglicht Ihnen eine bequeme Steuerung des vertikalen (oder horizontalen) Rollbalkens, Sie können aber auch auf die Pfeil-Icons in der Icon-Leiste klicken. Diese Icons werden zusätzlich auch in der Statusleiste unter dem Dokument dargestellt. Dort können Sie durch Anklicken der Seitenzahl direkt die gewünschte Seitennummer per Tastatur eingeben. Die Pfeiltasten der Tastatur bewegen die Seite in kleinen Schritten auf oder ab, die (Bild ↑) oder (Bild ↓)-Taste wechselt zur vorherigen oder nächsten Seite.

┌─ **Tipp** ──────────────────────────────

Die Funktionstaste (F6) schaltet das Verknüpfungsfenster aus (und ein), (F7) und (F8) deaktivieren (bzw. aktivieren) die Menü- und Icon-Leiste. Mit der Tastenkombination (Ctrl) + (F) können Sie die Suchfunktion aktivieren.

────────────────────────────── **Tipp** ─┘

Wie finde ich gezielt Informationen?

Acrobat Reader besitzt eine einfach zu bedienende Suchfunktion für Textinformationen. Klicken Sie hierzu auf das Icon mit dem Fernglas oder rufen Sie im Menü 'Edit' → 'Find' auf. Geben Sie ein Suchwort ein und beachten Sie, dass Tippfehler nicht verziehen werden! Der Acrobat Reader wird Ihnen das erste Vorkommnis des Begriffs anzeigen. Um die Suche fortzusetzen, wählen Sie in der Dialogbox 'Find Again'.

Wie drucke ich mein Dokument?

Im Druckermenü sind folgende Optionen wichtig:

Druckerauswahl:
Mit 'Printer Command' legen Sie die gewünschte Druckerwarteschlange fest. Standardmäßig sollte `lpr` eingestellt sein.

Rückwärts drucken:
Der Schalter 'Reverse Order' aktiviert eine sehr nützliche Funktion, wenn Ihr Drucker die Seiten nicht mit der bedruckten Seite nach unten in das Ausdruckfach legt und Sie immer mit der Hand nachsortieren müssen.

Die Vergrößerung der Seiten:
'Fit to Page' benötigen Sie, falls die Seitengröße des Dokuments größer oder kleiner ist als Ihre Druckseite. Dadurch wird die Seitengröße des elektronischen Dokuments automatisch auf die Papiergröße angepasst.

Wie erhalte ich weitere Hilfe?

Ein Klick auf das Menü 'Help' öffnet eine PDF-Datei mit ausführlichen Hilfsinformationen in englischer Sprache. Sie können übrigens von einem anderen System eine deutsche PDF-Hilfedatei (`reader.pdf`) für Acrobat kopieren und mit Ihrem Acrobat Reader für Linux lesen. Die Oberflächen des Readers sind nahezu identisch, auch die Funktionalitäten unterscheiden sich kaum.

Mein Netscape öffnet keine PDF-Dateien – was tun?

Falls das automatische Öffnen eines PDF-Dokuments nicht funktioniert, kann es sein, dass Netscape nicht korrekt eingerichtet ist. Netscape muss mitgeteilt werden, was es mit einer PDF-Datei machen soll. Dies erfolgt über die Netscape-Grundeinstellungen. Öffnen Sie hierzu im Menü 'Bearbeiten' → 'Einstellungen' → 'Navigator' die Abteilung 'Programme' ((engl. *Edit*) → (engl. *Preferences*) → (engl. *Navigator*) → (engl. *Applications*)). In der Programmliste auf der rechten Seite sollte als Beschreibung „application/pdf" stehen. Dies entspricht dem MIMEType für das PDF-Format. Das Suffix (das ist die Dateiendung) ist pdf. Wenn Sie bereits einen solchen Eintrag in der Liste haben, klicken Sie auf 'Bearbeiten' (engl. *edit*). Ansonsten erstellen Sie einen solchen Eintrag durch einen Klick auf 'Neu' (engl. *new*). Als Plugin sollte nppdf.so auswählbar sein (siehe Abbildung 10.5).

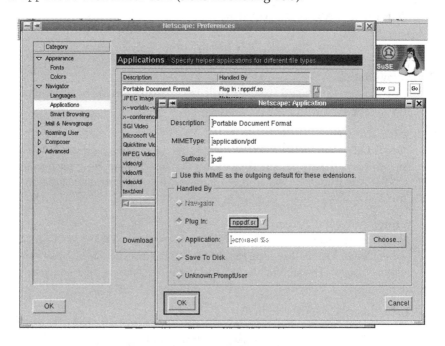

Abbildung 10.5: *Einstellungen in Netscape*

Falls das Plugin-Modul aus irgendwelchen Gründen nicht verfügbar ist, können Sie auch unter der Rubrik 'Programme' (engl. *Application*) acroread %s eintragen. Dann wird der Acrobat Reader nicht als Plugin in Netscape geöffnet, sondern der Start erfolgt in einem eigenen Fenster als eigenständiges Programm. Natürlich muss der Acrobat Reader hierzu auf Ihrem System installiert sein.

Konqueror – Webbrowser und Dateimanager

Konqueror ist Webbrowser, Dateimanager und Dokumentenanzeiger in einem. Wir geben Ihnen einen Überblick über die vielfältigen Anwendungsbereiche, die Ihnen der Konqueror bietet.

Starten von Konqueror

Konqueror kann auf vielerlei Art gestartet werden. Wenn Sie mit KDE arbeiten, sehen Sie im Panel ein Icon, das ein Haus darstellt. Ein Klick mit der linken Maustaste startet Konqueror. Oder Sie drücken (Alt) + (F2) und geben konqueror ein. Abbildung 11.1 zeigt Ihnen ein Konqueror-Fenster.

Abbildung 11.1: Das Konqueror-Fenster

Schnellübersicht über das Konqueror-Fenster

Das Konqueror-Fenster teilt sich in verschiedene Bereiche auf. Die Titelleiste ist der Kopf des Fensters und zeigt, wie alle anderen KDE-Programme auch, den Pfad des aktuellen Verzeichnisses, Dokuments oder der Webseite an.

Unterhalb der Titelleiste sehen Sie die Menüleiste. Abhängig davon, ob Konqueror als Webbrowser oder Dateimanager arbeitet, können Sie bestimmte Einträge auswählen. Die Werkzeugleiste zeigt Ihnen häufig benötigte Icons, mit denen Sie z. B. navigieren können. Wenn Sie den Mauszeiger ein paar Sekunden über dem jeweiligen Icon verweilen lassen, wird Ihnen ein kleiner Hilfetext angezeigt.

Ein Rechtsklick über ein freies Feld öffnet Ihnen ein Popup-Menü. Hier können Sie Ausrichtung, Textposition und Symbolgröße einstellen. Unterhalb der Werkzeugleiste sehen Sie eine Eingabezeile, in der Sie so genannte „URLs" eingeben können. Die URL ist eine allgemeine Adresse für verschiedenste Objekte. Diese Adressen können sowohl ins Internet als auch auf Ihre lokale Festplatte verweisen.

Eine URL setzt sich aus dem Übertragungsprotokoll und einer Adresse zusammen. Die gebräuchlichsten Protokolle sind:

`http`	Für Web-Seiten.
`file`	Für lokale Dateien.
`ftp`	Für Dateien auf einem FTP-Server.
`smb`	Für Zugriffe auf Samba-Rechner.
`man`	Zum Anzeigen von Manual-Seiten.
`info`	Zum Anzeigen von Info-Seiten.
`tar`	Zum Anzeigen von gepackten Dateien im tar-Format.
`audiocd`	Zum Browsen von Audio-CDs im Konqueror.
`floppy`	Zum Browsen von Disketten

Es gibt noch einige mehr. Eine gültige URL wäre z. B. `http://www.suse.de` oder `file://localhost/opt/kde2` bzw. abgekürzt `file:/opt/kde2`.

Geben Sie einfach die URL ein und drücken Sie ⏎.

┌─ **Tipp** ─────────────────────────────────

Mit dem × Icon, (Sie finden es links von der Eingabezeile), können Sie die gesamte Zeile löschen.

─────────────────────────────── **Tipp** ─┘

Falls Sie zurückliegende Eingaben wieder benötigen, klicken Sie auf der ganz rechten Seite auf den nach unten zeigenden Pfeil. Er öffnet eine Liste aller bisher durchgeführten Eingaben. Hier können Sie die entsprechende Eingabe dann auswählen. Sie können sich auch eine Leiste anzeigen lassen, die Ihre Lesezeichen enthält. Im Menü 'Werkzeuge' unter 'Lesezeichen-Leiste anzeigen' blenden Sie diese ein oder aus.

Unterhalb der URL-Zeile liegt das Hauptfenster. Es zeigt Ihnen den Inhalt von Verzeichnissen, Webseiten oder Dokumenten an. Sie können das Hauptfenster in verschiedene Ansichten teilen und in der einen Hälfte ein Dokument, in der anderen eine WWW-Seite anschauen.

Die Statuszeile am Ende des Fensters gibt Ihnen eine allgemeine Übersicht. Wenn Sie den Mauszeiger über einem Link verweilen lassen, zeigt er Ihnen die Internet-Adresse an, über einem Verzeichnis die Ordnernamen und über Dateien Name, Größe und Typ.

Falls Sie das Fenster geteilt haben (siehe Abschnitt *Verschiedene Anzeigemodi*), bekommen Sie für jede Ansicht eine Statuszeile, auf der links ein kleines LED-Lämpchen angezeigt wird. Dieses markiert Ihnen die aktive Ansicht.

Grundlagen zu Konqueror

Die Hilfe

Es gibt verschiedene Möglichkeiten, Hilfe zu Konqueror zu bekommen. Normalerweise rufen Sie im Menü 'Hilfe' den Eintrag 'Konqueror Handbuch' auf. Das KDE-Hilfesystem wird gestartet und Sie bekommen eine Dokumentation über den Konqueror mit zahlreichen weiterführenden Querverweisen.

Manchmal ist diese Hilfe aber zu ausführlich oder Sie möchten sich nur über ein kleines Icon informieren. Normalerweise sollte ein kleiner Hinweis erscheinen, wenn Sie den Mauszeiger einige Sekunden über dem Icon stehen lassen. Möchten Sie weitere Informationen, dann drücken Sie ⇑ + F1 (oder wählen Sie im 'Hilfe'-Menü den Eintrag 'Was ist das?' an und klicken auf das Piktogramm). Jetzt sollte sich ein kleines Fenster öffnen, das ein wenig ausführlicher informiert. Ein Linksklick schließt es wieder.

Verschiedene Anzeigemodi

Sie können im Menü 'Ansicht' unter 'Anzeigemodus' wählen, ob Sie eine symbolische Darstellung mit Icons, eine mehrspaltige Ansicht (der Dateiname erscheint dann links vom Icon), eine Baumansicht, eine detaillierte Verzeichnisansicht oder eine Textansicht wollen (siehe Abbildung 11.2; von links nach rechts: Symbolansicht, Baumansicht, mehrspaltige Ansicht).

Noch ein Wort zur Baum- und detaillierten Verzeichnisansicht: Beide sehen auf den ersten Blick gleich aus. Allerdings kann bei aktivierter Baumansicht die Verzeichnisstruktur genauer durchsucht werden, d. h., verschiedene Verzeichnisse können gleichzeitig geöffnet werden. Sie erkennen eine Baumansicht an einem +- oder −-Zeichen vor dem Ordnernamen. Dies bietet die 'detaillierte Verzeichnisansicht' nicht; sie ist dazu da, schnell in ein Verzeichnis zu wechseln.

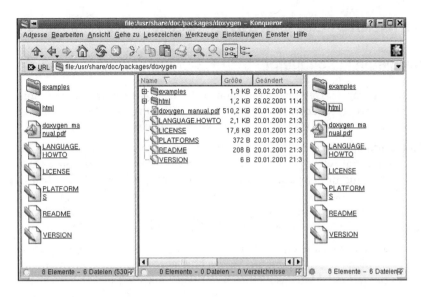

Abbildung 11.2: Geteiltes Konqueror-Fenster mit verschiedenen Ansichten

Fenster teilen und Konfiguration speichern

Wahrscheinlich kennen Sie auch das Problem: Sie möchten in einem bestimmten Verzeichnis navigieren, dabei aber die Gesamtstruktur nicht aus den Augen lassen. Als Lösung bieten sich verschiedene Ansichten an (siehe hierzu Abbildung 11.2).

Konqueror kann das Fenster horizontal oder vertikal teilen. Rufen Sie dazu im 'Fenster'-Menü einfach 'Ansicht in linke und rechte Hälfte teilen' oder 'Ansicht in obere und untere Hälfte teilen' auf. Die jeweils aktive Ansicht hat einen grünen Punkt in der Statuszeile. Sie können sogar ein Terminalfenster einblenden. Wenn das Häkchen vor 'Terminal-Emulator anzeigen' aktiviert ist, wird ein Terminalfenster eingeblendet, in dem Sie Befehle eintippen und ausführen können. So ist es leicht möglich, beide Vorzüge – grafisch und kommandozeilenorientiert – in einem Fenster zu vereinen. Wenn Sie sich eine Ansicht „gebastelt" haben, können Sie sie unter 'Fenster' → 'Ansichtsprofil einrichten' abspeichern. Geben Sie Ihrem Profil einen Namen, dann können Sie auch in Zukunft darauf zurückgreifen. Hier lässt sich zudem angeben, ob auch die Fenstergröße abgespeichert werden soll. Falls Ihnen der Platz dennoch zu klein sein sollte, legen Sie Ihr Konqueror-Fenster auf einen eigenen Desktop und wählen 'Vollbildmodus'.

Konqueror als Dateimanager

Navigieren in Konqueror

Mit Konqueror als Dateimanager können Sie sich leicht in den Verzeichnisebenen bewegen. Geben Sie einfach in der URL-Eingabezeile z. B. Ihr Homeverzeichnis ein (oder klicken Sie auf das Icon mit dem Haus).

Mit der Maus können Sie wie gewohnt in Verzeichnisse wechseln oder Dateien öffnen. Dazu reicht schon i. d R. ein einfacher Mausklick aus. Sie können sich im Konqueror aber auch mit den Cursortasten bewegen. Dazu drücken Sie eine der Cursortasten und verschieben damit eine „Markierung" (der Hintergrund des ausgewählten Icons erscheint in einer anderen Farbe). Durch Drücken von ⏎ öffnen Sie die Datei oder wechseln in das Verzeichnis.

Wenn Sie mehrere Dateien auswählen wollen, drücken Sie zusätzlich die Alt-Taste. Möchten Sie das vorherige Verzeichnis nochmals hervorholen, dann klicken Sie mit der Maustaste einfach auf den Linkspfeil in der Werkzeugleiste.

Navigieren mit der Sidebar

Konqueror bietet eine sog. „Sidebar" an. Dies ist ein einblendbares Fenster innerhalb von Konqueror in dem Sie verschiedene Möglichkeiten haben: Sie können sich Ihre Lesezeichen anzeigen lassen, die Historie der besuchten URLs, Ihr Heimatverzeichnis u. a. mehr. Probieren Sie die vielfältigen Variationen einmal aus. Aktivieren können Sie die Sidebar über das Menü 'Fenster' → 'Extended Sidebar anzeigen'.

Dateien und Verzeichnisse löschen

In KDE können Sie Dateien oder Verzeichnisse auf drei Arten löschen. Die markierten Dateien werden bei Aufruf von 'Löschen' aus dem Menü 'Bearbeiten' in das Verzeichnis Trash verschoben. Dort sind sie so lange sicher (und können natürlich wieder hervorgeholt werden), bis Sie den Papierkorb leeren. Von allen drei Löschmethoden ist dies die sicherste. Den Inhalt des Papierkorbs können Sie löschen, indem Sie auf dem Desktop das Icon Trash (bzw. Papierkorb) mit der rechten Maustaste anklicken. Ein Popup-Menü öffnet sich; wählen Sie den Eintrag 'Papierkorb leeren' aus.

Die zweite Methode löscht die Datei, indem die Einträge im Dateisystem als „frei" markiert werden. Solche gelöschten Dateien können (wenn überhaupt) nur mit Spezialtools restauriert werden.

Die dritte Methode löscht die Datei *wirklich* (Menü 'Bearbeiten' → 'In den Reißwolf schieben').

┌─ **Achtung** ───

Seien Sie mit diesem Aufruf *extrem vorsichtig*! Dateien sind nach dieser „Behandlung" wirklich entfernt, da der belegte Platz mit zufälligen Daten überschrieben wird. Falls Sie sensible Daten besitzen, die nicht in falsche Hände fallen dürfen, wird Sie diese Option vielleicht beruhigen.

─── **Achtung** ┘

Mehrere Dateien auswählen

Wenn Sie im Konqueror mehrere Dateien auswählen möchten, ziehen Sie am besten um die gewünschten Dateien einen Rahmen. Dazu müssen Sie nur auf eine freie Stelle innerhalb des Fensters klicken, die Maustaste gedrückt halten und die Maus dann bewegen. Sie sehen einen punktierten Rahmen, innerhalb dessen alle Dateien ausgewählt werden (die Hintergrundfarbe ändert sich). Jetzt können Sie die Maustaste loslassen und die geplante Aktion starten (kopieren, verschieben, löschen ...). Falls Sie eine feinere Unterteilung benötigen, z. B. alle PNG-Dateien, dann wählen Sie im Menü 'Bearbeiten' den Eintrag 'Auswählen' an. In der erscheinenden Dialogbox geben Sie einen Ausdruck ein. In unserem Beispiel wäre dies `*.png`. Jetzt werden im aktuell angezeigten Verzeichnis alle PNG-Dateien ausgewählt. Wenn Sie zusätzliche Dateien zu Ihrer Auswahl hinzufügen wollen, dann rufen Sie die Dialogbox einfach noch einmal auf und wiederholen die einzelnen Schritte.

Dateien finden

Wenn Sie Dateien finden wollen, rufen Sie im Menü 'Extras' bitte den Eintrag 'Datei suchen...' auf. Geben Sie den Namen oder das Muster und den Pfad ein und klicken Sie auf den Button 'Suchen'. Das angegebene Verzeichnis wird durchsucht und die Ergebnisse unten angezeigt. Für eine etwas feiner strukturierte Suche, können Sie unter 'Datumsbereich' (von wann bis wann) und 'Erweitert' (Typ, Text oder Größe) eine genauere Eingrenzung vornehmen. Das Programm lässt sich auch separat aufrufen, indem Sie im K-Menü den Eintrag 'Dateien suchen' auswählen.

Dateien umbenennen

Um Dateien einfach umzubenennen, klicken Sie die entsprechende Datei mit der rechten Maustaste an. Es öffnet sich ein Popup-Menü. Wählen Sie den

Eintrag 'Umbenennen' und geben Sie Ihrer Datei einen neuen Namen und schließen Sie mit der ⏎ Taste ab.

Filter verwenden

Falls der Inhalt eines Verzeichnisses einmal zu viele Dateien anzeigt, und die Übersicht leidet, können Sie Filter einsetzen. Somit können Sie die Ansicht nur auf die benötigten Dateien einschränken.
Rufen Sie hierzu 'Extras' → 'Ansichtsfilter' auf. Dieses Untermenü bietet Ihnen die aktuell erkannten Dateitypen an; wählen Sie einen Eintrag an, wird im Konqueror-Fenster auch nur dieser angezeigt. Über den Menüpunkt 'Mehrere Filter verwenden' können Sie die benutzten Filter akkumulieren und über 'Zurücksetzen' zeigen Sie wieder alle Dateien an.

Browsen in gepackten Dateien

Konqueror hat eine weitere interessante Fähigkeit: Er kann in gepackten Dateien navigieren. Wenn Sie eine tar.gz-Datei besitzen, klicken Sie darauf und Konqueror zeigt den Inhalt ganz normal an, als wenn es ein Verzeichnis wäre. Sie können auch einzelne Dateien herauskopieren. Was momentan noch nicht unterstützt wird, ist das Kopieren *in* ein Archiv. Möglicherweise wird dieses Feature in eine der nächsten Versionen eingebaut. Sie erkennen, dass Sie in einer gepackten Datei „surfen", wenn in der URL-Leiste die Eingabezeile mit `tar:/` beginnt.

CDs rippen

Mit dem Konqueror können Sie mit `audiocd:/` den Inhalt von Audio-CDs in verschiedene Formate umwandeln und auf die Festplatte bannen. Wie, erfahren Sie in *AudioCDs mit dem Konqueror einlesen* auf Seite 286.

Bildergalerie erstellen

Falls Sie umfangreiche Bildersammlungen in einem Verzeichnis haben, fällt es manchmal schwer, den Überblick zu behalten. Konqueror kann Ihnen helfen, indem er eine HTML-Datei mit den verkleinerten Bildern erstellt. Zeigen Sie das entsprechende Verzeichnis in Konqueror an und rufen Sie unter 'Extras' den Eintrag 'Bildergalerie erstellen' auf. Ein Fenster öffnet sich, in dem Sie Hintergrund- und Vordergrundfarbe, den Namen des Titels und wohin Sie es abspeichern wollen angeben können. Ein Klick auf 'Ok' startet die Aktion.

Standardmäßig wird eine Datei `index.html` erstellt, die Sie nur mit Konqueror aufzurufen haben und schon werden Ihre Bilder in einer verkleinerten, übersichtlichen Darstellung angezeigt.

Popup-Menüs mit der rechten Maustaste

Wenn Sie sich in einem geöffneten Konqueror-Fenster ein Verzeichnis anzeigen lassen, können Sie mit der rechten Maustaste ein Popup-Menü öffnen. Je nach Dateityp können Sie dabei unterschiedliche Aktionen auslösen. Beim Klicken auf eine Datei erscheinen die Einträge normalerweise wie im Menü 'Bearbeiten' (wobei Datei hier stellvertretend für Dateien und Verzeichnisse gebraucht wird, wenn nichts anderes angegeben wurde).

Konqueror als Webbrowser

Sie können Konqueror nicht nur als Dateimanager verwenden, er kann Ihnen auch Web-Seiten im Internet darstellen.

Aufruf von Web-Seiten

Geben Sie in der URL-Zeile einfach eine WWW-Adresse an, z. B. `www.suse.de`. Jetzt versucht Konqueror, die Adresse darzustellen. Sie brauchen nicht einmal das Protokoll (`http://`) am Anfang eingeben, dies erkennt das Programm von selbst. Allerdings funktioniert diese Fähigkeit nur bei WWW-Adressen korrekt. Bei FTP-Servern geben Sie am Anfang der Eingabezeile `ftp://` ein.

Web-Seiten und Grafiken abspeichern/Webarchive

Sie können, wie in anderen Browsern auch, die Web-Seite abspeichern. Wählen Sie 'Adresse' → 'Speichern unter...' aus und geben Sie der HTML-Datei einen Namen. Allerdings werden hier keine Bilder mit abgespeichert.
Falls Sie eine komplette Webseite archivieren wollen, wählen Sie 'Extras' → 'Webseite archivieren' aus. Konqueror schlägt hier einen Dateinamen vor, den Sie i. d. R. übernehmen können. Dieser endet auf `.war`, die Endung für Webarchive. Um das gespeicherte Webarchiv später anzuzeigen, klicken Sie einfach auf die entsprechende Datei und die Webseite wird inklusive aller Bilder im Konqueror dargestellt.

Erweitertes Webbrowsen (Internet-Stichwörter)

Eine sehr praktische Angelegenheit ist die Suche im Netz mit Konqueror. Das Programm definiert für Sie einige Suchmaschinen, die eine bestimmte Abkürzung besitzen. Wenn Sie einen Begriff über das Internet finden möchten, dann geben Sie einfach die Abkürzung und den Suchbegriff, durch einen Doppelpunkt voneinander getrennt, ein, und schon wird die entsprechende Seite mit den Suchergebnissen angezeigt. Selbstverständlich lassen sich auch eigene Abkürzungen definieren. Dazu brauchen Sie nur im 'Einstellungen'-Menü auf 'Konqueror einrichten...' klicken und den Untereintrag 'Erweitertes Webbrowsen' anwählen. Es öffnet sich ein Dialog, in dem Sie Ihre Abkürzungen definieren können.

Web-Seiten übersetzen

Nein, Konqueror kann (noch?) nicht direkt übersetzen, dazu bedarf es noch einer externen Quelle im Internet. Wenn Sie eine Web-Seite übersetzen möchten, geben Sie Ihre Adresse ein und wählen danach 'Werkzeuge' → 'Translate Web Page'. Ein Untermenü öffnet sich, aus dem Sie wählen können, welche die Quell- und welche die Zielsprache ist. Nach der Auswahl dauert es einige Sekunden, bis die übersetzte Seite angezeigt wird.

Bookmarks

Falls Sie bestimmte Internet-Seiten öfters besuchen, ist es mühsam, immer wieder die gleichen Adressen einzutippen. Konqueror kann Ihnen helfen, indem er eine Verweissammlung anlegen kann. Dazu gibt es das Menü 'Lesezeichen'. Hier können Sie alle Ihre Verweise (engl. *Bookmarks*) ablegen, seien das WWW-Seiten oder Links auf Verzeichnisse Ihrer lokalen Festplatte. Wenn Sie ein neues Lesezeichen anlegen wollen, brauchen Sie im Konqueror nur den Eintrag 'Lesezeichen' → 'Lesezeichen hinzufügen' aufrufen. Haben Sie schon einige Verweise angelegt, sehen Sie sie auch in diesem Menü. Es empfiehlt sich, Ihre Sammlung thematisch zu ordnen, d. h. in Hierarchien zu gruppieren. Hierzu dient der Menüeintrag 'Neues Verzeichnis', der Sie noch nach einem Namen dafür fragt. Beim Anwählen des Menüeintrags 'Lesezeichen' → 'Lesezeichen bearbeiten...' wird der Lesezeichen-Editor gestartet. Mit diesem Programm können Sie ganz nach Belieben all Ihre Lesezeichen verwalten, umorganisieren, hinzufügen und löschen.

Der Clou: Wenn Sie Netscape oder Mozilla als zusätzlichen Browser verwenden, brauchen Sie nicht mühsam Ihre ganzen Verweise wieder von Neuem anlegen. Es gibt im Lesezeichen-Editor den Eintrag 'Datei' → 'Netscape-Lesezeichen importieren', in dem Sie Ihre Verweise von Netscape (und analog Mozilla) in Ihren aktuellen Bestand integrieren können. Den umgekehrten Fall erreichen Sie durch 'Als Netscape-Lesezeichen exportieren'.

Verändern können Sie Ihre Lesezeichen, indem Sie mit der rechten Maustaste auf den Eintrag klicken. Ein Popup-Menü öffnet sich, aus dem Sie die jeweilige Aktion (ausschneiden, kopieren, löschen usw.) auswählen können. Wenn Sie mit dem Ergebnis zufrieden sind, vergessen Sie nicht zu speichern ('Datei' → 'Speichern')!

Wollen Sie Ihre Verweissammlung nicht nur archivieren, sondern auch griffbereit haben, bietet es sich an, Ihre Verweise in Konqueror sichtbar zu machen. Aktivieren Sie im Menü 'Einstellungen' den Eintrag 'Lesezeichen-Leiste anzeigen', und im aktuellen Konqueror-Fenster wird automatisch eine Leiste Ihrer Lesezeichen eingeblendet.

Java und JavaScript

Verwechseln Sie die beiden Sprachen nicht: Java ist eine objektorientierte und plattformunabhängige Programmiersprache von Sun Microsystems. Sie wird häufig eingesetzt für kleinere Programme (so genannte Applets), die über das Internet ausgeführt werden, z. B. für Onlinebanking, Chat, elektronische Shopsysteme... JavaScript ist eine interpretierte Skriptsprache, die hauptsächlich für die dynamische Gestaltung von Webseiten zum Einsatz kommt. Konqueror erlaubt, diese beiden Sprachen ein- oder auszuschalten, sogar domainspezifisch; d. h. für manche Rechner erlauben Sie den Zugriff, für andere nicht.

┌─ **Hinweis** ───

Damit die Applets korrekt ausgeführt werden können, muss zumindest ein so genanntes „Java Runtime Environment" installiert sein. Die Minimallösung finden Sie im Paket `javarunt`.

Sollten Sie einmal in die Verlegenheit kommen, Java-Quellcodes kompilieren zu müssen, sollten Sie alternativ das Java Development Kit (Paket `java`) installieren.

─── **Hinweis** ─┘

Falls Sie gehobene Anforderungen an die Systemsicherheit stellen, empfiehlt es sich, Java und JavaScript vollständig zu deaktivieren. Leider setzen bestimmte Web-Seiten JavaScript für die Darstellung voraus, was bei manchen Seiten das Surfen erschwert.

Proxies

Falls von Ihrem Provider der Zugriff auf einen Proxyserver erlaubt wird, sollten Sie diesen auch für KDE eintragen. Dies hat den Vorteil, dass Ihre Seiten evtl. schneller verfügbar sind, wenn weitere Benutzer darauf zugreifen.

Im 'Einstellungen'-Menü unter 'Konqueror einrichten' rufen Sie den Eintrag 'Proxyserver' auf. Dort tragen Sie den Proxy für HTTP, FTP und die jeweiligen Ports ein. Unter 'Kein Proxy für:' können Sie bestimmte Server ausschließen. Normalerweise wird man hier `localhost` bzw. den Namen Ihres Linux-Rechners eintragen.

Konqueror als Betrachter

Mit Konqueror können Sie nicht nur Verzeichnisse oder Webseiten betrachten, sondern auch verschiedene Dateien. Wenn Sie z. B. eine Textdatei anklicken, wird nicht das dazugehörige Programm separat gestartet, sondern der Text in das Konqueror-Fenster „eingebettet".

Zum Bearbeiten müssen Sie das zugehörige Programm separat starten Wenn Sie mit der rechten Maustaste auf den Dateityp klicken, öffnet sich ein Popup-Menü. Bei Dateitypen, die eine Vorschau anbieten, können Sie mit dem Menüpunkt 'Vorschau mit ...' das entsprechende Programm(e) anwählen. Über 'Öffnen mit' können Sie noch andere Programme aufrufen, die mit diesem Dateityp zurechtkommen.

Beachten Sie bitte, dass angezeigte Dokumente nicht editiert werden können. Wenn Sie dies wollen, finden Sie im Menü 'Bearbeiten' einen oder mehrere Einträge im Stil von 'Öffnen mit ...' (die Punkte stehen für das entsprechende Programm).

Weiterführende Informationen

Für weitere Informationen helfen Ihnen vielleicht die folgenden Links weiter:

`http://www.kde.org`	Alles rund um KDE.
`http://bugs.kde.org`	Bekannte Fehler in KDE.
`http://www.konqueror.org`	Alles rund um Konqueror.

Der Webbrowser Galeon

Die Idee von Galeon ist es, sich ausschließlich einem Aufgabengebiet zuzuwenden: „The Web, only the Web". Galeon benutzt hierfür die extrem schnelle „Gecko"-Engine des Mozilla-Browsers und bettet diese in eine schlichte, sehr funktionelle Benutzeroberfläche ein. Das Programm ist sehr schnell geladen, äußerst flink im Betrieb und gehört dank der Gecko-Engine zu den schnellsten Browsern, die überhaupt verfügbar sind.

Im Laufe der Zeit entwickelten sich die bekannten Web-Browser zu wahren Alleskönnern. So mutierte der Netscape Browser durch ständige Weiterentwicklung zum E-Mail- und Newsclient und wurde damit für viele Anwender zum ultimativen „All-In-One"-Tool. Heute erscheint es beinahe selbstverständlich, das Internetprogramme eine solch hohe Integrationsdichte aufweisen oder so stark in eine bestimmte Desktopumgebung eingebettet sind, dass ein Betrieb ohne diese gar nicht mehr möglich ist. Der Anwender eines betagteren Rechners bekommt jedoch die Folgen dieser Entwicklung bald zu spüren: Die Alleskönner sind häufig speicherfressend, eher behäbig im Betrieb und belegen schon einmal 30 Megabyte auf der Festplatte.

Mit Galeon im Internet

In der ersten Werkzeugleiste von Galeon findet man die wichtigsten Navigationsmittel des Browsers. Die Vor- und Zurück-Buttons ermöglichen die aus anderen Browsern bekannte Möglichkeit, in bereits besuchten Seiten zu blättern. Rechts daneben befindet sich der 'Reload'-Button, mit dem man erzwingen kann, dass der Inhalt einer Seite aktualisiert wird. Es folgt der 'Abbrechen'-Button, mit dem ein Verbindungsaufbau oder eine Übertragung gestoppt werden kann. Sehr praktisch ist die Zoomfunktion, welche standardmäßig auf 100 % steht, dass eine 1:1-Darstellung des Dokumentes vorsieht. Mit den beiden rechts daneben liegenden Auf- und Ab-Pfeilen können Sie die gewünschte Zoomstufe in Zehnerschritten einstellen. Im nun folgenden Eingabefeld können Sie Internet Adressen (URLs) eingeben. Ganz rechts sehen Sie den GNOME-Fuß, der hier als Statusanzeige dient. Ist das Icon animiert, arbeitet Galeon und überträgt Daten.

Galeon ist weboptimiert

Natürlich ist Galeon vor allem dafür ausgelegt, das Surfen im Internet möglichst praktisch zu gestalten. Wenn Sie die Standardkonfiguration gewählt haben, zeigt Ihnen Galeon eine zweite Werkzeugleiste mit der Möglichkeit, die bekannte Suchmaschine Google sowie deren News- und Bildersuchfunktion sehr schnell zu nutzen. Ebenso können Sie in einem Online-Wörterbuch nach Begriffen suchen, und die so genannten „Bookmarklets" benutzen. Hierbei handelt es sich um kleine, in Galeon eingebaute JavaScript-Funktionen. Sie können beispielsweise die Aktualität der angezeigten Seite ermitteln oder eine Internetseite langsam über den Bildschirm rollen lassen. Es verbergen sich eine ganze Menge sinnvoller Funktionen dahinter, probieren Sie es aus!

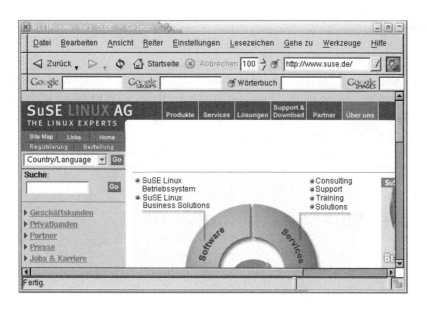

Abbildung 12.1: Das Hauptfenster von Galeon

Effizient Surfen mit Reitern

Galeon kann mehrere WWW-Dokumente in einem Programmfenster darstellen. Oftmals ist dieses Vorgehen praktischer, als für jedes Internet-Dokument ein neues Fenster zu öffnen. Angenommen, Sie möchten einen Link in einer Webseite als neuen Reiter öffnen, so klicken Sie diesen mit der rechten Maustaste an.

Wählen Sie im nun erscheinenden Popup-Menü die Auswahl 'In neuen Reiter Öffnen'. Nun wird Galeon sein Programmfenster mit Hilfe von „Karteikarten" aufteilen, sodass Sie immer schnellen Zugriff auf das gewünschte Dokument haben. Ebenso können Sie ein leeres Galeon-Fenster als Reiter erzeugen, indem Sie im Menü 'Datei' → 'Neuen Reiter Öffnen' wählen.

Einstellungen und Kontrolle

Alle Einstellungen, die sonst auch typisch für Webbrowser sind, lassen sich über das Menü mit 'Einstellungen' → 'Vorlieben' erreichen. Da dieser Dialog sehr benutzerfreundlich gestaltet worden ist, sind die wesentlichen Auswahlmöglichkeiten hier selbsterklärend. Hervorzuheben bleibt, das auch das Aussehen von Galeon verändert werden kann.

Galeon besitzt zudem eine eingebaute Passwortverwaltung, Cookie-Kontrolle und -Monitor, sowie die Möglichkeit einzustellen, von welchen Webseiten Bilder geladen werden sollen. All diese Optionen können Sie in einem einzigen Dialog, über 'Werkzeuge' → 'Cookies' → 'Cookies betrachten' erreichen.

Schon nach kurzer Eingewöhnungszeit werden sie bemerken, wie sehr Galeon auf seine einzige Aufgabe optimiert wurde. Die atemberaubend schnelle HTML-Engine des Mozilla tut ihr übriges dazu. Viel Spaß!

Weiterführende Informationen

`http://galeon.sourceforge.net`	Die Homepage von Galeon
`http://www.gnome.org`	Alles über GNOME

Opera – die kommerzielle Alternative

Der Webbrowser Opera erfreut sich in letzter Zeit zunehmender Beliebtheit. Seine herausragenden technischen Eigenschaften machen ihn mindestens ebenso interessant wie die vielen nützlichen Funktionen, die sich auch dem fortgeschrittenen Anwender nicht immer auf den ersten Blick erschließen. In diesem Kapitel möchten wir Ihnen diesen Browser vorstellen und dabei sowohl auf offensichtliche als auch auf versteckte Möglichkeiten eingehen.

Philosophie von Opera

Er ist kompakt, schnell und komfortabel – das lieben seine Anwender ganz besonders an Opera, dem alternativen Webbrowser aus dem norwegischen Oslo.

Als sich Netscape und Microsoft Ende der 90er Jahre mit ihren Browsern einen heftigen Kampf um Marktanteile lieferten, um schnellere, größere und mit immer mehr technischem Ballast voll gestopfte Browser auf den Markt zu bringen, avancierte Opera vom Geheimtipp zur echten Alternative unter den Darstellungsprogrammen für Internetinhalte.

Während die beiden Hauptkonkurrenten ständig mehr Funktionen in ihre Produkte auf Kosten von Stabilität und Geschwindigkeit integrierten, ging man bei der Entwicklung von Opera andere Wege: Anstatt den Browser mit allen möglichen Funktionen vollzustopfen, konzentrierte man sich die möglichst schnelle und korrekte Darstellung von Webseiten. Dass eine Version trotz neuer Funktionen kleiner war als ihr Vorgänger, war meist ebenso selbstverständlich wie die Mitteilung, die ohnehin schon zügige Darstellungsgeschwindigkeit sei weiter verbessert worden.

Diese Konzentration auf das Wesentliche hat jedoch auch ihre Nachteile: So sucht man einen E-Mail-Client bis heute vergeblich, eine volle Java-Unterstützung gibt es allenfalls zum Herunterladen und auch mit so manchem Plug-In mag Opera nicht so recht zusammenarbeiten. Im Gegensatz zu Internet Explorer, Netscape Navigator, Konqueror und Co., die kostenlos und ohne Einschränkung verwendet werden können, muss man für Opera im Übrigen entweder 39 US-Dollar berappen oder hinnehmen, dass oben rechts Werbung eingeblendet wird.

Die Vorteile scheinen für viele Anwender die Nachteile dennoch zu überwiegen – inzwischen verwenden etwa 5 Prozent der Internetnutzer Opera, mehrere Millionen haben sich Opera als ein oder zwei Megabyte große Datei in den letzten Jahren heruntergeladen. Diesen Aufwand können Sie sich sparen, denn bei SuSE Linux 8.1 ist der flotte Norweger (inkl. deutschem Sprachpaket) schon dabei. Falls noch nicht geschehen, können Sie das Programm nun komfortabel mit dem Systemassistenten installieren.

Im Folgenden möchten wir Ihnen nun einige Besonderheiten des alternativen Webbrowsers genauer vorstellen.

Aufbau

Schon beim Starten des Browsers wird ein Unterschied zu anderen Programmen seiner Art deutlich: Nachdem Sie den Lizenzbedingungen zugestimmt haben, können Sie wählen, ob die dargestellten Webseiten außerhalb oder innerhalb des Browserfensters dargestellt werden sollen (Abb. 13.1).

Abbildung 13.1: Der erste Start von Opera mit der Frage nach der Darstellungsweise

Von letzterer Möglichkeit wird profitieren, wer neben einer größeren Anzahl von Webseiten gleichzeitig mit verschiedenen Anwendungen zügig arbeiten möchte. In diesem Modus ist es gleichgültig, ob eine oder zwanzig Seiten geöffnet sind, denn nur Opera wird in der Taskleiste am unteren Bildschirmrand angezeigt und verbraucht dort kaum Platz. Erst innerhalb von Opera können Sie in einer unten eingeblendeten 'Fensterleiste' eine bestimmte Seite auswählen. So verlieren Sie auch bei vielen geöffneten Webseiten nicht die Übersicht.

Wenn Sie in Zukunft nicht mehr bei jedem Start gefragt werden möchten, haken Sie 'Künftig nicht mehr fragen' ab.

Symbolleisten

Wie Sie sehen ähnelt die Oberfläche des Programmes in vielen Bereichen dem Aussehen anderer Webbrowser (Abb. 13.2 auf der nächsten Seite). Auch hier finden Sie im oberen Bereich des Bildschirms die sog. „Hauptleiste", mit deren Hilfe Sie komfortabel navigieren können. Rechts wird die bereits erwähnte Werbeeinblendung platziert.

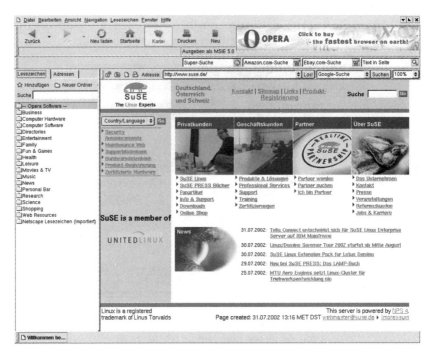

Abbildung 13.2: Der Opera-Browser mit Standardeinstellungen

Betrachtet man die Buttonleiste etwas genauer, findet man viele bekannte Knöpfe, mit denen man 'Vor' und 'Zurück' navigieren, Seiten 'Neu Laden' oder zur 'Startseite' springen kann. Neben all diesen von anderen Browsern bekannten Buttons lässt sich mithilfe des 'Kartei'-Knopfes die Lesezeichen-übersicht im linken Abschnitt des Hauptfensters an- und abschalten. Mehr zu dieser sehr komfortablen Lesezeichenverwaltung erfahren Sie im Abschnitt *Der Lesezeichenmanager* auf der nächsten Seite.

Unter der Hauptleiste wird Ihnen die so genannte 'Persönliche Leiste' angezeigt, in der Sie häufig benötigte Lesezeichen ablegen können. Diese können Sie dann bei einem erneuten Aufruf mit nur einem Mausklick erreichen.

In der rechten Hälfte haben Sie die Möglichkeit, sehr komfortabel in Suchmaschinen oder bei Händlern im Internet zu suchen. Dazu müssen Sie lediglich den Suchbegriff in das entsprechende Feld von Opera eintragen, ⏎ drücken und schon wird das Ergebnis angezeigt. Das erspart Ihnen den expliziten Aufruf der Internetseite und das anschließende Ausfüllen des Suchformulars.

Unter der Persönlichen Leiste befindet sich die 'Statusleiste'. Wenn Sie Ihre

Maus über Operas Schaltflächen bewegen – ohne auf diese zu Klicken –, erscheint im linken Teil dieser Zeile jeweils eine kurze Erklärung. Im rechten Teil wird angezeigt, als was für ein Browser sich der Norweger gegenüber Internetservern ausgibt. Dies hat den Vorteil, dass Sie Opera beim Besuch von Seiten „tarnen" können, die nur für bestimmte Browser zur Verfügung stehen. Klicken Sie auf dieses Feld, um Opera als Netscape („Mozilla"), Internet Explorer oder eben Opera bei anderen Servern vorzustellen.

Wenn Sie sich beim Start des Programmes dafür entschieden haben, alle Fenster innerhalb von Opera darzustellen, wird zusätzlich am unteren Rand des Fensters eine Übersicht über alle momentan geöffneten Webseiten eingeblendet. Diese wird 'Fensterleiste' genannt. Falls Sie sich für die Darstellung zusätzlicher Seiten außerhalb von Opera entschlossen haben, finden Sie eine ähnliche Leiste, die so genannte 'Seitenleiste' gleich unter der Statuszeile.

Das Hauptfenster

Nachdem Sie nun einen Überblick über die Möglichkeiten der verschiedenen Leisten in Opera gewonnen haben, wollen wir uns nun dem Hauptfenster zuwenden, das den Großteil der Opera-Oberfläche einnimmt.

Der Lesezeichenmanager

Verglichen mit den Hauptfenstern anderer Browser, fällt auf den ersten Blick die Lesezeichenverwaltung auf. Diese befindet sich im linken Bereich des Hauptfensters und stellt Ihnen eine komfortable Möglichkeit zur Verfügung, Lesezeichen und Adressen (Kontakte) zu verwalten.
Wenn Sie vorher bereits mit Netscape unter Linux gearbeitet haben, werden dessen Lesezeichen automatisch in Opera übernommen.

> **Tipp**
>
> Auch die Lesezeichen von Konqueror oder Internet Explorer können importiert werden. Mehr dazu finden Sie im Einstellungsmenü unter 'Datei' → 'Einstellungen...' → 'Anwendungen' → 'Lesezeichen'. Auch ein Export der Lesezeichendatei ist möglich; siehe 'Datei' → 'Exportieren'.
>
> **Tipp**

Die weiteren Funktionen des Lesezeichenmanagers sind selbsterklärend und werden hier nicht weiter erläutert. An dieser Stelle sei nur noch auf die „Drag&Drop"-Funktionalität hingewiesen, bei der Sie durch Anklicken und Ziehen – wie an vielen Stellen des Browsers – Lesezeichen und Ordner nach

Ihren Wünschen anordnen können. Möchten Sie auf den ständig eingeblendeten Lesezeichenmanager verzichten, um ein größeres Fenster zur Anzeige von Webseiten zu erhalten, können Sie diese Funktion mittels des 'Kartei'-Knopfes in der Hauptleiste abschalten. Die Lesezeichen stehen Ihnen dann auch weiterhin im oberen Menü über 'Lesezeichen' zur Verfügung.

Das Darstellungsfenster

Nachdem wir uns bisher mit den verschiedenen Leisten beschäftigt haben, kommen wir nun zum wichtigsten und größten Fenster von Opera: dem Darstellungsfenster, in dem die aufgerufenen Internetseiten anzeigt werden.

Bei näherer Betrachtung dieses Fensters, stechen auch hier am oberen Rand einige Knöpfe und Eingabefelder ins Auge. Auf der linken Seiten finden Sie eine Reihe von kleinen Symbolen, etwa in der Mitte sehen wir das Feld zum Eingeben von Adressen, rechts ein mit 'Google-Suche' beschriftetes Feld und schließlich steht am Rand '100%'. Doch was bedeuten diese Elemente? Zuerst möchten wir Ihnen die Funktion der vier einzelnen Knöpfe kurz erläutern:

Dieses ganz links gelegene Icon zeigt an, ob die gegenwärtige Verbindung verschlüsselt ist. Das Icon links steht für (unsichere) unverschlüsselte Verbindungen.

zeigt an, dass die momentane Verbindung gegen Abhören und Datenmanipulation geschützt ist. Klicken Sie auf diesen Knopf, so öffnet sich ein Konfigurationsfenster für verschlüsselte Verbindungen.

Wählen Sie über diesen Knopf aus, ob Bilder bei der Darstellung von Webseiten normal angezeigt werden sollen (Icon links).

stellt nur bereits vorhandene Bilder dar.

bewirkt, dass gar keine Bilder angezeigt werden . Vor allem letztere Einstellung kann bei sehr aufwändigen Seiten sinnvoll sein, denn nicht immer müssen alle Bilder heruntergeladen werden, um sich auf einer Webseite zurechtzufinden.

Hier können Sie den so genannten „Autorenmodus" wählen, in dem eine Seite wie vom Autor vorgesehen angezeigt wird (Icon links).

📇 schaltet um in den „Benutzermodus", der eine Seite nach Ihren Wünschen darstellt. Einstellungen zu den beiden Modi können Sie im Einstellungsmenü unter 'Dokument' → 'Seitenlayout' machen.

🖨 Mit diesem Knopf können Sie in den Druckvorschau-Modus springen, um herauszufinden, wie die aktuelle Seite auf dem Drucker ausgegeben werden würde.

Neben diesen fünf Schaltflächen befindet sich das Feld zur Eingabe der gewünschten Internetadresse. Möchten Sie eine Adresse eingeben, die Sie in letzter Zeit schon einmal besucht haben, reicht meist die Eingabe nur weniger Zeichen, bevor Opera den Rest der URL automatisch vervollständigt. Sobald der Vorschlag von Opera mit der gewünschten Adresse übereinstimmt, drücken Sie einfach (↵).

Tipp ─────────────────────────────────

Besonders schnell lässt sich ein Lesezeichen auf die momentan besuchte Seite erstellen, indem Sie auf 'Adresse:' klicken und bei gedrückter Maustaste den Mauszeiger in Richtung Lesezeichenmanager bewegen. Lassen Sie die Taste dort an einer beliebigen Stelle los, wird ein neues Lesezeichen angelegt.

──────────────────────────────── **Tipp** ┘

Der rechts neben dem Adressfeld stehende Doppelpfeil (FIXME: Bild) klappt eine Liste der zuletzt durch Eingabe der Adresse aufgerufenen Seiten auf. Diese Funktion ist dann besonders praktisch, wenn die gewünschte Seite erst vor kurzem einmal durch Eingabe der Adresse (und nicht über ein Lesezeichen oder Klick auf einen Link) aufgerufen wurde.

Der neben dem Pfeil zu findende 'Los!'-Knopf erfüllt dieselbe Funktion wie die (↵)-Taste – wird auf diesen Button geklickt, beginnt das Laden der eingegeben Adresse.

Wesentlich interessanter ist dagegen das rechts zu findende, mit 'Google-Suche' beschriftete Eingabefeld. Wie bei den vier Suchknöpfen der „Persönlichen Leiste" können Sie von hier aus Suchanfragen direkt an verschiedene Webseiten schicken. Der Unterschied zu den anderen Feldern besteht jedoch darin, dass durch einen Klick auf das Doppelpfeilsymbol (FIXME: Bild) eine Auswahl von ca. 20 durchsuchbaren Seiten erscheint. Im Internet stehen darüber hinaus Erweiterungen für Opera bereit, mit denen Sie Suchanfragen an unzählige weitere Seiten direkt aus dem Browser heraus stellen können.

Am rechten oberen Rand des Inhaltefensters finden Sie noch ein Feld mit der Aufschrift '100%', mit dessen Hilfe Sie den Zoom-Faktor festlegen können. Besonders praktisch ist dies, wenn auf Internetseiten die Schriftzüge sehr klein und damit nicht ohne Weiteres zu entziffern sind.

Spezielle Funktionen

Nachdem Sie im vorherigen Abschnitt bereits die Grundfunktionalität von Opera kennen gelernt haben, möchten wir Ihnen nun noch einige spezielle Funktionen des Programmes zeigen. Viele der im Folgenden beschrieben Möglichkeiten erschließen sich über das Einstellungsmenü, das Sie über 'Datei' → 'Einstellungen...' bzw. durch Drücken der Tastenkombination (Alt) + (P) erreichen.

Anpassung von Aussehen und Aufbau

Lassen Sie sich von Operas manchmal etwas kompliziert anmutenden Aufbau beim ersten Start nicht verwirren. Sie werden schon bald merken, wie nützlich die verschiedenen Leisten, Knöpfe und Eingabefelder im Alltag sein können. Wenn Ihnen die Optik des Browsers trotzdem nicht zusagt, haben Sie die Möglichkeit, diese nahezu beliebig zu verändern.

Falls Ihnen beispielsweise die Position einer Symbolleiste nicht gefällt, können Sie sie einfach verschieben, indem Sie entweder direkt auf den linken Rand der entsprechenden Zeile klicken und diese bei gedrückter linker Maustaste bewegen bzw. mit einem Klick mit der rechten Taste deren neue Position festlegen. Wenn Sie aus der obersten Menüleiste 'Ansicht' wählen, finden Sie einen Überblick aller Leisten in dem ausfahrenden Untermenü und können diese auch konfigurieren.

Daneben bietet Ihnen Opera auch die Möglichkeit, sein Aussehen noch weiter an Ihre Wünsche anzupassen. Wählen Sie im Einstellungsmenü dazu 'Allgemein' → 'Operas Aussehen' und probieren Sie z. B. einmal aus, welche der drei mitgelieferten Symbolleisten Ihnen am Besten gefällt. Auf http://my.opera.com finden Sie darüber hinaus eine Vielzahl von Schaltflächendesigns und Hintergründen für den Browser. Viel Spaß beim Ausprobieren!

Datenschutz

Opera lässt sich sehr flexibel an die Datenschutzbedürfnisse der Benutzers anpassen. Im Einstellungsmenü finden Sie dazu unter dem Punkt 'Sicherheit' eine ganze Reihe von Konfigurationsmöglichkeiten, um Ihren Ansprüchen an Datenschutz und Anonymität gerecht zu werden. Auch die Anzahl der zu speichernden Seiten kann im selben Menü unter 'Netzwerk' → 'Verlauf und Puffer' genau eingestellt werden.

Neben den bereits genannten Möglichkeiten bietet Opera für Linux unter 'Bearbeiten' → 'Cookies' einen Manager, mit dem bereits vorhandene Cookies verwaltet werden können. Dort erhält man eine detaillierte Übersicht über alle „Datenkekse", die selbstverständlich auch einzeln oder komplett gelöscht werden können.

Hinweis

Cookies sind Textfragmente, in denen Daten zur Identifizierung gespeichert werden. Beim erneutem Aufrufen der Seite bleiben Ihnen dann lästige Dinge wie Passwort- oder E-Mail-Adress-Eingabe usw. erspart, da diese aus den Cookies ausgelesen werden. So bequem dies allerdings ist, so transparent wird der Benutzer aber auch dadurch. Zwar ist das kein sicherheitsrelevantes Problem, jedoch werden evtl. bestimmte Daten ohne Ihre Einwilligung übertragen.

Hinweis

Möchten Sie Ihre Spuren gründlich verwischen, werden Sie an 'Datei' → 'Private Daten löschen...' großen Gefallen finden.

Tastenkürzel

Manche Benutzer verabscheuen (Computer-)Mäuse und viele nutzen für schnelles und effizientes Arbeiten so weit als möglich die Tastatur. Glückwunsch! – In diesem Fall hat Opera sicherlich gute Chancen, zu Ihrem neuen Lieblingsbrowser zu werden.

Eine Vielzahl von Tastenkombinationen ermöglicht es Ihnen, Opera auch ohne Maus vollständig und effizient nutzen zu können. Mit der Taste (F8) gelangen Sie z. B. in die Adresszeile und mit (F9) wieder zurück ins Inhaltsfenster, wo Sie sich mit (Bild ↑) und (Bild ↓) seitenweise bzw. mit (A) und (Q) von Link zu Link bewegen können. Als besonders nützlich hat sich auch (F12) erwiesen, die die wichtigsten Einstellungen in Kurzform auf den Bildschirm bringt.

Einen vollständigen Überblick der Tastenbefehle (engl. *Shortcuts*) für Opera erhalten Sie über das Menü 'Hilfe' → 'Tastatur'. Unter 'Bearbeiten' → 'Shortcuts...' finden Sie im Übrigen eine Liste, die nicht ganz so übersichtlich ist, dafür aber die Möglichkeit bietet, neue Shortcuts anzulegen und bestehende zu ändern bzw. zu löschen.

Mausgesten

Mindestens ebenso effektiv wie mit Tastaturkürzeln lässt sich mit ein wenig Übung auch mit den so genannten „Mausgesten" arbeiten. Das Prinzip ist einfach: Ein Mausbutton wird gedrückt gehalten und die Maus in eine bestimmte Richtung bewegt, um bestimmte Aktionen auszuführen. So wird beispielsweise ein neues Fenster geöffnet, wenn die rechte Maustaste gedrückt und die Maus gleichzeitig nach unten bewegt wird oder die aktuelle Seite neu geladen, wenn die Maus bei gedrückter Taste auf und ab bewegt wird. Unter 'Hilfe' → 'Maus' erhalten Sie einen Überblick über „Mausgesten" und die Verwendung der Maus unter Opera im Allgemeinen.

Doppelklick-Funktionalität

Klicken Sie zweimal kurz hintereinander auf ein Wort und sehen Sie, welche Möglichkeiten Ihnen Opera anbietet. So können Sie mit nur zwei Mausklicks nach diesem Schlüsselwort in einer Suchmaschine suchen, es in einem Lexikon nachschlagen, es in eine andere Sprache übersetzen lassen oder gar per E-Mail verschicken. Klicken Sie drei- bzw. viermal, wird ein Satzteil bzw. der ganze Absatz markiert.

Registrierung

Sollte Ihnen Opera gut gefallen und Ihnen die Werbeeinblendungen im rechten oberen Eck zu lästig werden, sollten Sie überlegen, den Browser auch zu registrieren. Für 39 US-Dollar (Studenten zahlen die Hälfte) erhalten Sie einen Zahlen-Buchstaben-Schlüssel, der nicht nur das Werbebanner in der rechten oberen Ecke entfernt, sondern Ihnen auch Anspruch auf bevorzugten Support einräumt.

Wir wünschen Ihnen viel Spaß mit Opera für Linux!

KMail – Das Mail-
programm von KDE

KMail ist das Mailprogramm von KDE. Abgesehen von den üblichen Features, wie dem Empfangen und Versenden von E-Mail und die Verwendung
mehrerer Mailprotokolle, ist es möglich, verschiedene benutzerdefinierte Filter zum Einsortieren von E-Mails in einzelne Ordner zu definieren. Sinnvoll
ist dies z. B. zum Trennen wichtiger Geschäftskorrespondenz von weniger
wichtigen Mails auf Mailinglisten. Die Mails können somit entweder in einer
ruhigen Minute gelesen oder schnell durchgesehen und gefahrlos gelöscht
werden.

Die ersten Schritte

Beim ersten Aufruf von KMail wird ein Ordner `Mail` in Ihrem Homeverzeichnis angelegt. Darin sind die ersten Verzeichnisse enthalten (Posteingang, Postausgang, Gesendete Nachrichten und Papierkorb). Verwenden Sie 'Einstellungen' → 'KMail einrichten...' zur Eingabe von ersten Informationen, sodass KMail Ihre Nachrichten richtig empfangen und senden kann.

Identität festlegen

Die Einstellungen in der Iconleiste 'Identität' sind nahezu selbsterklärend. Sie finden hier drei Reiter vor: 'Allgemein', 'Erweitert' und 'Signatur'.

Innerhalb des Reiters 'Allgemein' können Sie im Feld 'Name' Ihren vollen Namen eintragen und im Feld 'Organisation' optional die entsprechende Information. Geben Sie dann in den Feldern unter 'E-Mail-Adresse' Ihre E-Mail-Adresse ein.

Unter 'Erweitert' können Sie (falls nötig) noch eine 'Antwortadresse' eingeben. Sollten Sie verschlüsselte oder signierte Nachrichten versenden wollen, können Sie (falls Sie bereits einen entsprechenden öffentlichen Schlüssel besitzen) unter 'OpenPGP-Schlüssel' einen Schlüssel auswählen (siehe auch *Verschlüsselung von Mails mit PGP/GnuPG* auf Seite 261). Des Weiteren können Sie den 'Ordner für gesendete Nachrichten' und das 'Entwurfsverzeichnis' auswählen. Die Option 'Spezielle Versandart' benötigen Sie wahrscheinlich eher selten.

Zuletzt können Sie noch unter dem Reiter 'Signatur' eine Art Fußzeile unter jede Mail setzen. Dazu aktivieren Sie nur den Schalter 'Signatur aktivieren'.

Falls Sie noch zusätzlich eine andere Identität benötigen, können Sie diese mit dem Button 'Neu' anlegen.

Postfächer einrichten

Die Einstellungen in der Iconleiste 'Netzwerk' teilen KMail mit, auf welche Weise Mails zu empfangen und zu versenden sind.

Es gibt hier zwei Reiter, jeweils für das Versenden und das Empfangen von Mail.

Viele dieser Einstellungen können je nach System und Netzwerk, auf dem sich Ihr Mailserver befindet, variieren. Sind Sie sich unsicher über die zu wählende Einstellung oder den gewünschten Eintrag, dann wenden Sie sich am besten an Ihren Internet Service Provider oder Systemadministrator.

Versenden Unter dem Reiter 'Versenden' können Sie Ihre Ausgangspostfächer anlegen. Mittels 'Hinzufügen' entscheiden Sie sich zwischen SMTP oder Sendmail. Normalerweise können Sie hier SMTP verwenden. Nach dieser Auswahl erscheint ein Fenster, in dem Sie die Daten des SMTP-Servers eingeben können, wie 'Name', 'Server' und, falls nötig, eine entsprechende Autorisierung.

Sicherheitseinstellungen finden Sie unter dem Reiter 'Sicherheit'. Hier können Sie Ihre bevorzugte Verschlüsselungsart angeben. Sind Sie unsicher, welche Sie nehmen sollen, klicken Sie auf 'Fähigkeiten des Servers testen'; die entsprechenden Einstellungen werden dann überprüft und vorgenommen.

Empfang Für den Empfang von E-Mails finden Sie unter dem Reiter 'Empfang' alles Nötige. Mit dem Button 'Hinzufügen' können Sie zwischen verschiedenen Empfangsmöglichkeiten wählen: Lokal (Mbox-Format), POP3, IMAP oder Lokal (Maildir-Format). Normalerweise sollte POP3 hier ausreichend sein.

Nach dieser Auswahl erscheint ein Fenster, in dem Sie die Daten des POP3-Servers eingeben können. Vergeben Sie diesem einen eindeutigen Namen. Alle weiteren Daten sollte Ihnen Ihr Internet Service Provider oder Ihr Systemadministrator zur Verfügung gestellt haben. Sie brauchen dann nur noch die Werte in die entsprechenden Felder eintragen. Die Felder, die hier unbedingt ausgefüllt werden müssen, sind 'Benutzer', 'Server' und 'Passwort'.

Unter dem Reiter 'Extras' finden Sie Verschlüsselungs- und Autorisierungsmethoden. Falls Sie unsicher sind, welche Möglichkeiten der Server bietet, können Sie dies mit dem Button 'Fähigkeiten des Servers testen' herausfinden.

Verwendung von KMail

Hauptfenster

Das Hauptfenster erscheint beim Start von KMail. Es ist in drei Bereiche unterteilt:

- Ordnerbereich (links)
  Dieser Abschnitt enthält eine Liste Ihrer Nachrichtenordner (besser bekannt als Mailboxen). Eine Ziffer neben einem Ordner zeigt an, dass

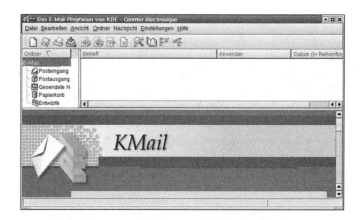

Abbildung 14.1: Hauptfenster von KMail nach dem Start

sich ungelesene Mail darin befindet. Zum Auswählen eines Ordners genügt ein Klick darauf. Die darin enthaltenen Nachrichten werden daraufhin im oberen Fensterabschnitt angezeigt. Nun erscheint auch die
Anzahl der ungelesenen und die Gesamtzahl der Nachrichten des selektierten Ordners im Statusbalken. Die Ordner können in einer Kurzan-
zeige dargestellt werden (dies benötigt nur einen kleinen Teil des linken
Bildschirmrandes) oder als lange Form (dies benötigt den gesamten linken Bildschirmrand, jedoch können mehr Ordner dargestellt werden).

- Header-Bereich (rechts)
  In diesem Fensterabschnitt werden Headerinformationen (Status der
  Nachricht, Absender, Betreff, Datum) für Nachrichten im aktuell gewählten Ordner aufgelistet. Durch Klicken auf den Header wird die
  Nachricht ausgewählt und im Nachrichtenfenster angezeigt. Sie können auch mehrere Nachrichten auswählen, indem Sie eine Nachricht
  anklicken, die ⇧-Taste gedrückt halten und auf eine andere Nachricht
  klicken.

  Die beiden selektierten Nachrichten sowie alle dazwischenliegenden
  werden ausgewählt. Durch Halten der Ctrl-Taste können Sie jede beliebige Anzahl von Nachrichten auswählen, ohne dass die dazwischenliegenden selektiert werden. Sie können Nachrichten sortieren, indem Sie
  auf die zu sortierende Spalte klicken.

  Klicken Sie mehr als einmal auf eine Spalte, dann wird die Reihenfolge zwischen auf- und absteigend wechseln. Sie können sortieren nach
  Betreff, Absender und Datum.

- Nachrichtenbereich (unten)

  Hier wird der Header und Inhalt der aktuell gewählten Nachricht angezeigt. Anhänge werden am unteren Rand der Nachricht als Icons dargestellt, basierend auf dem MIME-Typ des Anhangs. Sie können mit Hilfe
  der (Bild ↑)- und (Bild ↓)-Tasten durch die einzelnen Seiten der Nachricht
  scrollen oder mit Hilfe der (↑) und (↓)-Tasten Zeile für Zeile weiterge-
  hen. Die Shortcut-Tasten finden Sie im Hauptfenster.

Nachrichten können verschiedene Status-Flags besitzen. Dies kann im Untermenü 'Nachricht' → 'Markieren als' geändert werden.

'Neu' (roter Punkt, Header in roter Schrift): Die Nachricht ist neu und noch
nicht gelesen.

'Ungelesen' (grüner Punkt, Header in blauer Schrift): Eine Nachricht ändert
den Status von 'Neu' auf 'Ungelesen', wenn der Ordner, der die Nachricht enthält, erneut geöffnet wird.

'Gelesen' (Strich): Die Nachricht wurde gelesen.

'Beantwortet' (blauer, u-förmiger Pfeil): Die Nachricht wurde beantwortet.

'Wartend' (Briefumschlag): Die Nachricht wurde zur späteren Versendung in
den Postausgang gestellt.

'Gesendet' (schräger Briefumschlag): Die Nachricht wurde versendet.

'Wichtig' Zur Auszeichnung wichtiger Nachrichten.

Nachrichten erstellen

Das Fenster 'Nachricht erstellen' wird zum Verfassen neuer Nachrichten
verwendet. Es kann mit Hilfe des Dokument-Icons auf der Buttonleiste des
Hauptfensters aufgerufen werden oder über das Menü 'Nachricht' → 'Neue
Nachricht'.

Nachricht erstellen

Zum Verfassen der Nachricht füllen Sie die entsprechenden Felder im Fenster 'Nachricht erstellen' aus. Es gibt eine Vielzahl von Tastaturkürzeln, die
Ihnen beim Verfassen Ihrer Nachrichten helfen. Wenn Sie Ihre Mails über

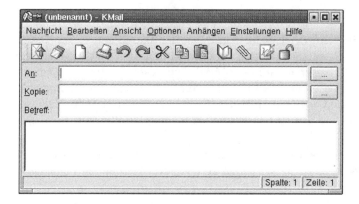

Abbildung 14.2: Nachricht erstellen

unterschiedliche Mailkonten verschicken möchten, müssen Sie Ihre Identität auswählen, die Sie im Abschnitt *Identität festlegen* konfiguriert haben. Die Knöpfe neben den Feldern 'An:', 'Kopie:', (und evtl. 'Blindkopie (Bcc):') rufen das Adressbuch auf, sodass Sie eine Adresse daraus auswählen können, statt sie ständig neu eingeben zu müssen. Haben Sie bereits den Anfang einer Adresse eingegeben, können Sie auch (Ctrl) + (T) drücken und erhalten somit eine Liste möglicher Ergänzungen. Haben Sie die Nachricht beendet, klicken Sie auf den Button 'Senden'. Beachten Sie, dass sie das Menü 'Ansicht' zum Einrichten unterschiedlicher Header verwenden können.

Anhänge

Zum Anhängen von Dateien an Ihre Nachricht können Sie eine der folgenden Methoden verwenden:

- Klicken Sie auf die Büroklammer und selektieren Sie die gewünschte, anzuhängende Datei.

- Ziehen Sie mit der Maus eine Datei vom Desktop oder einem anderen Ordner in das Fenster 'Nachricht erstellen'.

- Wählen Sie eine der Optionen im Menü 'Anhängen' aus.

Es erscheint der Dialog 'Nachrichtenteil-Eigenschaften', in dem Sie nach Informationen über den Anhang gefragt werden. Normalerweise wird der (MIME)-Typ der Datei richtig erkannt; falls dies einmal nicht der Fall sein sollte, können Sie aus einer Liste wählen. Tragen Sie im Feld 'Beschreibung' einen kurzen erklärenden Text ein. Sie sollten dann für Ihre Datei eine Kodierung aus der Liste der Kodierungsoptionen wählen (normalerweise funktioniert der Standardwert sehr gut). Ist eine Datei an Ihre Nachricht angehängt, dann erscheint sie in der Anhangsleiste im unteren Teil des Fensters. Sie können einen Anhang speichern, entfernen oder sich anzeigen lassen, indem Sie den Namen des Anhangs wählen und die Unterpunkte 'Entfernen', 'Speichern' oder 'Eigenschaften' im Menü 'Anhängen' selektieren. Sie können auch PGP-Schlüssel an Ihre Nachrichten anhängen, indem Sie die entsprechenden Optionen im Menü 'Anhängen' wählen. PGP-Schlüssel-Anhänge werden wie Dateianhänge behandelt und besitzen den MIME-Typ application/pgp-keys.

Nachricht auf Rechtschreibfehler überprüfen

Eine Rechtschreibprüfung Ihrer Nachricht können Sie mit 'Bearbeiten' → 'Rechtschreibprüfung' vornehmen. KMail verwendet KSpell zum Überprüfen der Rechtschreibung. KSpell ist das KDE-Frontend zur ispell- bzw. aspell-Rechtschreibprüfung. Beachten Sie bitte, dass Sie die Rechtschreibprüfung mit 'Einstellungen' → 'Rechtschreibung...' konfigurieren müssen.

Nachrichtenordner

Nachrichtenordner dienen der Organisation Ihrer Nachrichten. Standardmäßig werden alle Nachrichtenordner im Ordner `Mail` gespeichert, welcher in Ihrem Homeverzeichnis angelegt wird. Beim ersten Start von KMail werden die Ordner `Posteingang`, `Postausgang`, `GesendeteNachrichten` und `Papierkorb` angelegt. Diese Ordner haben im Einzelnen folgende Funktionen:

- Posteingang: Dort werden die neu abgerufenen Nachrichten von KMail abgelegt (falls kein Filter definiert wurde).

- Postausgang: Dort befinden sich die zu sendenden Nachrichten.

- Gesendete Nachrichten: Die Kopien aller gesendeten E-Mails sind hier abgelegt.

- Papierkorb: Hier finden Sie alle gelöschten E-Mails.

Möglicherweise werden die Standardordner Ihren Ansprüchen genügen. Vielleicht benötigen Sie zur Organisation Ihrer E-Mails aber auch weitere Ordner.

Zum Anlegen eines Ordners wählen Sie 'Ordner' → 'Erstellen'. Sie werden nun in einem Fenster nach dem gewünschten Namen des neuen Ordners gefragt (siehe Abb. 14.3). Falls es ein Unterordner sein soll, selektieren Sie bitte den übergeordneten Ordner (ein Listenfeld mit der Beschriftung 'Gehört zu:'). Innerhalb dieses Fensters können Sie den Ordnertyp, eine evtl. dazugehörige Mailingliste und ein Verfallsdatum angeben, d.h. nach einer bestimmten Zeit werden die Mails zur Löschung markiert.

Des Weiteren gibt es noch die Möglichkeit, eine andere Identität auszuwählen oder ein bestimmter Sender/Empfänger anzuzeigen.

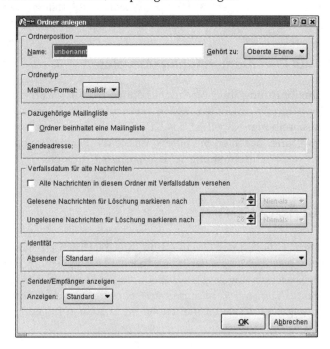

Abbildung 14.3: *Neuen Ordner erstellen*

Zum Verschieben von Nachrichten aus einem Ordner in einen anderen markieren Sie bitte die zu verschiebenden Nachrichten und drücken Sie (M) oder selektieren Sie 'Nachricht' → 'Verschieben nach...'. Es erscheint eine Liste mit Ordnern. Wählen Sie den Ordner, in den Sie die Nachrichten verschieben wollen. Nachrichten können auch dadurch verschoben werden, dass sie vom oberen Fenster in das linke Ordnerfenster gezogen werden.

Wollen Sie alle Nachrichten aus einem Ordner löschen, wählen Sie 'Ordner' → 'Leeren'. Alle im Ordner befindlichen Nachrichten werden daraufhin in den Papierkorb verschoben. Erst wenn Sie den Papierkorb leeren, werden alle Nachrichten darin endgültig gelöscht.

Das Adressbuch

Im Adressbuch speichern Sie Ihre häufig benötigten E-Mail-Adressen. Das Adressbuch können Sie entweder im Menü 'Datei' aufrufen, vom entsprechenden Icon im Hauptfenster (ein aufgeschlagenes Buch) oder im Fenster 'Nachricht erstellen'.

KMail bietet Ihnen die Wahl zwischen verschiedenen Adressbüchern, wobei 'Traditionelles KMail' sehr einfach ist und 'KAB' etwas mehr Features bietet. Sie können das zu verwendende Adressbuch bestimmen, indem Sie im Menü 'Einstellungen' → 'KMail einrichten' auf die Iconleiste 'Verschiedenes' klicken und dann den Reiter 'Adressbuch' auswählen. Falls Sie keine alten Adressbücher besitzen, ist der Eintrag 'KAdressbuch' zu empfehlen.

Bitte beachten Sie die Kommentare unter der Auswahl. Dort werden die Pakete genannt, die für die erweiterten Varianten nötig sind. Die Daten der Adressbücher sind voneinander unabhängig, d. h. Sie werden in 'KAB' nicht die Adressen sehen, die Sie nur im Adressbuch 'Traditionelles KMail' eingetragen haben.

Alle Adressbücher sind sehr einfach zu bedienen, sodass hier von einer Beschreibung abgesehen wird.

Filter

Nach längerer Verwendung von KMail wird es möglicherweise schwierig, die neuen Nachrichten im Posteingang in die entsprechenden Ordner einzusortieren. Filter ermöglichen die automatische Bearbeitung von eingehenden Nachrichten sowie die manuelle Bearbeitung von selektierten Nachrichten eines Ordners. Zum selektiven Filtern von Nachrichten in einen Ordner müssen Sie die gewünschte Nachricht markieren und (Ctrl) + (J) eingeben oder 'Nachricht' → 'Filter anwenden' auswählen. Bitte beachten Sie, dass dabei *alle* Ihre Filterregeln auf diese Nachricht angewendet werden. Es gibt keine Möglichkeit, nur bestimmte Filter für eine Nachricht zu verwenden. Wollen Sie einen Filter löschen, selektieren Sie diesen im Fenster 'Filterregeln' und klicken Sie auf den Button 'Löschen'.

Filterregeln

Ein Filter besteht aus einer oder mehreren Filterbedingungen und Filteraktionen. Eine Filterbedingung selektiert die Nachricht(en) z. B. anhand des Absenders, Inhalts oder Empfängers. Die zugehörige Aktion kann diese z. B. verschieben, löschen, markieren oder weiterleiten.

Beispiele für Filter

Wenn Sie auf der KDE-Benutzerliste eingeschrieben sind, können Sie für diese Liste einen Ordner anlegen (wir werden ihn KDE-Benutzer nennen). Wir legen einen Filter zum automatischen Transfer neuer Nachrichten aus Ihrem Posteingang in den KDE-Benutzerordner an. Den Filter können Sie wie folgt anlegen:

1. Legen Sie einen neuen Ordner an, wie es im Abschnitt *Nachrichtenordner* auf Seite 257 gezeigt ist. Als Namen können wir z. B. kde-user angeben.

2. Überlegen Sie sich zuerst einen möglichst *eindeutigen* Weg zum Identifizieren der zu filternden Nachrichten. Die Nachrichten der KDE-Benutzerliste in unserem Beispiel können eindeutig dadurch bestimmt werden, dass sie immer `kde-user@kde.org` im Feld 'An': oder 'Cc': enthalten.

3. Klicken Sie auf 'Einstellungen' → 'Filter einrichten'. Ein Fenster öffnet sich; die linke Seite zeigt die vorhandenen Filter während die rechte Seite des Fensters aus zwei Bereichen besteht: den Filterbedingungen und den Filteraktionen.

4. Klicken Sie auf das Icon → 'Neu' zum Erzeugen eines leeren Filters. Er erscheint als `Unbenannt`.

5. Selektieren Sie 'An:' oder 'Cc': aus dem ersten Pull-Down-Menü, 'enthält' aus dem zweiten Pull-Down-Menü und geben Sie im Textfeld `kde-user@kde.org` ein.

6. Im Bereich 'Filteraktionen' selektieren Sie 'Verschieben in Ordner' aus dem ersten Pull-Down-Menü. Daraufhin öffnet sich rechts ein neues Pull-Down-Menü mit einer Ordnerliste. Wählen Sie den Ordner, in den die gefilterten Nachrichten verschoben werden sollen, falls Sie dem gewünschten Kriterium entsprechen. In unserem Beispiel würden Sie kde-user aus dem Pull-Down-Menü wählen.

Vielleicht benötigen Sie kompliziertere Kriterien, um Ihre Nachrichten zu filtern. So könnten Sie z. B. nur Nachrichten aus der KDE-Benutzerliste speichern wollen, die von Ihrem Freund Fred Johnson (`fj@anywhere.com`) geschrieben wurden. Hier kommen die restlichen Filterkriterien ins Spiel:

1. Klicken Sie auf 'Einstellungen' $\rightarrow$ 'Filtereinrichtung' und markieren Sie den eben angelegten Filter.

2. Da Sie alle Nachrichten filtern wollen, die `kde-user@kde.org` im Feld 'An': oder 'Cc': enthalten *und* von Fred stammen, selektieren Sie aus dem Pull-Down-Menü zwischen den beiden Filterkriterien das zweite Popup-Menü innerhalb der Filterkriterien und wählen 'From' und daneben 'enthält' aus. Geben Sie im Textfeld die E-Mail-Adresse Ihres Freundes Fred Johnson ein (`fj@anywhere.com`). Beachten Sie, dass 'Trifft auf Folgenden zu' aktiviert ist.

3. Sie haben nun einen Filter erzeugt, der alle Mails von Fred Johnson aus der KDE-Benutzerliste überträgt.

Verschlüsselung von Mails mit PGP/GnuPG

Es folgt eine kurze Einführung um, Mails mit KMail zu verschlüsseln. Wir richten uns dabei an Neueinsteiger auf diesem Gebiet.

Sie können Ihre mit KMail versendeten E-Mails verschlüsseln. Dies bedeutet aber nicht, dass Ihre Anhänge verschlüsselt werden; Sie müssen dies vorher erledigen. Das geschieht mittels eines Shell-Befehls oder eines anderen Tools. Zum Einrichten und Verwenden von PGP bzw. GnuPG unter KMail müssen Sie vorher diese installieren und richtig konfigurieren. Eine umfassende Einführung in die Verschlüsselung würde den Rahmen dieser Dokumentation sprengen, jedoch werden alle notwendigen Schritte erwähnt. Details entnehmen Sie bitte der exzellenten Man-Page zu PGP bzw. GnuPGP (allerdings in Englisch).

Voraussetzungen für PGP/GnuPG

KMail setzt voraus, dass sich Ihre PGP-Binärdatei `pgp` nennt. Falls GnuPG verwendet wird, erwartet KMail, dass die Binärdatei `gpg` heißt. Am Anfang müssen Sie ein Schlüsselpaar für Ihre Identität erzeugen. Dies muss auf der Kommandozeile erfolgen (verwenden Sie `pgp -kg` bzw. `gpg --gen-key`). Zu diesem Zeitpunkt bietet KMail noch keine interne Unterstützung für die

Generierung eines PGP/GnuPG-Schlüssels. Die Identität (normalerweise Ihr Name und Ihre E-Mail-Adresse wie z. B. `JohnDoe<john@example.com>`) und Ihr Passwort werden für die Verständigung zwischen KMail und PGP bzw. GnuPG benötigt.

KMail-Einstellungen

Rufen Sie im Menü 'Einstellungen' → 'KMail einrichten' den Einstelldialog von KMail auf. Klicken Sie auf 'Sicherheit' → 'OpenPGP'. Unter dem Popup-Menü 'Verschlüsselungsprogramm auswählen' können Sie bestimmen, welches Programm verwendet werden soll. Normalerweise reicht die Option 'Automatisch erkennen' aus.

Haben Sie sich entschieden, klicken Sie auf 'Identität'. Hier finden Sie den Eintrag 'OpenPGP-Schlüssel'. Ein Klick auf 'Ändern' zeigt Ihnen eine Dialogbox, aus der Sie den entsprechenden Schlüssel auswählen können.

Unter dem Reiter 'OpenPGP' gibt es noch folgende Optionen:

- 'Passwort im Speicher halten': Wenn diese Option deaktiviert ist, wird KMail Sie immer dann nach Ihrem Passwort fragen, wenn Sie eine Nachricht signieren (vor dem Versenden) oder wenn Sie eine (erhaltene) Nachricht entschlüsseln. Wenn Sie diese Option aktivieren, fragt Sie KMail zweimal nach Ihrem Passwort und merkt sich dieses. Das Passwort wird dabei im Speicher gehalten und nicht auf die Festplatte geschrieben. Beachten Sie, dass ein Benutzer mit den entsprechenden Privilegien (z. B. `root`) Ihr Passwort evtl. sogar aus dem Speicher lesen kann.

- 'Zusätzlich eigenen Schlüssel verwenden': Wenn diese Option deaktiviert ist und Sie eine verschlüsselte Nachricht versenden wollen, dann können Sie diese Nachricht nicht mehr selber lesen, nachdem sie erstellt und verschlüsselt wurde. Schalten Sie diese Option also ein, wenn Sie Ihre verschlüsselten Nachrichten noch selber lesen wollen. Sie können den reinen Text der Nachricht dann im Ordner `GesendeteNachrichten` lesen.

- 'Nach Erstellung chiffrierten/signierten Text anzeigen': Aktivieren Sie diese Option, wenn nach der Verschlüsselung/Signierung der Text angezeigt werden soll.

- 'Wahl des Schlüssels für die Verschlüsselung immer bestätigen lassen': Aktivieren Sie diese Option, werden Sie immer nach dem Schlüssel gefragt, den Sie zur Signierung/Kodierung verwenden wollen.

Unter der Iconleiste 'Nachrichten erstellen' können Sie die Checkbox 'Nachrichten automatisch mit OpenPGP signieren' anwählen. Daraufhin werden alle Nachrichten vor dem Versenden unterschrieben. Zum Versenden verschlüsselter Nachrichten und Verifizieren Ihrer Signatur durch den Empfänger, müssen Sie diesem Ihren öffentlichen Schlüssel geben. Zum Senden verschlüsselter E-Mails an andere oder zum Überprüfen Ihrer signierten Nachrichten benötigen Sie Ihren öffentlichen Schlüssel. Öffentliche Schlüssel können auf einem öffentlichen PGP-Schlüssel-Server, wie z. B. `www.pgp.net` gespeichert werden.

Nachrichten signieren

Ihre Nachrichten erstellen Sie wie üblich. Vor dem Versenden der Nachricht müssen Sie das entsprechende Icon in der Werkzeugleiste des Fensters aktivieren (zweitletztes Icon). Dann können Sie die Nachricht versenden. Zum Signieren muss KMail Ihr PGP-Passwort kennen. Falls Sie das Passwort jedoch schon angegeben haben, wird KMail die Nachricht ohne weitere Aufforderung signieren. Im Ordner `Gesendete Nachrichten` (oder im Postausgang, falls Sie nicht 'sofort senden' verwendet haben) können Sie das Ergebnis des PGP-Signaturvorgangs überprüfen. Dort sollte Ihre E-Mail den Vermerk besitzen, dass sie von Ihnen signiert wurde.

Öffentlichen Schlüssel versenden

Erstellen Sie eine Nachricht für die Person, der Sie Ihren öffentlichen Schlüssel senden wollen. Wählen Sie dann im Menü 'Anhängen' → 'Öffentlichen Schlüssel anhängen'. Die Mail kann nun gesendet werden. Beachten Sie bitte, dass es keine Garantie dafür gibt, dass der Empfänger einer signierten Nachricht den korrekten Schlüssel erhält. Es kann vorkommen, dass die Mail auf dem Weg zum Empfänger abgefangen und mit einem anderen Schlüssel signiert wird. Deshalb sollte der Empfänger den angehängten Schlüssel überprüfen, indem er den Fingerabdruck mit dem von Ihnen erhaltenen Wert abgleicht. Weitere Informationen dazu entnehmen Sie bitte der Dokumentation zu PGP oder GnuPG.

Verschlüsselte Nachricht entschlüsseln

Sie müssen lediglich die Nachricht unter KMail anwählen. Dann werden Sie aufgefordert, Ihr Passwort einzugeben. KMail wird daraufhin versuchen, die Nachricht zu entschlüsseln (falls sie mit Ihrem öffentlichen Schlüssel verschlüsselt wurde) und den reinen Text darzustellen. (Falls nicht, werden Sie die Nachricht nicht lesen können.) KMail speichert die E-Mails als verschlüsselte Nachrichten, sodass niemand sie ohne Ihr Passwort lesen kann.

Einen öffentlichen Schlüssel erhalten

Sie können einen öffentlichen Schlüssel entweder als Anhang oder einfach per FTP oder auf Diskette erhalten. Vor dessen Verwendung zum Verschlüsseln einer E-Mail an den Besitzer des Schlüssels, sollten Sie den Schlüssel überprüfen (prüfen Sie den Fingerabdruck oder schauen Sie nach vertrauenswürdigen Signaturen).

Dann können Sie den Schlüssel zu Ihrem öffentlichen Schlüsselring hinzufügen, indem Sie auf der Kommandozeile den Befehl `pgp -ka` ⟨`filename`⟩ bzw. `gpg --import` ⟨`filename`⟩ eingeben. Falls der Schlüssel nicht mit einer vertrauenswürdigen Signatur versehen ist, können Sie ihn unter KMail nicht zum Verschlüsseln verwenden, solange er nicht signiert ist (verwenden Sie `pgp -ks` ⟨`Identität`⟩).

Öffentliche Schlüssel von anderen verwenden – Eigene Nachrichten verschlüsseln

Zum Versenden einer verschlüsselten Nachricht an einen Empfänger, von dem Sie den öffentlichen Schlüssel besitzen, verfassen Sie einfach die Nachricht im Fenster 'Nachricht erstellen'. Aktivieren Sie vor dem Versenden der Nachricht das Icon mit dem roten Schlüssel in der Werkzeugleiste des Fensters Nachricht erstellen. Nun kann die Nachricht gesendet werden. Wenn KMail keinen einzigen Schlüssel für die Empfänger finden kann, wird eine Liste mit allen verfügbaren Schlüsseln angezeigt. Sie können dann den passenden Schlüssel aus der Liste auswählen (oder die Aktion abbrechen). Möglicherweise informiert Sie KMail auch über während des Verschlüsselungsprozesses aufgetretene Fehler. Wie bereits erwähnt, werden Sie verschlüsselt geschickte Mails nicht lesen können, wenn Sie nicht 'Zusätzlich eigenen Schlüssel verwenden' in der Karteikarte 'Sicherheit' angewählt haben.

Evolution: Ein E-Mail- und Kalenderprogramm

Evolution ist eine Groupware Suite von Ximian. Es bietet allgemeine E-Mail-Funktionen zusammen mit erweiterten Funktionen wie Aufgabenlisten und einen Kalender. Verwenden Sie Evolution zum Vereinbaren von Terminen mithilfe der Kalenderfunktionen oder einfach zum Holen und Sortieren Ihrer E-Mails. Das Programm beinhaltet auch ein komplettes Adressbuch, mit dem das Versenden Ihrer Kontaktinformationen als Adresskarte möglich ist.

Starten des Programms Evolution

Evolution ist nicht Teil der Standardinstallation von SuSE. Verwenden Sie YaST2 zum Installieren von evolution sowie allen weiteren benötigten Paketen, die automatisch von YaST2 selektiert werden.

Bei Evolution handelt es sich um eine GNOME-Applikation. Sind jedoch die erforderlichen Bibliotheken installiert, kann es von jedem Windowmanager aus benutzt werden. Wollen Sie Evolution aus GNOME starten, wählen Sie 'Programme' → 'Applikationen' → 'Evolution'. Im SuSE-Menü kann es unter 'Internet' → 'kleine Werkzeuge' → 'Evolution' gestartet werden. In einem Terminal müssen Sie zum gleichen Zweck den Befehl evolution & eingeben.

Konfigurationsassistent für Evolution

Beim ersten Start von Evolution sehen Sie ein Konfigurationstool, das Sie bei der Erstkonfiguration unterstützt. Wird es nicht automatisch geöffnet, gehen Sie auf 'Eingang', wählen Sie 'Werkzeuge' → 'Mail-Einstellungen...' und klicken Sie unter 'Hinzufügen' im Reiter 'Zugänge' auf 'Hinzufügen'. Mit einem Klick auf 'Weiter' erhalten Sie den Assistenten. Geben Sie in den entsprechenden Feldern Ihren Namen und Ihre E-Mail-Adresse ein. Falls Sie über mehrere E-Mail-Adressen verfügen, verwenden Sie Ihre bevorzugte Adresse. Zusätzliche Adressen können zu einem späteren Zeitpunkt konfiguriert werden. Klicken Sie auf 'Weiter'.

Wählen Sie für diese Adresse in der Listenbox 'Servertyp' das passende Format für eingehende Mail. Das gebräuchlichste Format zum Holen von Mails von einem entfernten Server ist 'POP'. 'IMAP' arbeitet mit Mailverzeichnissen auf einem speziellen Server. Fordern Sie die nötigen Information von Ihrem Internetprovider oder Serveradministratoren an. Füllen Sie die anderen relevanten Felder aus, die nach der Wahl des Servertyps erscheinen. Klicken Sie dann auf 'Weiter'.

Sie müssen nun die Informationen zur Mailzustellung eingeben. Diese werden für alle konfigurierten E-Mail-Adressen verwendet. Zur Übergabe von ausgehender Mail auf dem lokalen System, wählen Sie 'Sendmail'. Für einen entfernten Server müssen Sie 'SMTP' selektieren. Nähere Informationen erhalten Sie von Ihrem Internetprovider oder Serveradministratoren. Wenn Sie SMTP gewählt haben, müssen Sie nach der Selektion die erscheinenden Felder ausfüllen. Dann klicken Sie auf 'Weiter'.

Die E-Mail-Adresse wird standardmäßig als Identifikationsname für den Zugang verwendet. Falls gewünscht, tragen Sie einen anderen Namen ein. Die Option 'Dies zu meinem Vorgabezugang machen' legt fest, ob der Zugang als Standard eingerichtet werden soll. Standardzugang ist die E-Mail-Adresse, die eingangs zum Versenden von Mail angegeben wurde. Im Fenster zur Erstellung einer neuen Nachricht kann bei Bedarf ein anderer Zugang gewählt werden. Klicken Sie auf 'Weiter'.

Im nächsten Fenster wird die Zeitzone gewählt. Diese Information wird für die Kalenderfunktionen benötigt. Nur wenn die richtige Zeitzone gewählt wurde, können Sie die Funktionen des Terminplaners vernünftig nutzen. Klicken Sie auf eine Stadt in Ihrer Zeitzone. Nach der Auswahl wird das selektierte Gebiet hereingezoomt, sodass Sie bei Bedarf eine Änderung vornehmen können. Wird die korrekte Zeitzone unter 'Auswahl' angezeigt, klicken Sie auf 'Weiter'. Zum Speichern der eingegebenen Daten, klicken Sie im nächsten Fenster auf 'Beenden'. Wollen Sie Änderungen vornehmen, klicken Sie auf 'Zurück'.

Aus anderen Mailprogrammen importieren

Evolution ist in der Lage, Mail aus anderen Mailprogrammen zu importieren, wie z. B. aus Netscape oder KMail. Gehen Sie dafür auf 'Datei' → 'Importieren'. Für KMail oder mutt verwenden Sie 'Eine einzlne Datei importieren'. Für Netscape wählen Sie 'Daten und Einstellungen aus älteren Programmen importieren'. Weitere Informationen finden Sie auf den internen Hilfeseiten.

Das Fenster zu Evolution

Das Standardfenster sehen Sie in Abbildung 15.1 auf der nächsten Seite. Die verfügbaren Menüs und Menüpunkte sowie die Icons in der Werkzeugleiste sind von Fenster zu Fenster unterschiedlich. Im linken Fenster 'Verknüpfungen' wählen Sie den Inhalt des rechten Fensters. Sie können die Größe der Fenster durch Verschieben der Trennleisten verändern.

┌─ **Tipp** ─────────────────────────────────
Indem Sie mit der rechten Maus auf einen Menüpunkt klicken, erhalten Sie ein Kontextmenü zu dem jeweiligen Thema.
────────────────────────────────── **Tipp** ─┘

Unter 'Ansicht' können Sie jederzeit die 'Verknüpfungsleiste' entfernen oder eine 'Ordnerleiste' hinzufügen. Im Folgenden werden die einzelnen Menüpunkte des Fensters 'Verknüpfungen' erläutert.

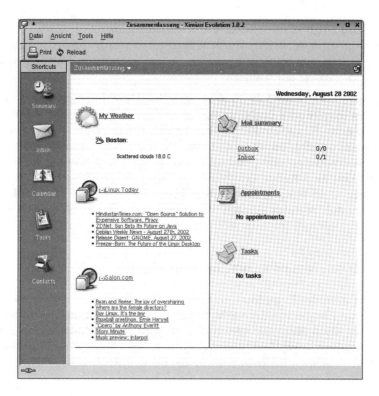

Abbildung 15.1: *Das Evolution-Fenster mit Verknüpfungen und Zusammenfassung*

Zusammenfassung

Unter 'Zusammenfassung' erhalten Sie grundlegende Informationen zu Mail, Terminen und Aufgaben sowie eigens konfigurierbare Wetter- und News-Quellen. Dieses Fenster sehen Sie in Abbildung 15.1. Zum Konfigurieren der Informationen gehen Sie auf 'Werkzeuge' → 'Einstellungen der Zusammenfassung'.

Eingang

In dieser Ansicht zeigt die obere Hälfte des Fensters die Inhalte des Eingangsverzeichnisses. Die untere Hälfte dient als Voranzeige für die gewählte Nachricht. Deaktivieren Sie die Voranzeige mit 'Ansicht' → 'Vorschaufläche'.

Zum Wechseln des Verzeichnisses klicken Sie auf den nach unten zeigenden Pfeil neben 'Eingang' und wählen Sie einen anderen Ordner. Die Suchleiste kann zum Durchsuchen von Nachrichten eines Ordners eingesetzt werden. Die Nachrichten können unterschiedlich sortiert werden. Klicken Sie dazu einfach auf die gewünschte Kopfzeile. Die Sortierung kann entweder in aufsteigender oder absteigender Reihenfolge vorgenommen werden, wie vom Pfeil zur Rechten angezeigt. Klicken Sie auf die Kopfzeile, bis die richtige Richtung angezeigt wird.

Kalender

Eingangs erhalten Sie die Ansicht für den aktuellen Tag und Monat sowie eine Aufgabenliste in einer eigenen Leiste zur Rechten. Über die Werkzeugleiste oder das Menü 'Ansicht' können Sie zwischen Wochenansicht, Arbeitswochenansicht sowie Monatsansicht wählen. Mithilfe der Suchleiste können Sie eingetragene Termine finden. Verwenden Sie die Buttons der Werkzeugleiste zum Hinzufügen von Terminen und Aufgaben. Die Werkzeugleiste kann auch zum Blättern durch den Kalender oder zum Springen zu einem bestimmten Datum benutzt werden.

Aufgaben

Unter 'Aufgaben' finden Sie eine Aufgabenliste. Fügen Sie mithilfe der Werkzeugleiste Aufgaben hinzu. Mit der Suchleiste können Sie nach Aufgaben suchen.

Kontakte

In dieser Ansicht sehen Sie alle Einträge Ihres Adressbuchs. Verwenden Sie die Suchleiste für die Suche nach einer bestimmten Adresse oder klicken Sie alternativ auf den rechten Button mit dem Anfangsbuchstaben des gesuchten Nachnamens. Fügen Sie neue Kontakte oder Listen mithilfe der Werkzeugleiste hinzu.

Mail

Wollen Sie die Maileinstellungen unter Evolution konfigurieren, klicken Sie unter 'Verknüpfungen' auf 'Eingang'. Aktivieren Sie dann den Menüpunkt 'Mail-Einstellungen...' unter 'Werkzeuge'.

Zugänge konfigurieren

Evolution ist in der Lage, Mail von verschiedenen Zugängen zu holen. Beim Erstellen einer Nachricht kann der Zugang gewählt werden, von dem die Mail verschickt werden soll. Zum Bearbeiten eines aktuellen Zugangs wählen Sie den Zugang und klicken Sie auf 'Bearbeiten'. Wollen Sie einen neuen Zugang hinzufügen, klicken Sie auf 'Hinzufügen'. Daraufhin wird der Konfigurationsassistent geöffnet, der unter *Konfigurationsassistent für Evolution* auf Seite 266 beschrieben wird. Wollen Sie einen Zugang löschen, wählen Sie ihn an und klicken Sie auf 'Löschen'.

Zum Einrichten eines Standardzugangs für das Versenden von Mail wählen Sie den gewünschten Zugang und klicken Sie auf 'Vorgabe'. Soll von einem bestimmten Zugang keine Mail geladen werden, selektieren Sie den Zugang und klicken Sie auf 'Deaktivieren'. Einen deaktivierten Zugang können Sie weiterhin als Sendeadresse benutzen, jedoch wird der Zugang nicht mehr auf eingehende Mail überprüft. Reaktivieren Sie ihn bei Bedarf wieder mit 'Aktivieren'.

Weitere Einstellungen

Unter dem Reiter 'Anzeige' können Sie die Farbe für die Hervorhebung von Zitaten wählen oder diese Option ganz abwählen. Desweiteren können Sie festlegen, wann eine Nachricht nach dem Öffnen als gelesen markiert wird. In der dritten Option können Sie bestimmen, wie Bilder in HTML-Mails behandelt werden sollen.

Im Reiter 'Maileditor' können Sie verschiedene Einstellungen für Ihre Mailerstellung vornehmen. 'Andere' enthält Einstellungen für PGP, Zeichenkodierung sowie weitere Funktionen.

Nachrichten erstellen

Zum Erstellen einer neuen Nachricht klicken Sie auf 'Neue Nachricht'. Beim Beantworten oder Weiterleiten einer Nachricht wird der gleiche Nachrichteneditor geöffnet. Neben 'Von' können Sie den gewünschten Zugang für das Versenden der Nachricht wählen. Geben Sie im Empfängerfeld eine E-Mail-Adresse ein oder Teile eines Namens oder einer Adresse Ihres Adressbuchs. Falls Evolution Übereinstimmungen zu Ihren Einträgen findet, erhalten Sie eine Auswahlliste. Klicken Sie daraufhin auf den gewünschten Eintrag oder vervollständigen Sie Ihre Eingabe bei Nichtübereinstimmung. Wollen Sie direkt aus dem Adressbuch wählen, klicken Sie auf 'An' oder 'CC'.

Evolution kann E-Mail als Textnachrichten oder als HTML-Nachrichten versenden. Zum Formatieren von HTML-Mails gehen Sie in der Werkzeugleiste auf 'Format'. Zum Verschicken von Anhängen klicken Sie entweder auf 'Beilegen' oder auf 'Einfügen' → 'Anlage'. Wollen Sie Ihre E-Mail mit PGP sichern, nehmen Sie entsprechende Einstellungen im Menüpunkt 'Sicherheit' vor.

Zum Versenden Ihrer Nachricht klicken Sie auf 'Verschicken'. Ist sie noch nicht zum sofortigen Verschicken bereit, suchen Sie unter 'Datei' nach der passenden Option. Speichern Sie z. B. die Nachricht als Entwurf oder verschicken Sie sie später.

Ordner

Es erweist sich oft als durchaus praktisch, E-Mail-Nachrichten in verschiedene Ordner einzusortieren. Unter Evolution wird Ihnen diese Möglichkeit geboten. Zur Ansicht Ihres Ordnerbaums wählen Sie 'Ansicht' → 'Ordnerleiste'. Falls Sie mit IMAP auf Mail zugreifen, werden auch die IMAP-Ordner angezeigt. Bei POP und den meisten anderen Formaten werden Ihre Ordner lokal gespeichert und unter 'Lokale Ordner' sortiert. Ihre 'Kontakte', Ihr 'Kalendar' und Ihre 'Aufgaben' werden in dieser Ansicht ebenso als Ordner behandelt. Sie sollten jedoch nicht zum Archivieren von Mail verwendet werden.

Einige Ordner werden standardmäßig angelegt. Neue Nachrichten von einem Server werden zunächst im Ordner 'Eingang' abgelegt. Unter 'Verschickt' werden Kopien versendeter Mails gesammelt. In 'Ausgang' werden vorübergehend Mails gespeichert, die auf ihre Versendung warten. Dies ist nützlich, wenn offline gearbeitet wird oder der ausgehende Mail-Server vorübergehend nicht erreichbar ist. 'Entwürfe' wird zum Speichern unvollendeter Nachrichten verwendet. Im Ordner 'Müll' werden zeitweilig gelöschte Nachrichten gespeichert. Dieser Ordner kann unter 'Werkzeuge' → 'Mail-Einstellungen...' durch Aktivierung der entsprechenden Option automatisch geleert werden.

Neue Ordner können entweder unter 'Lokale Ordner' oder als Unterordner bereits existierender Ordner angelegt werden. Erstellen Sie je nach Bedarf mehr oder weniger komplexe Ordnerhierarchien. Befinden Sie sich unter 'Eingang', gehen Sie zu 'Datei' → 'Ordner' → 'Neuer Ordner' zum Anlegen eines neuen Ordners. Geben Sie im öffnenden Dialog einen Namen ein. Wählen Sie auch den übergeordneten Ordner. Belassen Sie für einen neuen Mailordner den 'Ordnertyp' auf 'Mail'. Zum Anlegen des neuen Ordners klicken Sie auf 'OK'.

Wollen Sie eine Nachricht in einen Ordner verschieben, wählen Sie die gewünschte Nachricht. Öffnen Sie mit der rechten Maustaste das Kontextmenü.

Selektieren Sie zunächst 'In Ordner verschieben...' und im öffnenden Dialog den Zielordner. Klicken Sie auf 'OK' zum Verschieben der Nachricht. Im ursprünglichen Ordner wird die Kopfzeile der Nachricht nun durchgestrichen, also zum Löschen in diesem Ordner markiert, dargestellt. Die Nachricht wird im neuen Ordner gespeichert. Das Kopieren von Nachrichten geschieht auf ähnliche Weise.

Das manuelle Verschieben mehrerer Nachrichten in unterschiedliche Ordner kann sehr zeitaufwändig sein. Dieser Vorgang kann mithilfe von Filtern automatisiert werden.

Filter

Evolution enthält eine ganze Reihe an Optionen für das Filtern von Mail. Filter können zum Verschieben von Nachrichten in spezielle Ordner oder zum Löschen von Nachrichten verwendet werden. Anhand von Filtern können Nachrichten auch direkt in den Müllordner verschoben werden. Es stehen zwei Optionen zur Erstellung eines neuen Filters zur Verfügung: Einrichten eines Filters von Grund auf oder basierend auf einer zu filternden Nachricht. Letzteres ist sehr hilfreich zum Filtern von Nachrichten, die an Mailinglisten gehen.

Einrichten eines Filters von Grund auf

Wählen Sie 'Werkzeuge' → 'Filter'. In diesem Dialog werden Ihre Filter aufgelistet. Sie können Bestehende bearbeiten oder löschen und Neue hinzufügen. Klicken Sie zum Anlegen eines neuen Filters auf 'Hinzufügen'.

Geben Sie in 'Regelname' einen Namen für den neuen Filter ein. Wählen Sie die Kriterien für den Filter. Es gibt die Optionen Absender, Empfänger, Herkunfts-Account, Betreff, Datum und Status. Die Listenbox 'enthält' bietet eine Vielzahl von Optionen, wie z. B. „enthält," „ist," und „ist nicht." Wählen Sie die passende Bedingung. Tragen Sie den Suchtext ein. Klicken Sie auf 'Kriterium hinzufügen', wenn Sie weitere Filterkriterien anlegen möchten. Unter 'Aktionen ausführen' können Sie festlegen, ob alle oder nur einige der Kriterien für den Filtereinsatz erfüllt sein müssen.

Im unteren Teil des Fensters legen Sie die Aktion fest, die bei Erfüllung der Filterkriterien durchgeführt werden soll. Nachrichten können z. B. in einen Ordner verschoben oder kopiert werden oder eine bestimmte Farbe erhalten. Zum Verschieben oder Kopieren in einen bestimmten Zielordner klicken Sie auf die mittlere Schaltfläche. Es erscheint eine Ordnerliste, aus der Sie den gewünschten Zielordner auswählen können. Unter 'Neu' können Sie einen neuen Ordner anlegen. Ist der richtige Ordner selektiert, klicken Sie auf 'OK'. Nach Erstellung des Filters klicken Sie auf 'OK'.

Anlegen eines Filters aus einer Nachricht

Gehen Sie zu der Nachricht, auf der der Filter basieren soll. Klicken Sie mit der rechten Maustaste darauf und wählen Sie 'Regel aus Nachricht erzeugen'. Selektieren Sie die gewünschte Filteroption. Daraufhin wird der Dialog zur Erstellung von Filtern geöffnet, wobei die korrekten Kriterien bereits angewählt sind. Fügen Sie bei Bedarf weitere Kriterien hinzu. Wählen Sie die passende Filteraktion. Zum Abschluss klicken Sie auf 'OK'.

Filter anwenden

Filter werden in der Reihenfolge angewendet, wie sie im Dialog unter 'Werkzeuge' → 'Filter' erscheinen. Sie können die Reihenfolge ändern, indem Sie einen Filter markieren und auf 'Rauf' oder 'Runter' klicken. Schließen Sie den Filterdialog mit 'OK'.

Filter werden auf alle neuen Nachrichten angewandt. Bereits in Ihren Ordnern vorhandene Mail wird nicht berücksichtigt. Wollen Sie auf bereits erhaltene Mail Filter anwenden, markieren Sie die gewünschten Nachrichten und wählen Sie 'Aktionen' → 'Filter anwenden'.

Virtuelle Ordner

Evolution kommt mit der einzigartigen Funktion VOrdner. Ein VOrdner ist ein virtueller Ordner, der Nachrichten aufgrund von Such- oder Filterkriterien anzeigt. Statt die Nachrichten in einen Ordner zu verschieben, bleiben Nachrichten, die in einem virtuellen Ordner angezeigt werden, in ihrem ursprünglichen Ordner. Durchgeführte Aktionen betreffen die Nachricht im ursprünglichen Ordner.

Mithilfe virtueller Ordner können Nachrichten, die bereits durch Filter in verschiedene Ordner einsortiert wurden, an einer zentralen Stelle gelesen werden. So könnten Sie z. B. einen virtuellen Ordner erstellen, um Ihre sämtlichen Ordner nach ungelesenen Mails zu durchsuchen.

Wollen Sie einen neuen virtuellen Ordner anlegen, wählen Sie 'Werkzeuge' → 'Editor für virtuelle Ordner...'. Klicken Sie dann im Dialog auf 'Hinzufügen'. Genauso wie Filter können Sie virtuelle Ordner aus Mails erstellen. Klicken Sie mit der rechten Maustaste auf die Mail, wählen Sie 'Regel aus Nachricht erzeugen' und wählen Sie dann die entsprechenden Kriterien.

Geben Sie einen 'Regelnamen' ein. Im oben genannten Beispiel setzen Sie das Kriterium auf 'Status' 'ist nicht' 'Gelesen'. Wählen Sie die Quellen. Es können gleichzeitig mehrere Suchorte angegeben werden. Zum Beenden klicken Sie auf 'OK'. Sie kommen dann zur Liste der virtuellen Ordner zurück. Die Reihenfolge kann nach Bedarf verändert werden. Zum Schließen klicken Sie auf 'OK'.

Der neue virtuelle Ordner erscheint in der Ordnerliste unter 'VOrdner'. Mit dem VOrdner können Sie Mail lesen, beantworten und löschen. Jedoch wird die Nachricht beim Löschen nicht nur aus dem VOrdner entfernt, sondern auch aus dem realen Ordner, in dem sie gespeichert ist.

Kalender

Termine eintragen

Zum Eintragen eines neuen Termins in Ihrem Kalender klicken Sie auf 'Neuer Termin'. Unter dem Reiter 'Termin' tragen Sie die Termindaten ein. Falls gewünscht, wählen Sie eine Kategorie. Dies erleichtert eine spätere Suche und Sortierung. Wählen Sie optional unter dem Reiter 'Erinnerung' Optionen zur Erinnerung an den Termin. Falls es sich um einen regelmäßigen Termin handelt, legen Sie dies unter 'Wiederholung' fest. Nachdem Sie alle Einstellungen vorgenommen haben, klicken Sie auf 'Speichern und schließen'. Der neue Termin befindet sich nun Ihrem Kalender.

Eine Besprechung ansetzen

Zum Ansetzen einer Besprechung klicken Sie auf 'Neuer Termin' und wählen Sie 'Aktionen' → 'Besprechung ansetzen'. Geben Sie wie bei einem Termin die entsprechenden Informationen ein. Tragen Sie die Teilnehmer unter dem Reiter 'Besprechung' ein. Wollen Sie 'Kontakte' aus Ihrem Adressbuch hinzufügen, klicken Sie auf 'Andere einladen...' und wählen Sie im Dialog die gewünschten Teilnehmer. Beenden Sie den Vorgang mit 'Speichern und schließen'. Die Teilnehmer erhalten automatisch eine E-Mail über die angesetzte Besprechung.

Dieses System kann auch zum Festlegen eines für alle Teilnehmer passenden Termins oder zum Reservieren von Ressourcen verwendet werden. Weitere Informationen zu den Funktionen des Terminplaners finden Sie in der internen Hilfe.

Aufgaben hinzufügen

Mit Evolution behalten Sie den Überblick über Ihre Aufgaben. Wollen Sie eine neue Aufgabe zu Ihrer Liste hinzufügen, klicken Sie auf 'Neue Aufgabe'.

Geben Sie eine Zusammenfassung ein, die Fälligkeit und den Beginn eines Projekts sowie eine Beschreibung. Bestimmen Sie unter 'Details' den Projektstatus und weitere Informationen. Zum Hinzufügen der Aufgabe in Ihre Liste klicken Sie auf 'Speichern und schließen'. Mit einem Doppelklick auf die Aufgabe öffnen Sie den Dialog erneut und können somit Änderungen vornehmen oder die Aufgabe abschließen.

Kontakte

Kontakte hinzufügen

Zusammen mit dem Namen und der E-Mail-Adresse kann Evolution weitere Adressen- und Kontaktinformationen zu einer Person speichern. Für schnelles Hinzufügen einer E-Mail-Adresse eines Senders klicken Sie mit der rechten Maustaste auf die markierte Adresse in der Nachrichtenvorschau. Wählen Sie 'Absender zu Adressbuch hinzufügen'. Wollen Sie weitere Informationen eingeben, klicken Sie auf 'Voll bearbeiten'. Andernfalls klicken Sie auf 'OK'. Haben Sie 'Edit Full' gewählt, klicken Sie zum Beenden auf 'Speichern und schließen'.

Zum Eintragen eines neuen Kontakts klicken Sie unter der Verknüpfung 'Kontakte' auf 'Neuer Kontakt'. Geben Sie alle nötigen Kontaktinformationen ein. Klicken Sie zum Abschluss auf 'Speichern und schließen'.

Eine Liste erstellen

Wenn Sie regelmäßig Mails an eine Gruppe von Empfängern schicken, sollten Sie eine Liste erstellen. Klicken Sie unter der Verknüpfung 'Kontakte' auf 'Neue Liste'. Geben Sie einen Namen für die Liste ein. Sie können Adressen hinzufügen, indem Sie entweder die Adressen in das Feld eingeben und 'Hinzufügen' klicken oder indem Sie Kontakte aus der Verknüpfung 'Kontakte' per Drag and Drop in das Feld einfügen. Mit 'Adressen verbergen...' legen Sie fest, ob die Empfänger sehen können, an wen die Nachricht gesendet wurde. Klicken Sie zum Abschluss auf 'Speichern und schließen'. Die Liste ist nun ein weiterer Kontakt und wird im Fenster zur Nachrichtenerstellung erscheinen, nachdem Sie die ersten Buchstaben eingegeben haben.

Kontake weiterleiten

Wollen Sie einem anderen Evolution-Benutzer einen Eintrag aus Ihrem Adressbuch zukommen lassen, klicken Sie hierfür mit der rechten Maustaste auf den weiterzuleitenden Kontakt. Wählen Sie 'Kontakt weiterleiten'. Die „Karte" des Kontakts wird somit als Anhang einer E-Mail weitergeleitet. Erstellen und verschicken Sie die Nachricht wie gewohnt.

Wollen Sie einen Ihnen zugeschickten Kontakt hinzufügen, gehen Sie in der Mail auf den Kontakt und klicken Sie auf 'Absender zu Adressbuch hinzufügen' zum Hinzufügen der kompletten Karte zu Ihrem Adressbuch.

Benutzung des Adressbuches unter Evolution

Evolution kann mit Hilfe des LDAP Protokolls auf öffentliche Adressbücher zugreifen, wie sie z. B. der SuSE eMail Server oder Microsoft Exchange benutzt. Evolution bietet vollen Zugriff auf diese Adressbücher, es kann diese lesen und mit neuen Einträgen ergänzen. Wenn Sie also SuSE Linux innerhalb eines grösseren Netzwerk benutzen (z. B. in ihrer Firma), machen Sie auf jeden Fall Gebrauch von dieser Möglichkeit.

Einrichtung des LDAP Zugriffes

Klicken Sie im linken Menüfenster auf 'Kontakte' (oder wählen Sie unter 'Lokale Ordner' den gleichnamigen Ordner aus). Wählen Sie aus der Menüleiste den Eintrag 'Werkzeuge' → 'Adressbuch Quellen...'aus, daraufhin öffnet sich ein Fenster. In diesem Dialog können Sie die bereits eingerichteten Adressbücher sehen.

Um eine neue Quelle, bzw. einen neuen Server hinzuzufügen, wählen Sie den Button 'Hinzufügen' aus; zum Ändern oder Löschen einer bestehenden Verknüpfung 'Bearbeiten' bzw. 'Löschen'. Durch einen erneuten Klick auf 'Hinzufügen' erscheint ein neuer Dialog, in dem Sie die zur Einrichtung des Adressbuches benötigten Daten eintragen können.

Um z. B. Zugriff auf ein SuSE eMail Server Adressbuch zu erhalten, müssen folgende Felder ausgefüllt werden:

'Anfänger' Unter 'Postfach Name' geben Sie den Namen ein und unter 'Name des Servers' den Hostnamen oder die IP Adresse des Rechners auf dem der eMail/LDAP Server läuft. Im Falle des SuSE eMail Servers können Sie die Adressbücher erst dann benutzen, nachdem Sie sich bei diesem angemeldet haben. Dazu muss die entsprechende Option aktiviert sein; Überprüfen Sie, ob unter 'Authenticate with server using' der Punkt 'Distinguished name (DN)' ausgewählt ist. Im entsprechenden Feld müssen sie die DN Werte angeben. Die beim SuSE eMail Server benötigten Werte lauten z. B. für den Benutzer `hili`, der in der Schweiz bei der Firma 'Penguinlovers' arbeitet (LDAP Server: mail.penguinlovers.ch) folgendermassen:

```
uid=hili,dc=penguinlovers,dc=ch
```

'Experte' Zum eingestellen des Ports. In den meisten Faellen kann der Wert 389 (Standard) belassen werden. Unter 'Ausgangspunk' müssen wir die Base DN angeben. Bitte befragen Sie für die benötigten Werte den zuständigen Systemadministrator.

Ein abschliessender Klick auf 'OK' und 'Anwenden', und schon erscheinen die Daten des Adressbuches im 'Kontakte' Ordner. Die Einstellung für einen Microsoft Exchanger Server verläuft ähnlich. Wenn Sie übrigens das Adressbuch nur lesen möchten, muss die Option 'Authenticate with server' nicht angewählt werden.

Weiterführende Informationen

Evolution verfügt über umfangreiche interne Hilfeseiten. Die Hilfeseiten erreichen Sie über den Menüpunkt 'Hilfe'. Weitere Informationen zu Evolution finden Sie auf Ximians Webseiten unter `http://www.ximian.com`.

Multimedia-
Anwendungen unter Linux

Linux bietet eine weite Bandbreite an Sound-Applikationen, die sich in verschiedenen Entwicklungsstadien befinden. Aufgrund der Vielzahl an Applikationen und deren uneindeutigen Namen, kann es schwierig sein, den Zweck einer Applikation zu erkennen und die passende Applikation für eine bestimmte Aufgabe zu finden. Sie erhalten im Folgenden eine Übersicht über eine breite Palette von Applikationen für die verschiedenen Aufgaben im Multimedia-Bereich. Einige besonders kraftvolle werden dabei genauer beschrieben.

Viele dieser Applikationen sind nicht Bestandteil der Standardinstallation. Verwenden Sie YaST2 zum Installieren der zugehörigen Pakete.

┌─ **Hinweis** ─────────────────────────────

Soweit nicht anders angegeben, können Applikationen vom 'SuSE Menü' unter 'Multimedia' → 'Sound' gestartet werden.

─────────────────────────────── **Hinweis** ┘

Mixer

Mixer dienen als funktionale Lautstärke- und Balanceregler für die Sound-Ausgabe und die -Eingabe eines Rechners. Die verschiedenen Mixer unterscheiden sich hauptsächlich in der Oberfläche. Wählen Sie denjenigen aus, der Ihren Anforderungen genügt und mit dessen Bedienbarkeit Sie gut zurecht kommen. Die zur Verfügung stehenden Mixer unter 'Multimedia' → 'Sound' sind an der Silbe „mix" zu erkennen.

┌─ **Tipp** ─────────────────────────────

Im Allgemeinen raten wir, eine Mixer-Applikation vor anderen Sound-Applikationen zu öffnen. Verwenden Sie den Mixer zum Testen und Anpassen der Reglereinstellungen für die Ein- und Ausgabe der Soundkarte. Einige Soundkarten erlauben möglicherweise keinen gleichzeitigen Zugriff von verschiedenen Applikationen. Falls eine Soundapplikation hängen bleibt, mag dies der Grund sein.

─────────────────────────────── **Tipp** ┘

gamix

Verfügen Sie über mehrere Soundkarten, erhalten Sie mit gamix für jede Karte einen Reglersatz. Verschieben Sie die Kontrollregler zum Einstellen der gewünschten Level.

alsamixer

alsamixer ist ein pseudo-grafischer Mixer für den Textmodus. Er wird mit den Cursortasten bedient. Sie können die Regler auch mit den Tasten Q, W, E, Y, X und C bedienen. Auf diese Weise können unterschiedliche Einstellungen für den rechten und linken Kanal vorgenommen werden.

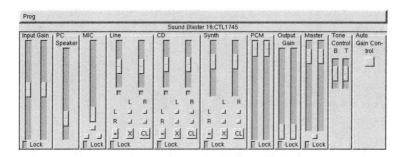

Abbildung 16.1: Der Mixer gamix

Hinweis

Aussehen und Funktionalität von alsamixer hängen vom Typ der verwendeten Soundkarte ab. Die folgende Beschreibung bezieht sich auf den verbreiteten AC97-Standard für Mixer-Funktionalität. Sollte Ihre Soundkarte nicht dieser Spezifikation entsprechen, können sich Abweichungen ergeben. Für Soundkarten mit dem Chip Envy24 (=ice1712) sollte der Mixer envy24control verwendet werden, der im Referenzhandbuch beschrieben wird.

Hinweis

Die grundlegenden Regler für die Ausgabe von Klängen sind 'Master', 'PCM' und 'CD'. 'Master' regelt die Gesamtlautstärke, während mit 'PCM' und 'CD' die jeweilige Gewichtung der PCM bzw. Audio-CD Kanäle eingestellt werden kann.

Mit der Taste (M) lassen sich einzelne Kanäle stummschalten. In diesem Fall wird oberhalb des stummgeschalteten Reglers 'MM' angezeigt.

Mit der (Leertaste) können Sie die Aufnahmequelle festlegen. Für die Aufnahme sind der Regler 'Capture' für die Eingangs-Verstärkung sowie, je nach Aufnahmequelle, die Regler 'Line' bzw. 'MIC' wichtig.

alsamixer wird mit der (Esc)-Taste beendet. Weitere Informationen erhalten Sie mit

```
man alsamixer
```

Abschließend sei noch das Programm alsamixergui erwähnt. Dies ist eine mausbedienbare Variante von alsamixer mit grafischer Oberfläche (Abb. 16.2 auf der nächsten Seite).

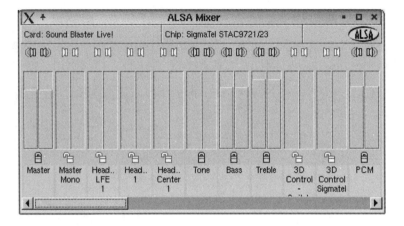

Abbildung 16.2: Der *alsamixergui-Mixer*

KMix

Bei KMix handelt es sich um den KDE-Mixer. Für KDE-Benutzer bietet er eine einfach bedienbare, vertraute Oberfläche. Er kann auch in das KDE-Panel integriert werden.

GNOME-Mixer-Applet

Wenn Sie Gnome-Anwender sind, bietet dieses in ein Panel integrierbares Applet eine funktionale Lautstärkeregelung. Wollen Sie es zu einem Panel hinzufügen, klicken Sie mit der rechten Maustaste und wählen Sie 'Panel' → 'Zum Panel hinzufügen' → 'Applet' → 'Multimedia' → 'Lautstärkeregler'.

Player

Linux bietet eine Vielzahl von Programmen zur Wiedergabe von Audio-CDs und der verschiedenen verfügbaren Musikformate, wie z. B. MP3-, OGG- und WAV-Dateien. Wenn möglich, werden die unterstützten Formate der Player aufgeführt.

kscd — Audio-CD-Player

kscd ist ein leicht zu bedienender Audio-CD-Player. Greifen Sie vom 'SuSE-Menü' unter 'Multimedia' → 'CD' → 'KsCD' darauf zu. Zum Konfigurationsmenü kommen Sie, indem Sie den Werkzeugbutton klicken. kscd kann zum Durchsuchen eines Online-CDDB-Servers nach dem Namen und den Titeln einer CD konfiguriert werden.

Abbildung 16.3: Die kscd-Oberfläche

GNOME-CD-Player-Applet

Dies ist ein einfaches Applet, das zu einem GNOME-Panel hinzugefügt werden kann. Klicken Sie dafür mit der rechten Maustaste auf das Panel und wählen Sie 'Panel' → 'Zum Panel hinzufügen' → 'Applet' → 'Multimedia' → 'CD-Spieler'.

XMMS — MP3-, WAV-, OGG- und Stream-Player

Ein ausgereifter und in Bezug auf klickfreie Wiedergabe sehr robuster Player ist xmms. Die Bedienung des Programms ist einfach. Etwas versteckt ist nur der Button zum Öffnen des Menüs. Sie finden ihn in der linken oberen Ecke des Programmfensters.

Unter dem Menüpunkt 'Optionen' → 'Einstellungen' → 'Audio-I/O-Plugins' kann das Ausgabe-Plugin eingestellt werden. Falls Sie das Paket xmms-kde installiert haben, können Sie hier den aRts-Soundserver einstellen.

┌─ **Hinweis** ─────────────────────────────────

Wenn xmms keine konfigurierte Soundkarte findet, wird die Ausgabe automatisch auf den 'Disk-Writer-Plugin' umgestellt. In diesem Fall werden die wiedergegebenen Dateien als WAV-Datei auf die Festplatte geschrieben. Die Zeitanzeige läuft dann schneller, als bei der Wiedergabe über die Soundkarte.

───────────────────────────────── **Hinweis** ─┘

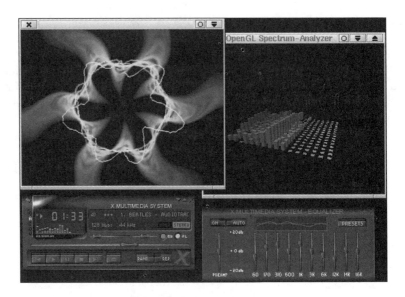

Abbildung 16.4: xmms mit Equalizer und dem „OpenGL Spectrum-Analyzer" und „Infinity"-Plug-Ins.

Unter 'Optionen' → 'Einstellungen' → 'Visualisierungs-Plugins' können Sie diverse Visualisierungs-Plugins starten. Wenn Sie eine Grafikkarte mit aktivierter 3D-Beschleunigung haben, können Sie hier z. B. den OpenGL Spectrum Analyzer auswählen. Wenn Sie das Paket xmms-plugins installiert haben, sollten Sie das neue Infinity-Plugin ausprobieren.

Genauso versteckt wie der Button für das Öffnen des Menüs sind 5 Buchstaben-Buttons, die sich links unterhalb des Menü-Buttons befinden. Mit diesen Buttons können Sie weitere Menüs und Dialogboxen öffnen und Konfigurationen vornehmen. Die Playlist können Sie mit dem Button 'PL' öffnen. Der Equalizer wird durch Klick auf 'EQ' aktiviert.

FreeAmp — MP3-, OGG- und Stream-Player

FreeAmp ist ein weiterer beliebter Player, der für verschiedene Plattformen zur Verfügung steht. Verwenden Sie 'MyMusic' zum Ordnen Ihrer Sammlung und zum Erstellen von Playlisten. FreeAmp lässt Sie zwischen verschiedenen Themes wählen, mit denen Sie das Aussehen des Players komplett verändern können.

Komposition und Noten

Obwohl grafische Kompositionsprogramme nicht so fortschrittlich und fähig sind, wie möglicherweise gewünscht, kann Linux dennoch zum Schreiben und Editieren von Partituren eingesetzt werden.

NoteEdit

NoteEdit ist wahrscheinlich die vollständigste Software zum Editieren von Partituren mit einer grafischen Oberfläche für Linux. Dieses Programm bietet die komplette Bandbreite an Musikzeichen zum Schreiben von Partituren. Mit noteedit können Sie nicht nur Noten setzen, sondern auch Midi-Dateien abspielen und aufnehmen. Die Partituren können in mehreren Formaten exportiert werden (u. A. MusixTeX und LilyPond).

Sie starten das Programm mit `noteedit`. Unter `/usr/share/doc/packages/noteedit/examples` finden Sie einige Beispiele, die Sie mit 'File' → 'Open' öffnen können. Mit 'TSE3' → 'TSE3 Midi In' können Sie eine Midi-Datei importieren. Diese wird mit 'TSE3–>Score' in den Editor geladen. Für die Konvertierung können Sie im 'Filter Dialog' verschiedene Einstellungen, wie z. B. Quantisierung, vornehmen.

Unter 'Midi' → 'Devices' können Sie eines der in Ihrem System konfigurierten ALSA Midi-Devices auswählen. Dieses wird dann sowohl für die Wiedergabe, als auch für die Aufnahme verwendet.
Unter 'Staff' → 'Staff Properties' können Sie das Instrument, den Midi-Kanal und viele Parameter, wie z. B. das Stereopanorama einstellen.

Noten können einfach per Maus eingegeben werden. Wählen Sie in der Werkzeugleiste zuerst die Länge der Note und ggf. das Vorzeichen aus. Mit der mittleren Maustaste wird dann eine Note, mit der rechten Maustaste eine Pause erzeugt. Im 'Insert'-Menü finden Sie Objekte, wie Notenschlüssel, Metrum und Vorzeichen. Sie können diese Objekte ebenfalls mit der mittleren Maustaste einfügen.

Mit 'Edit' → 'General properties' → 'allow insertion from keyboard' können Sie die Tastatur für die Noteneingabe konfigurieren. Die Tonhöhe wird dann mit den Cursortasten festgelegt und die Notenlänge kann, bei eingeschaltetem (Num), mit dem Ziffernblock festgelegt werden. Mit (Enter) wird dann eine Note und mit der (Leertaste) eine Pause eingefügt.

Weitere Informationen zu noteedit finden Sie im Verzeichnis `/usr/share/doc/packages/noteedit`.

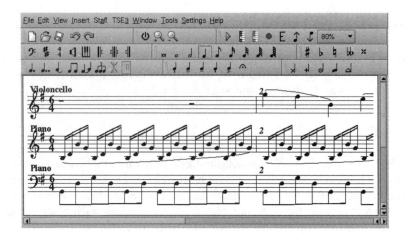

Abbildung 16.5: Der Kompositionseditor noteedit

AudioCDs mit dem Konqueror einlesen

Neben mehreren in der Regel kommandozeilenbedienbaren Programmen zum Umwandeln der CD-Soundformate in Audiodateien, erledigt der Konqueror diese Aufgabe auf äußerst einfache Weise. Legen Sie eine CD in das Laufwerk ein und geben Sie im URL-Fenster `audiocd:/` ein. Nach ein paar Sekunden werden die Inhalte dieser CD angezeigt. Erhalten Sie eine Fehlermeldung, sollten Sie überprüfen, ob Sie Mitglied der Gruppe `disk` sind (verwenden Sie dazu `id`). Falls nötig, tragen Sie sich mit YaST2 in diese Gruppe ein. Verlassen Sie KDE, melden Sie sich erneut an und wiederholen Sie den Versuch.

Falls eine Internetverbindung besteht, wird sogar der Titel der Audio-CD angezeigt. Dieser wird automatisch von einem CDDB-Server abgefragt. Viele verschiedene Benutzer nehmen dort ihre Einträge vor. Somit ist es sehr wahrscheinlich, dass Ihr CD-Titel dort gefunden wird. Es ist ebenso möglich, Audio-Titel von CD auf Ihre Festplatte zu kopieren. Sie können sie sogar nach ogg-vorbis konvertieren (ein nicht patentiertes Musikformat, ähnlich zu MP3).

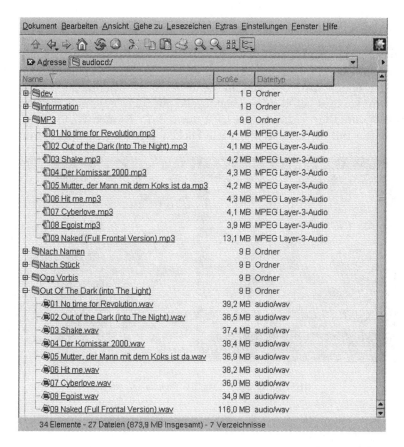

Abbildung 16.6: Rippen von CDs mit dem konqueror

TV, Video, Radio und Webcam

Mit der Version 7.3 von SuSE Linux wurde die Konfiguration von TV-Karten in das Konfigurationstool YaST2 integriert. Falls sich Ihre Karte bei der Konfiguration korrekt zu erkennen gibt, kann sie automatisch konfiguriert werden. Andernfalls müssen Sie den Typ der Karte manuell einstellen.

Es wird im folgenden das Programm motv beschrieben, welches vom Autor des BTTV-Treibers stammt. Eine weitere TV-Applikation ist KWinTV. Falls Sie dieses Programm bevorzugen, sollten Sie spätestens nach der Lektüre dieses Kapitels auch mit KWinTV problemlos fernsehen können.

Fernsehen mit motv

Mit motv steht eine Weiterentwicklung des Programms xawtv zur Verfügung, alle wesentlichen Programmfunktionen sind in der Programmoberfläche integriert. Sie finden das Programm im Menü 'SuSE' → 'Multimedia' → 'Video'. Alternativ kann es von der Kommandozeile mit motv gestartet werden. Nach dem Programmstart erscheint zunächst nur das TV-Fenster. Wenn Sie in diesem Fenster mit der rechten Maustaste klicken, erscheint das Menüfenster.

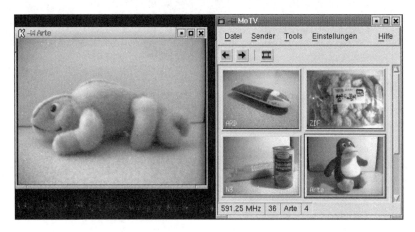

Abbildung 16.7: Das TV-Programm motv

Videoquelle und Sendersuche

Im Menü 'Einstellungen' → 'Eingang' können Sie die gewünschte Videoquelle wählen. Wenn Sie hier 'Television' auswählen, müssen beim ersten Programmstart noch die Sender eingestellt werden. Dies geht automatisch mit dem Sendersuchlauf, den Sie ebenfalls im Menü 'Einstellungen' finden. Wenn Sie auf 'Einstellungen sichern' klicken, werden die gefundenen Sender in die Datei .xawtv in Ihrem Home-Verzeichnis eingetragen und stehen dann bei einem erneuten Programmstart sofort zur Verfügung.

┌─ **Tipp** ──
│
Falls Sie keinen Suchlauf für alle verfügbaren Sender starten möchten, können Sie auch mit (Ctrl) + (↑) den nächsten Sender suchen lassen. Mit (←) bzw. (→) können Sie ggf. die Sendefrequenz nachjustieren.

─── **Tipp** ─┘

Vom Stummfilm zum Tonfilm

Den Audio-Ausgang der TV-Karte verbinden Sie entweder mit dem Line-Eingang Ihrer Soundkarte, oder schließen ihn direkt an Aktiv-Boxen oder einen Verstärker an. Bei einigen TV-Karten lässt sich die Lautstärke des Audio-Ausgangs variieren. In diesem Fall können Sie die Lautstärke in der Regler-Box einstellen, die mit 'Einstellungen' → 'Regler' aufgerufen wird. In dieser Box finden Sie auch Regler für Helligkeit, Kontrast und Farbe.

Falls Sie Ihre Soundkarte für die Audio-Wiedergabe verwenden möchten, überprüfen Sie bitte die Mixer-Einstellungen z. B. mit dem Programm gamix (siehe Abschnitt „gamix" im Kapitel „Sound unter Linux"). Bei einer Soundkarte, die der AC97-Spezifikation entspricht, sollte 'Input-MUX' auf 'Line' eingestellt werden. Mit den Reglern 'Master' und 'Line' lässt sich dann die Lautstärke regeln.

Seitenverhältnis und Vollbildmodus

Bei einem Fernsehbild beträgt das Verhältnis von Breite zu Höhe üblicherweise 4:3. Im Menü 'Tools' → 'Seitenverhältnis' können Sie das Seitenverhältnis einstellen. Wenn hier '4:3' ausgewählt ist (dies ist die Voreinstellung), bleibt das Seitenverhältnis automatisch erhalten, wenn die Größe des Anzeigefensters verändert wird.

Mit der Taste Ⓕ oder dem Menüpunkt 'Tools' → 'Vollbild' können Sie in den Vollbildmodus wechseln. Falls das Fernsehbild im Vollbildmodus nicht auf die volle Bildschirmgröße hochskaliert wird, ist eine kleine Optimierung notwendig. Viele Grafikkarten können das Fernsehbild im Vollbildmodus auf die gesamte Bildschirmgröße hochskalieren, ohne den Grafikmodus zu wechseln. Falls Ihre Karte diese Funktion nicht unterstützt, muss für den Vollbildmodus in den Grafikmodus mit 640x480 Bildpunkten gewechselt werden. Sie können die entsprechende Konfiguration unter 'Einstellungen' → 'Konfiguration' durchführen. Nach einem Neustart von motv wird dann bei einem Wechsel in den Vollbildmodus automatisch auch der Bildschirmmodus gewechselt.

┌─ **Tipp** ───

Die Datei `.xawtv` wird automatisch angelegt bzw. aktualisiert, wenn Sie im Menü 'Einstellungen' auf 'Einstellungen sichern' klicken. Hier werden neben der Konfiguration auch die Sender gespeichert. Weitere Hinweise zur Konfigurationsdatei können Sie in der Manpage zu `xawtvrc` nachlesen.

─── **Tipp** ─┘

Das Launcher-Menü

Sie können Programme, die Sie zusammen mit motv verwenden möchten, direkt von diesem Programm aus starten. So ist es z. B. praktisch, den Audio-Mixer gamix und das Videotext-Programm alevt direkt per „Hotkey" aufzurufen.

Die Programme, die von motv aus aufrufbar sein sollen, müssen in die Datei .xawtv eingetragen werden. Die Einträge könnten z. B. so aussehen:

```
[launch] Gamix = Ctrl+G, gamix AleVT = Ctrl+A, alevt
```

Nach dem Namen des Programms folgt der „Hotkey" und dann der Befehl, mit dem das Programm aufgerufen wird. Sie können die unter [launch] eingetragenen Programme auch über das 'Tool'-Menü starten.

Videotext mit alevt

Mit alevt wird das Blättern durch Videotext-Seiten zum reinsten Vergnügen. Sie starten das Programm entweder über das Menü 'SuSE' → 'Multimedia' → 'Video' → 'alevt', oder von der Kommandozeile mit alevt.

Das Programm speichert sämtliche Seiten des gerade (mit motv) eingeschalteten Senders. Sie können dann beliebig durch diese Seiten blättern, indem Sie entweder die Nummer der gewünschten Seite eingeben, oder mit der Maus auf eine Seitennummer klicken. Mit Mausklick auf die Symbole '«' bzw. '»', die sich am unteren Fensterrand befinden, können Sie in den Seiten vor- und zurückblättern.

Webcams und motv

Falls Ihre Webcam bereits von Linux unterstützt wird, können Sie darauf z. B. mit dem Programm motv zugreifen. Eine Übersicht über unterstützte USB-Geräte finden Sie unter http://www.linux-usb.org. Falls Sie vor dem Zugriff auf die Webcam bereits mit motv auf die TV-Karte zugegriffen haben, ist der bttv-Treiber geladen. Der Treiber für die Webcam wird automatisch geladen, wenn Sie Ihre Webcam am USB-Port anschließen. Sie können dann motv von der Kommandozeile mit dem Parameter -c /dev/video1 starten, um auf die Webcam zuzugreifen. Mit motv -c /dev/video0, können Sie weiterhin auch auf die TV-Karte zugreifen.

Wenn Sie die Webcam am USB-Port anschließen, bevor der bttv-Treiber automatisch geladen wurde (dies geschieht normalerweise, wenn Sie eine TV-Applikation aufrufen), wird /dev/video0 von der Webcam belegt. Wenn

Sie nun motv mit dem Parameter -c /dev/video1 starten, um auf die TV-Karte zuzugreifen, kann es zu einer Fehlermeldung kommen, da der bttv-Treiber dann nicht automatisch geladen wird. Sie können das Problem leicht beheben, indem Sie den Treiber mit modprobe bttv nachladen (für diesen Befehl müssen Sie vorübergehend in den root-Modus wechseln.) Eine Übersicht über die in Ihrem System konfigurierten Video-Devices erhalten Sie mit motv -hwscan.

Radio hören mit kradio

Das Programm kradio finden Sie im Menü 'SuSE' → 'Multimedia'. Um den Sendersuchlauf zu starten, klicken Sie auf die Doppel-Pfeil-Knöpfe. Mit den einfachen Pfeilsymbolen können Sie die Frequenz in Schritten von 50 kHz verändern. Die sechs Sender-Buttons belegen Sie, indem Sie mit der rechten Maustaste auf die Buttons klicken. Sie können dann den Namen des Senders eingeben. Dieser wird dann zusammen mit der gerade eingestellten Frequenz automatisch in der Datei ~/.kde2/share/config/kradiorc gespeichert.

Abbildung 16.8: Das Radio-Programm kradio

Nicht bei jeder TV-Karte kann die Lautstärke geregelt werden. Wenn Sie jedoch den Audio-Ausgang der TV-Karte mit dem „Line In"-Eingang Ihrer Soundkarte verbunden haben, können Sie die Lautstärke einfach mit dem Mixer gamix einstellen.

nxtvepg - Die Fernsehzeitschrift am PC

Neben dem Videotextsignal wird von einigen Sendern ein so genanntes EPG-Signal (von engl. Electronic Programme Guide) übertragen. Damit wird sozusagen eine elektronische Programmzeitschrift übermittelt, die Sie sich mit dem Programm nxtvepg komfortabel anzeigen lassen können. Voraussetzung dafür ist, dass Sie über eine TV-Karte verfügen, die vom bttv-Treiber unterstützt wird. Außerdem müssen Sie mindestens einen der Sender, die EPG senden, gut empfangen können. In Deutschland senden zur Zeit die Sender 3SAT, Pro7, RTL2 und TRT1 ein EPG-Signal.

Mit nxtvepg lassen sich die Sendungen nicht nur nach Sendern und Themenbereichen, wie z. B. 'movie' und 'sport', sortieren. Die Liste der Sendungen lässt sich auch in Bezug auf Kriterien, wie z. B. „Live", „Stereo" oder „Untertitel" filtern. Sie starten das Programm entweder über das Menü 'SuSE' → 'Multimedia' → 'Video' oder von der Kommandozeile mit nxtvepg.

Einlesen der EPG-Datenbank

Damit die Programmdatenbank über das EPG-Signal aufgebaut bzw. aktualisiert werden kann, müssen Sie den Tuner Ihrer TV-Karte auf einen der Sender einstellen, die EPG senden. Dies kann entweder von einer TV-Applikation, wie z. B. motv oder von nxtvepg aus geschehen. Bitte beachten Sie dabei, dass jeweils nur eine Applikation auf den Tuner zugreifen kann.

Wenn Sie bei motv einen EPG-Sender einstellen, beginnt nxtvepg sofort damit, die Übersicht über das aktuelle Fernsehprogramm einzulesen. Der Fortschritt des Ladevorgangs wird dabei in der Statuszeile angezeigt.

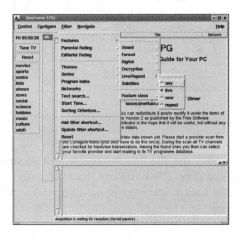

Abbildung 16.9: Die elektronische Fernsehzeitschrift nxtvepg

Wenn Sie keine TV-Applikation gestartet haben, können Sie nxtvepg die Suche nach EPG-Sendern überlassen. Rufen Sie dazu im Menü 'Configure' den Punkt 'Provider scan' auf. Hier ist normalerweise die Checkbox 'Use .xatv' aktiviert. Dies bedeutet, dass nxtvepg auf die in dieser Datei gespeicherten Sender zugreift.

Tipp ────────────────────────────────────

Überprüfen Sie bei Problemen zuerst, ob die Video-Quelle unter 'TV card input' korrekt gewählt ist.

──────────────────────────────────── **Tipp** ┘

Die gefundenen EPG-Provider können Sie im Menü 'Configure' → 'Select Provider' auswählen. Mit 'Configure' → 'Merge Providers' lassen sich sogar die Datenbanken der verschiedenen Provider flexibel miteinander verknüpfen.

Ordnung im Chaos

nxtvepg stellt komfortabel Filterfunktionen zur Verfügung, um auch im umfangreichsten Programmangebot stets den Überblick zu behalten. Mit 'Configure' → 'Show networks' können Sie eine Auswahlleiste für die Sender einschalten. Im Menü 'Filter' stehen umfangreiche Filterfunktionen zur Verfügung.

Besonders interessant ist das 'Navigate'-Menü. Dies wird direkt aus den EPG-Daten aufgebaut. Bei einem deutschsprachigen Provider erscheint es daher auch in deutscher Sprache.

Wenn Sie mit der rechten Maustaste auf die Programmliste klicken, wird ein spezielles Filtermenü geöffnet, in dem Sie kontextabhängige Filterfunktionen aktivieren können.

K3b – Das KDE Brennprogramm

K3b ist ein sehr umfangreiches Programm zum Erstellen von eigenen Daten- und Audio-CD's. Neben den üblichen Funktionen werden einige zusätzliche Optionen geboten, die Ihnen das Arbeiten insbesondere im Bereich Multimedia sehr erleichtern werden. Das Programm können Sie unter dem KDE/SuSE-Menü unter 'Multimedia' → 'CD' erreichen. Im folgenden werden die wichtigsten Funktionen des Programms beschrieben.

Der erste Start

Nach dem ersten Programmaufruf erscheint der K3b-Einrichtungsassistent. Sie benötigen nun einmalig für die Einrichtung des Programms Root-Rechte, d. h. Sie müssen hier das Root-Passwort eingeben, das Sie bei Ihrer Installation angegeben haben.

Folgen Sie dem Verlauf des Einrichtungsassistenten, der im Regelfall alle Einstellungen selbständig vornimmt. Danach ist das Programm betriebsbereit.

Erstellen einer Daten-CD

Das Erstellen einer Daten-CD gestaltet sich denkbar einfach. Wählen Sie aus dem Dateimenü 'Neues Projekt' → 'Neues Daten-Projekt'. Es erscheint wie in Abbildung 17.1 auf der nächsten Seite zu sehen, unten links ein Karteireiter der einen Ordner für Ihr neues Datenprojekt anzeigt. Sie können nun per Drag 'n' Drop die gewünschten Verzeichnisse oder einzelne Dateien in den Projektordner ziehen. Wählen Sie nun die Funktion 'Brennen' aus der Werkzeugleiste. Es öffnet sich daraufhin ein Dialog, der 4 Karteireiter beinhaltet, welche Ihnen verschiedene Optionen zum Brennen der CD anbieten (Abb. 17.2 auf Seite 298).

CDs brennen

Der erkannte Brenner wird im Brenndialog unter 'Gerät' angezeigt. Sie können die Brenngeschwindigkeit im nebenstehenden Feld 'Schreibgeschwindigkeit' ('Burning Speed') festlegen.

Darunter finden Sie die möglichen Optionen. Im einzelnen sind dies:

- 'Schreiben Simulieren' – diese Funktion dient dazu, festzustellen, ob Ihr System den Anforderungen der aktuell festgelegten Schreibgeschwindikeit gewachsen ist. Der Schreibmodus wird dann mit abgeschaltetem Schreiblaser durchgeführt.

- 'On-the-fly schreiben' – brennt die von Ihnen gewünschten Daten, ohne vorher eine sog. „Image-Datei" anzulegen (bei geringer Systemleistung Ihres Rechners sollten Sie diese Funktion nicht verwenden).

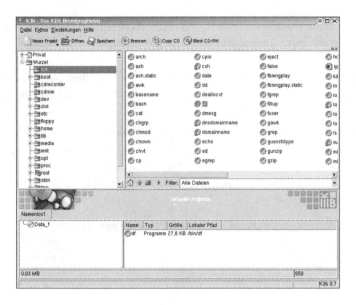

Abbildung 17.1: Das Hauptfenster von K3b beim Erstellen einer neuen Daten-CD

⌐ **Hinweis** ───

Eine sog. „Image-Datei", auch „ISO-Image" genannt, ist eine Datei mit dem kompletten CD-Inhalt, die dann exakt so, wie sie ist, auf die CD gebrannt wird. Sie wird in den deutschen Programmdialogen hier bisweilen Bild oder Abbild genannt.

── **Hinweis** ⌐

- 'Nur Abbild erstellen' – es wird zunächst nur eine Image-Datei geschrieben. Diese können Sie zu einem späteren Zeitpunkt auf CD brennen. Verwenden Sie hierzu aus dem Menü 'Extras' die Option 'Write Iso Image'.

- 'Bild löschen' – die Image-Datei wird gelöscht, nachdem die CD fertiggestellt wurde.

- 'Disc at once' – die CD wird ohne Unterbrechung, also Abschalten des Schreiblasers, gebrannt. Dies ist z. B. bei Audio-CDs empfehlenswert (s.u.).

- BURN Proof benutzen – wenn Ihr Brenner diese Funktion unterstützt,

sollten Sie diese zum Schutz vor einem Datenstromabriss einschalten.
Wenn sie nicht unterstützt wird, ist die Schaltfläche deaktiviert.

Unter dem Karteireiter 'Einstellungen' können Sie Angaben zur CD an sich
machen, z. B. einen Namen vergeben. Einstellungen in diesem Menü sind allerdings nicht zwingend erforderlich.

Der Karteireiter 'Multisession' zeigt einige Optionen auf, die zu Erstellung
von CDs mit mehreren Daten oder Audio Tracks nötig sind.

Im Karteireiter 'Erweitert' werden die Dateinamenskonventionen behandelt.
Für eine hohe Kompatibilität achten Sie darauf, dass die Option 'Generate
Joliet entries' aktiviert ist.

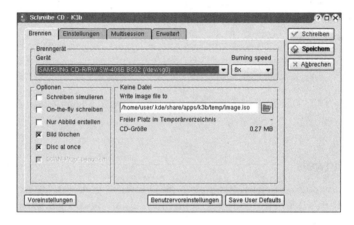

Abbildung 17.2: *Der Dialog zum Brennen von CDs mit K3b*

Erstellen einer Audio-CD

Grundsätzlich gibt es keinen Unterschied zwischen der Herstellung einer
Audio-CD und der einer Daten-CD. Wie auch beim Erstellen einer Daten-
CD wählen Sie aus dem Menü 'Datei' das Projekt aus. In diesem Fall 'Neues
Audio-Projekt'. Die einzelnen Musikstücke werden per Drag 'n' Drop in den
Projektordner übertragen. Voraussetzung ist, dass die Audiodaten in einem
der folgenden Formate vorliegen: Mp3, Wav oder Ogg Vorbis.

Die Titelreihenfolge kann im Projektordner durch verschieben der Musikstücke per Drag 'n' Drop bestimmt werden.

Der Dialog zum Brennen unterscheidet sich nicht wesentlich von dem beim Brennen einer Daten-CD. Allerdings hat hier speziell die Option 'Disc at once' bzw., wenn sie nicht aktiviert ist, der Modus 'Track at once' eine größere Bedeutung. Im Modus 'Track at once' wird hinter jedem Titel eine Pause von 2 Sekunden Stille eingefügt.

Kopieren einer CD

Rufen Sie die Funktion'Copy CD' aus der Werkzeugleiste auf. In dem darauf folgenden Dialog können Sie nun Einstellungen zum Lese-, bzw. Brenngerät vornehmen (Abb. 17.3). Die bereits bekannten Optionen stehen Ihnen auch hier wieder zur Verfügung. Desweiteren gibt es eine zusätzliche Funktion, die es Ihnen erlaubt, mehrere Exemplare von der zu kopierenden CD zu erstellen.

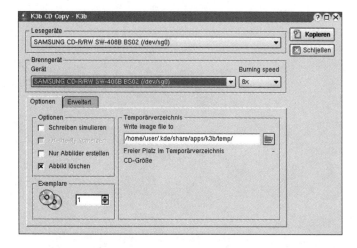

Abbildung 17.3: Der Dialog zum Kopieren von CDs mit K3b

Weitere Hinweise

Neben den beiden beschriebenen Hauptfunktionen bietet K3b noch weitere Funktionen, die hier nicht näher beschrieben werden. Dazu gehören das Erstellen von DVD-Kopien, das Auslesen von Audiodaten im Wav-Format, das Wiederbeschreiben von CDs oder der integrierte Audioplayer. Eine ausführliche Beschreibung aller verfügbaren Programm Features finden Sie unter `/usr/share/doc/packages/k3b/README`.

Digitalkameras und Linux

Um Digitalfotos zu verwalten, steht Ihnen unter Linux neben einigen anderen mit dem Programm gtKam ein äußerst komfortables grafisches Tool zur Verfügung. Es gewährleistet die schnelle und einfache Kommunikation zwischen Ihrer Digitalkamera und dem Rechner. gtKam unterstützt die meisten Kameras auf dem Markt und bietet neben einer Bildervorschau u. a. auch Anleitungen der verwendeten Kameratreiber und eine praktische Thumbnailfunktion.

gtKam and gPhoto 2.0

Das Programm gtKam ist genau genommen nur eine GUI (Graphcial User Interface) für das Programm gPhoto 2 (Abb. 18.1, das die eigentliche Arbeit verrichtet. gPhoto 2 ist auch unabhängig von gtKam auf der Kommandozeile bedienbar. Damit wurde von den Entwicklern von gPhoto eine neue Strategie verfolgt, denn die früheren Versionen von gPhoto brachten neben einer eigenen GUI auch eine größere Zahl von Features mit, die mit der GUI von gtKam leider nicht mehr benutzbar bzwin gPhoto 2 nicht mehr integriert sind.

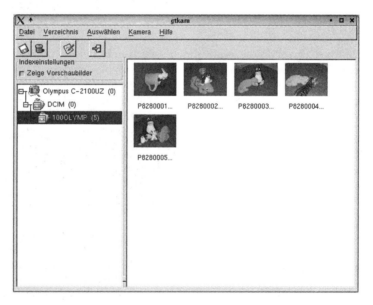

Abbildung 18.1: Das Hauptfenster von gtKam

Anschluss an die Kamera

Am leichtesten und schnellsten gelingt der Anschluss der Digitalkamera an den Rechner per USB. Dies setzt USB-Unterstützung sowohl seitens der Kamera als auch des Rechners voraus. Der Standard-SuSE-Kernel bietet diese Unterstützung, jedoch muss Ihr Rechner über einen USB-Port verfügen. Weiterhin muss das passende Anschlusskabel vorhanden sein.

┌ **Hinweis** ─────────────────────────────────

Die USB-Verbindung kann zu einem schnellen Verbrauch Ihrer Kamerabatterien führen. Ziehen Sie den Einsatz eines Adapters in Betracht.

─────────────────────────── **Hinweis** ┘

Schließen Sie einfach die Kamera an den USB-Port an und schalten Sie die Kamera ein.

┌ **Tipp** ─────────────────────────────────

Eine vollständige Liste der unterstützten Kameras finden Sie unter `http://www.gphoto.org/cameras.html`. Wenn gphoto2 installiert ist, erhalten Sie die Liste mit dem Kommando `gphoto2 -- list-cameras`.

─────────────────────────────── **Tipp** ┘

Installation und Vorbereitung

Verwenden Sie YaST2 zum Installieren des Pakets gtkam. Alle zusätzlich benötigten Pakete werden automatisch markiert. Weitere Informationen zur Paketinstallation mit YaST2 erhalten Sie im Kapitel *Software installieren/löschen* auf Seite 55.

Verwendung von Konqueror

KDE-Anwendern bietet der Zugriff auf eine digitale Kamera über den Konqueror eine vertraute Oberfläche und einen leichten Zugriff. Schließen Sie Ihre Kamera an den USB-Port an. Daraufhin sollte ein Kamera-Icon auf dem Bildschirm erscheinen. Zum Öffnen der Kamera im Konqueror, doppelklicken Sie auf das Icon. Sie erhalten ebenso Zugriff auf die Kamera, indem Sie im Konqueror die URL `camera:/` eingeben. Navigieren Sie durch die Verzeichnisstruktur der Kamera, bis die Dateien angezeigt werden. Verwenden Sie die unter Konqueror üblichen Funktionen zur Dateiverwaltung, um die Dateien wie gewünscht zu kopieren. Weitere Informationen zum Umgang mit Konqueror erhalten Sie in *Starten von Konqueror* auf Seite 226.

Verwendung von gtKam

Bei gtKam handelt es sich um eine schnelle grafische Oberfläche, die zu allen Windowmanagern kompatibel ist. Sie können damit Bilder von der Digitalkamera herunterladen oder löschen. Zum Anpassen oder Bearbeiten Ihrer Bilder verwenden Sie The GIMP wie im Kapitel 20 auf Seite 319 beschrieben.

Schließen Sie Ihre Kamera an den entsprechenden Port an und schalten Sie die Kamera ein. Starten Sie gtKam mit dem Befehl `gtkam &`. Wählen Sie in den Menüs 'Kamera' → 'Kamera auswählen...'. Wählen Sie das Kameramodell aus dem Dialog oder verwenden Sie 'Erkennung'. Selektieren Sie den entsprechenden Port, falls die Erkennung fehlschlägt.

Das Hauptfenster von gtKam ist dreigeteilt — in das Menü und die Werkzeugleiste, das linke Fenster mit den Indexeinträgen und der Kamera- und Verzeichnisauswahl sowie das rechte Fenster zur Anzeige einer Indexliste mit oder ohne Thumbnails. Die wichtigsten Funktionen befinden sich in der Werkzeugleiste. Mit dem Disketten-Icon speichern Sie die gewählten Bilder. Mit dem Mülleimer-Icon können Sie sie löschen. Das Icon mit den Pfeilen lädt den Bilderindex, der im rechten Fenster dargestellt ist. Mithilfe des Icons, auf dem Papier und Stift dargestellt sind, können Sie die Konfigurationsoptionen für die Kamera öffnen. Schließen können Sie das Programm durch Klick auf das Icon mit der Tür.

Ihre Kamera sollte im linken Fenster aufgeführt sein. Mit dem plus-Zeichen können Sie tiefer in die Baumstruktur der Verzeichnisse vordringen. Die genaue Verzeichnisstruktur hängt von der Art und dem Modell der Kamera ab. Gehen Sie in der Verzeichnisstruktur bis zu den letztmöglichen Einträgen. Dies sind die Indexlisten der aktuellen Bilder. Mit einem Klick auf einen Menüpunkt können Sie diesen auswählen. Ist 'Thumbnails anzeigen' aktiviert, werden die Bildernamen und -Thumbnails im rechten Fenster angezeigt. Andernfalls werden die Namen und ein Icon sichtbar.

Bilder im rechten Fenster können durch Anklicken selektiert oder deselektiert werden. Die kompletten Bilder können Sie mit 'Auswahl' → 'Alle' oder ⇧ + Ⓐ wählen. Zum Speichern der Bilder klicken Sie auf das Disketten-Icon in der Werkzeugleiste, wählen Sie 'Datei' → 'Ausgewählte Bilder speichern...' oder verwenden Sie Ctrl + Ⓢ. Der in Abbildung 18.2 auf der nächsten Seite gezeigte Dialog 'Speichern' bietet eine Reihe von Optionen. Geben Sie unter dem Menüpunkt 'Auswahl für Speichervorgang' an, ob die Thumbnails, die Bilder oder beides gespeichert werden soll. Selektieren Sie mit 'Bild(er) öffnen mit:' optional beide, um das Bild zu speichern und in einem anderen Programm zu öffnen. Wollen Sie die Bilder sofort in The GIMP öffnen, geben Sie `gimp` ein. Es wird empfohlen, die von der Kamera vorgeschlagenen Namen zu verwenden.

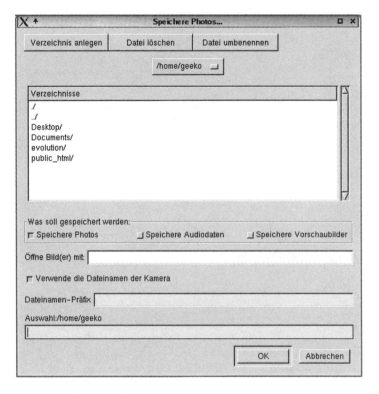

Abbildung 18.2: Die Speicheroptionen von gtKam

Weitere Informationen

Weitere Informationen zum Einsatz digitaler Kameras unter Linux erhalten
Sie unter auf folgenden Webseiten:

- `http://www.gphoto.org` — Informationen zu gPhoto, gPhoto2 und
  gPhoto2-kompatible GUIs

- `http://www.thekompany.com/projects/gphoto/` — Informationen zu Kamera, ein KDE-Frontend zu gPhoto2

- `http://www.stud.uni-karlsruhe.de/~urc8/GnoCam/` —
  GnoCam-Informationen

Kooka – Das Scanprogramm

Kooka ist ein KDE-Programm zum komfortablen Scannen, das die Bibliotheken des SANE-Systems benutzt. Daher muss für Kooka das Paket SANE installiert sein. Dieser Artikel besteht aus zwei Abschnitten. Der erste enthält eine kurze Beschreibung des Programms Kooka, der zweite einige allgemeine Tipps zum Scannen.

Neben den bekannten Scannertools XSane und xscanimage gibt es seit SuSE Linux 7.3 das neue graphische Scanprogramm Kooka.

Ein Blick auf die Internetseite

```
http://www.mostang.com/sane
```

liefert Informationen, welche Scanner unterstützt werden und in welcher Phase sich die Treiberentwicklung befindet. Sehen Sie hier am besten nach, bevor Sie sich einen Scanner kaufen.

Warum Kooka?

Kooka kombiniert die Einfachheit der Bedienung von xscanimage mit der Funktionsfülle von XSane, wobei die leichte und übersichtliche Bedienung, die man von KDE-Programmen gewohnt ist, im Vordergrund steht. Bewusst verzichtet wurde auf Funktionen wie Fax, E-Mail oder Kopie, dafür wurden für das Abspeichern der Bilder neue Wege gegangen.

Auch eine Texterkennung (OCR = **O**ptical **C**haracter **R**ecognition) ist durch das angebundene Texterkennungsprogramm gocr möglich. Dazu muss lediglich gocr installiert sein und das Texterkennungswerkzeug kann benutzt werden. Nach der Texterkennung wird der erkannte Text durch einfachen Klick in dem Editor Kate geöffnet, wo er weiterbearbeitet werden kann (s. auch Kap. *Texterkennung mit gocr*).

Startfenster

Sie können Kooka von einer Konsole einfach mit dem Befehl kooka starten. Sie können sich natürlich auch auf dem KDE-Desktop eine Verknüpfung mit dem Programm erstellen, wodurch Sie ein Scanner-Icon auf dem Bildschirm erhalten. Als Erstes sehen Sie ein zweigeteiltes Fenster mit einer Menüleiste und einer Iconleiste darüber. Zudem haben Sie die Möglichkeit, mit der Thumbnail-Ansicht eines Bilderverzeichnisses ein weiteres Fenster einzubinden. Alle Fenster können Sie nach Bedarf völlig frei mit der Maus anordnen und vergrößern oder verkleinern. Zusätzlich können Sie die einzelnen Fenster durch ziehen mit der Maus ganz aus dem Kooka-Fenster herausziehen und frei auf Ihrem Desktop platzieren. Zum Bewegen der Fenster müssen Sie mit der Maus die dünne Doppellinie über dem jeweiligen Fenster anfassen und ziehen. Sie können (außer der Hauptbildansicht) jedes Fenster in jedem anderen entweder links, rechts, unten, oben oder zentral platzieren. Beim zentralen Platzieren haben die beiden Fenster dann die gleiche Größe, stehen hintereinander und sind per Karteireiter in den Vordergrund zu klicken.

> **Tipp**
>
> Wenn das jetzt etwas verwirrend war, probieren Sie es einfach aus: Ziehen Sie mit der Maus eines der Fenster in ein anderes hinein, halten Sie die Maustaste dabei gedrückt und schieben den Zeiger hin und her. Sie sehen dann immer einen kleinen Rahmen, der sich links, rechts, oben, unten oder zentral auf dem Fenster zeigt, je nachdem, wie Sie die Maus bewegen. Lassen Sie die Maustaste an verschiedenen Stellen los und sehen Sie, was passiert. Sie werden sehen, es ist ganz einfach und wunderbar flexibel, wie Sie Ihr Programm nach Ihren individuellen Bedürfnissen anordnen können.
>
> **Tipp**

Je nachdem wie Sie Ihre Fenster angeordnet haben, können Sie mit Hilfe von Reitern zwischen den verschiedenen Fenstern in den zwei Hälften der Oberfläche wechseln. Sie haben ein Vorschaufenster (Preview) und eine Bilderverzeichnis-Ansicht (Galerie). Letztere ist ein kleiner Dateibrowser, mit dem Sie auf sehr einfache Weise Ihre eingescannten Bilder abspeichern können (Reiter 'Galerie' und 'Vorschau', siehe auch Kap. *Speichern*).

Des Weiteren haben Sie einen scannerabhängigen Teil, in dem Sie bestimmte Scannereinstellungen verändern können, die scannerspezifisch variieren. Ganz unten sehen Sie die beiden Buttons zum Erzeugen der Vorschau und zum endgültigen Einlesen. Das endgültig gescannte Bild erscheint immer in dem großen Fenster rechts ('Bildansicht'), das als Einziges nicht verschiebbar ist. Der Unterschied zwischen Vorschau und endgültigem Scan ist im Kapitel *Die Vorschau* erläutert. Als letztes haben Sie noch ein Fenster für die Thumbnail-Ansicht des jeweiligen Verzeichnisses, in dem Sie sich in der Galerie befinden, und ein kleines Fenster, in dem lediglich immer das Galerie-Verzeichnis sichtbar ist, in dem Sie sich gerade befinden.

Im Folgenden wird zur besseren Übersicht davon ausgegangen, dass Sie links oben die Galerie und das Vorschau-Fenster, links unten die Scannereinstellungen und rechts die Bildervollansicht und die Thumbnail-Ansicht platziert haben.

Die Vorschau

In der Abbildung 19.1 auf der nächsten Seite sehen Sie links oben das so genannte Vorschaufenster und daneben die Einstellungen zur Größe und Aus-

Abbildung 19.1: Das Steuerfenster von Kooka

richtung. Durch den Button 'Vorschau einlesen' (links unten) wird das eingelegte Bild für weitere Bearbeitungsschritte eingescannt und erscheint im Vorschaufenster. Dieser Vorschau-Scan erzeugt noch keine Datei.

Erst nachdem alle individuellen Einstellungen (s.u.) erfolgt sind, aktiviert ein Klick auf den Button 'Endversion einlesen' den eigentlichen Scanvorgang.

Informationen über Größe und Speicherplatzbedarf Ihres Bildes finden Sie übrigens links oben unter den Angaben zur Größe und zur Ausrichtung der Vorlage. Das Vorschaufenster dient zur Festlegung des Scan-Bereichs und hilft bei der Justierung von Gamma-Wert, Helligkeit und Kontrast. Verlassen Sie sich jedoch nicht darauf, dass ein Ausdruck auf Ihrem Drucker dann ebenso aussieht. Die korrekte Kalibrierung von Bildschirm, Scanner und Drucker ist ein Betätigungsfeld für Profis.

Vorschau einlesen

Bevor Sie eine Vorschau einlesen, stellen Sie bitte in dem Fenster zur Scanner-einstellung (bei uns links unten) ein, mit welchem Modus Sie die Vorschau erzeugen wollen. 'Color' und 'Gray' sind dabei selbstredend, 'Binary' bedeutet, dass nur schwarz und weiß erkannt wird, ohne Grautöne. Diese Option ist für die Vorschau nur sinnvoll, wenn es sich um ein reines Textblatt oder um reine S/W-Graphiken handelt. Sie ist vor allem nötig, wenn Sie zur Texterkennung ein Bild bzw. einen Text endgültig einlesen (siehe Kapitel *Endgültiges Scannen*). Die Auflösung sowie die anderen Einstellungen des unteren Fensters sind v.a. für den endgültigen Scan von Bedeutung.

Links oben (wenn der Reiter 'Vorschau' ausgewählt ist) können Sie für die Vorschau noch Einlesegröße und die Ausrichtung festlegen. Darunter wird Ihnen jeweils die Größe in mm und in KB/MB angezeigt. Wählen Sie als Einlesegröße 'Benutzerdefiniert', können Sie keine Ausrichtung wählen, da Sie nach der Vorschau durch Auswahl des Bildausschnittes frei bestimmen können, was endgültig eingescannt wird. Dies ist in der Regel der sinnvollste Modus. Haben Sie alle Einstellungen gewählt, drücken Sie den Button 'Vorschau einlesen' und der Scanner tastet das Bild ab.

Das Bild erscheint danach klein im Vorschaufenster.

Endgültiges Scannen

Haben Sie 'Benutzerdefiniert' als Einlesegröße gewählt, können Sie nun mit der Maus einen rechteckigen Bereich markieren, der endgültig eingescannt werden soll. Sie sehen den Bereich an der umlaufenden Strichellinie.

Zum Erzeugen des endgültigen Bildes wählen Sie nun wiederum den Scanmodus und die Auflösung. Zusätzlich werden Ihnen scannerabhängig noch weitere Optionen angeboten, z. B. Gammawerte, Kontrast, Helligkeit usw. Diese Optionen werden vom Scannermodell selbst geliefert.

Haben Sie alles eingestellt, klicken Sie nun auf 'Endversion einlesen', worauf der Scanner das Bild erneut abtastet. Jetzt werden Sie gefragt, in welchem Format Sie das Bild nun haben möchten. Wenn Sie Ihre folgenden Scans im gleichen Format haben möchten, aber nicht jedes Mal danach gefragt werden wollen, kreuzen Sie die entsprechende Checkbox an und klicken auf 'OK'.

Das Bild erscheint nun groß rechts im Bildfenster. Die dargestellte Größe variiert abhängig vom ausgewählten Scanbereich und von der gewählten Auflösung. Bei höherer Auflösung sehen Sie wahrscheinlich nur einen Ausschnitt des Bildes rechts. Sie können den dargestellten Bereich nun auf verschiedene Weise im rechten Fenster skalieren.

Die Menüs

Die Funktionen der Iconleiste finden Sie wieder in den Menüs 'Datei' und 'Bild'. Unter 'Einstellungen' → 'Kooka einrichten' können Sie einige Voreinstellungen für Kooka verändern. Hier können Sie zudem unter 'Tool-Ansichten' die einzelnen Teilfenster aus- und einblenden, was v.a. nützlich ist, wenn Sie mal ein Fenster mit dem "x" rechts oben geschlossen haben.

In 'Datei' finden Sie nur die beiden Optionen 'Drucken...', wodurch ein Druckassistent erscheint und 'Beenden'. Im Menü 'Bild' steht zusätzlich die Option 'Bild in Graphikprogramm öffnen' zur Verfügung. Es folgt die Beschreibung der einzelnen Menüpunkte.

Bild in Grafikprogramm öffnen:
> Hier können Sie mit einem kleinen Filebrowser oder durch Eingabe ein Programm wählen, mit dem Sie das eingescannte Bild öffnen möchten. Hier bietet sich GIMP an, das allerdings standardmäßig nicht installiert ist.

Zeichenerkennung (OCR) für das Bild...:
> Startet das Fenster für die optische Schrifterkennung (OCR). Wenn Sie das Programm gocr installiert haben, sollte in der Pfadzeile `/usr/bin/gocr` stehen. Hiermit wird dann die Schrifterkennung für das Vorschaubild bzw. für die Auswahl, die im Vorschaubild markiert ist, gestartet.

Zeichenerkennung für die Auswahl...:
> Es erscheint wieder das Fenster für die Schrifterkennung. Diesmal wird jedoch die Schrifterkennung für die Auswahl, die rechts im schon endgültig gescannten Bild markiert ist, gestartet (s. Kapitel *Texterkennung mit gocr*).

Skalieren auf Breite:
> Damit wird das Bild im großen Bildfenster rechts so skaliert (proportional), dass es das Bildfenster in der ganzen Breite ausfüllt.

Skalieren auf Höhe:
> Wie 'Skalieren auf Breite', jedoch füllt das Bild das Bildfenster in seiner ganzen Länge aus.

Originalgröße:
> Reduziert bzw. vergrößert das Bild im Bildfenster wieder auf die originale Größe, mit der es eingescannt wurde.

> **Hinweis** ───
>
> Es gibt noch weitere Möglichkeiten, das Bild zu skalieren: Klicken Sie mit der rechten Maustaste in das Bildfenster. Sie haben die drei genannten Optionen hier erneut, sowie die Möglichkeit, die Vergrößerung selbst festzulegen. Das Gleiche ist übrigens auch im Vorschaufenster möglich!
>
> ───────────────────────────────────── **Hinweis** ┘

Aus Auswahl erzeugen:
Hat man beim Markieren der Auswahl im kleinen Vorschaufenster nicht exakt den Bereich erfasst, der letztendlich auf das zu speichernde Bild soll, kann man mit diesem Werkzeug nun sein Bild endgültig zuschneiden, indem man rechts im großen Bildfenster eine Auswahl markiert und dann auf dieses Werkzeug klickt. Das Bild wird auf die Auswahl rechts zugeschnitten. Sie kennen eine solche Funktion vielleicht von dem Skalpellwerkzeug von GIMP.

Bild vertikal spiegeln:
Das Bild wird vertikal gespiegelt.

Bild horizontal spiegeln:
Das Bild wird horizontal gespiegelt.

In beide Richtungen spiegeln:
Das Bild wird gleichzeitig vertikal und horizontal gespiegelt.

Drehen im Uhrzeigersinn:
Dreht das Bild 90° im Uhrzeigersinn.

Drehen gegen den Uhrzeigersinn:
Dreht das Bild 90° gegen den Uhrzeigersinn.

Drehen um 180 Grad:
Dreht das Bild um 180°.

Speichern

Die Methode zum Abspeichern der Bilder ist in Kooka etwas anders, als Sie es gewohnt sein dürften. Wenn Sie im Teilfenster links oben den Reiter 'Galerie' klicken, sehen Sie einen kleinen Filebrowser, die so genannte „Galerie". Es handelt sich um das Verzeichnis

```
~/.kde/share/apps/ScanImages/
```

Hier werden alle gescannten Bilder als Dateien erst einmal angelegt. Beim
ersten Starten von Kooka existiert nur der Ordner `ScanImages`. Klicken Sie
mit der rechten Maustaste auf diesen Ordner, können Sie Unterordner anlegen. Der Ordner, der angewählt ist (blau unterlegt), ist der erste Speicherort
der eingescannten Bilder. Sie werden `kscan_0001`, `kscan_0002` usw. genannt und fortlaufend durchnummeriert.

Wollen Sie das Bild nun endgültig abspeichern, klicken Sie einfach mit der
linken Maustaste auf den Namen. Jetzt können Sie einen neuen Namen und
auch gleich die passende Endung vergeben, nämlich für das Format, mit dem
Sie das Bild eingescannt haben. Sollten Sie eine falsche Endung eingeben,
erhalten Sie eine Meldung, dass diese nicht mit dem eingescannten Format
übereinstimmt. Eine „On-the-fly"-Konvertierung ist derzeit noch nicht möglich.

Wenn Sie diese bequeme und schnelle Möglichkeit, Ihre Bilder unter `~/`
`.kde/share/apps/ScanImages/` zu verwalten, nicht nutzen, können Sie
selbstverständlich auch an einem anderen Ort abspeichern. Klicken Sie dazu
mit der rechten Maustaste auf den Bildnamen und wählen Sie 'Speichern'.
Hier können Sie dann einen beliebigen Pfad wählen. Zusätzlich können Sie
noch das Bild schließen oder endgültig löschen. Wollen Sie Bilder, die sich
nicht in Ihrer Galerie befinden, die Sie vielleicht auch nicht selbst eingescannt haben, in die Galerie übernehmen, geht das am einfachsten mit „Drag
& Drop" aus dem Konqueror. Starten Sie den Konqueror (das Erde-Symbol in
Ihrer KDE-Leiste), begeben Sie sich in das Verzeichnis, das die Bilder enthält,
die Sie in der Galerie haben wollen und ziehen Sie einfach mit der Maus die
Bilder auf ein Verzeichnis der Kooka-Galerie.

Texterkennung mit gocr

Wie oben schon erwähnt, müssen Sie das Programm gocr installieren. Ist dies
geschehen, scannen Sie eine Vorschau Ihrer Vorlage mit Graustufen oder farbig ein. Nur wenn Sie ein rein weißes Blatt mit schwarzer Schrift haben, können Sie auch im Binärmodus einscannen.

Wählen Sie dann im Vorschaufenster eine Auswahl um den Text, den Sie gerne erkennen lassen möchten. Zum endgültigen Scannen müssen Sie auf jeden
Fall den Binärmodus wählen. Scannen Sie also nun mit 'Endversion einlesen'.

Klicken Sie jetzt in der Iconleiste auf das zweite Icon von links, also auf 'Zeichenerkennung für das Bild...', oder wählen Sie diesen Menüpunkt aus dem
Menü 'Bildanzeige'. Lassen Sie beim ersten Versuch die Voreinstellungen in

dem nun erscheinenden OCR-Fenster (Abb. 19.2) unverändert. Sie sind im Allgemeinen sinnvoll gewählt und für die meisten Anforderungen passend. Jetzt klicken Sie auf 'Zeichenerkennung starten'. Sie erhalten ein Fenster mit dem Ergebnis der Zeichenerkennung (Abb. 19.3 auf der nächsten Seite). Die Qualität hängt sehr stark von der Vorlage ab.

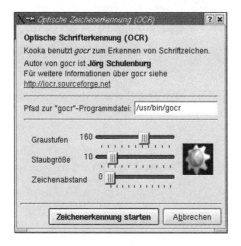

Abbildung 19.2: Das gocr-Fenster

Den Text können Sie nun durch Klick auf den Button mit dem Editor Kate öffnen. Wollen Sie nachdem endgültigen Einlesen im Binärmodus nur einen Teil des Textes/Bildes der Schrifterkennung zuführen, können Sie rechts im Bildfenster eine Auswahl markieren. Dann klicken Sie in der Iconleiste auf den dritten Button von rechts (bzw. 'Bildanzeige' → 'Zeichenerkennung für die Auswahl'). Jetzt gehen Sie vor wie im vorigen Absatz beschrieben.

Weitere Informationen über kooka erhalten Sie auf den KDE-Seiten unter

```
http://kooka.kde.org
```

Einige Tipps zum Scannen

Obwohl Kooka sehr einfach zu bedienen ist, stellt das Scannen v. a. bei Scannern, die vielfache Einstellmöglichkeiten liefern, und bei schlechten Vorlagen unter Umständen eine kleine Kunst dar. Als Anfänger werden dann einige

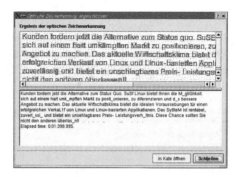

Abbildung 19.3: Das Ergebnis der Texterkennung

Experimente nötig sein, bis Sie mit Ihren Ergebnissen zufrieden sind. Vergessen Sie nicht: Ein perfekter Farbausdruck Ihres Lieblingsfotos benötigt Zeit und Übung.

Welche Hardware brauche ich?

Beachten Sie, dass Ihre Scannerausrüstung und Ihr PC wahrscheinlich weit entfernt sind von den Möglichkeiten eines professionellen Grafikbüros. Leider bestimmt auch hier oft der Preis die Leistungsfähigkeit der Geräte. Zum erfolgreichen (und bequemen) Scannen gehört eine gute Hardware. Mit 36-Bit-Scannern erhält man bessere Farben oder Grauabstufungen als mit 24-Bit-Scannern. Unter Linux werden von SANE bislang vor allem SCSI- und mittlerweile auch immer mehr USB-Scanner unterstützt. Es empfiehlt sich wegen der im Allgemeinen besseren Qualität natürlich der Kauf eines SCSI-Gerätes. Die Einrichtung von USB-Scannern ist allerdings mittels YaST2 per plug-and-play mittlerweile ein Kinderspiel.

Einige Firmen bieten auch Linuxtreiber für Parallelport-Scanner an. Über Funktionalität und Qualität liegen bisher allerdings keine Erfahrungen vor. Eventuell benötigen Sie für einen SCSI-Scanner eine einfache SCSI-Karte, da die beim Scanner mitgelieferte Karte nur minimalste Funktionen aufweist. Schauen Sie auf jeden Fall in die Internetseiten des SANE-Projekts, falls Sie noch keinen Scanner erworben haben oder mit dem Gedanken spielen, einen neuen zu kaufen. Beachten Sie beim Kauf den Entwicklungsstand der zur Verfügung stehenden Treiber.

Große Bilder und deren weitere Grafikbearbeitung benötigen unter Umständen viel Speicherplatz. Ihr Computer muss also auf jeden Fall über mindestens 64 MB RAM – besser 128 MB oder mehr – verfügen. Je schneller die

CPU ist, desto schneller werden Ihre Daten natürlich verarbeitet. Sie brauchen aber kein „High-end"-Gerät, die Mittelklasse tut es für den Hausgebrauch in der Regel auch. Für eine adäquate Darstellung der Bilder auf Ihrem Bildschirm benötigen Sie außerdem eine Grafikkarte, die bei hohen Auflösungen eine entsprechende Farbtiefe darstellen kann.

Welche dpi-Auflösung soll ich nehmen?

Wenn Sie ein einfaches Foto einscannen und am Bildschirm anschauen wollen, reicht eine Scanner-Auflösung von 75 bis 100 ppi aus. Ihr Bildschirm besitzt wahrscheinlich eine Standard-Auflösung von 75 dpi, ein höherer ppi-Wert beim Scannen bedeutet nur, dass mehr Speicherplatz verbraucht, aber keine bessere Bildschirmdarstellung erreicht wird.

Wenn Sie noch nicht genau wissen, wie Sie das Bild später einmal weiterverarbeiten wollen und Sie zunächst erst einmal einfach eine Bilddatei erstellen wollen, sollten Sie mit einer Auflösung von 150 ppi scannen. Eine höhere Auflösung bewirkt nur einen immensen Speicherplatzverbrauch. Natürlich kann es auch sinnvoll sein, kleine Bereiche einer Liniengrafik mit einer höheren Auflösung einzuscannen, aber bei normalen Fotos ist das nicht notwendig. Bei Bedarf können Sie ein Bild mit einem Grafikprogramm normalerweise mit einer geringeren Auflösung abspeichern.

Wollen Sie ein Bild im Maßstab 1:1 für einen Ausdruck einscannen, wird allgemein empfohlen, die Scanauflösung auf den 1,6- bis zweifachen Wert der Durcker-Rasterweite festzulegen. Ein normaler Laserdrucker hat i. d . R. 75 lpi. Haben Sie einen solchen Drucker, sollten Sie nach diesem Multiplikationsfaktor beim Scannen 120 bis 150 ppi einstellen. Wollen Sie die Bilder nur erzeugen, um sie ins Internet zu stellen, reicht in jedem Fall die Standard-Auflösung von 75 ppi aus.

Wenn Sie mit Ihrem Drucker beim Ausdruck eine Vergrößerung erstellen möchten, benötigen Sie allerdings wirklich eine hohe ppi-Einstellung (natürlich auch nur dann, wenn Ihr Drucker in der Lage ist, ebenfalls sehr hohe Auflösungen zu drucken). Man soll beim Vergrößern die Scannerauflösung nochmals mit dem Vergrößerungsfaktor multiplizieren. Hier kommt man schnell in den Bereich der interpolierten Auflösung. Bei dem eben genannten Beispiel würde eine 5-fache Vergrößerung eine ppi-Einstellung von 750 und mehr verlangen. Scanner können solch hohe dpi-Werte physikalisch oft nicht erreichen, sie werden von der Software errechnet.

Wie stelle ich Kontrast und Helligkeit richtig ein?

Beachten Sie, dass die Bildschirmdarstellung nicht unbedingt das Drucker-
ergebnis, sondern nur eine Näherung darstellt. Im Allgemeinen kann man wohl
empfehlen, für einen Schwarz-Weiß- oder Farb-Ausdruck im Bild etwas höhere Helligkeits- und Kontrastwerte festzulegen. Diese müssen Sie jedoch noch
nicht beim Scannen und Speichern nur bestimmen, wenn Sie das eingescannte Bild direkt drucken wollen. Ansonsten genügt es, wenn Sie dies später in
GIMP einstellen.

Was tun bei komischen Mustern im Bild?

Beim Einscannen von Druckvorlagen (Bücher, Zeitschriften, Zeitungen) kön-
nen die einzelnen Bildpunkte aus denen das Bild zusammengesetzt ist, in der
Bilddatei ein so genanntes „Moiré-Muster" erzeugen. Kooka hat noch kein
Filtermodul, das dieses Moiré entfernt. In GIMP jedoch steht unter 'Filter' →
'Verbessern' → 'Flecken' (engl. *Filter, Enhance, Despeckle*) ein Filter zur Verfü-
gung, der das Moiré-Muster entfernt, allerdings um den Preis einer gewissen
Unschärfe.

Grafikbearbeitung mit GIMP

Hinter GIMP (engl. *GNU Image Manipulation Program*) verbirgt sich ein außerordentlich leistungsfähiges Programm zur Bearbeitung von Pixelgrafiken. Wenn Sie eingescannte Fotos oder Bilder aus dem Internet retuschieren, ausbessern oder verändern wollen, ist GIMP erste Wahl. Wenn Sie das Programm gut kennen, ist es sogar möglich, Bilder komplett künstlich zu generieren. Als normaler Benutzer wird man allerdings kaum alle Funktionen von GIMP benötigen.

Betrachtet man die Leistungsfähigkeit von GIMP und die Preise für kommerzielle „professionelle" Grafikprogramme, erkennt man, dass das GNU Image Manipulation Programm ein phänomenales Geschenk an die Linux-Gemeinde ist. Wie so viele Linux-Programme wird GIMP ständig weiterentwickelt.

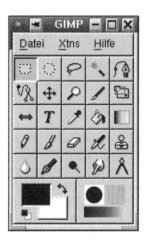

Abbildung 20.1: Die Werkzeugbox von GIMP – Das Standardfenster

Beachten Sie bitte, dass in dieser Einführung vieles unerwähnt bleiben muss. Das „offizielle GIMP-Handbuch" hat übrigens über 900 Seiten und ist im Netz unter `http://manual.gimp.org` verfügbar. Leider sind manche Beschreibungen und Abbildungen mitunter etwas veraltet, da sich die Einstellungsmöglichkeiten für diverse Werkzeuge inzwischen wesentlich erweitert haben. Das mitgelieferte Hilfesystem, das sich noch in Bearbeitung befindet, bietet dem Einsteiger wertvolle Unterstützung.

⌐ Hinweis

Die Gimp–Version in der vorliegenden Distribution von SuSE Linux, die hier beschrieben wird, ist die aktuellste Ausgabe der stabilen Serie 1.2. Das noch instabile Gimp 1.3 ist für den normalen Nutzer nicht empfehlenswert, da es sich noch in der Entwicklungsphase befindet.

Hinweis ⌐

Über Bildbearbeitung und Grafikformate

Bevor konkret über die Arbeitsmöglichkeiten mit GIMP berichtet wird, folgt zunächst eine kurze Einführung in die Unterscheidung zwischen Pixel- und Vektorbild und eine kurze Aufzählung einiger Dateiformate.

Pixelbilder

GIMP wurde für die Bearbeitung von Pixelgrafiken geschaffen. Diese Grafiken bestehen aus kleinen Farbblöcken, deren Summe ein Bild ergibt. So hat z. B. ein bildschirmfüllendes Bild bei einer Bildschirmauflösung von 800 × 600 eben genauso viele einzelne Bildpunkte, nämlich 480.000. Es ist also kein Wunder, dass Bilddateien im Allgemeinen ziemlich groß sind. Zusätzlich zu den Koordinaten eines jeden Bildpunktes werden auch die Farbinformationen der einzelnen Bildpunkte gespeichert. Bei einem Bild der Größe von 800 × 600 Pixeln hat man dann sehr schnell mehr als ein Megabyte an Daten. Deswegen wird seit jeher viel Zeit und Energie darauf verwendet, Kompressionsverfahren zu entwickeln, die die Informationsmenge in einem Bild sozusagen zusammenstauchen. Einige bekannte Grafikformate für Pixelbilder sind:

XCF Das native GIMP-Format. Es unterstützt die weiter unten erläuterte Ebenen-Technik und andere spezifische GIMP-Funktionen. Wenn Sie ein Bild mit GIMP-spezifischen Einstellungen erstellt haben und es in einem anderen Dateiformat speichern, gehen Informationen verloren.

BMP Ein von Microsoft Windows benutztes Format ohne Kompression. Ein Vorteil dieses Formats ist, dass Grafiken schnell geladen und gespeichert werden können. Dieser positive Aspekt wird allerdings durch die Dateigröße relativiert.

GIF Das „Graphics Interchange Format" wurde speziell für die Datenübertragung im Internet entwickelt und hat hierfür spezielle Eigenschaften. Aus lizenzrechtlichen Gründen wird das Format von vielen Programmen leider nicht mehr unterstützt. Eine Besonderheit von GIF sind die „Animated GIFs", eine GIF-Datei, in der mehrere Bilder gespeichert sind. In einem Internetbrowser werden diese Einzelbilder so schnell hintereinander dargestellt, dass der Eindruck eines bewegten Bildes entsteht. Trotz seiner Einschränkungen ist GIF das am weitesten verbreitete Format, da es Transparenz erlaubt.

PNG Das „Portable Network Graphics" wird gerne als Ersatz für das GIF-Format herangezogen. Es kann verlustfrei komprimierte Dateien herstellen und ist frei verfügbar. PNG bietet eine bessere Möglichkeit der Transparenz. Es wird jedoch noch nicht von allen Internetbrowsern voll unterstützt.

PSD Dieses Format wird vom professionellen Adobe Photoshop benutzt und unterstützt die Mehr-Ebenen-Technik.

TIFF Das „Tagged Image File Format" ist ebenfalls ein Speicherverfahren aus dem professionellen Bereich. Vor allem im Druckbereich wird es gerne verwendet.

JPEG Das Kompressionsverfahren der „Joint Photographic Experts Group" erlaubt eine starke Verkleinerung der Bilddatei, bei der je nach Kompressionsfaktor Bildinformationen verloren gehen. Dennoch ist es für Bilder, die im Internet dargestellt werden sollen, ein ideales Dateiformat.

Tipp

Speichern Sie die von Ihnen erzeugten Bilder immer im XCF-Format. Spätere Änderungen lassen sich dann leichter durchführen.

Tipp

Vektorgrafiken

Bei Vektorgrafiken wird im Gegensatz zu den Pixelgrafiken nicht die Information aller Bildpunkte gespeichert, sondern die Information, wie die am Bildschirm dargestellten Punkte und die dazwischenliegenden Linien oder Flächen gruppiert sind. Eine Linie, die quer über den Bildschirm läuft und insgesamt 800 Pixel darstellt, benötigt somit nur vier Informationseinheiten: die Koordinaten des Ausgangspunktes, die Koordinaten des Endpunktes, die Information, dass zwischen diesen beiden Punkten eine Linie verläuft und eventuell die Farbe der Linie. Mit vier Koordinaten und vier Linien, die diese verbinden, kann man am Bildschirm leicht ein Rechteck darstellen. Dass dieses Rechteck mit einer bestimmten Farbe gefüllt wird, benötigt im Prinzip nur eine Informationseinheit. Auf diese Weise kann man mit relativ wenig Basisinformationen komplexe Bilder darstellen lassen. U. a. benutzt das Zeichenprogramm von OpenOffice ein derartiges Speicherformat.

Anwendung von GIMP

GIMP starten

In der Standardinstallation von SuSE Linux ist GIMP bereits enthalten. Sie
können GIMP bequem über das SuSE-Kurzmenü mit 'Bildverarbeitung' aufrufen oder etwas umständlicher über den KDE-Startschalter mit 'SuSE' →
'Multimedia' → 'Grafik' → 'Gimp'. Oder Sie rufen es einfach in der Shell mit
dem Kommando gimp auf. Wenn Sie GIMP öfter verwenden, sollten Sie sich
entweder ein Start-Icon auf dem Desktop erzeugen oder ein Start-Icon in der
Taskleiste platzieren. Wie Sie das machen, zeigen wir Ihnen im Kapitel zu
KDE im Konfigurationshandbuch.

Ist GIMP neu installiert, erfolgt beim ersten Programmstart eine Nachinstal-
lation. In der Dialogbox, die sich hierzu öffnet, befindet sich unten links ein
'Install'-Button. Klicken Sie auf diesen. Danach können Sie in der nächsten
Dialogbox den 'Weiter'-Button betätigen. GIMP wird jetzt richtig installiert
und eingerichtet. Da viele Dateien eingelesen werden, benötigt GIMP für jeden ersten Start etwas Zeit. In der Grundeinstellung wird bei jedem Start eine
Box mit dem 'Tipp des Tages' gezeigt (siehe Abbildung 20.2). Wenn Sie diese automatische Einblendung nicht beibehalten wollen, deaktivieren Sie sie
einfach mit dem Kästchen unten links im Meldungsfenster.

Abbildung 20.2: Beim Starten von GIMP erhalten Sie nützliche Tipps

Das Werkzeugfenster

GIMP tritt zunächst einmal ganz unspektakulär in Erscheinung. Es öffnet sich
ein relativ kleines Fenster mit der Werkzeugbox. Hinter den Schaltern dieses
Programmfensters verbergen sich alle Funktionen, die man für eine kraftvolle
Bildmanipulation benötigt. Für einen ungeübten Benutzer ergibt sich allerdings das Problem, dass die vielen Schalter am Anfang recht verwirrend sind,

weil man nicht weiß, was sich dahinter verbirgt. Deshalb erfolgt hier eine kurze Beschreibung der Icons und ihrer Funktionalität.

Das Hauptfenster von GIMP ist in drei Teile aufteilbar: Die Menüleiste mit den Menüs 'Datei', 'Xtns' (Erweiterungen) und 'Hilfe', die Werkzeug-Icons und die Farb-, Muster- und Pinselauswahl-Icons.

Die Menüleiste

In Abbildung 20.1 können Sie leicht die Menüleiste erkennen. Die wichtigsten Punkte unter 'Datei' sind:

- Eine neue Grafikdatei erstellen,

- ein bestehendes Bild mit dem GIMP-Dateimanager laden,

- Screenshots erstellen (Screenshots sind Bildausschnitte von Ihrem Bildschirm, die gespeichert werden können),

- Einstellung von Grundoptionen und

- schneller Zugriff auf die zuletzt bearbeiteten Dateien.

Die wichtigsten Punkte unter dem Menü 'Xtns' sind:

- Zugriff auf Module,

- Zugriff auf Plugins: Plugins sind gesonderte Programme, die in GIMP eingebunden sind und die eine ganz bestimmte grafische Funktion ausüben können,

- Zugriff auf Skripten und

- Zugriff auf die Web-Seiten von GIMP.

Das Menü 'Hilfe' enthält die Zugriffsmöglichkeit auf Hilfe-Informationen.

Die Werkzeug-Icons

Jede der im Hauptfenster von GIMP dargestellten Grafiken repräsentiert eine bestimmte Funktion. Das Werkzeugfenster kann man in Breite und Höhe verändern. Für die Darstellung wurde ein zweispaltiges Layout gewählt, dadurch sind natürlich die über den Icons befindlichen Menüpunkte nicht mehr sichtbar. Insgesamt lassen sich drei Funktionsbereiche unterscheiden:

Auswahlwerkzeuge (engl. *Selection Tools*):
Bei der Bildbearbeitung will man entweder das ganze Bild oder nur einen bestimmten Bildausschnitt bearbeiten. GIMP muss wissen, für welchen Bereich die folgenden Aktionen gelten. Für die Festlegung einer Auswahl gibt es verschiedene Auswahlwerkzeuge. Ist eine Auswahl einmal festgelegt, kann diese bearbeitet werden, ohne dass andere Bildteile davon betroffen sind. Ausgewählte Bereiche können auch erweitert oder verringert werden. Hierbei helfen die Tasten ⇧ (= additive Auswahl) und Ctrl (= subtraktive Auswahl). Probieren Sie es aus, der Cursor verändert sich dann und hat ein Plus- oder ein Minuszeichen.

Transformationswerkzeuge (engl. *Transform Tools*):
Mit diesen Funktionen können ausgewählte Bereiche verändert werden. So stehen u. a. eine Ausschneide-, Spiegel- oder Umwandlungsfunktion zur Verfügung.

Malwerkzeuge (engl. *Paint Tools*):
Die Malwerkzeuge repräsentieren Zeichenfeder, Pinsel, Sprühpistole, Stift oder Finger (verschmieren) und versuchen, die jeweiligen realen Eigenschaften auf dem PC nachzuahmen.

Zu diesen drei Funktionsbereichen könnte man theoretisch als vierten Funktionsbereich noch die Farb-, Füll- und Pinseloption zählen. Damit wird die Zeichenfarbe oder die Spitze des Malwerkzeugs bestimmt.

┌─ **Tipp** ─────────────────────────────────────

Ein Klick auf ein Werkzeug-Icon aktiviert das Werkzeug. Ein Doppelklick öffnet ein zusätzliches Fenster mit Optionseinstellungen für dieses Werkzeug. Manche Einstellungen sind einfach und sofort verständlich, andere wiederum sind kompliziert. Spielen Sie am Anfang ruhig ein bisschen mit den Einstellungen herum.

─────────────────────────────────────── **Tipp** ─┘

Die Auswahlwerkzeuge

 Dies ist wohl das einfachste Auswahlwerkzeug. Durch Halten der linken Maustaste und gleichzeitiges Ziehen wird eine rechteckige Fläche markiert. Beim Loslassen der Maustaste zeigt ein Rahmen die markierte Fläche an. Alle Aktionen mit Mal- oder Transformationswerkzeugen finden nur noch in der Auswahl statt. Durch Drücken der ⇑-Taste können Sie weitere Rechtecke hinzufügen. Bei gleichzeitigem Drücken der Ctrl-Taste werden die selektierten Bereiche von der Auswahl abgezogen.

 Dieses Werkzeug funktioniert ähnlich wie die Rechteckauswahl. Sie markieren allerdings eine kreisrunde oder elliptische Fläche.

 Hier haben wir das erste richtig brauchbare Auswahlwerkzeug für Fotos, denn welches Foto besteht nur aus Kreisen oder Rechtecken? Das Lasso ermöglicht die freie Auswahl einer unregelmäßigen Fläche. Drücken Sie die linke Maustaste und fahren Sie um die Fläche, wie Sie sie benötigen. Beim Loslassen der Maustaste werden Anfangs- und Endpunkt durch eine gerade Linie verbunden. Das ist am Anfang sicherlich schwierig, vergrößern Sie das Bild hierfür.

 Der Zauberstab ist wirklich einer. Mit ihm können Sie wie durch Zauberhand eine bestimmte Bildstelle über die Farbähnlichkeit der Pixel auswählen. Falls die Standardeinstellung nicht passt, müssen Sie den Schwellenwert in der Optionsbox etwas verändern oder mit der ⇑-Taste arbeiten. Der Zauberstab ist ideal, wenn Sie unregelmäßige Flächen mit ähnlicher Farbe markieren wollen.

 Auch damit können Sie mit entsprechendem Aufwand bestimmte Bereiche oder Gegenstände eines Bildes erfassen. Das Werkzeug ermöglicht es, mit Hilfe der von Ihnen gesetzten Klicks saubere gebogene Linien zu zeichnen. Ein Vorteil bei dieser Technik ist, dass Sie die Auswahl mit Hilfe der Pfadpunkte auch wieder verändern können. Haben Sie eine Fläche markiert, klicken Sie einfach hinein und sie ist ausgewählt. Zur Beherrschung dieses Tools bedarf es einiger Übung. Für anspruchsvollere Aufgaben ist es jedoch unverzichtbar.

 Die intelligente Schere bemüht sich, beim Setzen der Klicks die Auswahl an Farb- oder Helligkeitskanten entlang zu ziehen. Manchmal klappt das ganz gut. In der Optionsbox können Sie die Schwellenwerte verändern.

Transformationswerkzeuge

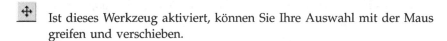

Ist dieses Werkzeug aktiviert, können Sie Ihre Auswahl mit der Maus greifen und verschieben.

Die Lupe ist kein richtiges Transformationswerkzeug, weil sie nur die Darstellung am Bildschirm vergrößert oder verkleinert. Das Bild an sich wird dabei nicht verändert. Für die Verkleinerungsfunktion halten Sie einfach die (⇑)-Taste gedrückt, während Sie mit der Maus klicken. Für eine echte Bildvergrößerung öffnen Sie durch einen Rechts-Klick in Ihr Bild das Kontextmenü und wählen 'Bild' → 'Größe verändern' (engl. 'Image' → 'Scale Image'). In der nun geöffneten Einstellungsbox kann man die Höhe und Breite des Bildes nach Prozentangaben oder Pixelwerten verändern.

Mit dem Messerwerkzeug können Sie Ihr Bild zurechtschneiden. Für einen ästhetisch angenehmen Eindruck bei Landschaftsaufnahmen empfiehlt es sich z. B., dem Himmel ein Drittel und der Landschaft zwei Drittel der Bildhöhe zur Verfügung zu stellen. Setzen Sie die Maus an und ziehen Sie ein Rechteck auf. Ein Klick in dieses Rechteck, und schon wird der umliegende Bereich weggeschnitten.

Keine Angst, mit (Ctrl) + (Z) können Sie das sofort wieder ungeschehen machen. Außerdem können Sie auch die Größe des Rechtecks verändern. Verändern Sie die Ausschnittsgröße, indem Sie mit der Maus die Punkte, an denen die Linien im 90°-Winkel zusammenstoßen, greifen und verschieben. Sie können auch bequem das ganze Rechteck mit Hilfe der Punkte, an denen sich die Linien kreuzen, verschieben.

Hinter diesem Icon verbirgt sich eine für den Anfänger auf den ersten Blick verwirrende Funktionsvielfalt. Das Werkzeug besitzt aber einen hohen Spaßfaktor. Sie können entweder das ganze Bild bearbeiten, indem Sie auf das Werkzeug-Icon klicken und danach in das Bild, oder Sie bearbeiten einen Ausschnitt, indem Sie erst eine Auswahl festlegen und dann auf das Werkzeug-Icon klicken.

Insgesamt stehen Ihnen vier verschiedene Funktionen zur Verfügung: Sie können das Bild oder die Auswahl um einen frei festlegbaren Rotationspunkt drehen (Rotieren) (engl. *Rotation*), Sie können vergrößern

oder verkleinern (Skalieren) (engl. *Scaling*), Sie können ein Rechteck in ein Trapez verwandeln (Scheren) (engl. *Shearing*), oder Sie können eine Fläche perspektivisch verzerren (engl. *Perspective*), so dass es aussieht als ob Sie ein Bild schräg von der Seite betrachten.

Die Grundeinstellung ist auf Rotation eingestellt, die anderen Funktionen bestimmen Sie in der Optionsbox, die sich durch Doppelklick auf das Werkzeug-Icon öffnet.

 Ein einfaches Werkzeug, das den ausgewählten Bereich entweder links-rechts (horizontal) oder oben-unten (vertikal) spiegelt.

Wenn Sie Ihr ganzes Bild oder eine Auswahl mit einem Transformationswerkzeug verändert haben, müssen Sie diese so genannte „schwebende" Auswahl in das Bild übernehmen. Vor dieser Übernahme können Sie Ihr Transformationsergebnis noch nachträglich verändern. Für die Einbindung der Veränderungen in das Bild gibt es unterschiedliche Möglichkeiten. Sie können Tastenkombinationen nutzen oder Sie klicken irgendwo neben die Auswahl in das Bild oder wählen ein anderes Auswahlwerkzeug und benutzen dieses.

Malwerkzeuge

Die von GIMP zur Verfügung gestellten Malwerkzeuge haben im Original bestimmte Maleigenschaften, die von GIMP nachgeahmt werden. Sie können durch eine entsprechende Optionseinstellung unterschiedliche Bleistifte simulieren oder Ihre Pinselstärke ganz nach Ihren Bedürfnissen einrichten. In den Optionsboxen der Werkzeuge befindet sich der Schieberegler 'Deckkraft' (engl. *Opacity*). Damit stellen Sie die Deckkraft der benutzten Farbe ein. Mit dem Menü-Punkt 'Modus' legen Sie fest, wie Ihre gemalten Linien oder Flächen ins Bild integriert werden. Je nach Werkzeug haben die unterschiedlichen Modi auch unterschiedliche Auswirkungen.

 Sie haben in GIMP umfangreiche Möglichkeiten, Texte in einem Bild zu platzieren und zu gestalten. Ein Doppelklick auf das Werkzeug öffnet die Optionsbox. Durch Aktivierung oder Deaktivierung des Buttons 'Dynamischen Text benutzen' wählen Sie bei der Texteingabe eine einzelne Zeile oder ein Texteingabefenster mit der Möglichkeit, mehrere Zeilen mit der Schriftformatierung (linksbündig, mittig, rechtsbündig) einzugeben. Ein Klick mit aktiviertem T-Werkzeug in das Bild öffnet dann die entsprechende Dialogbox, in der Sie Schriftart, Schriftgröße und in den entsprechenden Feldern Ihren Text eingeben können.

┌─ **Achtung** ─────────────────────────────────

Wenn Sie den Text nicht extra in einer eigenen Ebene sichern, können Sie ihn später nicht mehr einzeln bearbeiten, da er in Pixelform in Ihr Bild eingebunden wird. Weitere Informationen entnehmen Sie bitte dem Abschnitt Ebenen.

────────────────────────────────── **Achtung** ─┘

GIMP stellt ein relativ einfaches Textwerkzeug zur Verfügung. Viele Texteffekte wie Schatten oder Farbverlauf im Text müssen theoretisch manuell eingegeben werden. Praktischerweise stehen jedoch mit den Script-Fu-Werkzeugen oder im Kontextmenü 'Filter' ('Filters') viele automatische Veränderungsabläufe zur Verfügung, die teilweise extra für Text hergestellt wurden. Schauen Sie sich auf jeden Fall das Scipt-Fu-Menü im Kontextmenü an, und scheuen Sie sich nicht zu experimentieren.

Mit der Pipette können Sie gezielt Farben aus Ihrem Bild auswählen und in die Farbauswahlbox übertragen. Wenn Sie mit aktivierter Pipette auf eine bestimmte Farbe im Bild klicken, wird diese aktiviert. So finden Sie ganz schnell etwa einen ganz bestimmten Hautton, den Sie für „Reparaturarbeiten" auf Ihrem Foto benötigen.

Mit dem Farbeimer können Sie eine ausgewählte Fläche mit Farbe „vollschütten". An Stelle einer bestimmten Farbe kann man auch ein Muster aus den zur Verfügung stehenden Vorlagen auswählen. Vor der Füllaktion müssen Sie dann in der Optionsbox den Button „Musterfüllung" aktivieren. Die Auswahl wird mit den entsprechenden Einstellungen übermalt. Falls Sie eine transparente Füllung über einen Bildabschnitt benötigen, müssen Sie mit verschiedenen Ebenen arbeiten, die dann transparent übereinander angeordnet werden.

Das Icon stellt einen Grau- oder Farbverlauf dar. GIMP besitzt einige vordefinierte Farbverläufe, mit denen Sie Ihren ausgewählten Bereich auffüllen können. Auch dieses Werkzeug ist relativ kompliziert zu bedienen und erfordert einige Übung, vor allem wenn Sie Farbverläufe transparent über ein Bild legen wollen.

Mit dem virtuellen Bleistift können Sie freihändig Linien zeichnen. Die Linienart, also Breite und Form des Stiftkopfs, legen Sie mit Hilfe des rechten unteren Icons fest, indem Sie auf 'Pinselauswahl' (siehe Hilfetext, der sich öffnet) klicken. Sie bemerken, es stehen Ihnen Bleistiftspitzen zur Verfügung, die in der Realität gar nicht existieren. Sie können Ihre Bleistiftspitze ganz fein oder auch ganz breit festlegen, oder Sie wählen eine andere spezielle Form aus.

 Der Pinsel erzeugt einen weicheren, eher wässrigen Effekt als der Bleistift. In der entsprechenden Einstellungsbox können Sie sogar das Verblassen (die Farbintensität lässt beim Malen langsam nach) oder einen Farbverlauf (Auswahl über die Farbverlaufeinstellung) festlegen. Ist die Option 'Verblassen' aktiviert, müssen Sie – wie in Wirklichkeit – den Pinsel bzw. den Cursor lösen und nochmal ansetzen, um Farbe aufzutragen.

 Der Radiergummi radiert nicht nur, er „un"-radiert auch. Wenn Sie mit Hilfe der eben schon erwähnten Pinselauswahl einen bestimmten Pinselmodus anwählen, können Sie außerdem die Form des Radiergummis individuell einstellen.

 Der Airbrush ermöglicht das Arbeiten wie mit einer richtigen Farbspritzpistole. Sie können die „Luftdruckeinstellung" (Pressure) verändern und natürlich auch die vielen verschiedenen Pinseleinstellungen nutzen.

 Der Stempel ist ein sehr wichtiges Werkzeug für die Fotoretusche. Er wird als so genanntes Klon-Werkzeug bezeichnet. Mit ihm können Sie Bildteile festlegen, die Sie dann klonen. Konkret bedeutet das, dass Sie unter Umständen sehr präzise festlegen, welcher Bildteil in welcher Form wohin kopiert wird. Das Ganze hat aber relativ wenig mit den Funktionen 'Ausschneiden' und 'Einfügen' zu tun, sondern Sie benutzen die Malfunktion. Mit deren Hilfe können Sie Form und Deckkraft Ihres imaginären Pinsels einstellen. Interessant wird es z. B., wenn Sie ein altes Foto mit weißen Flecken haben.

Aktivieren Sie das Klonwerkzeug und öffnen Sie ggf. dessen Optionsbox. Halten Sie die ⬆-Taste und setzen Sie einen Mausklick auf den Bildbereich, der als Vorlage für das Kopieren gilt. Dann lassen Sie die Maustaste los und zeigen mit dem Cursor auf die schadhafte Bildstelle. Wenn Sie jetzt die linke Maustaste drücken und bewegen, wird derjenige Bildteil unter dem Mauszeiger eingefügt, den Sie im ersten Arbeitsgang markiert haben. Wenn Sie die Maus nach oben bewegen, verschiebt sich auch der Bereich, der kopiert wird, nach oben. Die Stelle wird durch ein Fadenkreuz gekennzeichnet. Je nach Pinseleinstellung wird entweder ein kleiner oder ein großer Radius, und je nach Werkzeugeinstellung wird entweder deckend oder transparent kopiert. Sie werden dieses Werkzeug des Öfteren brauchen, um Ihre Fotos auszubessern. Es lassen sich z. B. unerwünschte Texte aus eingescannten Bildern entfernen oder auch Hautunreinheiten wegretuschieren.

 Der Wassertropfen ist ein Werkzeug für das feine manuelle Weichzeichnen und Schärfen von Bildteilen. Welche der beiden Aktionen aktiv ist, wird in der Optionsbox festgelegt. Die Pinselauswahl bestimmt wieder Größe und Ränder des Manipulationsbereichs. Das Weichzeichnen-Werkzeug legt einen Dunstschleier über das Bild, oder, wie bei der Verwendung des Wassertropfens, über die „bemalten" Stellen.

Das Schärfen ist das Gegenteil. Hier versucht das Programm, den Kontrast zu erhöhen und Kanten besser voneinander abzusetzen. Das Schärfen funktioniert hervorragend, wenn Sie die Bilder dann aus größerer Entfernung ansehen. Allerdings bedeutet es auch einen Informationsverlust. Ganz aus der Nähe, also stark vergrößert betrachtet, sehen die Bilder dann sehr pixelhaft aus.

 Die Zeichenfeder ist nicht nur zum Zeichnen, sondern auch für Kalligrafie geeignet. Richtig gut schreiben kann man jedoch nur mit einem Grafiktablett. In den Werkzeugeinstellungen können Sie die Federform Ihren Wünschen anpassen. Machen Sie die Feder schmal, dann können Sie bessere Effekte erzielen.

Das Werkzeug-Icon, das wie eine Stecknadel aussieht, ist eigentlich ein dünner Holzstab mit einem aufgeklebten, lichtundurchlässigen Pappkreis. Ein derartiges Gerät braucht man im Fotolabor für die perfekte Belichtung eines manuellen Papierabzugs. Da nur die wenigsten Negative (oder Positive) perfekt ausgeleuchtet sind, wedelt man während der Belichtung des Fotopapiers mit diesem Teil über diejenigen Bildstellen, die sonst zu dunkel werden. So kann die Belichtung einzelner problematischer Bildteile individuell geregelt werden.

Das Gegenteil ist ein Fotokarton mit einem kleinen Loch in der Mitte zum Nachbelichten. Genau diese beiden Funktionen erfüllt das GIMP-Werkzeug. Sie können einzelne Bildteile abwedeln (= heller machen) oder nachbelichten (= dunkler machen). Für die Entstehung weicher Übergangsränder empfiehlt es sich, in der Pinselauswahl eine diffuse Pinselform auszuwählen.

 Der Finger in diesem Werkzeug-Icon fährt gerade über die auf das Pa-

pier gebrachte Farbe und verschmiert diese. Durch das „Verschmieren"
können Sie sehr interessante Effekte erzielen.

 Mit dem Zirkel können Sie Entfernungen und Winkel messen. Schalten
Sie in der zugehörigen Optionsbox den Button 'Benutze Info-Fenster'
ein.

Farb-, Pinsel-, Muster- und Verlaufsauswahl

Die in Abbildung 20.3 dargestellten Icons sind eigentlich keine richtigen
Icons, die nur Befehle ausführen – die Bilder stellen zugleich einen in GIMP
eingestellten Wert dar. Links befindet sich die wichtige Funktion der Farbaus-

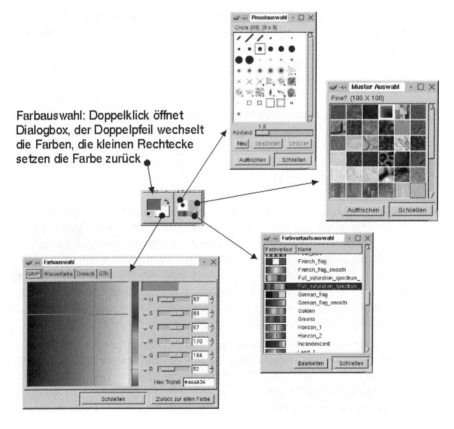

Abbildung 20.3: Die Farb-, Pinsel- und Musterauswahl von GIMP

20

wahl. Rechts erkennt man die jeweils aktive Pinselform, das aktive Füllmuster und den aktiven Farbverlauf. Ein Klick auf den jeweiligen Bereich öffnet ein Dialogfenster für die individuelle Einstellung.

Tipps zum Arbeiten mit GIMP

Bilder öffnen

Sie haben ein eingescanntes Foto oder ein Bild aus dem Internet auf Ihre Festplatte gespeichert und möchten es mit GIMP bearbeiten? Klicken Sie im Menü des Werkzeugfensters auf 'Datei' → 'Öffnen' (deutsches Tastaturkürzel (Ctrl) + (O)) und schon erscheint der GIMP-Dateimanager wie in Abbildung 20.4.

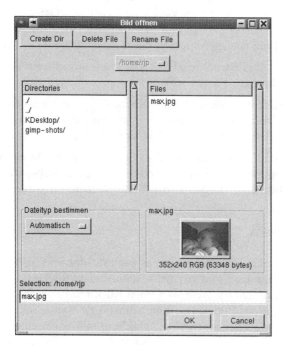

Abbildung 20.4: Das Dialogfenster zum Öffnen von Dateien

Auf der linken Seite können Sie mit einem Doppelklick in ein anderes Verzeichnis wechseln. Falls Sie mehrere Festplatten besitzen, finden Sie diese am

Ende der Liste. Rechts daneben stehen in einem eigenen Listenfenster die Dateien. Die Dateiliste ist alphabetisch sortiert, eine individuelle Sortierung nach Dateitypen oder Datum ist leider nicht möglich. Angenehm ist das kleine integrierte Vorschaufenster. Falls GIMP das Dateiformat kennt, können Sie hier ein Miniaturbild der gerade angewählten Datei sehen. Ein Doppelklick auf den Dateinamen oder ein Klick auf 'OK' öffnet das Bild.

GIMP verwendet hierfür ein eigenes Bildbearbeitungsfenster, welches völlig unabhängig vom Fenster mit den Werkzeug-Icons ist. Sie können das Bildfenster auf Ihrem Bildschirm beliebig verschieben und ggf. auch die Größe und Zoomeinstellungen verändern.

Bilder erstellen

Sie möchten Ihre künstlerischen Fähigkeiten testen und ein Bild malen oder zeichnen? Klicken Sie hierzu im Werkzeugfenster auf 'Datei' → 'Neu' (deutsches Tastaturkürzel (Ctrl) + (N)) und es öffnet sich eine Dialogbox, in der Sie einige Bildattribute festlegen müssen (Siehe Abb. 20.5 auf der nächsten Seite).

Am Wichtigsten sind Breite und Höhe, die zumeist in Pixeln dargestellt werden und die Bild- bzw. Füllart.

Wenn Sie als Bildbreite 800 und als Bildhöhe 600 Pixel eingeben und Ihre Bildschirmauflösung dieselbe Größe hat, können Sie Ihr gemaltes Bild später als formatfüllendes Hintergrundbild verwenden.

Beim Auswahlfeld 'Füllart' wählen Sie die zu verwendende Füllung für das neue Bild: die aktuelle Vordergrund- oder Hintergrundfarbe, weiß oder transparent. Standardmäßig werden transparente Flächen mit grauen Karos gefüllt.

Bilder speichern

Wie für viele andere Funktionen gibt es auch für das Speichern die Möglichkeit der Maus-Benutzung oder einen Tastatur-Befehl (Ctrl) + (S). Bei Verwendung der Maus aktivieren Sie durch einen Klick mit der rechten(!) Maustaste das Kontextmenü des Bildes. Das Kontextmenü ist ein vielseitiges Werkzeug – Sie finden dazu weiter unten eine Abbildung mit einem aufgeklappten Menü.

Aktivieren Sie die Funktion 'Datei' → 'Sichern' zum Speichern Ihres Bildes. Falls Sie schon einen Dateinamen vergeben haben, wird das Bild unter diesem gespeichert. Ansonsten öffnet sich der Dateimanager von GIMP und Sie

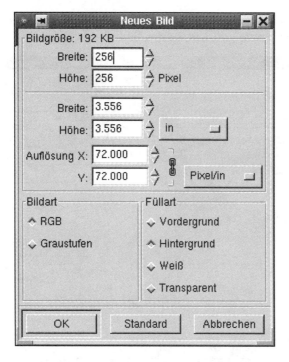

Abbildung 20.5: Ein neues Bild wird erstellt

können den gewünschten Dateinamen und evtl. ein anderes Verzeichnis bestimmen. Mit der Option 'Dateityp bestimmen' legen Sie fest, welches Bildformat GIMP zum Speichern benutzen muss. Einige dieser Bildformate wurden bereits oben beschrieben. Achten Sie hierbei auf die korrekte Endung der Dateiergänzung. Es ist durchaus möglich, eine GIF-Datei mit der Endung `.tiff` abzuspeichern.

Bilder drucken

Für den Ausdruck Ihrer Bilder öffnen Sie durch einen Klick mit der rechten Maustaste auf das Bild das Kontextmenü. Mit 'Datei' → 'Drucken' gelangen Sie in das Druckfenster. Hier müssen Sie auf die Auswahl der richtigen Druckerwarteschlange (= Drucker), die Mediengröße, die Orientierung (Portrait = hochkant, Landscape = quer) und den Ausgabetyp (farbig oder schwarz-weiß) achten. Benutzen Sie die `raw` Druckerwarteschlange, denn GIMP-Print erstellt eine druckerspezifische Ausgabe. Sie können das Bild in der Ausdruckgröße verändern und ggf. in der Papiermitte zentrieren. Mit dem Button 'Drucken' schicken Sie das Bild an den Drucker.

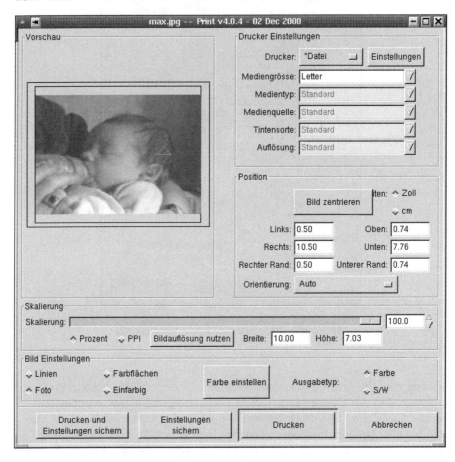

Abbildung 20.6: Das Druckerfenster unter GIMP

Konfiguration von GIMP

GIMP bietet einige einfache Einstellungsoptionen für schnelles und effektives Arbeiten. Machen Sie sich mit den Optionen im Menü 'Datei' → 'Einstellungen' vertraut. Wenn Sie GIMP etwas besser kennen, können Sie einige der Grundeinstellungen von GIMP auch nachträglich individuell verändern. Weitere Informationen erhalten Sie im Hilfesystem.

Mit der mehrstufigen 'UNDO'-Funktion können Sie Ihre letzten Aktionen zurücknehmen. Sie können mit der Maus arbeiten und im Kontextmenü 'Bearbeiten' → 'Rückgängig' anwählen oder Sie verwenden die schnellere Tastenkombination (Ctrl) + (Z). Im Werkzeugfenster 'Datei' → 'Einstellungen' können Sie unter 'Umgebung' festlegen, wie viele UNDO-Schritte zur Verfügung stehen sollen. Die zweite Empfehlung lautet:

Mit der Tastatur lässt es sich viel schneller arbeiten als mit der Maus! Sie können die Tastaturkürzel übrigens ebenfalls leicht entsprechend Ihren eigenen Bedürfnissen verändern. Klicken Sie mit der rechten Maustaste auf den gewünschten Menüpunkt und halten Sie die Maustaste fest. Dann betätigen Sie die gewünschte Tastenkombination – und schon ist diese zugewiesen. Achten Sie darauf, keine Tastaturkürzel doppelt zu verwenden, da hierfür keine Schutzfunktion existiert und somit Fehler im Programm entstehen können.

⌐ **Tipp** ───

Viele Funktionen oder Werkzeugeinstellungen haben eigene Fenster, die Sie bei Bedarf öffnen und schließen können. Bei einem entsprechend großen Bildschirm können Sie diejenigen Dialogfenster, die Sie oft brauchen, ruhig geöffnet lassen.

─── **Tipp** ⌟

Und noch eine Besonderheit: die abreißbaren Menüleisten. Sobald ein Menü oben eine gestrichelte Linie zeigt, können Sie dieses Menü durch Anklicken der Linie aus dem größeren Kontextmenü herauslösen. Das Menü wird nun in einem eigenen Fenster auf Ihrem Desktop angezeigt.

Ebenen

Ebenen sind für ein effektives Arbeiten unter GIMP unerlässlich. Sie ermöglichen die Platzierung von Bildinhalten sowie eine einfachere Bearbeitung und Modifikation von Bildern. Wenn Sie eine Datei samt Ebeneninformationen speichern wollen, wählen Sie am besten das GIMP-eigene Speicherformat XCF. Nicht nur Ebeneninformationen bleiben so erhalten, sondern auch GIMP-Features wie z. B. Speicherorte von Hilfeseiten.

Zum besseren Verständnis der Funktionsweise von Ebenen stellen Sie sich ein Bild vor, das aus einem Stapel Transparenzpapier erzeugt wurde. Die unterschiedlichen Teile des Bildes wurden auf einzelnen Blättern gezeichnet. Die Anordnung des Stapels kann dahingehend verändert werden, dass die Reihenfolge der Blätter wechselt. Einzelne oder Gruppen von Ebenen können ihre Position ändern, so dass Teile des Bildes verschoben werden. Neue Blätter können hinzugefügt und andere beiseite gelegt werden. Genauso funktionieren die Ebenen unter GIMP.

Wenn Sie Teile Ihres Bildes in verschiedenen Ebenen anlegen, können Sie diese Teile manipulieren, ändern oder löschen ohne dabei die anderen Bildteile zu beeinträchtigen. Am gebräuchlichsten ist der Einsatz verschiedener Ebenen für Text. Die Möglichkeiten sind jedoch weitaus vielfältiger.

GIMP besitzt einen Ebenenmanager. Sie rufen ihn über das Kontextmenü 'Ebenen' → 'Ebenen, Kanäle und Pfade...' auf (siehe Abb. 20.7). Hier können Sie neue Ebenen erstellen, kopieren, löschen oder eine Ebene mit dem Grundbild verankern. Außerdem kann man über das Auge-Icon im Ebenenmanager die gezeigten Ebenen unsichtbar machen, ohne dass deren Information verloren geht.

Das Icon mit den vier Pfeilen weist auf verlinkte Ebenen hin. Ebenen, die mit diesem Icon versehen sind, werden als Gruppe verschoben. Ferner können Sie die drei Farbkanäle Rot, Grün und Blau einzeln oder in beliebiger Kombination darstellen lassen oder sich Informationen über Pfade, die mittels Bezierkurven gezeichnet wurden, anzeigen lassen.

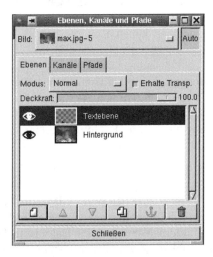

Abbildung 20.7: Das Dialogfenster zu Ebenen, Kanälen und Pfaden

Bildmodi

GIMP verfügt über drei grundlegende Bildmodi – RGB, Graustufen und Indiziert. RGB ist der gebräuchlichste Farbmodus unter GIMP. Graustufen wird für schwarzweiße und graue Bilder verwendet. Der Modus Indiziert wird fast ausschließlich für das Konvertieren von Bildern nach GIF eingesetzt. Beim Arbeiten mit Bildmodi sollte man sich Folgendes bewusst machen:

- Lediglich RGB besitzt alle verfügbaren Filter. Die meisten jedoch sind auch im Graustufenmodus verfügbar. Zum Einsatz von Filtern für indizierte Bilder konvertieren Sie bitte zuerst nach RGB.

- Konvertieren Sie nach Indiziert nur kurz vor dem Speichern in Bildformaten, bei denen das nötig ist, wie z. B. GIF. Bearbeiten Sie niemals ein Bild im indizierten Modus!

- Ungeachtet jeglicher Farbe, die in einem Graustufenbild enthalten ist, wird diese entsättigt und als Graustufe dargestellt.

- Weitere Informationen über Bildmodi erhalten Sie auf den Hilfeseiten.

Einführung in die Bildbearbeitung

Nachdem im oberen Abschnitt viel Allgemeines über die Benutzung von GIMP geschrieben wurde, sollen im Folgenden eher praktische Tipps und Ratschläge folgen. Die Hinweise beschränken sich hierbei auf die Beschreibung von einfachen Bildmanipulationen, die normalerweise am Häufigsten benötigt werden:

- Ein Bild optimal für den Ausdruck vorbereiten (Kontrast verstärken, Bild schärfen, Farbe und Helligkeit korrigieren).

- Einen besonderen Filtereffekt in das Bild einbinden.

- Einen Text in ein Bild einfügen.

- Text aus einem eingescannten Bild entfernen oder ein beschädigtes Bild reparieren (Kratzer oder Flecken entfernen).

Fotos für den Ausdruck aufbereiten

Sie haben z. B. ein Bild von Ihren Kindern und möchten mit Ihrem Farbdrucker einen tollen Ausdruck machen. Leider war der erste Ausdruck nicht besonders gut, die Farben waren recht blass und es gibt eine Stelle im Bild, die ziemlich dunkel ist. Was tun?

Beim Ausdruck von Farbbildern hat man ein grundlegendes Problem. Die Farbe und der Kontrast des Bildes, das Sie auf Ihrem Bildschirm sehen, entspricht nicht dem, was Ihr Drucker ausdruckt. Die Bilder auf dem Bildschirm sind oft kontrastreicher und brillanter. Nur bei professionellen Systemen werden alle Komponenten derart abgestimmt, dass Bildschirmdarstellung und späterer Druck einander sehr ähnlich sind. Für eine Bildauffrischungskur empfehlen sich folgende Bildmanipulationen:

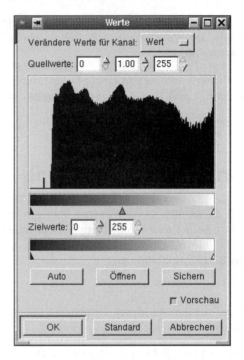

Abbildung 20.8: Die Werte

Erstellen Sie zunächst einmal für alle Fälle eine Sicherheitskopie Ihres Bildes. Nach dem Abspeichern der Veränderungen können Sie nicht mehr den Originalzustand herstellen. Obwohl diese Korrekturen unter 'Bild', 'Farben', 'Helligkeit-Kontrast' durchgeführt werden können, erzielt man unter Verwendung des Dialogfensters 'Werte' bessere Resultate. Dieses findet man im Kontextmenü unter 'Bild', 'Farben', 'Werte'.

In diesem Dialogfenster wird die Verteilung der Farbwerte und Farben über das Bild angezeigt (siehe Abb. 20.8). Durch Schieben der Regler zwischen Beginn und Ende des schwarzen Bereichs wird die gesamte Bandbreite der Werte verteilt. Das heißt, ein Teil des Bildes wird komplett schwarz sein und ein Teil komplett weiß. Die restlichen Werte werden entsprechend verteilt. Normalerweise liefert 'Auto' ein akzeptables Ergebnis. Jedoch wird manchmal eine manuelle Anpassung erforderlich sein. Zur manuellen Anpassung ziehen Sie bitte die Regler an den Beginn/das Ende des schwarzen Bereiches. Wiederholen Sie dies für jeden Kanal (in der Drop-Down-Box werden die Standardwerte angezeigt). Dies sollte sowohl Helligkeits- als auch Kontrastprobleme lösen.

Manchmal empfiehlt es sich für einen Druck auch, das ganze Bild etwas stärker zu schärfen. Beim Schärfen werden Kanten und Farbübergänge hervorgehoben: Klicken Sie mit der rechten Maustaste und wählen Sie im Kontextmenü 'Filter' → 'Verbessern' → 'Schärfen'. Den Effekt können Sie im kleinen Vorschaufenster betrachten und nach der Prozedur durch (Ctrl) + (Z) auch wieder rückgängig machen.

Für das Aufhellen oder Abdunkeln einzelner Bildstellen benutzen Sie das Werkzeug 'Abwedeln oder Nachbelichten' aus dem Werkzeug-Fenster oder über das Kontextmenü. Für ein gutes Gelingen sollten Sie in der Pinselauswahl eine Pinselspitze mit diffusem Rand auswählen. Zum Schluss schneiden Sie das Bild mit dem Schneide-Werkzeug zurecht und drucken es aus.

Spezialeffekte

Im Kontextmenü (Klicken Sie mit der rechten Maustaste in das Bild, um das Menü aufzurufen) gibt es unter 'Filter' oder 'Script-Fu' viele verschiedene Manipulationswerkzeuge (siehe Abb. 20.9 auf der nächsten Seite). Darunter befinden sich einige einfach anzuwendende Filtereffekte. Zumeist öffnet sich durch Anklicken des Filterwerkzeuges im Menü eine Optionsbox, in der Sie die Verfremdungseffekte gezielt justieren können. In den Hilfeseiten von GIMP finden Sie weitere Informationen über Filter. Experimentieren Sie ruhig ein bisschen damit.

Text einfügen

Mit GIMP können Sie bequem Texte in Ihre Bilder einbinden. Bestimmen Sie zuerst die Schriftfarbe mit dem Farbauswahl-Icon im Werkzeugfenster. Aktivieren Sie dann mit dem 'T'-Icon die Texteingabe und klicken Sie auf das Bild. Es öffnet sich eine Dialogbox wie in Abbildung 20.10 auf Seite 343, in der Sie Ihren Text und die Schrifteinstellungen festlegen können. Je nachdem, welche Schriften auf Ihrem System zur Verfügung stehen, können Sie in der ersten Auswahlspalte den Schrifttyp festlegen, die zweite Spalte bestimmt

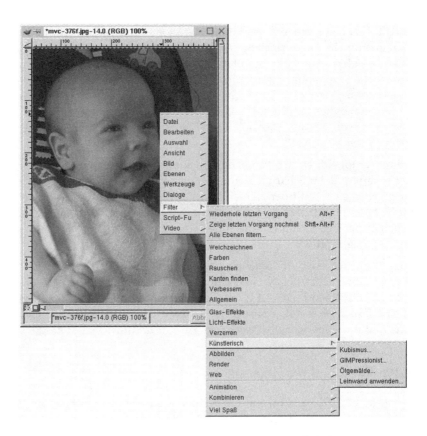

Abbildung 20.9: Das Kontextmenü von GIMP

den Schriftstil (z. B. medium = normal, bold = fett, italic = kursiv) und die dritte Spalte reguliert die Schriftgröße. Ein Klick auf 'OK' übernimmt den Text in Ihr Bild. Solange die gestrichelten Linien um Ihre Buchstaben laufen, können Sie den Text noch verschieben. Wenn der Text jedoch in Ihrem Bild verankert ist, können Sie ihn nur durch 'Rückgängig machen' entfernen – solange Sie nicht gespeichert haben.

In der Optionsbox für das 'T'-Icon können Sie zwischen der einfachen Textzeile und einem Textfenster mit mehreren Zeilen und Zeilenformatierungen wählen. Sobald Sie den Schalter 'Dynamischer Text' aktivieren, erscheint bei einem Klick auf das Bild eine Optionsbox mit der Möglichkeit, mehrzeiligen Text einzugeben und auszurichten (siehe Abb. 20.11 auf Seite 344).

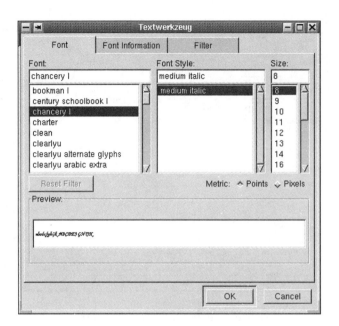

Abbildung 20.10: Die Texteingabe

Bilder retouchieren

Für diese Aufgabe benutzen Sie am Besten das so genannte Klon-Werkzeug. Dieses wird in der Werkzeug-Auswahl durch einen Stempel dargestellt. Da die Funktionsweise oben bereits beschrieben wurde, folgen hier nur noch einige kurze Hinweise:

- Stellen Sie die Pixelauswahl auf ein Medium mit diffusem Randbereich.

- Arbeiten Sie mit einer vergrößerten Darstellung des Bildes.

- Lassen Sie sich gleichzeitig das Bild in Originalgröße darstellen, damit Sie die Wirkung der Veränderungen kontrollieren können.

- Speichern Sie ab und zu unter einem anderen Dateinamen, bei Nichtgefallen können Sie so schnell auf einen alten Bildzustand zurückgreifen.

Beachten Sie bitte, dass das Ausbessern unter Umständen sehr lange dauert, da Sie die Pixelgröße oft verändern und den zu kopierenden Bildabschnitt immer wieder neu festlegen müssen. Außerdem erfordert die Anwendung des Klonwerkzeugs eine gewisse Übung.

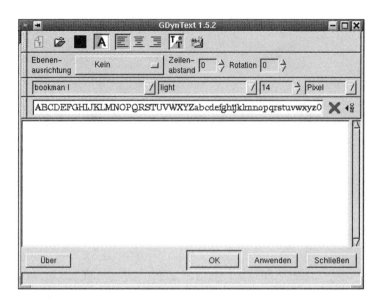

Abbildung 20.11: Dynamischer Text

Weiterführende Informationen

Die sehr gelungene Homepage von GIMP ist unter

`http://www.gimp.org`

zu finden. Hier können Sie sich Dokumentationen, Plugins u. a. ansehen oder herunterladen. Vergessen Sie nicht, sich unter 'Important Links' eine umfangreiche Linksammlung zu GIMP anzusehen. Es lohnt sich!

Arbeiten mit der Shell

Grafische Benutzeroberflächen gewinnen für Linux zunehmend an Bedeutung. Mit Mausklicks lassen sich jedoch nicht immer alle Anforderungen des Alltags bewältigen. Hier bietet die Kommandozeile hohe Flexibilität und Effizienz. Im ersten Teil dieses Kapitels erhalten Sie eine Einführung in den Umgang mit der Bash-Shell, anschließend eine Erklärung zum Konzept der Benutzerrechte unter Linux sowie eine Liste der wichtigsten Befehle und den Abschluss bildet der Texteditor vi.

Einleitung

Besonders für Linux-Rechner älteren Baujahrs, die nicht über genügend Ressourcen für die hardwarehungrigen Darstellungssysteme verfügen, sind Steuerungen über textbasierte Programme wichtig. In diesem Fall benutzen Sie eine virtuelle Konsole, von denen Ihnen im Textmodus sechs zur Verfügung stehen. Zum Wechseln zwischen den Konsolen drücken Sie die Tastenkombinationen (Alt) + (F1) bis (Alt) + (F6). Die siebte Konsole ist für X11 reserviert.

Einführung in die Bash

Auf der Taskleiste finden Sie ein Icon, das einen Monitor (engl. *shell*) darstellt. Wenn Sie mit der Maus auf dieses Symbol klicken, öffnet sich das „Konsole"-Fenster, in dem Sie Befehle eingeben können. Es handelt sich dabei standardmäßig um eine Bash (engl. *Bourne again shell*). Die Bash wurde im Rahmen des GNU-Projekts entwickelt und ist das wohl verbreitetste Derivat der Bourne Shell (sh). Wenn Sie die Bash geöffnet haben, sehen Sie in der ersten Zeile den so genannten „Prompt", der gewöhnlich aus dem Benutzer- und Rechnernamen sowie dem aktuellen Pfad besteht, aber auch individuell konfiguriert werden kann. Wenn der Cursor hinter diesem Prompt steht, können Sie direkt Befehle an Ihr Computersystem schicken:

```
tux@erde:~ >
```

Befehle

Befehle bestehen aus verschiedenen Bestandteilen. Zuerst kommt immer das Befehlswort und dann die Parameter oder Optionen. Jeder Befehl wird erst ausgeführt, wenn Sie (⏎) drücken. Vorher können Sie problemlos die Kommandozeile editieren, Optionen einfügen oder Tippfehler korrigieren. Einer der am häufigsten gebrauchten Befehle ist ls, den Sie allein oder mit so genannten Argumenten verwenden können. Geben Sie in der Konsole nur ls ein, wird Ihnen der Inhalt des Verzeichnisses angezeigt, in dem Sie sich gerade befinden.
Optionen werden durch einen vorangestellten Bindestrich gekennzeichnet. Wenn Sie also ls -l eingeben, wird Ihnen der Inhalt desselben Verzeichnisses in detaillierter Form angezeigt. Sie sehen neben den Dateinamen das Erstellungsdatum der Datei, die Dateigröße in Bytes und weitere Angaben,

auf die wir später eingehen werden. Eine der wichtigsten Optionen überhaupt, die es zu sehr vielen Befehlen gibt, ist die Option `--help`. Wenn Sie z. B. `ls --help` eingeben, werden Ihnen alle Optionen zum Befehl `ls` angezeigt.

Mit `ls` können Sie sich aber auch andere Verzeichnisse ansehen. Dazu übergeben Sie das anzuzeigende Verzeichnis als Parameter. Zum Anzeigen des Inhaltes des Unterverzeichnisses `Desktop` z. B. `ls -l Desktop`.

Dateien und Verzeichnisse

Um effektiv mit der Shell zu arbeiten, braucht man Kenntnisse über die Datei- und Verzeichnis-Struktur unter Linux. Verzeichnisse sind Ordner, in denen Dateien, Programme oder auch Unterverzeichnisse abgelegt werden können. Das Wurzelverzeichnis ist in der Hierarchie ganz oben und wird mit „/" angesprochen. Von hier aus gelangt man zu allen anderen Verzeichnissen.

Im Verzeichnis `/home` befinden sich die Verzeichnisse der einzelnen Benutzer, in denen sie ihre persönlichen Dateien ablegen werden.
Die Abbildung 21.1 auf der nächsten Seite zeigt den Standard-Verzeichnisbaum unter Linux mit den Home-Verzeichnissen der Beispielbenutzer `yxz`, `linux` und `tux`. Der Verzeichnisbaum Ihres Linux-Systems ist funktionell gegliedert („Filesystemstandard") und in der Tabelle 21.1 auf Seite 349 erhalten Sie eine Kurzbeschreibung zu den Standardverzeichnissen unter Linux.

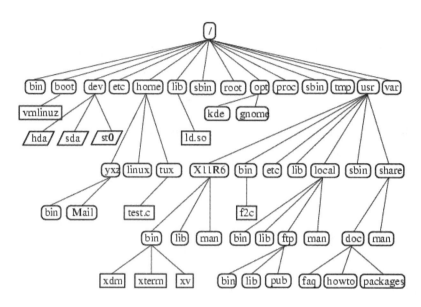

Abbildung 21.1: *Auszug aus einem Standard Verzeichnisbaum*

/	das Wurzel-Verzeichnis (engl. *root directory*), Beginn des Verzeichnisbaums
/home	die (privaten) Verzeichnisse der Benutzer
/dev	Geräte-Dateien (engl. *device files*), die Hardwarekomponenten repräsentieren
/etc	wichtige Dateien zur Systemkonfiguration
/etc/init.d	Bootskripten
/usr/bin	allgemein zugängliche Kommandos
/bin	Kommandos, die bereits zum Hochfahren des Systems benötigt werden
/usr/sbin	Kommandos, die dem Systemverwalter vorbehalten sind
/sbin	Kommandos, die dem Systemverwalter vorbehalten sind und zum Hochfahren des Systems benötigt werden
/usr/include	Header-Dateien für den C-Compiler
/usr/include/g++	Header-Dateien für den C++-Compiler

Tabelle 21.1: *Fortsetzung auf der nächsten Seite...*

`/usr/share/doc`	verschiedene Dokumentationsdateien
`/usr/share/man`	die Hilfe-Texte (Manual-Pages)
`/usr/src`	Quelltexte der Systemsoftware
`/usr/src/linux`	die Kernel-Quellen
`/tmp`	für temporäre Dateien
`/var/tmp`	für große temporäre Dateien
`/usr`	Beherbergt sämtliche Anwendungsprogramme
`/var`	Konfigurationsdateien (z. B. von `/usr` gelinkt).
`/var/log`	Protokolldateien
`/var/adm`	Systemverwaltung
`/lib`	Shared Libraries (für dynamisch gelinkte Programme)
`/proc`	das Prozessdateisystem
`/usr/local`	lokale, von der Distribution unabhängige Erweiterungen
`/opt`	optionale Software, größere Systeme (z. B. KDE, GNOME, Netscape)

Tabelle 21.1: Auszug der wichtigen Verzeichnisse

Funktionen der Bash

Zwei wichtige Funktionen der Shell erleichtern Ihnen die Arbeit wesentlich:

- Die History – Wenn Sie einen bereits eingegeben Befehl noch einmal aufrufen wollen, drücken Sie die Taste ⊤ so oft, bis der gewünschte Befehl angezeigt wird; zum vorwärts Blättern drücken Sie die Taste ⊥. Zum Editieren der Befehlszeile bewegen Sie sich mit den Cursor-Tasten an die entsprechende Stelle und korrigieren Sie diese.

- Die Expansionsfunktion – Sie ergänzt einen Dateinamen, falls er bereits eindeutig identifiziert werden kann, nachdem Sie nur die ersten Buchstaben eingegeben haben. Drücken Sie dazu nach der Eingabe die Taste ⊤ab. Wenn es mehrere Dateinamen mit den gleichen Anfangsbuchstaben gibt, erhalten Sie durch zweimaliges Drücken der Taste ⊤ab eine Auswahlliste.

Beispiel: Der Umgang mit Dateien

Sie wissen, wie ein Befehl aussieht, welche Verzeichnisse es unter SuSE Linux gibt und wie Sie sich in der Bash die Arbeit etwas erleichtern können. Nun werden Sie Ihre Kenntnisse mit einem kleinen Übungsbeispiel umsetzen:

1. Öffnen Sie eine Konsole in KDE durch Klick auf das Monitor-Icon.

2. Geben Sie `ls` ein und sehen Sie den Inhalt Ihres Home-Verzeichnisses.

3. Legen Sie mit `mkdir` (engl. *make directory*) ein neues Unterverzeichnis mit dem Namen `test` an, indem Sie `mkdir test` eingeben.

4. Rufen Sie den Editor KEdit auf, indem Sie (Alt) + (F2) drücken und in das Eingabefeld „kedit" eingeben. Es öffnet sich ein Fenster. Tippen Sie ein paar Zeichen ein und speichern Sie die Datei unter dem Namen „Testdatei" bitte mit großem „T", da Linux zwischen Groß- und Kleinschreibung unterscheidet.

5. Lassen Sie sich wieder den Inhalt Ihres Home-Verzeichnisses anzeigen. Statt der nochmaligen Eingabe von `ls` drücken Sie zweimal die Taste (↑). Jetzt steht wieder `ls` am Prompt, und zum Ausführen des Befehls müssen Sie nur noch (⏎) drücken. Sie sehen das neue Verzeichnis `test` in blauer Schrift und die Testdatei in schwarzer Schrift, denn Verzeichnisse werden immer blau dargestellt und Dateien immer schwarz.

6. Unsere „Testdatei" soll nun mit dem Befehl `mv` (engl. *move*) in das Unterverzeichnis `test` verschoben werden. Zur Erleichterung der Eingabe benutzen wir dazu die Expansionsfunktion: Geben Sie `mv T` ein und drücken Sie die Tabulator-Taste. Gibt es keine andere Datei mit diesem Buchstaben in dem Verzeichnis, ergänzt die Shell die Zeichenkette „estdatei", ansonsten müssen Sie weitere Buchstaben eingeben und zwischendurch die Tabulator-Taste betätigen. Setzen Sie hinter der ersetzten Zeichenkette ein Leerzeichen, schreiben `test` und drücken zum Verschieben noch (⏎).

7. Wenn Sie den Befehl `ls` eingeben, wird die „Testdatei" nicht mehr angezeigt.

8. Um zu sehen, ob das Verschieben erfolgreich war, wechseln Sie mit dem Befehl `cd test` in das Verzeichnis `test`. Geben Sie `ls` ein; Ihnen sollte jetzt die „Testdatei" angezeigt werden. Durch die Eingabe von `cd` (engl. *change directory*) gelangen Sie immer wieder in Ihr Home-Verzeichnis.

9. Sollten Sie eine Kopie der Datei benötigen, dann benutzen Sie den Befehl `cp` (engl. *copy*). Geben Sie `cp Testdatei Testsicherung` ein, um die „Testdatei" in „Testsicherung" zu kopieren. Mit dem Aufruf von `ls` werden Ihnen beide Dateien angezeigt.

Pfadangaben

Zur Bearbeitung von Dateien oder Verzeichnissen muss immer der richtige Pfad angegeben werden. Dazu müssen Sie nicht den kompletten Pfad vom Wurzelverzeichnis zur entsprechenden Datei angeben, sondern können von Ihrem aktuellen Verzeichnis ausgehen. Zusätzlich können Sie Ihr Home-Verzeichnis direkt mit ~ ansprechen. Das bedeutet, dass Sie mehrere Möglichkeiten haben, die Datei „Testdatei" im Verzeichnis `test` aufzulisten: relativ durch die Eingabe von `ls test/*` oder absolut durch `ls ~/test/*`. Zum Einsehen von Home-Verzeichnissen anderer Benutzer, geben Sie `ls ~` und den Benutzernamen ein. In der schon erwähnten Verzeichnisstruktur wäre ein Beispielbenutzer `tux`. Der Befehl `ls ~tux` würde entsprechend den Inhalt des Home-Verzeichnisses von `tux` anzeigen.

Ihr aktuelles Verzeichnis können Sie durch einen Punkt darstellen, höhere Pfadebenen durch zwei Punkte. Mit der Eingabe von `ls ..` wird Ihnen der Inhalt des Mutterverzeichnisses zum aktuellen Verzeichnis angezeigt; durch `ls ../..` der Inhalt des Verzeichnisses zwei Stufen in der Hierarchie höher.

Beispiel: Umgang mit Pfaden

Ein weiteres Beispiel soll Ihnen veranschaulichen, wie Sie sich in der Verzeichnisstruktur Ihres SuSE-Linux-Systems bewegen können.

- Wechseln mit `cd` in Ihr Home-Verzeichnis. Legen Sie ein weiteres Unterverzeichnis `test2` über den `mkdir test2` an.

- Wechseln Sie mit `cd test2` nach `test2` und legen Sie ein Verzeichnis namens `Unterverzeichnis` an. Nutzen Sie zum Wechseln die Expansionsfunktion, indem Sie nur `cd Un` eingeben und (Tab) drücken, um den Rest der Zeichenkette zu ergänzen.

- Sie befinden sich im `Unterverzeichnis` und sollen ohne Wechsel des Verzeichnisses die zuvor angelegte Datei `Testsicherung` in das aktuelle Verzeichnis verschieben. Sie müssen dazu den relativen Pfad zu der benötigten Datei angeben. Vergessen Sie nicht den Punkt am Ende des Befehls `mv ../../test/Testsicherung .`, wodurch das aktuelle Verzeichnis als Ziel der Verschiebung festgelegt wird. Mit zwei Punkten gelangen Sie jeweils eine Verzeichnisebene höher, in unserem Beispiel in Ihr Home-Verzeichnis.

Wildcards

Weitere Vorteile der Shell sind die vier sog. „Wildcards" oder Jokerzeichen:

?   Ersetzt genau ein beliebiges Zeichen.

*   Ersetzt beliebig viele Zeichen.

[set]   Ersetzt genau ein Zeichen aus den in eckigen Klammern angegebenen Zeichen (Zeichenkette „set").

[!set]   Umfasst genau ein beliebiges Zeichen, außer den in „set" angegebenen.

Haben Sie in Ihrem Verzeichnis `test` die Dateien `Testdatei`, `Testdatei1`, `Testdatei2` und `dates` und geben `ls Testdatei?` ein, dann erhalten Sie die Dateien `Testdatei1` und `Testdatei2`. Mit `ls Test*` erhalten Sie zusätzlich die Datei `Testdatei`.
Der Befehl `ls *dat*` zeigt Ihnen alle Beispieldateien an, während Sie mit dem set-Joker speziell die Dateien ansprechen können, die als letztes Zeichen eine Zahl haben: `ls Testdatei[1-9]`.

Am mächtigsten ist immer der *-Joker: Durch seine Verwendung können Sie z. B. Dateien eines Verzeichnisses in ein beliebiges Verzeichnis kopieren oder komplett löschen. Der Befehl `rm *date*` bspw. löscht alle Dateien in Ihrem Verzeichnis `test`, in deren Name die Zeichenfolge „date" vorkommt.

Mehr oder Weniger

Zwei kleine Programme ermöglichen es Ihnen, sich Textdateien direkt in der Shell anzusehen. Sie brauchen also nicht erst einen Editor starten. Zum Öffnen einer Datei `Readme.txt` geben Sie einfach `less Readme.txt` ein. Im Konsole-Fenster wird Ihnen nun der Text angezeigt. Mit der Leertaste kommen Sie immer eine Seite weiter, allerdings können Sie auch die Tasten (Bild ↑) und (Bild ↓) benutzen, um sich im Text vorwärts oder rückwärts zu bewegen. Zum Beenden des Programms less drücken Sie die Taste (q).
Das Programm less erhielt seinen Namen nach dem Motto „Weniger ist mehr" und kann nicht nur zum Lesen von Textdateien benutzt werden, sondern kann z. B. auch die Ausgabe von Befehlen komfortabel anzeigen. Lesen Sie dazu den Abschnitt *Umleitungen* auf dieser Seite.

Neben less können Sie auch das ältere Programm more benutzen, allerdings ist es weniger komfortabel, da Sie nicht vor- und zurückblättern können.

Umleitungen

Normalerweise ist die Standardausgabe in der Shell Ihr Bildschirm bzw. das Konsole-Fenster, und die Standardeingabe erfolgt über die Tastatur. Wenn

Sie die Ausgabe eines Befehls an ein Programm wie less übergeben wollen, müssen Sie dazu eine so genannte „Pipeline" (Rohrleitung) verwenden.
Um sich die Dateien im Verzeichnis `test` anzuschauen, geben Sie den Befehl `ls test | less` ein. Das Zeichen | erhalten Sie auf der deutschen Tastatur, indem Sie (AltGr) und gleichzeitig die Taste mit den Zeichen < und > drücken. Sie sehen nun in der Konsole den Inhalt des Verzeichnisses `test` mit less angezeigt. Dies macht nur Sinn, wenn die normale Ausgabe über `ls` zu unübersichtlich wird. Sehen Sie sich z. B. das Verzeichnis `dev` mit `ls /dev` an, dann sehen Sie im Fenster nur einen kleinen Teil des Inhaltes, wobei Sie stattdessen mit `ls /dev | less` alle Dateien auflisten können.
Falls Sie die Ausgabe von Befehlen in einer Datei abspeichern wollen, würde der Befehl im obigen Beispiel so aussehen: `ls test > Inhalt`. Sie haben danach eine neue Datei mit Namen „Inhalt", die die Dateien und Verzeichnisse in `test` enthält. Mit `less Inhalt` können Sie sich die Datei anschauen. Umgekehrt können Sie eine Datei als Eingabe für einen Befehl verwenden. Lassen Sie z. B. die Textzeilen in Ihrer selbst geschriebenen Testdatei alphabetisch sortieren über `sort < Testdatei`. Die Ausgabe des Befehls `sort` erfolgt auf dem Bildschirm. Sie sehen nun den Text, den Sie zuvor geschrieben haben, sortiert nach den Anfangsbuchstaben in jeder Zeile. Dies kann sehr nützlich sein, wenn Sie z. B. eine unsortierte Namensliste sortieren möchten. Wollen Sie eine neue Datei mit der sortierten Liste, dann müssen Sie die Ausgabe des `sort`-Befehls wiederum in eine Datei lenken. Wenn Sie das nachvollziehen möchten, erstellen Sie in einem Editor eine unsortierte Namensliste, und speichern Sie sie unter dem Namen `liste` im Verzeichnis `test`.

Gehen Sie ins Verzeichnis `test` und rufen Sie den Befehl
`sort < liste > sortierteListe` auf. Sehen Sie sich mit less die neue Liste an.

Die Standard-Fehlerausgabe ist ebenfalls der Bildschirm. Wenn Sie diese jedoch in eine Datei mit Namen „`Fehler`" umleiten möchten, geben Sie im Anschluss an den Befehl ein: `2> Fehler`. Wenn Sie `>& Ausgabe` an einen Befehl anhängen, erfolgt in die Datei `Ausgabe` sowohl die Standardausgabe als auch die Fehlerausgabe. Wenn an Stelle von einmal > zweimal >> benutzt wird, wird die Ausgabe an eine vorhandene Datei angehängt.

Archive und Datenkompression

Nachdem Sie nun schon einige Dateien und Verzeichnisse angelegt haben, wenden wir uns dem Thema Archivierung und Datenkompression zu. Angenommen, Sie möchten das ganze Verzeichnis `test` in eine Datei zusammenpacken lassen, damit Sie diese auf Diskette als Sicherungskopie speichern oder per E-Mail verschicken können. Dazu benutzen Sie den Befehl `tar` (engl. *tape archiver*). Mit `tar --help` können Sie sich alle Optionen zu `tar` ansehen, die wichtigsten werden allerdings auch hier erklärt:

-c (engl. *create*) neues Archiv anlegen.

-t (engl. *table*) Inhalt eines Archives anzeigen.

-x (engl. *extract*) Archiv entpacken.

-v (engl. *verbose*) zeigt während des Einpackens alle Dateien auf dem Bildschirm an.

-f (engl. *file*) Damit können Sie einen Dateinamen für die Archivdatei wählen. Beim Packen muss diese Option immer als letztes angegeben werden.

Um nun das Verzeichnis `test` mit allen Dateien und Unterverzeichnissen in ein Archiv mit dem Namen `test.tar` zu packen, brauchen wir auf jeden Fall die Optionen: `-c` und `-f`. Da wir den Fortschritt beim Archivieren mitverfolgen wollen, geben wir auch die Option `-v` an, die sonst nicht notwendig wäre. Gehen Sie zuerst mit `cd` in Ihr Home-Verzeichnis, wo sich das Verzeichnis `test` befindet. Die Eingabe lautet nun: `tar -cvf test.tar test`. Schauen Sie sich danach den Inhalt der Archivdatei an: `tar -tf test.tar`. Übrigens bleibt das Verzeichnis `test` mit allen Dateien und Verzeichnissen unverändert auf Ihrer Festplatte. Um das Archiv wieder komplett auszupacken, müssen Sie `tar -xvf test.tar` eingeben. Tun Sie das bitte noch nicht, denn erst wollen wir noch die Archivdatei komprimieren, um Speicherplatz zu sparen.

Dazu empfiehlt sich das weit verbreitete Programm gzip. Geben Sie also ein: `gzip test.tar`. Wenn Sie nun `ls` eingeben, sehen Sie, dass die Datei `test.tar` verschwunden ist, und stattdessen eine Datei `test.tar.gz` existiert. Diese Datei ist viel kleiner und eignet sich daher besser zum Verschicken via E-Mail oder passt leichter auf eine Diskette.

Und nun sollen Sie das Archiv im Verzeichnis `test2` auspacken. Kopieren Sie dazu zuerst die Archivdatei mit `cp test.tar.gz test2` ins Verzeichnis `test2` und wechseln Sie mit `cd test2` das Verzeichnis. Zum „Entzippen" der gepackten Archivdatei mit der Endung .tar.gz wird der Befehl `gunzip` benutzt, so dass die Eingabe `gunzip test.tar.gz` lautet. Sie erhalten eine Datei `test.tar`, die noch mit `tar -xvf test.tar` aufgelöst werden muss. Zum „Entzippen" des gepackten Archives können Sie auch gleich zum tar-Befehl die Option -z hinzufügen und das Archiv mit `tar -xvzf test.tar.gz` auspacken.

Durch Eingabe von `ls` sehen Sie, dass Sie ein neues Verzeichnis `test` mit dem gleichen Inhalt wie Ihr Verzeichnis `test` in Ihrem Home-Verzeichnis haben.

mtools

Die `mtools` sind ein Satz von Befehlen, mit denen man auf MS-DOS-Dateisystemen arbeiten kann. Das ist für die Arbeit mit Disketten-Laufwerken wichtig. Das Laufwerk kann wie unter MS-DOS als a: angesprochen werden. Die Befehle ähneln denen unter MS-DOS, allerdings mit einem vorangestellten m:

`mdir a:` zeigt den Inhalt der Diskette im Laufwerk a an.

`mcopy Testdatei a:` kopiert die Datei `Testdatei` auf die Diskette.

`mdel a:Testdatei` löscht `Testdatei` auf a:

`mformat a:` formatiert Disketten im MS-DOS-Format (mit Hilfe des Befehls `fdformat`).

`mcd a:` a: wird Ihr aktuelles Verzeichnis.

`mmd a:test` erzeugt das Unterverzeichnis `test` auf der Diskette.

`mrd a:test` löscht das Unterverzeichnis `test` auf der Diskette.

Aufräumen

Sie haben nun in diesem Crash-Kurs die wichtigsten Grundlagen im Umgang mit der Shell gelernt. Damit Ihr Heimat-Verzeichnis nicht zu unübersichtlich wird, sollten Sie die Testdateien und -verzeichnisse nun mit den Befehlen `rm` und `rmdir` wieder löschen.

Im Anschluss an dieses Kapitel finden Sie eine Liste mit den wichtigsten Befehlen und entsprechender Kurzbeschreibung.

Benutzerrechte

Einführung

Linux wurde von Anfang an als Multiuser-System konzipiert, also für die gleichzeitige Benutzung durch mehrere Anwender. Daraus ergeben sich einige wichtige Unterschiede zum Microsoft Betriebssystem Windows.

Das wohl wichtigste Unterscheidungsmerkmal ist der Zwang, sich zu Beginn einer Arbeitssitzung am System anzumelden. Dazu verfügt der Anwender über einen eigenen „Benutzernamen" mit zugehörigem Passwort. Diese Benutzerunterscheidung gewährleistet, dass Unbefugte keinen Einblick in für sie gesperrte Inhalte erhalten können. Auch größere Veränderungen am System, z. B. die Installation von Programmen, sind einem Benutzer in der Regel nicht oder nur sehr beschränkt möglich. Nur root, der Administrator, verfügt über praktisch unbegrenzte Rechte und hat unlimitierten Zugriff auf alle Dateien. Wer dieses Konzept umsichtig nutzt und sich nur bei Bedarf mit der „Allmacht" des root einloggt, kann die Gefahr eines unbeabsichtigten Datenverlustes stark eingrenzen: Da im Normalfall nur der Administrator Systemdateien löschen oder Festplatten formatieren darf, kann die Bedrohung durch Trojanische Pferde oder versehentlich eingegebene destruktive Befehle stark eingegrenzt werden.

Rechte im Dateisystem

Grundsätzlich gehört eine Datei in Linux-Dateisystemen einem Benutzer und einer Gruppe. Jeder dieser beiden Eigentümerparteien, aber auch „Fremden" können vom Besitzer Schreib-, Lese- sowie Ausführrechte zugewiesen werden.

Als Gruppe werden Zusammenschlüsse von Benutzern mit bestimmten kollektiven Rechten bezeichnet. So ist eine solche Gruppe eine an einem bestimmten Projekt arbeitende Arbeitsgruppe, nennen wir sie projekt3. Jeder Benutzer unter Linux ist Mitglied in mindestens einer Verwaltungseinheit, standardmäßig wird users eingetragen. Es können nahezu beliebig viele Gruppen angelegt werden, allerdings ist nur root dazu befugt. Jeder Benutzer kann mit dem Befehl groups herausfinden, in welcher Gruppe er Mitglied ist.

Rechte auf Dateien

Betrachten wir nun die Rechtestruktur im Dateisystem genauer und beginnen mit den Dateien. Die Ausgabe von ls -l kann beispielsweise so aussehen:

```
-rw-r-----  1 tux    projekt3  14197 Jun 21 15:03 Roadmap
```

Ausgabe 1: Beispielausgabe der Zugriffsrechte von Dateien

Wie Sie anhand der dritten Spalte erkennen können, gehört diese Datei dem Benutzer tux, als Gruppe ist projekt3 zugeordnet. Um deren

Rechte auf die Datei ersehen zu können, betrachten wir die erste Spalte genauer.

```
   -        rw-       r--        ---
  Typ    Benutzer-  Gruppen-   Rechte für
          rechte     rechte    andere Benutzer
```

Diese Spalte gliedert sich in ein anführendes sowie neun in Dreiergruppen aufgeteilte Zeichen. Der erste der zehn steht für den Typ des gelisteten Dateisystembestandteils. Der Bindestrich – zeigt, dass es sich um eine Datei handelt. Hier könnte genauso gut ein Verzeichnis (d), ein Querverweis (l), ein Block- (b) bzw. Character-Gerät (c) stehen.

Die nachfolgenden drei Blöcke folgen einem einheitlichen Schema: Das erste von jeweils drei Zeichen zeigt an, ob die jeweilige Fraktion über Lesezugriff auf die Datei verfügt (r) oder nicht (-). Ein w in der mittleren Einheit symbolisiert, dass Schreibzugriff auf das jeweilige Objekt erlaubt ist, steht dort ein Bindestrich (-), so ist dieser nicht möglich. Darüber hinaus könnte in der jeweils rechten Spalte ein x dargestellt sein, welches für einen Ausführungszugriff stünde. Da es sich bei der Datei in diesem Beispiel um eine Text-, also nicht um eine ausführbare Datei handelt, kann auf diese exekutiven Rechte natürlich verzichtet werden.

In unserem Beispiel hat also tux als Besitzer der Datei Roadmap sowohl Lesezugriff (r) als auch Schreibzugriff (w), kann sie aber nicht ausführen (kein x). Die Mitglieder der Gruppe projekt3 können die Datei nur lesen, aber weder verändern noch ausführen. Andere Benutzer haben keinerlei Zugriff auf diese Datei. Benutzer tux kann mit dieser Sicherheitseinstellung dafür sorgen, dass nur autorisierte Personen (die Arbeitsgruppenmitglieder) die Datei lesen können und nur er sie verändern kann.

Rechte auf Verzeichnisse

Wenden wir uns nun den Zugriffsrechten für Verzeichnisse zu, deren Typ d ist. Hier haben die einzelnen Rechte eine etwas andere Bedeutung. Ein kleines Beispiel zur Verdeutlichung:

```
drwxrwxr-x  1 tux  projekt3  35 Jun 21 15:15 Projektdaten
```

Ausgabe 2: Beispielausgabe der Zugriffsrechte bei Verzeichnissen

Auch hier sind Besitzer (tux) und Besitzergruppe (projekt3) des Verzeichnisses Projektdaten leicht zu erkennen. Im Gegensatz zu den

Dateirechten aus *Rechte im Dateisystem* auf Seite 356 bedeutet hier das gesetzte Leserecht (r) jedoch, dass der Inhalt des Verzeichnisses angezeigt werden kann. Das Schreibrecht (w) steht darüber hinaus für die Berechtigung, neue Dateien anlegen zu dürfen, das Exekutivrecht (x) erlaubt das Wechseln in diesen Ordner. Bezogen auf obiges Beispiel bedeutet dies, dass neben dem Benutzer tux auch die Mitglieder der Gruppe projekt3 in das Verzeichnis Projektdaten wechseln (x), den Inhalt anzeigen (r) und Dateien dort anlegen dürfen (w). Alle übrigen Benutzer sind hingegen mit weniger Rechten ausgestattet, sie dürfen in das Verzeichnis wechseln (x) bzw. durchstöbern (r), jedoch keine neuen Dateien dort ablegen (w nicht gesetzt).

Dateiberechtigungen anpassen

Ändern von Zugriffsrechten

Die Zugriffsrechte einer Datei bzw. eines Verzeichnisses können vom Besitzer (und natürlich von root) mit dem Befehl chmod verändert werden, der zusammen mit Parametern für die zu ändernden Zugriffsrechte sowie die Namen der zu modifizierenden Dateien eingegeben wird.

Die beiden Parameter setzen sich zusammen aus

1. den betroffenen Kategorien
   - u (engl. *user*) – der Besitzer der Datei
   - g (engl. *group*) – die Gruppe des Besitzers
   - o (engl. *others*) – sonstige Benutzer (wird kein Parameter angegeben, gelten die Änderungen für alle Kategorien)
2. einem Zeichen für Entzug (–), Gleichsetzung (=) bzw. Hinzufügen (+)
3. den bereits bekannten Abkürzungen für
   - r (engl. *read*) – lesen
   - w (engl. *write*) – schreiben
   - x (engl. *execute*) – ausführen

sowie, durch Leerzeichen getrennt, für den bzw. die Namen der betreffenden Datei(en).

Möchte nun z. B. der Benutzer tux in Beispiel 2 auf der vorherigen Seite auch anderen Benutzern den Schreibzugriff (w) auf das Verzeichnis Projektdaten gewähren, so kann er dies durch den folgenden Befehl bewerkstelligen:

```
tux@erde:  >  chmod o+w Projektdaten
```

Will er jedoch allen außer sich selbst das Schreibrecht entziehen, nimmt er das Kommando:

```
tux@erde:  >  chmod go-w Projektdaten
```

Um allen Benutzern das Anlegen einer Datei im Verzeichnis Projektdaten zu verbieten, schreibt man:

```
tux@erde:  >  chmod -w Projektdaten
```

Nun kann nicht einmal der Besitzer mehr auf seine Datei schreiben, ohne das Schreibrecht vorher wiederherzustellen.

Ändern von Eigentumsrechten

Weitere wichtige Kommandos, die die Eigentumsverhältnisse der Datei-systembestandteile regeln, sind chown (Change Owner) und chgrp (Change Group). Der Befehl chown dient dazu, den Besitzer einer angegebenen Datei zu ändern. Allerdings darf nur root diese Änderung vornehmen.

Angenommen, die Datei Roadmap aus Beispiel 2 auf Seite 357 soll nicht mehr tux, sondern dem Benutzer geeko gehören, so lautet der entsprechende Befehl – als root eingegeben:

```
erde:  #  chown geeko Roadmap
```

Weitestgehend selbsterklärend ist auch chgrp, der die Gruppenzugehörigkeit einer Datei ändert. Dabei ist zu beachten, dass der Datei-Besitzer Mitglied in der Gruppe sein muss, die er als neu zu bestimmen wünscht. So könnte beispielsweise unser Benutzer tux aus 1 auf Seite 356 durch die folgende Eingabe die Besitzergruppe der Datei Projektdaten auf projekt4 abändern, soweit er Mitglied in dieser Gruppe ist. Für root stellt diese Beschränkung kein Problem dar.

```
tux@erde:  >  chgrp projekt4 Projektdaten
```

Wichtige Linux-Befehle im Überblick

In diesem Abschnitt möchten wir Ihnen einen Überblick über die wichtigsten Befehle Ihres SuSE Linux-Systems geben. Dabei werden wir neben der Grundbedeutung der einzelnen Kommandos auch auf einige Parameter eingehen und, wenn es sich anbietet, ein typisches Anwendungsbeispiel liefern.

Um mehr über die diversen Kommandos zu erfahren, können Sie meist zusätzliche Informationen mit dem Programm `man` gefolgt vom Befehlswort erhalten, also z. B.

```
tux@erde:~ > man ls
```

In diesen ☞„*Manual Pages*" können Sie sich mit den Bildlauftasten (Bild ↑) und (Bild ↓) auf und ab bzw. durch (POS1) und (Ende) zum Anfang bzw. Ende der Dokumentation bewegen. Beenden können Sie diesen Darstellungsmodus durch Drücken der Taste (Q). Durch Eingabe von `man man` können Sie auch mehr zum `man`-Befehl selbst erfahren.

Falls Sie über unsere Auflistung hinaus an einem kompletten Überblick über die diversen Kommandozeilenprogramme interessiert sind, können wir Ihnen das im O'Reilly-Verlag erschienene Buch „Linux in a Nutshell" ans Herz legen. In der nachfolgenden Übersicht werden durch unterschiedliches Layout die einzelnen Bestandteile der Befehle grafisch gekennzeichnet.

- Der eigentliche Befehl ist jeweils als `befehl` gedruckt. Ohne ihn kann natürlich nichts funktionieren.

- Optionen, ohne die das jeweilige Programm nicht funktionieren kann, sind *kursiv* geschrieben.

- Weitere Angaben, wie z. B. Dateinamen, die einem Befehl zum korrekten Funktionieren übergeben werden müssen, werden in der Schriftart `Courier` dargestellt.

- Sind bestimmte Angaben bzw. Parameter nicht unbedingt nötig, so werden diese in `[eckige Klammern]` gesetzt.

Und natürlich müssen Sie etwaige Angaben Ihren Bedürfnissen anpassen. Es macht keinen Sinn, `ls Datei(en)` zu schreiben, soweit nicht eine Datei, die sich `Datei(en)` nennt, tatsächlich existiert. Außerdem können Sie mehrere Parameter in aller Regel kombinieren, indem Sie z. B. statt `ls -l -a` einfach `ls -la` schreiben.

Dateibefehle

Dateiverwaltung

```
ls [Option(en)] [Datei(en)]
```

Wird `ls` ohne weitere Angaben und Parameter aufgerufen, listet es den Inhalt des Verzeichnisses, in dem Sie sich gerade befinden, in Kurzform auf.

Optionen:

`-l` detaillierte Liste,

`-a` zeigt versteckte Dateien an.

`cp [Option(en)] Quelldatei Zieldatei`
Erstellt eine Kopie der `Quelldatei` in `Zieldatei`.

Optionen:

`-i` Wartet ggf. auf Bestätigung, bevor eine existierende `Zieldatei` überschrieben wird.

`-r` Kopiert rekursiv (mit Unterverzeichnissen)

`mv [Option(en)] Quelldatei Zieldatei`
Legt eine Kopie der `Quelldatei` in `Zieldatei` an und löscht anschließend die ursprüngliche Datei.

Optionen:

`-b` Erstellt vor dem Verschieben eine Sicherungskopie der `Quelldatei`

`-i` Wartet ggf. auf Bestätigung, bevor eine existierende `Zieldatei` überschrieben wird.

`rm [Option(en)] Datei(en)`
Entfernt die angegebenen `Datei(en)` aus dem Dateisystem. Verzeichnisse werden außer durch explizite Angabe des Parameters `-r` nicht durch `rm` gelöscht.

Optionen:

`-r` Löscht auch evtl. vorhandene Unterverzeichnisse

`-i` Wartet vor Löschen jeder angegebenen Datei auf Bestätigung

`ln [Option(en)] Quelldatei Zieldatei`
Legt in `Zieldatei` einen internen Querverweis (☞„*Link*") auf die `Quelldatei` unter anderem Namen an. Normalerweise zeigt dieser Verweis direkt auf die Position der `Quelldatei` innerhalb eines Dateisystems. Wird `ln` hingegen mit der Option `-s` aufgerufen, wird ein so genannter „symbolischer Link" angelegt, der lediglich auf den Pfad der `Quelldatei` zeigt und deswegen auch über Dateisystemgrenzen hinweg funktioniert.

Optionen:

`-s` Legt einen symbolischen Link an.

`cd [Option(en)] Verzeichnis`
Wechselt das aktuelle Verzeichnis. Wenn nur `cd` eingegeben wird, wird in das Homeverzeichnis gesprungen.

`mkdir Option(en)] Verzeichnisname`
Legt ein neues Verzeichnis an.

`rmdir [Option(en)] Verzeichnisname`
Löscht das Verzeichnis, allerdings nur, wenn dieses bereits leer ist.

`chown [Option(en)] Benutzername.Gruppe Datei(en)`
Ändert den Besitzer einer Datei auf den angegebenen `Benutzernamen`.

Optionen:

`-R` Ändern der Dateien und Verzeichnisse in allen Unterverzeichnissen.

`chgrp [Option(en)] Gruppenname Datei(en)`
Ändert den Namen der Gruppe, die eine gegebene `Datei` besitzt auf `Gruppenname`. Der Datei-Besitzer darf diesen Wert nur ändern, wenn er sowohl Mitglied in der bisherigen wie auch der neuen Eigentümergruppe ist.

`chmod [Optionen] modus Datei(en)`
Ändert Zugriffsrechte.

Der Parameter `modus` ist dreiteilig: `Gruppe`, `Zugriff` und `Zugriffstyp`. Für `Gruppe` sind die Zeichen

Gruppenoptionen:

`u`   für den Benutzer (engl. *User*),

`g`   für die Gruppe (engl. *group*),

`o`   für alle anderen (engl. *others*).

erlaubt. Für `Zugriff` sind die Zeichen + und – möglich. Durch das Zeichen + kann der Zugriff erlaubt, durch – entzogen werden.

Der `Zugriffstyp` wird durch folgende Optionen gesteuert:

Zugriffstyp:

r   für Lesen (engl. *read*),

w   für Schreiben (engl. *write*),

x   Ausführen von Dateien, bzw. Wechseln in das Verzeichnis (engl. *eXecute*).

s   Setuid-Bit; das Programm wird ausgeführt, als ob es vom Inhaber der Datei gestartet würde.

`gzip [Parameter]` *Datei(en)*

Dieses Programm verkleinert („komprimiert") den Inhalt von Dateien durch komplizierte mathematische Verfahren. Die Namen der reduzierten Dateien enden dann auf `.gz` und müssen vor erneuter Benutzung wieder „entpackt" werden. Wollen Sie mehrere Dateien oder ganze Verzeichnisse komprimieren, müssen Sie zusätzlich den Befehl `tar` verwenden.

Optionen:

-d   „Dekomprimiert" die gepackten gzip-Dateien, sodass diese ihre ursprüngliche Größe wiedererlangen und normal bearbeitet werden können (entspricht dem Aufruf von `gunzip`).

`tar` *Optionen Archivname Datei(en)*

`tar` fasst eine oder (in der Regel) mehrere Dateien, die dann z. B. komprimiert werden können, zu einem so genannten „Archiv" zusammen.

`tar` ist ein sehr komplexer Befehl, der eine Vielzahl von Optionen zur Verfügung stellt. Die gebräuchlichsten stellen wir hier kurz vor.

Optionen:

-f   Schreibt die Ausgabe in eine Datei und nicht auf den Bildschirm, wie es standardmäßig vorgesehen ist (engl. *file*).

-c   Legt ein neues tar-Archiv an (engl. *create*).

-r   Fügt Dateien einem bestehenden Archiv hinzu.

-t   Gibt den Inhalt eines Archives aus.

-u   Fügt Dateien hinzu, allerdings nur, wenn diese neuer sind als die im Archiv bereits enthaltenen

-x   Packt Dateien aus einem Archiv aus („extrahiert")

-z   Komprimiert das entstandene Archiv mit `gzip`.

-j   Komprimiert das entstandene Archiv mit `bzip2`.

-v   Gibt die Namen aller bearbeiteten Dateien aus.

Die von `tar` erstellten Archivdateien enden mit `.tar`. Wenn das Tar-Archiv noch durch `gzip` komprimiert wurde ist die Endung `.tar.gz`, bei `bzip2` `.tar.bz2`.

Anwendungsbeispiele finden Sie im Abschnitt *Archive und Datenkompression* auf Seite 353.

`locate` *Muster*

Mit locate kann man herausfinden, in welchem Verzeichnis sich eine spezifizierte Datei befindet. Zusätzlich können dabei auch ☞*Jokerzeichen* verwendet werden. Das Programm arbeitet sehr schnell, da es nicht langsam im Dateisystem selbst, sondern in einer eigens dafür erstellten Datenbank sucht. Dies ist auch das Hauptproblem dieses sehr flotten Kommandos, weil darin natürlich keine Dateien gelistet sein können, die nach der letzten Aktualisierung dieser Datenbank erstellt wurden.

Unter `root` kann die Datenbank mit `updatedb` erstellt werden.

`updatedb` `[Option(en)]`

Mit diesem Befehl ist es möglich, auf einfache Weise die von locate benötigte Datenbank auf den aktuellsten Stand zu bringen. Damit möglichst alle Dateien erfasst werden, sollte das Programm als `root` aufgerufen werden. Auch bietet sich an, es durch einen angehängten Ampersand (&) in den Hintergrund zu versetzen, damit gleich weitergearbeitet werden kann (`updatedb &`).

`find` `[Option(en)]`

Mit dem Befehl `find` können Sie in einem bestimmten Verzeichnis nach einer Datei suchen. Das erste Argument bezeichnet dabei das Verzeichnis, von dem aus die Suche gestartet werden soll. Die Option `-name` verlangt einen zu suchenden String, in dem auch ☞ *Wildcards* erlaubt sind. `find` sucht im Gegensatz zu `locate` nicht in einer eigenen Datenbank nach Dateien, sondern durchsucht tatsächlich das angegebene Verzeichnis.

Inhaltsbefehle

`cat` `[Option(en)]` *Datei(en)*

cat gibt den Inhalt einer angegebenen Datei ohne Unterbrechung aus.

Optionen:

`-n` Nummeriert die Ausgabe am linken Rand.

`less [Option(en)] `*`Datei(en)`*

Dieser Befehl ermöglicht es, durch den Inhalt der spezifizierten Datei zu „wandern". Beispielsweise können Sie mit (Bild ↓) und (Bild ↑) um je eine halbe Bildschirmseite vor bzw. zurück springen, mit der Leertaste gar eine ganze nach vorne. Auch ist es möglich, durch (Pos1) bzw. (Ende) an den Anfang bzw. das Ende der Datei zu navigieren. Mit (Q) kann dieser Ausgabemodus beendet werden.

`grep [Option(en)] `*`Suchwort Datei(en)`*

grep ist dazu gedacht, um ein bestimmtes Suchwort in den angegebenen Datei(en) zu finden. Hat es Erfolg, gibt es die Zeile, in der das Suchwort gefunden wurde, sowie den Namen der Datei aus.

Optionen:

-i Ignoriert Groß-/Kleinschreibung

-l Gibt nur die Namen der jeweiligen Dateien, nicht aber die Textzeilen aus

-n Zeigt zusätzlich Nummern der Zeilen, in denen es fündig wird, an

-1 Listet nur Dateien, in denen das Suchwort *nicht* vorkommt

`diff [Option(en)] `*`Datei1 Datei2`*

diff wurde geschaffen, um den Inhalt zweier beliebig gewählter Dateien zu vergleichen und in Form einer Liste von geänderten Zeilen auszugeben.

Häufig wird es von Programmierern verwendet, die auf diese Weise nur die Änderungen in Ihren Programmen, nicht aber die gesamten Quelltexte verschicken müssen.

Optionen:

-q Meldet nur, ob sich die beiden angegebenen Dateien überhaupt in ihrem Inhalt unterscheiden.

Dateisysteme

`mount [Option(en)] [Gerät] Mountpoint`

Mit Hilfe dieses Befehls können beliebige Datenträger in das Dateisystem „gemountet" werden. Darunter versteht man das Einbinden von Festplatten-, CD-ROM- und anderen Laufwerken in ein Verzeichnis des Linux-Dateisystems.

Optionen:

-r nur lesbar mounten (engl. *read only*).

-t dateisystem Gibt das Dateisystem an. Die gebräuchlichsten
sind: ext2 für Linux-Festplatten, msdos für MS-DOS-Medien,
vfat für das Windows-Dateisystem und iso9660 für CDs.

Bei Laufwerken, die nicht in der Datei /etc/fstab definiert sind,
muss auch der Typ des Gerätes angegeben werden. Das Einhängen
(engl. *mount*) kann in diesem Fall nur von root vorgenommen
werden. Falls das Dateisystem auch von anderen Benutzern gemountet werden soll, tragen Sie in der entsprechende Zeile der
Datei /etc/fstab die Option user (durch Kommata getrennt)
ein und speichern Sie diese. Weitere Informationen entnehmen Sie
bitte der Manual-Page von mount (man mount).

umount [Option(en)] *Mountpoint*
Dieser Befehl entfernt ein gemountetes Laufwerk aus dem Dateisystem. Bevor Sie einen Datenträger aus dem Laufwerk entfernen,
rufen Sie bitte diesen Befehl auf. Ansonsten besteht die Gefahr eines Datenverlustes! Sowohl mount als auch umount können im
Regelfall nur von root ausgeführt werden. Ausnahme: In der Datei /etc/fstab wird für Laufwerk die Option user angegeben.

Systembefehle

Information

df [Option(en)] [Verzeichnis]
Der Befehl df (engl. *disk free*), ohne Optionen aufgerufen, zeigt eine Statistik über den gesamten, den belegten und den verfügbaren
Speicherplatz von allen gemounteten Laufwerken an. Wird hingegen ein Verzeichnis angegeben, so wird das Laufwerk, auf dem
sich dieses befindet, in der Statistik angezeigt.

Optionen:

-H zeigt die Anzahl der belegten Blöcke in Gigabyte, Megabyte
oder Kilobyte an – in „menschenlesbarer" Form (engl. *human
readable*).

-t Typ des Laufwerks (ext2, nfs usw.).

du [Option(en)] [Pfad]
Dieses Kommando ohne Parameter gibt den Gesamtspeicherplatz-
verbrauch aller im aktuellen Verzeichnis enthaltenen Dateien an;
sind Unterverzeichnisse vorhanden, so auch deren Gesamtgröße.

Optionen:

-a Gibt die Größe jeder einzelnen Datei an

-h Ausgabe in „menschenlesbarer" Form

-s Zeigt nur die errechnete Gesamtgröße an

free [Option(en)]

Free zeigt die Summe des gesamten und des genutzten Arbeits-
bzw. Swap-Speichers an.

Optionen:

-b Anzeige in Bytes,

-k Anzeige in Kilobytes,

-m Anzeige in Megabytes

date [Option(en)]

Dieses kleine Programm gibt bei Aufruf die aktuelle Systemuhrzeit
aus. Darüber hinaus ist es möglich, die Systemzeit als root durch
diesen Befehl zu verändern. Details hierzu sind in der ☞*Manpage*
nachzulesen (Manual-Page von date (man date)).

Prozesse

top [Option(en)]

Durch top erhält man einen schnellen Überblick über die gegen-
wärtig laufenden ☞*Prozesse*. Durch Drücken der Taste (h) wird eine
Seite mit Erklärungen der wichtigsten Optionen angezeigt, um das
Programm seinen individuellen Bedürfnissen anzupassen.

ps [Option(en)] [Prozess-ID]

Ohne Optionen aufgerufen, liefert dieses Kommando eine Tabelle aller „eigenen", also von einem selbst gestarteten, Programme
bzw. Prozesse zurück. Achtung, bei den Optionen zu diesem Befehl sollte **kein** Bindestrich vorangestellt werden.

Optionen:

aux Listet detailliert alle Prozesse unabhängig vom Besitzer

kill [Option(en)] *Prozess-ID*

Manchmal kommt es leider vor, dass sich Programme nicht mehr
auf normalem Wege beenden lassen. Mit dem kill-Befehl lassen
sich nahezu alle Prozess-„Leichen" anhand Ihrer Prozess-ID (siehe
top bzw. ps) „töten".

Dazu sendet es ein so genanntes „TERM"-Signal, welches das Program auffordert, sich selbst zu beenden. Hilft dies nicht weiter, gibt es noch einen nützlichen Parameter:

Optionen:

-9 Sendet anstatt eines „TERM"- ein „KILL"-Signal, wodurch der Prozess vom Betriebssystem entfernt wird. Dies macht in nahezu allen Fällen den spezifizierten Prozessen den Garaus.

`killall [Option(en)]` *Prozessname*
Dieser Befehl funktioniert äquivalent zu `kill`, wobei statt einer Prozess-ID die Angabe des Prozess-Namens ausreicht, um alle sich so nennenden Prozesse zu „töten".

Netzwerk

`ping [Option(en)]` *Rechnername/IP-Adresse*
`ping` ist das Mittel schlechthin, um TCP-IP-Netzwerke auf ihre grundsätzliche Funktionstüchtigkeit zu überprüfen. Das Tool sendet dabei ein kleines Datenpaket an einen anderen Rechner mit der Aufforderung, dieses sofort wieder zurückzusenden. Klappt dies, zeigt `ping` eine entsprechende Meldung an, wodurch die grundsätzliche Übertragungsfähigkeit des Netzes sichergestellt wurde.

Optionen:

-c `Anzahl`: Legt die Gesamtzahl der zu versendenden Pakete fest, nach deren Versand sich das Programm beendet. Standardmäßig existiert keine Beschränkung.

-f „Flood ping": Sendet so viele Datenpakete wie möglich. Nur von `root` durchführbarer Test, um Netzwerke zu testen.

-i `Wert`: Legt das Intervall zwischen zwei Datenpaketen in Sekunden fest; standardmäßig eine Sekunde.

`nslookup`
Zur Umwandlung von Domainnamen in IP-Adressen existiert das so genannte Domain Name System. Mit diesem Tool lassen sich Anfragen an entsprechende Auskunftsdienste (DNS-Server) stellen.

`telnet [Option(en)] Rechnername oder IP-Adresse`
Telnet ist eigentlich ein Internet-Protokoll, das die Arbeit auf anderen Rechnern („remote") über ein Netzwerk ermöglicht.

Telnet heißt auch ein Linux-Programm, das genau dieses Protokoll umsetzt und ein Arbeiten an anderen Rechnern ermöglicht, ohne direkt an dem Gerät zu sitzen.

┌─ **Achtung** ──────────────────────────────

Benutzen Sie Telnet nicht über Netze, die von Dritten mitgehört werden könnten. Vor allem im Internet sollten verschlüsselte Übertragungsmethoden wie `ssh` benutzt werden, um die Gefahr eines Passwortmissbrauchs auszuschließen (siehe Manual-Page von `ssh` (`man ssh`)).

──────────────────────────────── **Achtung** ┘

Sonstiges

`passwd [Option(en)] [Benutzername]`
Mit diesem Kommando hat jeder Benutzer jederzeit die Möglichkeit, sein eigenes Passwort zu ändern. Der Administrator `root` darf darüber hinaus das Codewort eines jeden Benutzers ändern.

`su [Option(en)] [Benutzername]`
Durch `su` ist es möglich, das Benutzer-Login während einer Sitzung zu wechseln. Es wird sofort nach dem `root`-Passwort verlangt. Unter Angabe eines Benutzernamens und anschließender Eingabe des zugehörigen Passwortes kann dessen Umgebung genutzt werden. Als ☞`root` muss dieses Passwort nicht eingegeben werden, da mit Administratorrechten die Identität eines jeden Benutzers problemlos angenommen werden kann.

`halt [Option(en)]`
Um keine Datenverluste zu riskieren, sollten Sie Ihren Rechner immer mit diesem Programm herunterfahren.

`reboot [Option(en)]`
Funktioniert wie der `halt`-Befehl, allerdings mit sofortigem Neustart.

`clear`
Wenn Sie den Überblick über die Textzeilen der Konsole verlieren, können Sie die sichtbare Anzeige „löschen". Der Befehl hat keine Optionen.

Der Editor vi

Die Bedienung des vi ist etwas gewöhnungsbedürftig. Er wird an dieser Stelle anderen Editoren vorgezogen, weil er zum einen auf jedem UNIX-ähnlichen Betriebssystem zur Verfügung steht und bei Linux zum standard-mäßigen Installationsumfang gehört; zum anderen, weil seine Bedienung eindeutig ist und dadurch in der Regel keine Missverständnisse auftreten. Außerdem: wenn nichts geht, geht vi immer noch. Die nun folgende Kurzan-leitung sollte Sie in die Lage versetzen, mit Hilfe des vi z. B. diverse Konfi-gurationsdateien zu editieren.

Konzept: Der vi kennt 3 Betriebsarten (Modi):

- Befehlsmodus (engl. *command mode*)

  Jeder Tastendruck wird als Teil eines Befehls interpretiert.

- Einfügemodus (engl. *insert mode*)

  Tastendrucke werden als Texteingaben interpretiert.

- Komplexbefehlsmodus (engl. *last line mode*)

  Für komplexere Befehle, die in der letzten Zeile editiert werden.

Die wichtigsten Befehle des Befehlsmodus sind:

i	wechselt in den Eingabemodus (Zeichen werden an der aktuellen Cursorposition eingegeben).
a	wechselt in den Eingabemodus (Zeichen werden *nach* der aktuellen Cursorposition eingegeben).
A	wechselt in den Eingabemodus (Zeichen werden am Ende der Zeile angehängt).
R	wechselt in den Eingabemodus (überschreibt den alten Text).
r	wechselt zum Überschreiben *eines einzelnen* Zeichens in den Eingabe-modus.
s	wechselt in den Eingabemodus (das Zeichen, auf dem der Cursor steht, wird durch die Eingabe überschrieben).
C	wechselt in den Eingabemodus (der Rest der Zeile wird durch den neuen Text ersetzt).
o	wechselt in den Eingabemodus (*nach* der aktuellen Zeile wird eine neue Zeile eingefügt).

Tabelle 21.2: Fortsetzung auf der nächsten Seite...

O	wechselt in den Eingabemodus (*vor* der aktuellen Zeile wird eine neue Zeile eingefügt).
x	löscht das aktuelle Zeichen.
dd	löscht die aktuelle Zeile.
dw	löscht bis zum Ende des aktuellen Worts.
cw	wechselt in den Eingabemodus (der Rest des aktuellen Worts wird durch die Eingabe überschrieben).
u	nimmt den letzten Befehl zurück.
J	hängt die folgende Zeile an die aktuelle an.
.	wiederholt den letzten Befehl.
:	wechselt in den Komplexbefehlsmodus.

Tabelle 21.2: Einfache Befehle des Editors vi

Allen Befehlen kann eine Zahl vorangestellt werden, die angibt, auf wie viele Objekte sich der folgende Befehl beziehen soll. So können durch Eingabe von '3dw' drei Wörter auf einmal gelöscht werden. Durch Eingabe von '10x' erreicht man das Löschen von zehn Zeichen ab der Cursorposition, '20dd' löscht 20 Zeilen.

Die wichtigsten Befehle des Komplexbefehlsmodus:

:q!	verlässt vi, ohne Änderungen zu speichern
:w ⟨*dateiname*⟩	speichert unter ⟨*dateiname*⟩
:x	speichert die geänderte Datei und verlässt den Editor
:e ⟨*dateiname*⟩	editiert (lädt) ⟨*dateiname*⟩
:u	nimmt den letzten Editierbefehl zurück

Tabelle 21.3: Komplexe Befehle des Editors vi

Das Drücken der Taste (ESC) im Eingabemodus wechselt in den Befehlsmodus.

Teil IV

Hilfe

Hilfe und Dokumentation

Sie haben sicher eine Menge Fragen rund um Ihr SuSE Linux. Für die meisten dieser Fragen gibt es auch schon eine Antwort. So finden Sie generell unter Linux eine Fülle von Dokumentation in den klassischen Formaten: Man-Pages, Info-Pages, Howtos, ReadMes, FAQs usw.

Mit der SuSE Hilfe haben wir alle diese Formate „unter einen Hut" gebracht und systematisiert. Zusammen mit der übergreifenden Suchfunktion bietet sie Ihnen die Antworten auf Ihre Fragen.

In diesem Kapitel stellen wir Ihnen die SuSE Hilfe vor und geben Ihnen anschließend einen Überblick über die o. g. traditionellen Dokumentationsquellen.

Installationssupport

Installationssupport – wir haben ihn, für Sie, für alle Fälle. Mitunter weichen Rechner von allgemein verbreiteten Spezifikationen ab. Unter Umständen kommt es dadurch bei der Installation zu Problemen, die mit kompetenter Hilfe jedoch schnell in den Griff zu bekommen sind. Dafür gibt es als besonderen Service den kostenfreien SuSE Installationssupport.

In der Regel genügt ein Blick in den SuSE Support Service unter `http://support.suse.de`. Dort finden Sie alle Informationen, Ansprechpartner und aktuelle Hinweise. Sollten Sie darunter keine Lösung finden, helfen wir Ihnen auch selbstverständlich per E-Mail unter support@suse.de. Detaillierte Informationen über den genauen Umfang des Installationssupportes finden Sie unter:
`http://www.suse.de/de/private/support/inst_support/index.html`.

Für viele Frage- und Problemstellungen haben wir die Antworten und Lösungen schon gefunden. Wir stellen Ihnen diese in mehreren hundert Artikeln in unserer Support-Datenbank rund um die Uhr online zur Verfügung: `http://sdb.suse.de/`.

SuSE Hilfe

Die *SuSE Hilfe* starten Sie über den Rettungsring (mit dem integrierten Geeko) auf der Kontrollleiste der KDE-Oberfläche oder über den Eintrag 'SuSE Hilfe' – je nachdem was installiert wurde – im K- oder SuSE-Menü; vgl. Abb. 22.1 auf der nächsten Seite.

Natürlich kann die SuSE Hilfe auch von „Nicht-KDE-Benutzern" über einen beliebigen Browser angezeigt werden. Dazu muss allerdings das Paket `apache` installiert werden; vgl. Abschnitt *Software installieren/löschen* auf Seite 55.

Starten Sie die SuSE Hilfe außerhalb von KDE auf einer Konsole durch die Eingabe von `hilfe` oder in einem Browser Ihrer Wahl über die URL: `http:/localhost/hilfe/index.html.de`.

Hinweis

Für die HTML-Version der SuSE Hilfe als „Dokumentationsserver" wird das Paket `inf2htm` benötigt. Eine Anleitung zur Konfiguration des Hilfesystems als Dokumentationsserver im Intranet finden Sie unter `/usr/share/doc/packages/susehelp/README`.

Hinweis ⌟

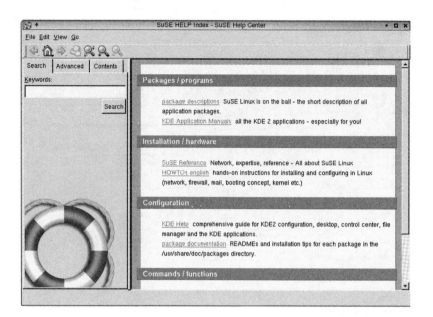

Abbildung 22.1: Die Startseite der SuSE Hilfe

Die Arbeit mit der SuSE Hilfe

Im Nachfolgenden beschreiben wir Ihnen wie Anfragen in der SuSE Hilfe gestellt werden sowie die verschiedenen Dokumentationsquellen. Dabei nehmen Sie die Einstellungen zur Suche jeweils im linken Fensterteil vor; im rechten Teil erhalten Sie die Liste mit Links zu den gefundenen Dokumenten. Diese Liste ist standardmäßig pro Dokumentationsquelle auf zehn Einträge beschränkt und nach Wichtigkeit geordnet.

Zur Konfiguration der SuSE Hilfe lesen Sie den Abschnitt *Einleitung* auf Seite 139.

Startseite Nach dem Start der SuSE-Hilfe erhalten Sie im rechten Fensterteil einen Überblick über die nachfolgend beschriebenen Themenbereiche, unter denen die installierten Dokumentationsquellen eingeordnet sind. Durch Anklicken können Sie eine untergeordnete Quelle öffnen, und zu der Übersichtsseite gelangen Sie jederzeit durch Klick auf die 'Home'-Schaltfläche.

Pakete / Programme

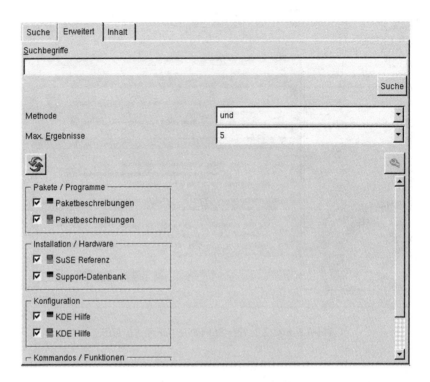

Abbildung 22.2: Die erweiterte Suche

- 'Paketbeschreibungen' – Finden Sie hier kurze Beschreibungen zu allen Programmpaketen von SuSE Linux, unabhängig davon, ob diese installiert sind oder nicht. Des Weiteren erhalten Sie einen Überblick über die verfügbaren Pakete und deren Informationen wie z. B. der Speicherplatzverbrauch, falls Sie Programmpakete nachinstallieren wollen.

- 'SuSE Die Programme' – Hier erhalten Sie eine Einführung zu Programmen für die tägliche Arbeit mit dem PC (Office, E-Mail, Grafik etc.) — das SuSE-Handbuch „Die Programme" im HTML-Format.

- 'KDE-Programme' Aktivieren Sie diesen Eintrag, um zu allen KDE-Programmen Informationen abzurufen.

- '/usr/share/doc/packages' – Das klassische Linux-Dokumentationsverzeichnis mit den Dokumentationen zu den Programmpaketen.

Installation / Hardware

- 'SuSE Administrationshandbuch' – Sie finden hier Grundlagen zur Installation, Netzwerkkonfiguration, grafischen Benutzeroberfläche etc. — das SuSE Handbuch in elektronischer Form.

- 'SDB' – Der Link führt zur lokal installierten Support-Datenbank und bietet Lösungen für bereits bekannte Probleme (s. Abschnitt *Support-Datenbank*).

- 'HOWTOs' – Sie finden hier praxisbezogene (meist englische) Anleitungen zu Installation und Konfiguration unter Linux (s. Abschnitt *Howtos*).

Konfiguration

- 'SuSE Konfiguration' - Das Handbuch zur Konfiguration von KDE und SuSE Linux beinhaltet u. a. Modem-, Sound-, TV-Karten- und Scannerkonfiguration; dazu Informationen zur Systemverwaltung.

- 'SuSE Netzwerk' - Die grundlegende Hilfe zur Konfiguration von Netzwerken: Intra- und Internet, Serverdienste (Apache, Proxy), sowie zu Sicherheitskonzepten.

- 'KDE-Hilfe' Hier finden Sie alles rund um KDE wie Informationen zur Installation oder Konfiguration der grafischen Benutzeroberfläche.

Kommandos / Funktionen

- 'Man-Pages' – Die englischen „Man-PagePages" des UNIX-Systems beschreiben Kommandos und deren Optionen bzw. Parameter, welche das Kommando präzisieren (s. Abschnitt *Man-Pages*).

- 'InfoPages' – Die Hilfeseiten beschreiben u. a. Einsatzgebiete, geben Erklärungen und Beispiele zur Verwendung von komplexen Linux-Befehlen und Bibliotheken (s. Abschnitt *Info-Pages*).

Suchen von Dokumenten Im linken Fensterteil finden Sie dazu die Reiter für die Suchmethoden 'Suche', 'Erweitert' und 'Inhalt' (s. Abb. 22.2 auf der vorherigen Seite):

- 'Suche' – Bei der Standardsuche brauchen Sie nur das gesuchte Stichwort einzugeben und darunter 'Suche' zu aktivieren. Standardmäßig werden – soweit installiert und Sie den Aufbau der Suchdatenbank nicht explizit verhindert haben (s. Seite 139) – die

Paketbeschreibungen, alle SuSE Handbücher (Die Referenz, Netzwerk, Konfiguration, Die Programme), die KDE-Hilfe und die Supportdatenbank (SDB) durchsucht.

Die Schaltfläche 'Suche' hat sich nach Betätigung zu 'Weiter' geändert. Wenn Sie diesen betätigen, werden zusätzlich alle verbleibenden und verfügbaren Datenquellen durchsucht.

- 'Erweitert' – Über diese Registerkarte können Sie ihre Suche durch einige Optionen präzisieren: Wenn Sie im Eingabefeld mindestens zwei Stichwörter angeben, dann können Sie bei 'Methode' wählen, ob beide („und") oder mindestens eines von beiden („oder") Stichwörtern im Dokument vorkommen soll. Über 'Max. Ergebnisse' begrenzen Sie die Anzeige der Einträge pro Quelle, um noch einen Überblick über die gefundenen Einträge zu behalten oder lassen Sie sich alle Fundstellen einer Dokumentationsquelle anzeigen. Wählen Sie beispielsweise „5" aus, werden Ihnen nur die fünf wichtigsten Einträge zu jeder Dokumentationsquelle angezeigt. Ihre Auswahl invertieren Sie über die Schaltfläche mit den zwei Pfeilen.

  Die angezeigte Liste können Sie erweitern bzw. einschränken, indem Sie über die Schaltfläche mit dem Werkzeug die Index-Datenbanken für weitere Dokumentationsquellen anlegen bzw. löschen ;vgl. Seite 139.

  Die Fähnchen stehen symbolisch für die Sprache der Dokumentationstexte. Wählen Sie aus der Liste der möglichen Quellen jene aus, in denen nach dem Stichwort gesucht werden sollen, indem Sie das Kästchen vor der jeweiligen Quelle markieren. Haben Sie alle Einstellungen vorgenommen, betätigen Sie 'Suche'. Nach Themenbereichen gegliedert, erhalten Sie rechts die Suchergebnisse.

- 'Inhalt' – Hier finden Sie die Themenbereiche der Startseite aufgelistet (s. Abb. 22.3 auf der nächsten Seite). Sie können sich die zu jedem Themenbereich gehörenden Dokumentationsquellen anschauen, indem Sie auf den Themenbereich mit der Maus klicken; durch erneutes Klicken schließen Sie den Themenbereich wieder. Aktivieren Sie eine Dokumentationsquelle, öffnet sich im rechten Fenster der zugehörige Text.

  Zusätzlich erhalten Sie nur hier die 'Lernhilfen' zu KDE, unter denen Sie Begriffserklärungen für eine eindeutige Zuordnung von verwendeten Begriffen und Objekten im Umgang mit der KDE-Hilfe finden.

  Um weitere Dokumentationsquellen zu installieren, klicken Sie auf 'Nicht installierte Dokumentation' und wählen Sie aus dieser Liste die entsprechenden Dokumentationspakete aus.

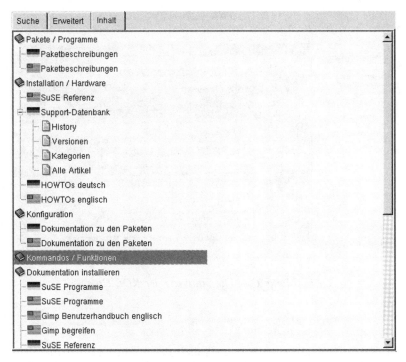

Abbildung 22.3: Die inhaltliche Suche

KDE-Hilfe

Die *KDE-Hilfe* ist zwar in deutscher Sprache verfügbar, aber einige wenige Texte stehen nur in englischer Sprache zur Verfügung. Sie enthält Informationen zu KDE sowie dessen Programme und zur Konfiguration der grafischen Oberfläche.

Die KDE-Hilfe ist vollständig in der SuSE Hilfe integriert (s. Abb. 381).
Falls Sie das ursprüngliche „KDE Hilfezentrum" bevorzugen, können Sie es über den Rettungsring (ohne Geeko!) bzw. über 'Hilfe' im 'K-Menü' starten.

Support-Datenbank

Für viele Frage- und Problemstellungen haben wir die Antworten und Lösungen schon gefunden. Wir stellen Ihnen diese in einer Vielzahl von Artikeln in unser Support-Datenbank rund um die Uhr online zur Verfügung:

Abbildung 22.4: Die Startseite der KDE-Hilfe

http://sdb.suse.de.

Neben diesem Online-Angebot ist der Inhalt der Support-Datenbank auch im Paket sdb_de auf Ihrer SuSE Linux-CD enthalten. Sie können die Artikel mit jedem Browser lesen.

┌ **Tipp** ───

Zum schnellen Starten und Suchen geben Sie in der URL-Zeile des Konquerors den Befehl sdb: gefolgt von dem gesuchten Stichwort ein.

─── **Tipp** ┘

Man-Pages

Die Man-Pages sind der traditionelle Weg unter Unix, eine Beschreibung zur Anwendung von Programmen bzw. Befehlen sowie C-Funktionen zu erhalten. Dabei werden alle Parameter und Optionen erläutert, die den Befehl präzisieren.

Es gibt Man-Pages in deutscher Sprache (Paket man-pages-de), aber die englischen sind nicht nur vollständiger sondern auch aktueller.

Die Unterteilung erfolgt in die folgenden Bereiche, der grundsätzlich beim Aufruf der Man-Pages und in vielen Unix-Büchern mit angegeben wird:

1. Benutzerkommandos

2. Systemaufrufe

3. C-Funktionen

4. Dateiformate, Gerätedateien

5. Konfigurationsdateien

6. Spiele

7. Diverses

8. Systemadministration

9. Kernel

n Neue Kommandos

Der Aufruf der Man-Pages erfolgt über die folgenden Möglichkeiten:

Konsole Im Textmodus über die folgende Syntax zum Aufruf der
Man-Pages: `man <Bereich> <Kommando>`; um das Kommando aus allen Bereichen anzuzeigen, mit der Option „-k" wie z. B.
`man -k <Kommando>`.

Konqueror Zur Eingabe in das URL-Feld: `man:/<Kommando>(<Bereich>)`

SuSE Hilfe Hier können Sie in den verschiedenen Man-Pages nach Bereichen geordnet herumblättern oder nach Stichwörtern suchen. Sie finden
die Man-Pages in dem Themenbereich 'Kommandos / Funktionen' unter 'Man-Pages'.

Info-Pages

Info-Pages haben sich für komplexere Befehle etabliert und beschreiben nicht
nur Optionen und Parameter, sondern erklären den Einsatz und die Anwendung der Befehle ausführlicher; meist anhand entsprechender Beispiele.

Standardmäßig werden Info-Pages mit dem Dateibetrachter Emacs bzw. dem
Infoviewer (`info`) aufgerufen.

Konsole Sie haben drei grundsätzliche Möglichkeiten:

- `info` zeigt eine Liste der verfügbaren Info-Pages.

- `info -apropos <Kommando>` – Info-Pages zum Thema „Kommando"

- `info <Kommando>` öffnet den Emacs mit der Beschreibung des Befehls „Kommando".

Konqueror Geben Sie in das URL-Feld ein: `info:/<Kommando>`. Im Browser können Sie den Links in gewohnter Weise durch Klick folgen.

SuSE Hilfe In der SuSE Hilfe (s. Abschnitt *SuSE Hilfe*) finden Sie die *Info-Pages* in dem Themenbereich 'Kommandos / Funktionen'. Die Startseite ist eine Übersicht aller Infoseiten, die hier in HTML-Version angezeigt werden.

Howtos

Die Howtos sind ausführliche praxisbezogene Anleitungen zur Installation und Konfiguration unter Linux, die Sie im Verzeichnis `/usr/share/doc/howto/` finden. Sie liegen in englischer und (weniger umfangreich) in anderen Sprache vor. Für die HTML-Version installieren Sie das Paket `howtodeh`.

Im Verzeichnis `docu/howto` auf der ersten CD befinden sich die aktuell zum Redaktionsschluss der CD verfügbaren Versionen der *wichtigsten* HOWTO-Dateien. Es lohnt auch ein Blick in dieses Verzeichnis, da diese Dateien unkomprimiert sind und bereits vor der Installation bequem gelesen werden können.

Konsole Sie können sich die Howto-Texte über die Konsole mit dem Befehl `less` anzeigen lassen, selbst wenn diese komprimiert sein sollten. Wenn Sie sich bspw. den Howto-Text zum Thema Linux-Installation anzeigen lassen wollen, dann geben Sie folgendes ein:

```
less /usr/share/doc/howto/de/DE-Installation-HOWTO.txt.gz
```

SuSE Hilfe Komfortabler können Sie die Howto-Texte über die SuSE Hilfe lesen und vor allen Dingen durchsuchen lassen.

Kerneldokumentation

Bei Fragen zu und Problemen mit dem Kernel selbst ist das Verzeichnis
`/usr/src/linux/Documentation` eine ergiebige Informationsquelle, welches nur dann vorhanden ist, wenn die Kernelquellen (Paket `linux` bzw. Paket `kernel-source`) installiert sind. Darüber hinaus finden sich viele wertvolle Hinweise in den einzelnen Unterverzeichnissen der Kernelquellen, sowie für die ganz Unerschrockenen und Neugierigen in den Kernelquellen
selbst.

Freie Bücher

Im Paket `books` sind einige Bücher im PostScript-Format enthalten, die Sie
mit dem Programm gv betrachten oder ausdrucken können. Vor dem Ausdruck sollten Sie überlegen, ob es nicht ökonomischer ist, ein solches Buch
möglicherweise in deutscher Sprache käuflich zu erwerben.

Die SuSE Linux-FAQ

Hier versuchen wir, Antworten auf die am häufigsten gestellten Fragen zu geben (engl. *Frequently Asked Questions*).

1. **Ich benutze meinen Computer alleine, warum muss ich mich immer einloggen?**

   Linux ist ein Multiuser-System. Damit Linux weiß, wer damit arbeitet, ist eine Angabe des Benutzernamens (engl. *username*) und des Passwortes nötig. Übrigens: Arbeiten Sie nur dann als `root`, wenn Sie am System Änderungen vornehmen wollen (Software installieren, konfigurieren usw.)! Für den normalen Betrieb legen Sie sich einen eigenen Benutzer an, dann können Sie an der Installation auch nichts versehentlich kaputtmachen.

2. **Wo kann ich Infos über SuSE Linux bekommen?**

   In erster Linie aus den Handbüchern, soweit es Installation oder Besonderheiten von SuSE Linux betrifft. Die PDF-Datei kann auch im Paket `suselinux-adminguide_de` gefunden werden (siehe `/usr/share/doc/packages/suselinux-adminguide_de`). Dokumentation über Programme gibt es in `/usr/share/doc/packages`, Anleitungen in den „HowTos" in `/usr/share/doc/howto/de` für deutsche, und in `/usr/share/doc/howto/en` für die englischen „HowTos". Lesen können nen Sie diese z. B. mit dem Kommando:

   ```
   less /usr/share/doc/howto/de/DE-DOS-nach-Linux-HOWTO.txt.gz
   ```

3. **Wo kann ich besondere Tipps oder Hilfestellungen bekommen?**

   Geben Sie im Konqueror den Pfad `/usr/share/doc/sdb/de/html/index.html` ein. Dort können Sie unsere SDB-Datenbank mit vielen Tipps und Hilfestellungen einsehen.

Falls der Pfad nicht existiert, installieren Sie zuerst die Pakete `sdb` und `sdb_de`. Im Internet finden Sie unsere Supportdatenbank mit den letzten Aktualisierungen unter `http://sdb.suse.de/de/sdb/html/`.

4. **Wie kann ich unter KDE Befehle eingeben?**

   Drücken Sie auf 'K' → 'Werkzeuge' → 'Terminal'. Sie können aber auch `Alt` + `F2` drücken und dann `xterm` eingeben. Dann haben Sie ein „Terminal", in dem Sie die Befehle eingeben können. Unter KDE können Sie auch mit Klick auf das Bildschirmsymbol in der Werkzeugleiste eine Konsole starten, die etwas komfortabler ist als z. B. xterm.

5. **Ich finde viele Programme im KDE nicht.**

   Sie können alle Programme auch von einem Terminalfenster (`xterm`, s. o.) aus starten, indem Sie den Programmnamen gefolgt von `↵` eingeben.

6. **Was ist ein Mirror? Warum soll ich die Sachen nicht von `ftp.suse.com` ziehen?**

   Da es sehr viele Anwender gibt, die zur selben Zeit etwas vom Server brauchen, wäre er sehr schnell überlastet. Deswegen gibt es eine Menge anderer FTP-Server, die ein „Spiegelbild" des SuSE-Servers beinhalten. Ein solcher Server wird daher auch „Mirror" genannt. Man sollte sich immer an einen Mirror in der Nähe (d. h. gleiches Land) wenden, der Download geht dann auch schneller. Eine Liste finden Sie z. B. auf `http://www.suse.de/de/support/download/ftp/`.

7. **Ich finde keine `.exe`-Dateien. Wo sind die ganzen Programme?**

   Unter Linux haben ausführbare Dateien normalerweise keine Datei-„Erweiterung". Die meisten Programme befinden sich in `/usr/bin` und `/usr/X11R6/bin`.

8. **Woran erkennt man ausführbare Dateien?**

   Mit dem Befehl `ls -l /usr/bin` sehen Sie z. B. alle ausführbaren Dateien im Verzeichnis `/usr/bin` in roter Farbe. Sie erkennen es auch am 'x' in der ersten Spalte

   ```
   -rwxr-xr-x   1 root   root      64412 Jul 23 15:23 /usr/bin/ftp
   ```

9. **Ich möchte Linux wieder entfernen, wie geht das?**

   Mit `fdisk` die Linux-Partitionen löschen; eventuell müssen Sie `fdisk` unter Linux aufrufen; danach ist von der MS-DOS-Diskette zu booten und unter DOS oder Windows der Befehl `fdisk /MBR` auszuführen.

10. **Ich brauche Firewall, Masquerading, Mail- und WWW-Server. Hilft mir Ihr Installationssupport dabei?**

Nein.

Der Installationssupport hilft Ihnen dabei, Linux prinzipiell zum Laufen zu bekommen. Für Themen, die über den Installationssupport hinausgehen, gibt es im Buchhandel gute Bücher sowie hervorragende Dokumentation in `/usr/share/doc/packages` und `/usr/share/doc/howto/de/DE-NET3-HOWTO.txt.gz`.

Außerdem steht Ihnen unser erweiterter Support zur Verfügung. Details dazu finden Sie im Internet unter `http://support.suse.de`.

11. **Wie kann ich auf meine CD zugreifen?**

Sie müssen die CD erst mit den `mount`-Befehl „mounten". Informationen zu diesem Befehl finden Sie im Abschnitt *Dateibefehle* auf Seite 365

12. **Ich bekomme meine CD nicht mehr aus dem Laufwerk, was tun?**

Sie müssen die CD erst „unmounten". Dies geht mit dem Befehl `umount`. Weitere Informationen hierzu sind im Abschnitt *Dateibefehle* auf Seite 366 zu finden. Unter KDE brauchen Sie nur mit der rechten Maustaste auf das CD-ROM-Icon klicken und dann 'Laufwerk-Einbindung lösen' auswählen.

Falls YaST läuft, beenden Sie es bitte.

13. **Wie kann ich mir den freien Platz in Linux anzeigen lassen?**

Mit dem Befehl `df -hT`, siehe auch Abschnitt *Systembefehle* auf Seite 366.

14. **Kann ich in Linux ein „Cut-and-Paste" machen?**

Ja.

Wollen Sie „Cut-and-Paste" im Textmodus nutzen, muss dazu der gpm laufen. Im X Window System und im Textmodus gilt: *Markieren* durch Drücken und *Ziehen* der linken Maustaste, *Einfügen* mit der mittleren Maustaste. Die rechte Maustaste hat meist in den Programmen eine besondere Funktion.

15. **Muss ich unter Linux Angst vor Viren haben?**

Nein.

Unter Linux gibt es keine ernst zu nehmenden Viren. Zudem könnten Viren, wenn Sie *nicht* als Root aufgerufen werden, keinen großen Schaden am System verursachen. Die einzigen Virenscanner, die es unter

Linux gibt, dienen dazu, Mails nach Windows-Viren abzusuchen (falls Linux als Router oder Server fungiert).

16. **Muss ich mir einen Kernel selbst kompilieren?**

Nein, das ist in den allermeisten Fällen nicht notwendig!

Der Kernel ist inzwischen schon so umfangreich, dass es ca. 800 Optionen gibt, die man bei der Konfiguration zu berücksichtigen hat! Da es fast unmöglich ist, all diese verschiedenen Konfigurationen mit all ihren Auswirkungen zu beherrschen, raten wir ungeübten Benutzern dringend von der Neukompilierung des Kernels ab. Wenn Sie es dennoch tun, tun Sie es auf eigenes Risiko – wir können in diesem Fall auch *keinen* Installationssupport anbieten!

17. **Wo kann ich Systemmeldungen sehen?**

Geben Sie als `root` in einem Terminalfenster folgenden Befehl ein:

```
tail -f /var/log/messages
```

Weitere interessante Programme in diesem Zusammenhang sind: `top`, `procinfo` und `xosview`.

Die Meldungen beim Booten können Sie mit

```
less /var/log/boot.msg
```

sichtbar machen.

18. **Ich kann mich mit `telnet` nicht in meinem Rechner einloggen. Ich bekomme immer die Antwort „Login incorrect".**

Wahrscheinlich versuchen Sie, sich als `root` einzuloggen. Das geht aus Sicherheitsgründen nicht über telnet.

Legen Sie mit YaST einen normalen Benutzer an; mit diesem können Sie sich dann anmelden. Danach wechseln Sie mit su zum `root`-Benutzer. Viel besser und sicherer ist es jedoch, anstelle von telnet das Programm ssh zu benutzen; die ssh verwendet verschlüsselte und somit abhörsichere Verbindungen.

19. **Wie komme ich mit Linux ins Internet?**

Dazu gibt Ihnen das Kapitel *KInternet – der Weg ins WWW* auf Seite 133 Auskunft.

20. **Wo ist OpenOffice.org?**

Bitte benutzen Sie zur Installation YaST2. Geben Sie in die Suchmaske einfach OpenOffice ein und starten Sie die Suche. Das Installationsmodul teilt mit, welche CD Sie einzulegen haben.

21. **Ich habe einen Fehler in SuSE Linux gefunden. Wohin kann ich diesen melden?**

Überzeugen Sie sich erst davon, dass es wirklich ein Fehler im Programm ist und nicht nur ein Bedienungs- oder Konfigurationsfehler. Lesen Sie auch die Dokumentationen in `/usr/share/doc/packages` und `/usr/share/doc/howto`. Eventuell ist der Fehler schon bemerkt worden und Sie finden im Internet dazu etwas unter `http://sdb.suse.de/sdb/de/html/` in der Supportdatenbank. Geben Sie ein Stichwort ein oder arbeiten Sie sich über den Link „History" vor bzw. zurück.

Sollte es sich doch als Fehler herausstellen, so schicken Sie eine Beschreibung bitte per E-Mail an `http://www.suse.de/cgi-bin/feedback.cgi?feedback-language=german`.

22. **Wie kann ich Programme installieren?**

Programme, die auf den SuSE Linux-CDs enthalten sind, installieren Sie am besten immer mit YaST2.

23. **Ich habe ein Programm „nur" im Sourcecode. Wie kann ich es installieren?**

Bei manchen Programmen braucht man schon etwas „Know-how", am Besten findet man das in einem gutem Linux-Buch – siehe `http://www.suse.de/de/produkte/books/`.

Kurz: Archiv auspacken mit `tar xvzf name.tar.gz`, die Datei `INSTALL` oder `README` lesen und befolgen. Meist sind die folgenden Befehle auszuführen: `./configure; make; make install`.

Beachten Sie bitte, dass wir für die Schritte der Kompilierung, sowie der selbstkompilierten Programme keinen Installationssupport geben können.

24. **Wird meine Hardware unterstützt?**

Sehen Sie am Besten einmal in der Komponenten-Datenbank unter dem URL `http://hardwaredb.suse.de` bzw. `http://cdb.suse.de` nach.

Auch ein `less /usr/share/doc/howto/en/Hardware-HOWTO.gz` kann Ihnen Auskunft geben.

25. **Wie kann ich meine Festplatte defragmentieren?**

Linux hat ein intelligentes Dateisystem. Dieses Dateisystem macht ein Defragmentieren überflüssig, da es von vornherein fast keine Fragmente entstehen lässt. Achten Sie nur darauf, dass Ihre Partitionen nicht zu mehr als 90 % voll werden (`df -h`).

26. **Ich lese da etwas von Partitionieren – was ist das?**

Mit Partitionieren ist das Unterteilen der Festplatte in einzelne Teilbereiche gemeint. Auch Windows oder MacOS liegen in einer eigenen Partition. SuSE Linux braucht in der Standardkonfiguration mindestens Partitionen (eine für Linux selbst und eine Swappartition (Auslagerungspartition für virtuellen Hauptspeicher).

27. **Wie viel Platz brauche ich für Linux?**

Dies hängt davon ab, wie viele und welche Pakete Sie installieren. Eine Standardinstallation mit Office benötigt z. B. ca. 1 GB. Um auch für eigene Daten Platz zu besitzen, sind 2 GB empfehlenswert. Wenn Sie fast alles installieren wollen, brauchen Sie je nach Version zwischen 3 GB und 6 GB.

28. **Ich brauche mehr Platz für Linux, wie kann ich noch eine Festplatte dazuhängen?**

Sie können unter einem Linux-System jederzeit Festplatten bzw. freie Partitionen von Festplatten einbinden, um mehr Platz zur Verfügung zu haben. Wenn Sie z. B. in `/opt` mehr Platz benötigen, können Sie dort eine zusätzliche Festplatten-Partition „einhängen" (engl. *mount*). Die genaue Vorgehensweise:

(a) Festplatte einbauen und Linux starten. Beachten Sie die entsprechende Anleitung der Festplatte.

(b) Als Benutzer `root` einloggen.

(c) Partitionieren Sie mit `fdisk` z. B. als `/dev/hdb1`.

(d) Formatieren Sie die Partition mit `mke2fs /dev/hdb1`.

(e) Folgende Befehle eingeben:

```
erde:~ #       cd /opt
erde:/opt #    mkdir /opt2
erde:/opt #    mount /dev/hdb1 /opt2
erde:/opt #    cp -axv . /opt2
```

Überprüfen Sie nun sorgfältig, ob alle Daten kopiert wurden. Danach können Sie das alte Verzeichnis „wegschieben" und einen neuen leeren Mountpoint anlegen:

```
erde:/opt #  mv /opt /opt.old
erde:/opt #  mkdir /opt
```

Tragen Sie die neue Partition mit einem Editor zusätzlich in die /etc/fstab ein; das könnte aussehen wie in der Datei 2.

```
# ...
/dev/hdb1          /opt      ext2      defaults   1   2
# ...
```

Datei 2: *Auszug aus* /etc/fstab: *zusätzliche Partition*

Jetzt sollten Sie den Rechner herunterfahren und neu booten.

(f) Wenn der Rechner neu gebootet hat, vergewissern Sie sich bitte mit dem Befehl mount, ob /dev/hdb1 auch wirklich unter /opt eingehängt wurde. Wenn alles wunschgemäß funktioniert, können Sie jetzt die alten Daten unter /opt.old entfernen:

```
erde:~ #  cd /
erde:/ #  rm -fr opt.old
```

29. Mein Rechner ist abgestürzt, kann ich gefahrlos die Reset-Taste drücken?

Wenn Ihr Rechner nicht mehr auf Maus oder Tastatur reagiert, so heißt das nicht, dass der ganze Rechner abgestürzt ist. Es kann vorkommen, dass ein einzelnes Programm die Maus und die Tastatur blockiert, alle anderen Programme laufen aber weiterhin. Wenn der Rechner von außen erreichbar ist (serielles Terminal, Netzwerk), kann man sich noch einloggen und das entsprechende Programm mit killall ⟨*programmname*⟩ beenden. Falls das keine Wirkung zeigt, probieren Sie es noch auf die „harte Tour" mit killall -9 ⟨*programmname*⟩.

Sollten Sie diese Möglichkeiten nicht haben, so versuchen Sie mit (Strg) + (Alt) + (F2) auf eine andere Konsole zu gelangen, um von dort aus den störenden Prozess zu beenden. Reagiert der Computer aber auf keine Taste, so warten Sie bis mindestens 10 Sekunden kein Festplattenzugriff stattfindet und drücken erst dann die Reset-Taste.

30. **Wie wechsele ich von einer virtuellen Textkonsole zur grafischen Oberfläche?**

Standardmäßig gibt es sechs virtuelle Textkonsolen, die mit (Ctrl) + (Alt) + (F1) bis (F6) erreichen werden können. Mit (Alt) + (F7) gelangen Sie zur grafischen Oberfläche.

Glossar

Account
siehe ☞*Zugangsberechtigung*.

ADSL (engl. *Asymmetric Digital Subscriber Line*)
Übertragungsverfahren, das Daten etwa 100 mal schneller als ISDN über das Telefonnetz überträgt.

AGP (engl. *Accelerated Graphics Port*)
Schneller Steckplatz für Grafikkarten. Basiert auf PCI, bietet aber eine um ein Vielfaches höhere ☞*Bandbreite* als dieser. AGP-Grafikkarten können im Gegensatz zu PCI-Modellen darüber hinaus direkt (ohne Umweg über den Prozessor) auf den ☞*Arbeitsspeicher* des Rechners zurückgreifen, um dort Grafikdaten auszulagern.

Arbeitsspeicher (engl. *memory*)
Physikalischer Speicher von begrenzter Kapazität, auf den relativ schnell zugegriffen werden kann.

ATAPI (engl. *Advance Technology Attachment Packet Interface*)
Heutzutage meist als ☞*IDE* bzw. ☞*EIDE* bezeichnet. Das „Advance" stammt noch aus einer Zeit, als die Festplatten 10 MB groß und furchtbar langsam waren.

Backup
Backup ist der englische Ausdruck für Sicherheitskopie. Solche Sicherungen sollte man sich regelmäßig, vor allem von wichtigen Daten, anlegen.

Bandbreite
Maximale Übertragungsleistung eines Datenkanals.

Benutzerkonto (engl. *user account*)
siehe ☞*Account*.

Benutzerverzeichnis (engl. *home directory*)
siehe ☞*Home-Verzeichnis*.

Betriebssystem (engl. *operating system*)
Permanent auf einem Rechner im Hintergrund laufendes Programm, welches das grundlegende Arbeiten mit dem System überhaupt erst ermöglicht.

BIOS (engl. *Basic Input Output System*)
Kleiner Baustein, der in den ersten Sekunden des Systemstarts die Initialisierung wichtiger Hardwarekomponenten übernimmt. Dieser für den Computer essentielle Vorgang ist bei einem Linux-System dann beendet, wenn ☞*LILO* erscheint.

Bookmark
siehe ☞*Lesezeichen*.

Booten (engl. *bootstrap* = *Stiefelschlaufe*)
Mit dem Booten wird der gesamte Startvorgang eines Systems vom Einschalten bis zu dem Moment, in dem das System dem Benutzer zur Verfügung steht, bezeichnet.

Browser
Programm zur Suche in bzw. Darstellung von Inhalten. Heutzutage meist für Programme verwendet, die Inhalte des ☞*World Wide Webs* grafisch darstellen.

Cache
Im Verhältnis zum ☞*Arbeitsspeicher* recht kleiner, aber auch sehr schneller Zwischenspeicher. Im Cache werden z. B. aufgerufene Dateien abgelegt, die dann bei nochmaligem Bedarf nicht erst langwierig von der Festplatte geladen werden müssen.

Client
Arbeitsstation in einem Computernetzwerk, die vom ☞*Server* „bedient" wird.

CPU (engl. *Central Processing Unit*)
☞*Prozessor*.

Cursor
Kleines Blockzeichen, das die Stelle der Eingabe markiert.

Daemon (engl. *Disk and execution monitor*)
Im Hintergrund wachendes Programm, das bei Bedarf in Aktion tritt. Derartige Daemonen beantworten z. B. FTP- oder HTTP-Anfragen oder koordinieren die Aktivitäten in den PCMCIA-Steckplätzen.

Dateisystem (engl. *filesystem*)
Ordnungssystem für Dateien. Es gibt eine Vielzahl verschiedener Dateisysteme, die sich hinsichtlich ihrer Leistungsfähigkeit teilweise stark unterscheiden.

DDC (engl. *Direct Display Channel*)
Standard zur Kommunikation zwischen Monitor und Grafikkarte, um verschiedene Parameter z. B. den Monitornamen oder Auflösung an die Grafikkarte zu übermitteln.

DNS (engl. *Domain Name System*)
System, das ☞WWW- in ☞TCP/IP-Adressen und umgekehrt übersetzt.

E-Mail (engl. *electronic mail*)
Verfahren zur Übertragung von „elektronischen Briefen" zwischen Benutzern eines lokalen Netzwerks bzw. dem Internet angeschlossenen Systemen.

EIDE (engl. *Enhanced Integrated Drive Electronics*)
Verbesserter ☞IDE-Standard, der auch Festplatten mit einer Größe von über 512 MB erlaubt.

Eingabeaufforderung (engl. *prompt*)
Kennzeichnung einer textorientierten ☞Shell für die Stelle, an der Befehle für das ☞Betriebssystem eingegeben werden können.

einloggen
siehe ☞Login.

Ethernet
Weit verbreiteter Standard für Computer-Netzwerke mit geringer räumlicher Ausdehnung.

EXT2 (engl. *second extended Filesystem*)
Das von Linux verwendete Standard-Dateisystem.

FAQ (engl. *Frequently Asked Questions*)
Weit verbreitetes Synonym für Dokumente, die Antworten auf häufig gestellte Fragen enthalten.

Fenstermanager (engl. *window manager*)

Auf dem ☞*X Window System* aufbauende Schicht, die vor allem für die Darstellung des Desktops zuständig ist. Es gibt eine Vielzahl von unterschiedlichsten Fenstermangern, einer der populärsten ist z. B. kwm für ☞*KDE*.

freie Software

siehe ☞*GNU*.

Firewall (engl.)

„Feuerwand", die ein lokales Netzwerk unter Verwendung verschiedener Sicherheitsmaßnahmen mit dem Internet verbindet.

FTP (engl. *file transfer protocol*)

Auf ☞*TCP/IP* aufsetzendes ☞*Protokoll* zum Transfer von Dateien.

GNU (engl. *GNU is Not Unix*)

GNU ist ein Projekt der Free Software Foundation (FSF). Ziel des „GNU Projects", mit dem der Name Richard Stallman (RMS) engstens verbunden ist, ist die Schaffung eines „freien", mit Unix kompatiblen Betriebssystems; „frei" meint hier weniger *kostenfrei*, als vielmehr Freiheit (engl. *freedom*) im Sinne von Recht auf Zugang, Veränderung und Benutzung. Damit die Freiheit des Quelltextes (engl. *source*), also des jeweiligen Programmcodes, erhalten bleibt, ist jede Veränderung ebenfalls *frei*: insbesondere darf Software im Sinne dieser Freiheit nicht durch Verändern oder Hinzufügen von Programmcode eingeschränkt werden. Wie dies sichergestellt werden soll, erklärt das klassische GNU Manifesto in vielerlei Hinsicht (http://www.gnu.org/gnu/manifesto.html); juristisch abgesichert wird die GNU Software in der GNU General Public License, kurz „GPL" (http://www.gnu.org/copyleft/gpl.html,[1], kurz „LGPL" (http://www.gnu.org/copyleft/lgpl.html).

Im Zuge des „GNU Projects" werden alle Unix-Hilfsprogramme neu entwickelt und teilweise erweitert oder mit verbesserter Funktionalität versehen. Aber auch komplexe Software-Systeme (z. B. der Emacs oder die glibc) sind Herzstücke des „Projects".

Der ☞*Linux*-Kernel, der unter der GPL steht, profitiert von diesem „Project" (insb. von den Tools), sollte damit aber nicht gleichgesetzt werden.

GPL (engl. *GNU GENERAL PUBLIC LICENSE*)

siehe ☞*GNU*.

---

[1]Früher „GNU Library General Public License".

Home-Verzeichnis (engl. *home directory*)
Privates Verzeichnis im Linux-Dateisystem (meist `/home/`
`<benutzername>`), das einem bestimmten Benutzer gehört, der als
einziger volle Zugriffsrechte darauf hat.

Hostname
Name eines Rechners unter Linux, unter dem er meist auch im Netzwerk zu erreichen ist.

HTML (engl. *Hypertext Markup Language*)
Wichtigste im ☞*World Wide Web* verwendete Sprache zur Gestaltung
von Inhalten. Die durch HTML zur Verfügung gestellten Layout-Befehle
definieren das Aussehen eines Dokuments, wie es von einem ☞*Browser*
dargestellt wird.

HTTP (engl. *Hypertext Transfer Protocol*)
Zwischen ☞*Browsern* und Internet-Servern verwendetes Übertragungsprotokoll zur Übertragung von ☞*HTML*-Seiten im ☞*World Wide Web*.

IDE (engl. *Integrated Drive Electronics*)
Besonders in PCs unterer und mittlerer Preisklasse weit verbreiteter
Festplattenstandard.

IRQ (engl. *Interrupt Request*)
Von einer Hardwarekomponente oder einem Programm durchgeführte
Anfrage an das ☞*Betriebssystem* auf Zuteilung von Rechenkapazität.

Internet
Weltweites, auf ☞*TCP/IP* basierendes Computernetzwerk mit einer sehr
großen Anzahl an Benutzern.

IP-Adresse
Numerische, aus vier durch Punkte getrennten Blöcken bestehende
Adresse (z. B. 192.168.10.1) zur Ansteuerung von Rechnern in ☞*TCP/IP*-
Netzwerken.

ISDN (engl. *Integrated Services Digital Network*)
Digitaler, in Deutschland inzwischen recht verbreiteter Standard u. a.
zur schnellen Übertragung von Daten durch das Telefonnetz.

Jokerzeichen
Platzhalter für ein (Symbol: '?') oder mehrere (Symbol: '*') unbe-
kannte Zeichen, vorzugsweise in Befehlen (insbesondere Suchbefehlen)
eingesetzt.

KDE (engl. *K Desktop Environment*)
Äußerst benutzerfreundliche grafische Oberfläche für Linux.

Kernel
„Kern" des Linux-Betriebssystems, auf dem Programme und die meisten Treiber aufbauen.

Konsole (engl. *console, terminal*)
Früher gleichgesetzt mit dem ☞*Terminal*, gibt es unter Linux sog. *virtuelle Konsolen*, die es erlauben, den Bildschirm für mehrere unabhängige – aber parallele – Arbeitssitzungen zu verwenden.

LAN (engl. *local area network*)
Computer-Netzwerk mit sehr geringer räumlicher Ausdehnung.

Lesezeichen (engl. *bookmark*)
Meist persönliche, direkt im Browser zur Verfügung stehende Sammlung von Querverweisen auf interessante Webseiten.

LILO (engl. *Linux Loader*)
Kleines, sich in den Bootsektor der Festplatte installierendes Programm, das Linux, aber auch andere Betriebssysteme starten kann.

Link
Querverweis auf andere Dateien, im Internet ebenso gebräuchlich wie im Linux-Dateisystem. Bei letzterem unterscheidet man zwischen „harten" und „symbolischen" Links. Während „harte" Verknüpfungen auf die Position im Dateisystem verweisen, zeigt die symbolische Variante nur auf den jeweiligen Namen.

Linux
UNIX-artiger, unter GPL (☞*GNU*) frei vertriebener, Betriebssystemkern, nach seinem „Erfinder" Linus Torvalds („Linus' uniX") benannt. Doch obwohl sich diese Definition streng genommen nur auf den Kernel selbst bezieht, wird unter dem Begriff „Linux" meist das gesamte System inkl. Anwendungen etc. verstanden.

Login
Anmeldung eines Benutzers an einem Computersystem bzw. Netzwerk, um zu diesem Zugang zu erhalten.

Logout
Abmeldung eines Benutzers vom System.

Man-Page

Traditionellerweise liegt die Dokumentation bei Unix-Systemen in „Man-Pages" (auch „Manual-Pages") vor, die mit dem Befehl man eingesehen werden kann.

MBR (engl. *master boot record*)

Physikalisch erster Sektor einer Festplatte, dessen Inhalt vom ☞*BIOS* beim Starten des Systems in den Arbeitsspeicher geladen und ausgeführt wird. Dieser Code lädt dann entweder das Betriebssystem von einer startfähigen Festplatten-Partition oder einen komplizierteren Bootloader, z. B. ☞*LILO* .

Mounten

Einhängen von Dateisystemen in den Verzeichnisbaum des Systems.

Multitasking

Fähigkeit von Betriebssystemen, mehrere Programme gleichzeitig auszuführen.

MP3

Sehr effizientes Kompressionsverfahren für Audio-Dateien, durch das die Größe im Gegensatz zu einer unkomprimierten Datei etwa um den Faktor 10 herabgesetzt werden kann.

Multiuser

Möglichkeit von mehreren Benutzern, gleichzeitig mit dem System zu arbeiten.

Netzwerk (engl. *net, network*)

Zusammenschluss mehrerer Computer, meist durch ☞*Server* und ☞*Clients* realisiert.

NFS (engl. *network file system*)

☞*Protokoll* zum Zugriff auf ☞*Dateisysteme* vernetzter Rechner.

NIS (engl. *Network Information Service*)

System zur zentralen Verwaltung von Administrationsdaten in Netzwerken. V. a. Benutzernamen und -passwörter können durch NIS netzwerkweit synchron gehalten werden.

Partition

Logisch unabhängiger Teilbereich einer Festplatte, der ein jeweils unterschiedliches Dateisystem enthalten kann. Unter Windows auch als „Laufwerke" bezeichnet.

Pfad (engl. *path*)

Eindeutige Beschreibung der Position einer Datei in einem Dateisystem.

Plug and Play

Technologie zur automatischen Konfiguration von Hardwarekomponenten. Ressourcen wie z. B. IRQ, DMA und andere sollten vom System selbstständig konfiguriert und verwaltet werden.

Prompt

Siehe ☞*Eingabeaufforderung*.

Protokoll (engl. *protocol*)

Definierter spezifischer Standard, der die Kommunikation sowohl auf Hardware-, Software-, als auch Netzwerk-Ebene regelt. Es existiert eine Vielzahl dieser Standards, weit verbreitete Beispiele sind z. B. ☞*HTTP* und ☞*FTP*.

Proxy

Meist bei Internet-Anbietern platzierter Zwischenspeicher, der häufig angeforderte Inhalte in einer Datenbank ablegt, um weitere Rechner, die diese Seite anfordern, direkt daraus zu versorgen. Durch dieses Verfahren können nicht nur die Ladezeiten eines direkten Herunterladens reduziert, sondern auch vorhandene Bandbreiten geschont werden.

Prozess (engl. *process*)

Programme oder ausführbare Dateien laufen als Prozess ab und können in einer ☞*Shell* beobachtet werden, z. B. mit `top`. Oft wird dieser Begriff synonym mit „Task" verwendet.

Prozessor

Der Prozessor ist das „Gehirn" eines jeden Computers, der die Befehle des Benutzers bzw. der Programme in Maschinensprache abarbeitet und ausführt. Er hat die Kontrolle über das gesamte System und erbringt die eigentliche Rechenleistung.

RAM (engl. *Random Access Memory*)

siehe ☞*Arbeitsspeicher*

Root

Diejenige Person, die in einem komplexen Rechnersystem bzw. -netzwerk Konfigurationen und Wartung übernimmt. Dieser Systemadministrator hat (meist als einzige Person) Zugang zu allen Aspekten eines Rechnersystems (Root-Rechte).

SCSI (engl. *Small Computer Systems Interface*)
Festplattenstandard, der insbesondere aufgrund seiner hohen Geschwindigkeit besonders in ☞*Servern* und Rechnern höherer Preisklasse Verwendung findet.

Server
Meist sehr leistungsfähiger Rechner, der anderen über ein Netzwerk angeschlossenene Rechnern (☞*Clients*) Daten und Dienste bereitstellt. Darüber hinaus gibt es auch Programme, die man aufgrund ihrer Konstitution bzw. Verfügbarkeit als „Server" bezeichnet.

Shell
Oftmals äußerst flexible Eingabezeile für Befehle, nicht selten mit einer eigenen Programmiersprache ausgestattet. Beispiele für Shells sind bash, sh und tcsh.

SMTP (engl. *Simple Mail Transfer Protocol*)
☞*Protokoll* zum Transfer von ☞*E-Mails*

SSL (engl. *Secure Socket Layer*)
Verfahren zur Verschlüsselung von ☞*HTTP*-Datentransfers.

Superuser (engl. *super user*)
siehe ☞*Root*.

Systemadministrator (engl. *system administrator, root user*)
siehe ☞*Root*

Task
Siehe ☞*Prozess*.

TCP/IP
Kommunikationsprotokoll des Internets; findet zunehmend auch in lokalen Netzen Verwendung, die man dann als „Intranet" bezeichnet.

Telnet
Telnet ist das ☞*Protokoll* und Kommando, um mit anderen Rechnern (engl. *hosts*) zu kommunizieren.

Terminal (engl. *terminal*)
Früher die Bezeichnung für eine an einen Zentralrechner angeschlossene Tastatur-Bildschirm-Kombination ohne eigene Rechenleistung, im Deutschen auch als Datensichtgerät oder Datenstation bezeichnet. Auf Workstations auch zur Bezeichnung von Programmen benutzt, die ein echtes Terminal emulieren.

Treiber

Zwischen Betriebssystem und Hardware stehendes Programm, das die Kommunikation zwischen diesen beiden Schichten „übersetzt".

Umgebung (engl. *environment*)

Eine ☞*Shell* stellt i. d. R. eine Umgebung zur Verfügung, in welcher der Benutzer temporär Einstellungen vornehmen kann. Diese Einstellungen sind zum Beispiel Pfadnamen zu Programmen, der Benutzername, der aktuelle Pfad, das Aussehen des Prompts etc. Die Daten werden in einer ☞*Umgebungsvariablen* gespeichert. Die Belegung der Umgebungsvariablen erfolgt z. B. durch die Konfigurationsdateien der Shell.

Umgebungsvariable (engl. *environment variable*)

Ein Platz in der ☞*Umgebung* der ☞*Shell*. Jede Umgebungsvariable hat einen Namen, der meist in Großbuchstaben angegeben ist. Den Variablen werden Werte, z. B. Pfadnamen, zugewiesen.

UNIX

Betriebssystem, das vor allem auf Workstations in Netzwerken recht weit verbreitet ist. Seit Beginn der 90er Jahre ist UNIX in einer Freeware-Version auch für PCs erhältlich.

URL (engl. *Uniform Resource Locator*)

Eindeutige Adresse im Internet, die sowohl den Typ (z. B. http://) als auch den Namen des Rechners beinhaltet (z. B. www.suse.de)

Verzeichnis (engl. *directory*)

Verzeichnisse bauen die Ordnungsstruktur eines ☞*Dateisystems* auf. In einem Verzeichnis werden Datei- bzw. Verzeichnisnamen aufgelistet.

VESA (engl. *Video Electronics Standard Association*)

Industriekonsortium, welches u. a. wichtige Video-Standards definierte.

Wildcard

siehe ☞*Jokerzeichen*

Windowmanager

siehe ☞*Fenstermanager*

Wurzelverzeichnis (engl. *root directory*)

Das oberste Verzeichnis des ☞*Dateisystems*, das im Gegensatz zu allen anderen Verzeichnissen kein übergeordnetes Verzeichnis mehr besitzt. Das Wurzelverzeichnis wird unter UNIX als '/' dargestellt.

WWW (engl. *World Wide Web*)

Auf dem ☞*HTTP*-Protokoll basierender grafischer Teil des Internets, der mit so genannten Web-Browsern angezeigt werden kann.

X11

siehe ☞*X Window System*

X Window System

Das X Window System ist der De-Facto-Standard für grafische Oberflächen unter Linux. Im Gegensatz zu anderen Betriebssystemen, stellt es dabei nur die Grundlagen, beispielsweise den Kontakt zur Hardware her, auf dem ☞*Fenstermanager*, z. B. ☞*KDE*, mit individuellen Oberflächen aufsetzen.

YP (engl. *yellow pages*)

siehe ☞*NIS*

Zugangsberechtigung (engl. *account*)

Die Einheit aus dem Benutzernamen (engl. *login name*) und dem Passwort (engl. *password*). Die Zugangsberechtigung wird im Allgemeinen vom ☞*Systemadministrator* eingerichtet. Dieser legt auch fest, zu welcher Benutzergruppe der neue Benutzer gerechnet wird und welche Rechte im Rechnersystem daraus resultieren.

Index

Notizen

Notizen

Notizen

Notizen

Notizen

Notizen

Notizen

Notizen

Notizen

Notizen

Notizen

Notizen

Notizen